해방
일기

해방일기 5

길 잃은 해방이 가져온 비극

2013년 5월 6일 제1판 1쇄 인쇄
2013년 9월 11일 제1판 2쇄 발행

지은이 김기협
펴낸이 이재민, 김상미

편집 이미경
디자인기획 민진기디자인

종이 다올페이퍼
인쇄 천일문화사
제본 동호제책

펴낸곳 너머북스
주소 서울시 종로구 누하동 17번지 2층
전화 02)335-3366, 336-5131 팩스 02)335-5848
등록번호 제313-2007-232호

ISBN 978-89-94606-19-4 04900
ISBN 978-89-94606-05-7 (세트)

너머북스와 너머학교는 좋은 서가와 학교를 꿈꾸는 출판사입니다.

이 책에 실린 사진은 뉴스뱅크, 위키미디어 커먼스에서 게재 허가를 받았습니다.
저작권자를 찾지 못하여 게재 허가를 받지 못한 일부 사진은 확인되는 대로 게재 허가를 받고 통상 기준에 따라 사용료를 지불하겠습니다.

1946.9.2~12.30

5

길 잃은 해방이 가져온 비극

김기협 지음

너머북스

앞서가는 이북과 혼란에 빠진 이남

점령 1년, 불리한 위치를 깨달은 미국

일본 통치로부터 해방된 지 1년이 지났다. 그동안 38선 이남과 이북에서는 서로 다른 상황이 전개되어왔다. 이북에서는 북조선임시인민위원회가 세워져 소련 점령군으로부터 통치의 권한과 책무를 꽤 순조롭게 넘겨받았다. 반면 이남에서는 미군정이 통치권을 틀어쥐고 있었고, 조선인의 참여는 각 개인이 군정청에 채용되는 형태에 그쳤다. 독립 건국의 준비 진척은 남북 간의 차이가 갈수록 커지고 있었다.

이 차이는 일본이 항복할 당시 조선의 위상에 대한 인식의 차이를 반영한 것으로 볼 수 있다. 조선은 일본 제국주의의 희생자였다가 파시즘 격퇴에 의해 해방된 나라로 보는 것이 연합국의 공식적 관점이었다. 그러나 이 관점이 채택된 카이로선언 당시의 상황을 되돌아보면 이 관점은 절대적 정당성을 가진 것이 아니라 전략적 필요에서 채택된 것이었다. 연합국이 힘겨운 전황 속에서 일본 제국과 독일 제국의 결속력 약화를 위해 조선과 오스트리아의 독립을 약속한 것이 카이로선언의 배경이었다.

카이로선언 이후 일본의 항복 때까지 조선인의 일본 제국에 대한 저항은 연합국이 바란 수준에 미치지 못했다. 그래서 공식적으로는 카이로선언 이래의 관점이 유지되면서도 실제로는 조선을 패망한 일본 제국의 일부로서 전쟁 책임이 있다고 보는 관점이 연합국 사이에 존재했다. 조선과

오스트리아의 즉시 독립을 허용하지 않은 신탁통치 결정은 이 현실적 관점에서 나온 것이었다.

소련은 조선의 주권을 적극 인정하는 공식적 관점을 따른 반면 미국은 조선을 정복 대상으로 보는 현실적 관점을 취했다. 그래서 이북의 소련군이 조선인의 자치를 육성, 지원한 것과 달리 이남의 미군은 조선인을 통치 대상으로만 여겼던 것이다.

소련이 착한 나라이고 미국이 악한 나라여서 그런 것이 아니었다. 소련이 같은 시기에 폴란드 등 동유럽 지역에서 취한 정책을 보면 전혀 착한 나라가 아니었다. 조선의 자율적 독립이 이뤄질 때 소련이 이 지역에서 미국보다 유리한 조건을 누릴 수 있었기에 착한 척했을 뿐이다. 조선은 소련과 접경한 나라였고, 자본주의보다 사회주의가 필요한 사회경제적 상황에 놓여 있었기 때문이다.

일본 항복 후 1년이 지난 시점에서 미국은 조선 상황이 자기네에게 불리하게 돌아가고 있다는 사실을 깨달았다. 힘을 가진 자는 그 힘을 아무리 현명하게 행사하더라도 힘없는 자의 질시를 받지 않을 수 없다. 소련군은 힘을 최대한 빨리 조선인에게 넘겨주었는데, 미군은 힘을 틀어쥐고 있었다. 그리고 힘의 행사 방법이 현명하지도 못했다. 미군에 대한 점령 지역 주민의 혐오와 불신은 갈수록 깊어졌다.

1946년 3~5월 미소공동위원회(미소공위)의 실패로 조선 문제의 조속한 처리는 힘들어졌다. 국제 무대에서 미국과 소련의 경쟁 양상이 격화되는 가운데 조선 상황은 미국의 위신을 떨어뜨리는 악재가 되고 있었다. 그래서 미국은 남조선 점령 지역의 통치 방식을 바꿀 필요를 느끼게 되었다.

미국의 통치 방식을 개선하려는 노력에는 제도적 측면과 인적 측면이 있었다. 제도적 측면은 주민의 대표성을 가진 대의 기구를 만드는 데 초점이 맞추어졌고, 그 결과 1946년 12월에 남조선과도입법의원(입법의원)을 출범시키기에 이른다. 인적 측면은 그때까지 미군정이 의존하면서 지원해온 극단적 반공 세력 대신 중도적 민족주의자들을 전면에 내세우는 것이었고, 그 결과 좌우합작위원회를 중심으로 중간파 활동 공간이 만들어졌다.

그러나 미국의 통치 방식을 개선하려는 노력은 목표 자체에 한계가 있었고, 그나마 너무 늦게 이뤄져 실효성을 거두기 어려웠다. 1946년 말까지 남조선 상황에서 이 한계와 문제점을 거듭거듭 확인할 수 있다.

부일 협력자 집단의 힘의 원천

1946년 후반기 미국의 남조선 통치 방식을 개선하려는 노력에는 어떤 한계가 있었는가? 이것도 제도적 측면과 인적 측면으로 구분해서 살펴볼 수 있다.

제도적 측면에서 미국은 대의기관인 입법의원 설치와 군정청의 조선인화(Koreanization)를 통해 조선인을 전면에 내세우려 했다. 10월 말 선거를 통해 12월에 입법의원이 설치되었다. 군정청 각 부서의 책임자를 조선인으로 임명하고, 이듬해 2월 안재홍을 민정장관에 임명함으로써 조선인으로 구성된 행정부를 만들어 남조선과도정부라는 이름을 붙였다.

그러나 입법의원은 진정한 주민 대의기관과 거리가 멀었다. 90명 의원 중 절반을 주둔군 사령관이 임명했고(관선의원), 나머지 절반(민선의원)을 선출한 선거도 형편없는 엉터리였다. 비슷한 시기에 이북에서 시행된 인민위원회 선거와 수준 격차가 심했다. 더구나 입법의원에서 제정한 법률은 군정장관의 승인 아래서만 효력이 있었다.

행정부 쪽의 조선인화도 허울뿐이었다. 실권은 조선인 부서장이 아니라 미국인 고문에게 있었다. 고문 대부분은 미군 영관급 장교로 원래 부서장을 맡고 있다가 조선인 부서장이 임명되면서 얼마 동안 공동부서장으로 있던 사람들이 직함만 고문으로 바꾼 것이었다. 민정장관을 수반으로 하는 이른바 과도정부는 최고 권력자인 주둔군 사령관과 그 대행자인 군정장관의 예하에 있어서 정책 결정의 권한이 없는 실행 부서에 불과했다.

인적 측면에서 미군정은 중간파를 지원했지만, 그 지원은 총체적이고 구조적인 것이 아니었다. 사안에 따라 활동비를 대주고 행정 조치를 취하는 단편적이고 제한적인 지원이었다. 중간파는 극우파, 즉 반공 세력과 독자적으로 경쟁할 만한 자기 실력을 키울 수 없었다.

미군정 통치하에서 힘을 독점한 것은 반공 세력이었다. 반공 세력의 주축은 부일 협력자 집단이었다. 그들은 한민당으로 결집하여 미군정과 밀착 관계를 맺었다. 이 밀착 관계를 뒷받침한 그들의 밑천은 높은 교육 수준과 풍부한 자금력, 그리고 식민지 시대의 행정 경험이었다.

식민지 시대에 고등교육의 혜택은 부일 협력자 집단에 편중되었다. 행정과 경영의 경험도 그 집단에 편중되었다. 식민지 통치에 활용되었던 이 집단을 미군정은 그대로 넘겨받아 남조선 통치에 활용했다. 미국에 유학한 소수의 사람들도 거의가 이 집단에 속했고, 그들의 '통역정치'가 부일 협력자 집단의 친미·반공 세력으로의 전환에 도움을 주었다.

부일 협력자 집단에는 재력도 편중되어 있었다. 그런데 해방 공간에서 이 집단의 엄청난 자금력에는 원래 재산 위에 또 하나의 중요한 요소가 더해져 있었다. 일본 항복에서 미군 진주 사이의 20여 일 동안 찍은 30여억 원의 새 돈이었다. 당시 조선은행권 통화량 50여억 원의 60퍼센트가 추가로 발행되었으니 얼마나 큰돈인가.

20여 일 동안에 이 많은 금액이 널리 유통될 수는 없었다. 급하게 찍은 이 돈은 인쇄 상태도 나빠서 상인들이 '붉은 돈'이라 부르며 받기를 꺼렸다. 미군이 진주했을 때 이 돈의 대부분이 부일 협력자 집단의 손에 들어 있었다. 이북에서는 이 돈의 유통이 금지되었는데 미군정은 이 돈을 정화로 인정하고 유통을 보장했다.

충칭 임시정부(임정) 인사들이 귀국한 뒤에 한민당 지도자들이 정치자금으로 800만 원을 보냈는데, 더러운 돈을 못 받겠다고 돌려보내는 바람에 옥신각신했다는 일화가 있다. 쌀 한 가마에 아직 100원이 안 될 때였음을 감안하면 대단한 거금이다. 그들이 임정 인사들에게만 돈을 바쳤을까? 이승만에게는 안 바쳤을까? 미군정 간부들에게는? 임정 인사들이 별나서 그 일화를 남겼지만, 소문 없이 주고받은 돈이 훨씬 많았을 것은 불을 보듯 뻔한 일이다.

통화량의 3분의 1이라는 엄청난 거액을 한 집단이 현금으로 쥐고 있을 때 그 힘은 어마어마한 것이다. 중요한 인물들에게 갖다 바치는 것보다 더 큰 힘을 얻을 수 있는 것은 영세민에게 뿌렸을 때다. 산업 붕괴와 해외 귀환으로 빈민 계층이 넘쳐날 때였다. 한민당 세력은 군중 동원과 테러 조직에서 엄청난 힘을 발휘할 수 있었다.

반공 세력이 모든 면에서 힘을 독점하고 있던 이런 상황에서 중간파에 대한 미군정의 미약한 지원은 대세에 큰 변화를 가져올 수 없었다. 반공 세력의 힘 가운데 가장 크고 뚜렷한 것이 경찰력이었다. 중간파는 1946년 말 몇 달 동안 경찰력을 극우파로부터 떼어놓는 데 노력을 집중했지만 아무 성과도 거두지 못했다.

경찰국가 대한민국의 산파, 미군정

미군정 치하의 남조선은 경찰국가였다. 일원화된 국가경찰의 존재가 경찰국가의 충분조건으로 흔히 지목되는데, 미군정 치하의 남조선에 꼭 맞는 지적이다. 그 국가경찰 제도를 아직까지 지키고 있는 대한민국에도 역시 적용되는 말이다.

식민지 시대 경찰은 지방경찰 제도였다. 각 도의 경찰부장이 도지사의 지휘를 받았다. 미군정이 남조선 전 경찰을 하나의 지휘 체계로 묶은 것은 식민지 시대보다도 경찰의 힘이 더 많이 필요했기 때문이다. 미군정은 일본의 식민 통치를 답습하려 했지만 일본 식민 통치자들에 비해 기술이 부족했던 이유로 더 큰 경찰력이 필요했다. 미군이 진주한 지 1년이 지난 시점에서 이남 지역의 경찰 인원은 해방 전의 두 배로 늘어나 있었다.

해방 당시 조선의 경찰 인원은 약 2만 명이었고 그중 8천 명이 조선인이었다. 해방 1년 후 이남의 경찰 인원은 약 2만 5천 명이고 그중 식민지 경찰 출신이 약 5천 명이었다. 이남 지역의 식민지 경찰 출신은 거의 전원이 군정청 경찰의 중핵으로 남아 있었던 것이다. 식민지 경찰 출신의 전체 비율은 약 20퍼센트였지만 간부급으로 올라갈수록 비율이 높아져 서장급에서는 80퍼센트 이상을 차지했다.

미군정기 내내 경찰을 지휘한 것이 조병옥과 장택상이었다. 조병옥은 경찰 총수인 경무부장이었는데, 수도경찰청장 장택상은 그 휘하에 있으면서도 이례적으로 상당히 독립적인 지휘권을 행사했다. 당시 50대 초반이던 두 사람 모두 매우 특이한 성격의 인물이었는데 오랜 구미 체류 경력으로 영어에 능통하고 서양식 사고방식에 익숙하다는 점이 미군정 고위층과 잘 통할 수 있는 조건이었다.

조병옥은 나름대로 유능한 사람이었지만 자기중심적이고 파시스트 기질이 강했다. 그가 쓴 『나의 회고록』을 보면 읽는 사람 낯이 화끈거릴 이야기를 자랑스럽게 늘어놓은 대목이 수없이 많다. 조병옥은 경찰이 민심을 돌아볼 필요 없이 임명권자에게 충성해야 한다고 공공연히 주장하기도 했다.

"우리 경찰 진용은 사회 추천에 의한 민선 기관이 아니고 그 직원은 군정관이 부여한 경무부장의 임명권에 의하여 그 신분이 보장된다.

사회와 타협하고 구합할 권리도 없고 의무도 없는 것이다. 군대와 같은 명령 계통을 가지고 규율적으로 복무를 다함으로써 의무를 다하게 되어 있다. 따라서 앞으로 그 명칭과 기구도 경무부와 일원적 연락 아래 두고자 준비하고 있는 터이다."

(「경무부, 경찰 제도 개혁」, 『동아일보』 1946년 4월 7일)

한편 장택상은 버릇 나쁜 어린애 같은 사람이었다. 아첨을 잘하고 아첨받기를 좋아하는 사람이었다. 자서전이라는 이름으로 딸들이 쓴 『대한민국 건국과 나』를 보면 얼굴이 화끈거리는 정도가 아니다. '간신(奸臣)'이란 말이 그보다 더 적절한 사람을 나는 역사를 통해 본 일이 없다. 휘하의 장택상이 제멋대로 노는 것을 조병옥이 방치한 까닭이 그와의 비교를 통해 자신이 낫게 보이도록 하는 데 있었을지도 모르겠다는 생각이 들 정도다. 김규식의 측근 송남헌의 회고에 두 사람의 비교가 보인다.

평소 김 박사는 장죽을 늘 피우고 있었으며 입원 중에도 장죽을 즐겼는데, 이런 취향을 간파했음인지 장택상은 옥물부리를 갖고 왔다. 자기 집에서 대대로 가보로 전해 내려오는 것인데 김 박사님께 드리려고 갖고 왔노라면서, 옥으로 된 장죽을 선물했다. 그러면서 아주 정중한 어조로 그는 "선생님과 저 사이를 이간하기 위해 항간에는 악의에 찬 별의별 소문이 다 있지만 저의 본심은 그렇지 않습니다"라고 울먹이는 소리로 이야기했다. 그가 선사한 옥물부리를 김 박사는 아주 애용했다.

개인적으로 상대해보면 장택상은 무척 소심하다고 할 정도로 더 이상 인간적일 수 없었지만, 정치적으로는 철저하게 현실주의적인 태도를 취했다. 바로 이 점에서 그는 조병옥과 커다란 대조를 이루었는데, 조병옥은 선이 굵다고 할 정도로 대범한 행동을 하여 주위 사람들을 감동케 했다. (심지연, 『송남헌 회고록: 김규식과 함께한 길』, 한울 2000, 88~89쪽)

김규식이 여운형과 함께 이끌던 좌우합작위원회(합작위)는 1946년 여름부터 미군정의 지원을 받으며 극우파의 전횡을 견제하는 입장으로 나아가고 있었다. 그러다가 10월 대구에서 시작된 소요 사태가 전국으로 퍼져 나가고 진정될 기미를 보이지 않자, 긴장한 미군정 당국자들이 수습을 위해 중간파의 발언을 더욱 경청하게 되었다. 그래서 합작위원회의 우익측 인사들을 끌어들여 조미공동소요대책위원회(조미공위)를 만들었다.

조미공위에 참여한 중간파는 미군정 개선을 위한 몇 가지 방안을 제시했는데, 그 첫 번째가 경찰 개혁이었다. 친일파 중심의 폭압적 경찰에 대한 민중의 불신과 증오가 소요 사태의 직접 원인임을 지적한 것이다. 미군정 간부들도 이 지적에 대부분 동의했다. 그럼에도 미군정은 경찰 개혁을 실행하지 못했다. 개혁의 첫 단추로 조병옥과 장택상의 해임이 요구되었는데, 그것조차 실행할 수 없었다. 미국 유학자로 투철한 민족주의자인 경무부 수사국장 최능진이 대안으로 검토되었으나, 조병옥은 그를 파면했고 미군정 수뇌부가 이를 승인했다.

권력의 주구를 너무 키워놓으면 주구 스스로 권력이 되려 한다는 사실을 오늘날 대한민국 검찰에서 확인할 수 있다. 1946년 남조선 경찰도 마찬가지였다. 애초에 미군정이 키워놓은 경찰인데, 이제 미군정이 마음대로 할 수 없을 만큼 커져 버린 것이다.

이남 좌익의 몰락

이남 좌익에 대한 이북 공산주의자들의 영향력은 시간이 갈수록 커졌다.

이북에서는 인민위원회 체제가 안정되어감에 따라 공산주의자들이 막대한 인적·물적 자원을 동원할 수 있게 되었지만, 이남 좌익은 심해지는 미군정의 탄압 아래 활동이 위축되었다. 박헌영을 비롯한 공산당 최고 지도자 여럿이 이북으로 피신하게 되었다.

이북 공산주의자들은 1946년 8월 말 북조선노동당(북로당) 창설을 통해 안정된 정치체제를 마련했다. 신민당과 통합하며 범좌익을 규합하고 민족주의자들까지 끌어들인 것이다. 이것은 박헌영의 조선공산당에 대한 예속관계를 정리하는 계기가 되었으며, 오히려 이남의 남조선노동당(남로당) 창설에 영향을 끼침으로써 전 조선 좌익 활동의 헤게모니를 장악했다.

이남 좌익의 지도력은 박헌영과 여운형 사이에 갈라졌다. 엄밀히 말하면 박헌영 일파와 그 반대파 간의 대립이었고, 반(反)박헌영파가 최대한 결집할 수 있는 간판이 여운형이었다. 북로당과 나란히 좌익을 결집, 정비하려는 공산·인민·신민당 합당 운동 과정에서 박헌영파의 헤게모니 집착에 대한 반발로 이남 좌익에 균열이 나타났다. 그래서 기존 3당 병립보다 더 심각한 대립이 남조선노동당 추진파와 사회노동당(사로당) 추진파 사이에 벌어지게 되었다.

이 심각한 대립 속에 희극적일 정도로 난처한 처지에 놓인 것이 여운형이었다. 좌익 최고 명망가라는 이유 때문에 남로당과 사로당 양쪽의 준비위원장을 맡은 여운형은 양쪽 위원장 직무를 모두 거부하고 통합을 시도했지만 실패했다. 박헌영파가 사로당 쪽의 무조건 해체와 개별 합류를 고집했기 때문이다. 그리고 북로당이 박헌영파의 손을 들어주면서 사로당 추진파는 지리멸렬에 빠졌다.

박헌영파와 그 반대파 사이의 경쟁 상태로 1946년 가을 박헌영파의 활동 노선이 과시적 극단성을 띠게 되었다는 해석이 유력하다. 1946년 9월 하순의 총파업 투쟁은 원래 10월로 예정되었던 것을 공산당 내 반대파의 움직임을 봉쇄하기 위해 서둘러 극렬한 방식으로 전개했다는 것이다. 뒤이어 대구 사태가 벌어졌을 때 좌익의 지도력이 과격한 쪽으로 치우쳤던 데도 같은 해석이 따른다.

남조선에서 좌익 약화의 직접 원인은 미군정의 탄압과 극우 세력의 공격에 있었지만, 박헌영 일파의 모험주의 노선도 문제의 하나로 지적된다. 지나치게 과격한 노선으로 역량을 불필요하게 소진하고 또 한편으로는 정치적 고립을 자초했다는 점이다. 한국전쟁까지도 모험주의 노선의 범주에 넣어본다면 한국 분단의 극심한 강화에 그 노선의 책임이 엄청나게 큰 것인데, 그 폐단은 1946년 가을부터 쌓이기 시작한 것이었다.

이와 관련해 이북 공산주의자들의 '민주기지' 노선의 역할을 생각할 필요가 있다. 소련군의 진주로 공산혁명에 유리한 조건을 갖춘 이북 지역에 혁명 근거지를 구축하고 그로부터 조선 전체의 '해방'을 추진한다는 전략이다. 38선 이북의 민주기지 구축을 절대적 과제로 삼으면서 이남 지역의 반동화와 좌익 약화도 감수한다는 전략이었기 때문에 남북 간의 이질화를 초래하는 문제가 있었다.

김남식은 「해방 전후 북한 현대사의 재인식」(『해방전후사의 인식 5』, 한길사 2006)에서 이 노선이 매우 일찍부터 채택된 것으로 보았는데, 1945년 10월 조선공산당 북조선분국 때부터 본 것은 지나친 감이 있다. 그 시점에서 그런 노선을 마음속으로 생각한 사람들이 있었다 하더라도 공식적으로 확립되어 다수가 함께 추진한 것은 아니었다.

1946년 8월 29일 북로당 창립 대회의 "북조선은 조선의 민주주의적 개혁의 책원지일 뿐 아니라 전 동방에서 민주주의의 발원지 역할을 하고 있다. 또한 조선의 민주주의적 완전 독립을 달성하기 위해 북조선의 민주주의 근거지를 한층 강화해야 한다"는 선언을 민주기지노선의 본격적인 출발점으로 봐야 할 것 같다. 그 시점에서 이북 공산주의자들이 이남 좌익의 움직임을 좌우했을 뿐 아니라 중국공산당의 해방전쟁에도 실질적인 도움을 주고 있었다는 점에서 그 자신감과 사명감을 이해할 수 있다.

좌우합작이 희망이었던 이유

좌우합작을 위한 움직임은 1945년 5월에 시작되었으나 성과를 내놓기까지 긴 시간이 걸렸다. 극우파와 극좌파 모두 5원칙이니 8원칙이니 합작이 불가능한 조건을 내놓으며 좌우합작을 방해했는데 극좌파의 반대가 특히 심했다. 좌우합작위원회의 첫 성과인 '7원칙'을 10월까지 기다려야 했던 것은 박헌영 일파의 비협조와 반대 때문이었고, 늦게나마 그 성과가 나올 수 있었던 것은 여운형이 박헌영 일파의 협조를 아예 포기한 덕분이었다.

허헌 등 박헌영 일파는 합작위원회의 좌익 측 위원 자리를 차지하고도 회담에 아예 출석하지 않거나 출석하더라도 합작 성공을 위해 노력하는 대신 선전 활동에 이용하려고만 했다. 공산당 핵심 인물들이 이북으로 피신한 후에는 김규식 등 우익 대표들이 여운형 등 남은 좌익 대표들에게 빠른 진행을 부탁했지만 응하지 않았다. 박헌영 일파까지 참여한 합작이라야 진정한 합작이 될 수 있다는 여운형의 믿음 때문이었다. 좌우합작을 남북합작의 발판으로 여긴 여운형은 이남 좌익이 모두 참여하는 탄탄한 합작을 원했다. 그러다가 남로당 결성을 둘러싸고 박헌영 측의 극단적으로 편협한 태도를 보고서야 자기 길로 나섰다.

여운형이 좌우합작에 대한 박헌영파의 참여를 포기하자 합작 사업의 첫 성과인 '7원칙'이 바로 나왔다. 합작에 진지하게 임하는 사람들에게는 좌익과 우익의 적정한 절충 방법을 찾는 것이 어려운 일이 아니었다. 좌익도 민족주의 원리를 존중해야 하고 우익도 사회경제적 제도의 큰 변화를 받아들여야 하는 현실이 분명했기 때문이다.

가장 첨예한 주제였던 토지개혁 문제가 합작 7원칙에서도 관심의 초점이었다. 이 문제에 합작위는 '체감매수(遞減買收) 무상분배'의 원칙을 내놓았다. 좌익이 주장하던 '무상몰수 무상분배' 원칙과 우익 주장의 '유상매수 유상분배' 원칙을 절충한 것이다.

좌익의 '무상분배'와 우익의 '유상매수'를 결합하되 '유상매수'를 좌익 쪽으로 약간 조정한 것이 '체감매수'였다. 매수할 토지의 규모가 작을 때는 시가 그대로 보상하는 '유상'으로 하고, 규모가 커질 때는 보상률을 점진적으로 낮춘다는 것이다. 예컨대 자영농의 적정 규모가 5정보라 할 때 10정보 규모의 소지주에게서는 5정보를 매수하면서 시가대로, 10~30정보의 농지를 가진 중지주에게는 10정보를 넘는 면적에 대해 시가의 70퍼센트로, 그리고 30~100정보 규모의 대지주에게는 30정보를 넘는 면적에 대해 시가의 40퍼센트로, 100정보가 넘는 초대지주에게는 100정보를 넘는 면적에 대해 시가의 20퍼센트로 보상한다는 식이다.

'체감매수'는 당시의 조선처럼 농지 소유 집중이 고도화된 상황에 매우 적합한 원칙이었다. 대지주의 농지 점유율이 높아서 매수 대상의 전 농지에 대한 평균 보상률을 크게 낮출 수 있으므로 국가가 큰 부담 없이 '무상분배'라는 사회주의 정책을 실행할 수 있는 길이었다. 지주층에서도 인원이 많은 중소지주의 희생 없이 대지주들의 양보만이 필요한 정책이었는데, 이북에서 '무상몰수'가 시행되던 현실에 비춰보면 대지주층도 그 정도 양보는 기꺼이 해야 할 형편이었다.

합작위의 토지개혁 원칙은 효과에서 좌익 측에 접근하는 것이면서도 명분과 이론에서는 우익에 가까운 것이었다. 사적 소유권을 인정하고 존중하는 것이기 때문이다. 사적 소유권을 근본적으로 부정하는 공산주의와 달리 소유권에 부분적 제한을 가하는 사회주의적 정책은 당시 우익 정권이 집권한 나라에서도 널리 채택하고 있었다. 조선처럼 식민지 상황에서 경제구조가 기형화되어 있던 나라에서 필요한 최소한의 좌경 정책이었다.

그런데도 한민당이 이 원칙에 반대하고 나선 것은 놀라운 일이었다. 당시 한민당에 몸담고 있던 사람들도 많이 놀랐던 모양이다. 합작위원으로 나섰던 원세훈을 비롯해 간부급만도 절반가량이 그 직후에 한민당을 탈당했다. 한민당은 원래 부일 협력자와 대지주(두 집단은 대부분 서로 겹친다)를 주축으로 만들어진 정당이었는데, 이제 그들만의 정당이 되었다.

부일 협력자·대지주 집단이 한민당을 만든 것은 새로운 상황에 적응할 길을 찾기 위해서였다. 막강한 자금력을 가진 그들은 기댈 만한 곳에 정치자금을 뿌리면서 그것이 민족의 장래를 위한 투자라고 주장하며 민족주의 진영을 자칭했다. 임정 세력에 거금을 바친 일을 앞에서 언급했는데, 이승만과 미군정 쪽에는 더 많은 돈이 소문 없이 건네졌을 것이다.

한민당의 '민족주의' 간판에 속아 많은 민족주의자들이 한민당에 참여했다. 재력가와 실력자들이 민족을 위해 일하겠다니 함께하고 싶었던 것이다. 그들의 자금과 능력이 건국 과업에 잘 쓰일 길을 열어주어 과업도 더 순탄하게 진행되고, 민족 내 갈등도 최소한으로 줄어들게 하고 싶었던 것이다. 그런 민족주의자들을 유혹하기 위해 한민당 실력자들도 기득권 포기 등 그럴싸한 약속을 했다.

그런데 이제 얼토당토않은 이유로 합작위의 토지개혁 원칙을 반대하고 나서니 한민당의 민족주의자들은 뒤통수를 맞은 꼴이 되었다. 한민당의 절반이 당을 떠나 좌우합작을 지지하는 중간파에 합류하고, 한민당은 친미·반공의 지주당(地主黨) 성격을 분명히 했다. 부일 협력자 집단을 중심으로 극우 세력이 범우익에서 갈라져 나와 독자적 진영을 갖추는 계기였다.

극우 세력이 1946년 가을에 이르러 독자적 진영을 갖추게 된 것은 어떤 조건 때문이었을까? 몇 가지 조건이 맞물려 작용한 것으로 보인다. 첫 번째 필요조건은 자립이 가능하게 된 것이다. 해방의 감격에 대중이 빠져 있을 때는 친일파로 지탄받을까봐 조심스러웠다. 민족진영 지도자들에게 돈 보따리를 갖다 바치며 "이제는 반성하고 모든 것을 민족에게 바칠 각오입니다." 납작 엎드릴 필요가 있었다. 그러나 경찰과 군정청 요직을 장악해놓은 이제 '정면 돌파'가 가능하게 된 것이다.

또 다른 조건은 남조선의 사회경제적 상황이 얄팍한 말재주로 덮어버릴 수 없는 민중 봉기 단계까지 왔다는 사실이다. 해방된 후 해방 전보다 살기 좋아질 것을 대중은 기대했다. 그런데 좋아지기는커녕 더 나빠지는 한편에서 해방 전 큰소리치던 자들은 더 큰소리를 치고 있었다. 말로는 대중을 설득할 수 없게 되자, 모든 코스프레 집어치우고 실력으로 찍어 누르자는 배짱으로 나온 것이다. 불만 품은 대중을 '좌익 척결'의 이름으로 억압하기 위해 극우 세력은 풍부한 자금력으로 룸펜 계층을 조직하여 경찰력에 보탰다.

또한 이북 인민위원회 체제의 발전이 이남 극우 세력의 결집을 촉발한 측면도 있다. 이북에서 좌익이 상당 범위 민족주의자들의 도움을 얻어 준국가 체제를 세우는 데 대해 극우 세력과 미군정이 위기의식을 공유했다. 미군정이 중간파의 합작 노력을 한쪽으로 지원하면서도 극우 세력과의 유착 관계 청산을 엄두도 내지 못한 것은 그 때문이었다. 조병옥과 장택상의 경찰을 방치한 것이 하나의 예다. 극우 세력이 입법의원을 장악하여 인민위원회에 대항하는 거점을 확보하려 하고, 미군정이 이를 허용한 것 역시 위기의식을 공유했기 때문이다.

1946년 말 이남 극우 세력과 미군정은 수세에 처해 있었다. 당장의 상황 유지에는 양측의 이해관계가 일치했지만, 재개될 미소공위에서 유리한 위치를 차지하기 위한 노력에서는 이해관계가 엇갈렸기 때문에 두 실력 집단이 힘을 합쳐 상황을 타개할 길도 보이지 않았다. 이런 상황에서 이승만이 미국으로 떠난 것은 돌파구를 찾기 위해서였을 것이다.

2013년 4월

김기협

차례

일러두기

1. 이 책에서 인용한 1차 사료(신문기사, 포고문, 법령 등)는 국사편찬위원회 한국사데이터베이스(http://db.history.go.kr)의 자료를 원본으로 하였으며, 일일이 출처를 명시하지 않는 대신 흐린 글씨로 표시하였다. 또한 지금은 별로 쓰지 않는 한자어를 우리말로 풀어쓰는 등 한글세대도 쉽게 읽을 수 있도록 일부 수정하였다.
2. 이 책에서 인용한 글의 서지사항은 처음 나올 때 표기하고, 이후에는 제목과 쪽수만 표기하였다.
3. 인명이 처음 나올 때 한자 또는 원어, 생몰연도를 함께 표기하였다(확인되지 않는 일부 인명의 경우 제외).
4. 단체명은 처음 나올 때 원래 명칭과 줄임말을 함께 표기하고 이후에는 줄임말을 사용하는 것을 원칙으로 하였다.
5. 각 장의 말미에 실은 '안재홍 선생에게 묻는다'는 해당 시점(예를 들어 1장 말미의 대담은 1945년 11월 중순, 2장 말미는 1945년 11월 말)에 저자가 안재홍 선생과 나누는 것으로 가상하는 대담이다.

1

미군정의 공산당 탄압

1946년 9월 2 ~ 30일

1945년 12월 하지 사령관(가운데)과 미군정 간부. 하지 사령관은 공산당 탄압을 본격화하여 강경 좌파를 배제하고 온건 좌파를 끌어들여 온건 우파 중심의 정계 개편을 이루고자 했다.

1946. 9. 2.

밀수선, 밀항선, 해적선이 넘치는 조선 바다

해방 1년이 지나고도 수백만 재외 동포가 귀국하지 못하고 있었다. 만주와 일본에 가장 많은 동포가 남아 있었다. 만주에서는 200만 이주민 가운데 절반가량이 돌아오고 절반가량이 현지에 남았다. 해방된 지 얼마 후부터 소련군 점령 지역인 만주의 구석구석에 공산군이 자리 잡으면서 이주 조선인의 잔류를 보호하는 정책을 폈기 때문에 귀국해도 생활 터전을 새로 만들기 힘든 이주민은 만주에 남기로 결정한 것이다.

소련군이 1946년 봄까지 만주에서 철수할 때 행정권을 넘겨받은 것은 국민당 정부였다. 그러나 국민당의 실효적 지배는 대도시에 그쳤던 탓에 어느 도시의 시장은 여차하면 튀기 좋도록 열차 차량 안에 집무실을 차렸다고 한다(「불원활한 만주 접수」, 『자유신문』 1946년 2월 14일). 1946년 2월 17일자 『자유신문』에 당시 만주 지역의 상황을 보여주는 기사 하나가 실렸다.

> 본사: 8·15 이후 조선의용군의 동향은 어떻습니까?
>
> 고찬보: 일본 항복의 소식을 듣자 조선의용군은 즉시 연안(延安)을 진발했습니다. 일부 간부들은 8·15 전에 벌써 열하(熱河)로 점차 진격을 개시하고 있었으니까요.

이일청: 지하공작은 열하와 만주에 전면적으로 진행하고 있었습니다. 유명한 우심광산 습격, 성북광산 파괴 사건이, 즉 조선의용군 편의대(便衣隊)의 민주 진격의 첫걸음입니다.

고찬보: 8·15를 당하게 되니 북경(北京), 천진(天津) 등지의 중학생들이 모두 의용군으로 몰려오고 그동안 기회만 엿보고 있던 화북(華北) 일대의 조선 병사들이 일제히 영창을 깨트리고 의용군으로 달려와 8·15 이후 의용군은 급작스럽게 증가했습니다.

본사: 그러면 총세가 상당히 많았겠습니다.

고찬보: 작년 11월 중순에 약 8만가량이었습니다.

본사: 그들이 전부 화북에 남아 있습니까?

박훈: 작년 11월 만주까지 왔던 일부가 신의주까지 왔다가 북만(北滿) 각지 동포들의 생명 재산을 보호하기 위하여 다시 만주 각지로 파견되어갔습니다.

고찬보: 만주에는 일본 패잔병이 토비로 변하여 동포들의 생명 재산을 위협한 일이 많았습니다.

이일청: 작년 11월 18일 조선의용군 통화현(通化縣) 경비대가 일본 패잔병 300여 명을 무찌른 꽤 대규모의 전투가 있었습니다. 아주 비적단으로 화해버린 왜군 300명이 산속을 근거로 약탈과 폭행을 마음대로 하는 것을 의용군 100여 명이 불시에 습격하여 30여 명을 격멸하고 270여 명을 포로로 잡았는데 이쪽은 부상자 하나 안 났습니다.

박훈: 역시 패잔병들이라 심리적으로 벌써 문제가 안 되어 이쪽의 일격에 손들어버린 것입니다.

이일청: 8·15 직전에 산해관(山海關) 근처에서 있었던 전투는 참으로 극적인 전투였지요. 간도에 있는 조선 사람으로만 조직 훈련시킨 간도특설부대라는 것이 있었는데 이 부대를 왜놈들이 산해관까지 출동

시켜 우리와 싸우게 했습니다. 만 사흘 동안, 개천 하나를 사이에 두고 맹렬한 전투를 벌였는데 차차 진지가 가까워오니 양쪽에서 군호하는 것이 다 조선말이란 것이지요. 즉각적으로 조선 사람이라는 것을 알자, 양쪽이 일시에 총을 버리고 개천으로 뛰어들어 서로 얼싸안았습니다. 그때의 눈물겨웠던 이야기는 말할 수 없습니다.

박훈: 그때 간도특설부대 지휘관이 아마 김 소좌란 분이지요.

이일청: 그렇습니다. 그 부대가 바로 우리 부대와 함께 금주(錦州)의 일본군을 무장해제시키고 화북에서 큰 활약을 했습니다.

고찬보: 내가 최근에 가장 감격한 것은 작년 11월 7일 봉천(奉天)에서 거행한 조선의용군의 행진이었습니다. 이날 10월 혁명을 기념하여 적군, 조선의용군, 중국군, 몽골군, 시민들의 순서로 행진했는데 가장 질서정연하고 의기가 늠름한 군대는 가장 남루한 의복을 입은 우리 조선의용군이었습니다. 이것은 다른 사람 보기에도 그러했던 모양으로 중국 사람들도 모두 칭찬해주었습니다.

박훈: 더구나 우리 동포는 감격이 지나쳐 박수도 치지 못하고 그냥 멍하니 서서 눈물만 흘리고 있었습니다. 난생처음으로 완전무장한 1만여 명의 우리 군대가 보무당당하게 승리의 행진을 하는 것을 보고 너무 감격했던 모양입니다.

심운: 그들의 늠름한 자태를 국내 동포에게 보여줄 때가 언제일지 모르나 우리는 언제나 "인심설복 친절화평(忍心說服 親切和平)"을 표어로 하는 민중 공작에 온 힘을 쓸 작정입니다.

본사: 전연 동감입니다. 바쁘신 시간을 내어 여러 가지 참고가 될 이야기와 궁금한 점을 풀어주셔서 고맙습니다.

(「조선의용군 전모, 귀국한 관계자 좌담회」, 『자유신문』 1946년 2월 17일)

충칭 임시정부(이하 '임정'으로 줄임)는 항복한 일본군의 조선인 장병을 국민당 정부의 중국군에게 넘겨받아 광복군을 확충하려다가 실패했다. 이에 비해 조선의용군은 중국 공산군의 도움을 받아 상당수 조선인 포로를 흡수할 수 있었던 것 같다. 1945년 11월 말에서 12월 초 신의주에 도착한 의용대원의 대부분은 소련군의 무장해제 요구에 입국을 포기하고 만주 지역에 남았는데, 군사 기능을 유지해 만주의 교민들을 보호해주며 그 지역에 정착의 기회도 얻었을 것으로 보인다. 상당수는 중국 인민해방군에 들어가 남진에 참여하기도 했다.

만주 지역의 조선인은 중국공산당의 포용 정책으로 잔류의 길을 얻은 반면 일본을 점령한 미군은 조선인을 귀국시키는 정책을 취했다. 1946년 9월 4일자 『서울신문』에 130만 명의 조선인이 귀환하고 64만 7천 명이 아직 일본에 남아 있는 것으로 집계되었다는 기사가 나왔다.

> 〔도쿄 2일발 해방〕 오무라 내무대신은 조선인과 대만성민(臺灣省民)의 귀국 상태를 이번 의회에서 다음과 같이 보고했다. "130만의 조선인은 이미 3월 말까지 본국에 귀환했다. 재일 조선인 수는 각 지방의 보고를 종합하면 64만 7천 명인데 그중 귀환을 희망하는 자는 약 51만 4천 명이고, 남아 있기를 희망하는 자는 30만이나 된다. 또 대만성민은 현재 일본에 1만 2천 명이 남아 있는데 그중 8천 명이 본국에 귀환을 희망하고 있다. 조선인 본국 송환은 이달 말까지로 완료할 예정이었던바 콜레라와 그 밖의 사정으로 송환은 일시 중지되어 11월 말까지는 완료할 계획이다. 본국에 귀환한 조선인이 최근 밀입국하는 자가 나날이 증가하여 7월에는 8,900명에 달했다. 이러한 밀입국자를 방지하기 위하여 경찰과 민간의 협력에 만전을 기하고 있으나 아직 충분치는 않다."

(「11월 말까지 재일 동포 귀환 50만 명 완료 가능」, 『서울신문』 1946년 9월 4일)

1946년 여름이 되면서 조선인의 일본 역류가 심각한 문제로 떠올랐다.

1일 일본 내무성에서는 조선인의 일본 밀항자 취체를 한층 강화하게 되었다. 이들 조선인 밀항자는 6월에는 1,200명, 7월에는 9천 명, 8월에는 1만 5천 명에 달했다. 이러한 밀항자는 조선에서 생활난으로 일본에 밀항한 것인 만큼 모두 암취인 혹은 강도로 변하는 상태라고 한다. 또 이러한 밀항자에 사용한 선박은 귀로에는 공작기계, 자전거, 자동차, 농업 기구 등을 가지고 가는 모양이다.
이리하여 일본 내무성은 기타큐슈(北九州) 산인(山陰) 지방 해안에 감시소를 설치하고 육상에는 순라대를 강화하며, 한편 연합군에 요청하여 해안을 정찰케 하여 최근에는 대부분을 체포했다. 그러나 일본 내무성은 한층 취체를 강화하기 위하여 해안 지방의 일반 주민의 협력을 구하는 동시에 연합군의 협력을 요청하여 조선의 해안선을 취체해 달라고 요청했다.

(「조선인의 일본 밀항자 수 날로 증가」, 『서울신문』 1946년 9월 5일)

〔도쿄 14일 UP발 조선〕 쓰시마해협을 초계 중인 영·미 함선은 지난 1개월 반 동안에 불법으로 일본에 다시 건너가려는 1만 5천 명의 조선인을 검속하였는데 그중 1만 500명은 사세보에 억류되어 있으며 9월 말까지 이들은 조선으로 송환되리라고 한다.

(「지난 1개월 반 동안 일본으로의 밀항자는 1만 5천 명」, 『서울신문』 1946년 9월 15일)

일본으로 돌아가는 일본인 가족. 해방 후 남조선의 일본인 귀환은 순조로웠던 반면 북조선에서의 일본인 귀국은 훨씬 힘들었다.

밀항자 수가 6월 1,200명에서 7월 9천 명으로 늘어난 점을 보면 이것은 체포된 밀항자 수인 것 같다. "최근에는 대부분을 체포"했다는 사실에서 최근에 단속이 강화되어 체포된 수가 급증한 것을 알 수 있다. 실제 밀항자 수도 6월과 7월 사이에 다소 늘어났는지 모르지만, 밀항자 수는 6월 이전부터 월 1만 명을 넘기고 있었던 것으로 보인다.

2월 10일자 일기에서 패전 후의 일본이 얼마나 참혹한 상황에 처해 있었는지 소개했다. 그런데 그런 일본으로 다시 돌아가겠다는 사람이 이렇게 많다니 어찌된 일인가? 조선의 상황이 일본보다도 더 참혹했던 것일까? 해방된 나라의 상황이 패전한 나라보다도 못하다니 어이없는 일이다.

밀항자는 조선인만이 아니었다. 남조선 군정청은 맥아더 사령부와 긴밀한 관계에 있었기 때문에 남조선의 일본인 귀환은 순조로웠다. 8월 17일에 군정청 외무처는 남조선에 남아 있는 일본인 수가 300여 명에 불과하다고 발표했다. 그러나 소련군이 점령한 북조선에서의 일본인 귀국은 훨씬 힘들었다. 9월 4일에 군정청 외무처는 북조선에 남아 있는 일본인 수를 약 8만 명으로 발표했는데(『조선일보』 1946년 9월 5일자), 일본 의회에서는 8월 8일에 북한 재류 일본인 수를 14만 7천여 명으로 발표했다(『조선일보』 1946년 8월 10일자). 그 차이는 군인을 포함했는지, 만주 귀환자를 포함했는지 여부에서 생긴 것이 아닐까 싶은데, 아무래도 적지 않은 숫자였다. 그들도 밀항의 길을 찾고 있었다.

> 당지(當只) 미 점령군 당국 발표에 의하면 남조선 미 점령군 총사령관 존 알 하지 중장은 8월 중 2차나 증가되고 있는 북조선으로부터의 일본인 남조선 불법 입경에 대하여 북조선 소련 점령군 총사령관에게 항의를 제출했다는데 아직까지 이에 대한 회답이 없다고 한다.
> 이에 관련하여 미국 측 장교는 다음과 같이 말했다.
> "미군이 남조선에 상륙한 이래 북조선으로부터 남조선에 불법 입경한 일본인 수는 19만 명인데 이는 모두 일본에 송환되었다. 또 현재 1만 5천 명은 아직까지도 남조선에 머물러 있으며 6만 명의 일본인이 남조선에 입경하려고 대기 중이다. 하여간 야간을 타서 남조선에 불법 입경하는 일본인은 콜레라, 장티푸스 등을 만연시킬 염려가 있으므로 매우 우려되는 바이다. 그러나 미국 측은 이 이상 소련 측에 항의를 제출할 의사는 없다."
>
> (「북조선 체류 일본인의 불법 월남 증가」, 『동아일보』 1946년 8월 23일)

> 25일 밤을 타서 38 이북에서 일인 1,934명을 목선 열한 척에 싣고 신의주를 떠난 밀선이 인천에 입항했는데, 이들은 안동현과 신의주에 집결해 있던 일인 8만 명 가운데 떠난 것으로서 그들이 이와 같이 계획적으로 대선단을 조직하여 38 이북에서 들어온 것은 처음으로 앞으로도 남아 있는 일인들의 행동이 주목되는 바이다.
> 그런데 대선단이 인천 부두에 들어오자 수상 경찰에 발견되어 주범

은 곧 인치되어 엄중 취조 중인데 이 배는 신의주 동화공사 사장 유동구의 소유로서 그는 일인들에게 일인당 천 원 내지 7,000원씩을 받아 이번에 받은 것만도 무려 200만 원의 거액이라 하며, 일인들은 25일부터 29일 네 차례로 나뉘어 미군의 후의로 서울 일본인세화회(日本人世話會)로 이송하였다 한다.

(「일본인 1,900여 명, 밀선으로 신의주 떠나 월남」,
『서울신문』 1946년 9월 1일)

일본이 패전으로 투항하자 만주에 흩어져 있던 일본인들은 신의주 안동현 일대에 집결해 있다는데 그 수는 약 6만이라고 하며, 그들은 패전 국민의 쓰디쓴 고초를 맛보며 어언 1년간 지내오다 최근에는 앞으로 38 이북의 엄동이 무서운지 밀항선을 타고 인천항에 들어오는 자들이 매일같이 계속되고 있다. 돈에 어두워 엄청나게 많은 돈을 받고 그들을 수송하는 악질 모리배들의 암약은 적이 한심스러운 일이라 아니할 수 없다.
전문한 바에 의하면 남아 있는 일인들은 조직적으로 대선단을 만들어 오리라는데 이에 대한 경찰 당국의 활약이 요망되는 바이다.
7월 20일부터 9월 8일까지 인천에 들어온 일인의 수는 다음과 같다.

7월 20일, 64명/8월 1일, 62명/8월 16일, 515명/8월 25일, 644명/8월 26일, 42명/8월 27일, 972명/8월 28일, 372명/9월 3일, 78명/9월 8일, 56명/계 2,906명

(「신의주, 만주 일대에 있는 일본인 38선 넘어 월남」,
『서울신문』·『조선일보』 1946년 9월 12일)

밀수와 밀항이 성행하다 보니 해적까지 나타났다. 육상의 치안도 변변찮은데 해상에서야 오죽했겠는가.

〔강화지국 특전〕 강화 근해에 미식 권총을 가진 해적이 출몰하여 수사 당국을 괴롭히고 있었는데, 지난 20일 재령에 사는 김두형(34)과 김남준(20)은 쌀을 구하려고 배를 타고 밤늦게 연안 근해를 항해하던 중 돌연 장총을 가진 해적이 나타나서 김두형을 쏘아 죽이고 김남준에게는 중상을 입힌 다음 현금 2만 8천 원과 옷 15점을 탈취 도주했는데, 강화경찰서에서는 미식 장총과 실탄 55발, 진범인 강화도 길상면 선두리 심상범(33)을 체포했다.

(「강화 근처의 해적, 살인 횡행타 피체」, 『자유신문』 1946년 8월 8일)

작년 10월경부터 한강과 인천 근해에 출몰하여 부근 주민과 해운계에 일대 위협을 주던 해적 일당 9명 중 7명이 체포되었다. 주소 부정의 주범 장희근 외 8명은 작년 10월경부터 일당이 되어 마포 나루터와 서강에 근거를 두고 연백·강화·김포 혹은 남조선 일대에서 곡식과 해산물을 싣고 오는 배를 권총 등 무기로 협박하고 이를 탈취하여 팔아먹다가 28일 오후 이를 탐지한 마포서 형사대에 주범 장희근 외 6명이 체포되어 무기 등을 압수하여 엄중 취조 중이며, 현재 판명된 피해액만 약 1천만 원에 달한다고 한다.

(「마포 해적 일당 검거」, 『서울신문』 1946년 9월 7일)

그런데 이 강안(江岸) 해적단의 피해자 이야기를 들으면 모종의 권력을 배경으로 활동한 것이 아닌가 하는 느낌이 든다.

마포서에 검거된 해적단은 지난 3일 송국되었는데 피해자가 마포서에 속속 출두하고 있다. 즉, 종로구 훈정정 95 김병수는 지난 7월 31일 오전 9시 서강안을 떠나 인천 순위도 부근에 이르렀을 때, 경기도 방역반 기를 단 배가 좇아오더니 물품을 검사하고 자기네 배에 옮겨 타라 하여 바다로 약 다섯 시간 동안 끌고 들어가서 결박 지어 놓고 권총으로 협박하여 물건과 돈을 빼앗고 어디론가 사라졌으므로 오후 3시경에 알몸으로 옹진에 도착했다는데 그날 피해만도 약 50만 원이나 된다고 한다.

(「강안 해적단 죄상 속속 탄로 피해 심대」, 『자유신문』 1946년 9월 5일)

이 무렵 활동한 해적단이 2년 후 적발된 기사에서 당시 해적질의 일반 양상을 살펴볼 수 있다.

본적을 연백군 청룡면에 둔 ○일○은 재작년 4월 초순부터 시내 남대문로 1가 대동여관에 한국철혈단이란 간판을 붙이고, 동지 8명과 결탁하여 강도질할 계책을 세워오던 중 (…) 형 ○재○이 어업조합 이사로 있는 것을 기화로 발동선을 빌어 방역반이란 기를 달아 관헌의 눈을 피해 가며, 동 15일 마포 강을 출발하여 38선으로 가던 도중 해상에서 남부여대하고 목선으로 월경하여 오는 동포들을 권총으로 협박하여 소지한 물품 약 90만 원어치를 강탈한 것을 비롯해, 그간 수백만 원에 달하는 물품을 강탈했는데 얼마 전 이것이 ○○서에 발각 체포되었다 한다.

(「해적단 행장기, 38선 재민들 구출한답시고 악행」, 『자유신문』 1948년 6월 25일)

1946. 9. 5.

'대중정당'의 개념이 없는 박헌영 일파

8월은 박헌영(朴憲永, 1900~55)에게 몹시 힘든 한 달이었다. 8월 3일 인민당 중앙위원장 여운형(呂運亨, 1886~1947)의 3당 합당 제안서를 접수할 때까지는 좋았다. 이튿날 아침 이 문제를 다루기 위해 열린 중앙위원회에서부터 일이 꼬이기 시작했다. 6인의 원로·중진 중앙위원들이 당대회 소집을 요구하고 나선 것이었다.

이른바 대회파의 대회 소집 요구를 표결로 눌러놓고 오후에 인민당으로 제안 수락 편지를 보냈다. 그러나 이튿날 5일 대회파는 자기네 주장을 당 기관지『청년 해방일보』호외 형식으로 발표했다. 이 성명서에는 그동안 당대회를 열지 않은 문제, 합당을 앞두고 대회가 꼭 필요하다는 주장 외에, 박헌영 일파가 그동안 중앙위원회 등 공식 기구를 거치지 않고, 자기네가 장악하고 있는 간부직을 통해 당을 자의적으로 운영해온 문제를 지적해놓았다. 그래서 이 문제를 놓고 박헌영 일파는 '간부파'로 불리게 되었다.

박헌영은 7일 중앙위원회를 다시 열어 대회파를 반당분자로 규정하고 제명, 정권 등 제재 조치를 결정했다. 힘으로 밀어붙인 것이다.

박헌영의 정면 돌파 방침은 당내에서 반발의 길을 틀어막았다. 반대파에게는 제명 아니면 탈당의 길밖에 없었다. 그러나 합당 상대인 인민당과 신민당 내부에 동요가 일어났다. 이북에서는 공산당과 신민당이 일방적 흡수가 아닌 대등한 통합의 모양새를 취하고 있었고, 이남의 3당도 대등한 통합을 내걸고 있었다. 그런데 공산당에서 소수파의 합리적 요구를 당권으로 억누르는 것은 통합 후의 당권 운영 방식을 걱정스럽게 만드는 일이었다.

인민당에서 문제가 먼저 불거졌다. 16일 예정의 인민당 확대중앙위원회에 영향력을 행사하기 위해 박헌영은 자신을 지지하는 인민당 간부들에게 친서를 돌렸고, 그들은 비밀리에 준비 회의를 열었다. 이 움직임을 감지한 여운형은 위원장직 사임 의사를 밝히고 시골로 잠적해버렸다. '당 안의 당'처럼 움직이는 분파주의를 봉쇄한 뒤에 당이 신중한 자세로 합당에 임하기를 바란 것이다.

그러나 인민당의 박헌영 지지파는 16일 회의에서 여운형의 친필 사직서가 없다는 이유로 위원장 사직 건을 묵살하고 합당 안건의 즉각 표결을 요구해 48 대 31로 우세를 과시했다. 19일에 귀경한 여운형은 정식으로 사직서를 제출하고 27일에 확대중앙위원회를 다시 열어 직접 주재했다. 이 회의는 무조건 합당파와 합당 신중파의 대립을 절충하지 못한 채 결론 없이 끝났다. 그동안 신민당에서도 겉으로 드러나지는 않았지만 인민당과 비슷한 대립이 당내에 빚어지고 있었다.

8월 27일 시점에서 박헌영은 공산당 창당 이래 최대의 위기에 몰려 있었다. 작년 10월 책임비서인 자신의 휘하에 만들었던 북조선분국이 그동안 실력을 키워 실질적인 '큰집' 노릇을 하다가 이제 북조선노동당(이하 '북로당'으로 줄임)을 만들며 형식적인 종속 관계를 벗어나려는 판에, 자신은 보조를 맞추기도 힘든 형국이었다.

북로당이 김두봉(金枓奉, 1889~1961)을 간판으로 세운 틀에 맞추려면 남조선노동당(이하 '남로당'으로 줄임)에서는 여운형을 내세워야 하는

데 김일성(金日成, 1912~94)이 김두봉의 협력을 얻는 것처럼 여운형의 협력을 얻을 자신이 박헌영에게는 없었다. 여운형이 남로당 당수가 된다면 김두봉과 달리 실권을 장악할 공산이 컸다. 남로당에서 자기 영도력을 확립하기 위해서는 적극적인 공작이 필요했는데, 그에 대한 반발이 공산당 내부에서 시작해 다른 두 당으로 파급되고 있었다.

그런데 8월 30일 박헌영에게 구명줄이 날아왔다. 북로당 창립 대회의 남조선 합당 문제에 대한 결정문이었다. 공산당 대회파를 반당분자로 규정한 이 결정문은 다른 두 당에 대해서도 즉각 합당에 동의할 것을 요구하는 내용이었다. 이에 고무된 박헌영은 공산당 확대중앙위원회에서 이런 내용을 담은 연설을 했다(이 연설은 김남식 · 심지연 엮음, 『박헌영 노선 비판』, 세계 1986, 271~273쪽에 전문이, 임경석, 『이정 박헌영 일대기』, 역사비평사 2004, 367쪽에 일부가, 『청년 해방일보』 1946년 9월 2일자로 표시 · 게재되었으나 회의 날짜는 밝혀져 있지 않다. 여기에서는 『박헌영 노선 비판』에서 재인용하며 글을 약간 다듬었다).

> 남조선에서 3당의 합당 문제는 이제 그 원칙 찬성 운운의 시기에서 실현 과정에 돌입하여 어떻게 하면 신속히 이것이 실현되는가 하는 조직 과정에 들어갔다. 반간부 분자들은 합당을 당대회에서 결정해야 한다고 하나 이것은 합당 공작을 지연시키는 외 다른 것이 아니다. 완전히 옳으냐 그르냐 하는 문제는 벌써 결정적으로 누구를 물론하고 진정한 민주주의자라면, 이것을 지지하고 있는 금일에 새삼스럽게 대회 결정을 주장함은 형식에 구애되어 일을 실패케 하는 결과밖에 아니 가져온다.
>
> 당대회 소집설을 주장하는 분자들의 의도는 물론 다른 데 있는 바로 현 간부 타도의 구호를 들고 만일 대회를 소집한다면 그 시일이 지연

> 됨은 물론이요, 대회에 가서 당내 투쟁으로서 일대 분규가 아니 일어날 수 없는 것인즉, 이 대회는 결국 당 싸움을 대규모로 확대시키고 따라서 합당을 파괴하는 결과가 올 것은 명백한 일이다. 합당이 옳으냐 그르냐는 이미 결정적인 이상, 앞으로 할 일은 새 당을 어떻게 결성시키는 것인가 하는 문제가 중요한 것이다. (…)

문학자연맹, 조선노동조합전국평의회(이하 '전평'으로 줄임), 전국농민조합총연맹(이하 '전농'으로 줄임), 조선부녀총동맹, 조선민주청년동맹(이하 '민청'으로 줄임) 등 좌익계 대중 단체로 구성된 3당 합동추진위원회에서도 합당의 조속한 진행을 촉구하는 성명을 발표했다.

> 3당 합동에 관하여 북조선노동당 창립 대회가 채택한 결정은 3당 합동에 반대하는 자는 조선 민주화와 자주독립의 적이며 조선 인민의 원수라고 규정했다. 공산당 내 반당분자가 인민당 및 신민당 내의 동요분자에게 합당을 주저 회피할 호개의 구실을 제공하고, 의식적으로 각 당 내의 ○○분자를 규합하여 3당 합동을 적극적으로 파괴하는 공작을 공공연히 추진하여, 반동 진영에 거대한 이익을 주고 있는 사실에 감하여 지극히 정당한 평가라고 인정하는 동시에, 이러한 개인이나 분파는 행동을 즉시 정지하고, 그 분파를 즉시 해체할 것을 우리 단체의 이름으로 엄중히 경고한다.
>
> (「좌익삼당합동추진위원회, 합동 방해 분파에 경고 성명 발표」, 『서울신문』 1946년 9월 3일)

이런 분위기 속에서 9월 4일 3당 합동준비위원 연석회의를 열어 선언과 강령 12개조를 채택하고 3당 합동준비위원으로 남조선노동당 준

1946년 8월 북로당 창립 대회 후 소련 군정 및 북조선노동당 간부가 함께한 기념사진(앞줄 왼쪽부터 허가이, 김일성, 정치사령관 레베데프 소장, 김두봉, 정치국장 이그나치프 대령, 김책 등이 자리했다).

비위원회를 구성했다는 보도가 나왔다.

> 북조선공산당과 신민당이 북조선노동당으로 합동 신발족한 데 감하여 남조선에서도 신민당·인민당·공산당의 합동 공작이 진전되고 있는 바 4일 하오 6시부터 신민당 회의실에서 3당 합동준비위원 연석회의를 개최하고, 각 대표로부터 합당에 대한 최후 결정 보고가 있은 다음 합당 결정서를 정식 가결하고, 한편 기초위원이 제출한 선언 및 강령(초안)도 토의 결정했다 한다. 그리고 3당 합동준비위원으로 남조선노동당 준비위원회를 구성하고, 결당 준비 공작을 적극적으로 착수하게 되었다고 하며, 5일 다음과 같은 결정서와 강령(초안)을 발표했는데 인민당 유지 간부의 성명서에 의하면 인민당은 즉시 합동파로서 대표를 파송하였던 것을 알 수 있고, 여 당수 이하 유지 간부

의 태도는 미정인 것을 알 수 있다.

● 결정서

조선인민당·조선공산당·남조선신민당의 3당 합동준비위원 연석회의는 각 당 대표의 합동 결정에 대한 보고를 듣고 그것을 전면적으로 찬성하는 동시 3당이 다음과 같은 선언 및 강령(초안)을 기본으로 하여 남조선노동당으로 합동할 것을 결정한다.

1946년 9월 4일

조선인민당·조선공산당·남조선신민당 3당 합동준비 연석회의

(「좌익 3당 합동준비위원 연석회의, 합당 결정서 가결 남로당 준비위 구성」, 『조선일보』 1946년 9월 6일)

이 전격 조치에 인민당과 신민당은 호떡집에 불난 꼴이 되었다. 9월 7일자 『동아일보』에 실린 백남운(白南雲, 1894~1979)과 장건상(張建相, 1883~1974)의 인터뷰 기사가 양당의 반응을 잘 보여주는 것으로 길지만 그대로 옮겨놓는다.

좌익 3당 합동은 조공·인민 양당의 내홍으로 말미암아 안정과 해결이 있을 때까지 보류하기로 되었던 바, 돌연 지난 4일 합당 추진파에서는 3당 합동준비위원회 연석회의를 개최하고 선언·강령·초안 등을 발표했다. 이에 인민당·신민당의 책임자는 전연 알지 못하는 의외의 돌발사로 과연 이것이 민주 원칙에 입각한 대중당으로서의 합당인가 그렇지 않으면 공당 독재의 지령에 움직이는 일련의 사실로 볼 수 있을까. 여하튼 당수도 알지 못하는 합당 문제를 중심으로 금후 좌익 정계의 귀추는 자못 주목된다.

● 신민당위원장 백남운 담

합당 추진파가 결정 발표한 소위 선언·강령 등은 신문을 보고 비로소 알았으며 이에 대해서는 책임질 수 없다고 신민당위원회 백남운은 혜화정 자택에서 기자에게 다음과 같이 말했다.

합당을 추진시키기 위하여 우리 신민당에서는 다음과 같이 4단계로 나눠 노력해왔다.

1. 합당은 절대 필요하다. 그러므로 이를 찬동해야 한다는 것을 지방지부에 주지시키도록 노력했다.

2. 합당의 시기는 양 우당의 내부적 통일을 기다려 합당을 촉진할 것.

3. 우당 내부의 분규가 확대되고 있으므로 양 우당 중 어느 우당이고 먼저 내부가 통일되는 대로 신민당으로서 합당 준비를 개시하려고 했다.

4. 지난 3일 신민당 상임위원회 석상에서 합당 촉진책으로서 두 가지 결정한 바 있었다.

첫째, 이미 구성된 준비위원회로서는 합당 촉진을 위한 문서를 작성할 것.

둘째, 대외적으로는 양당 내부의 대립 관계를 되도록 거중 조정할 것.

4일 밤 연석회의는 그에 대한 신민당으로서의 제1차 준비 회합으로 추측될 뿐이고 최종 결정 회합으로 생각지 아니하였던 만큼 신병으로 출석도 못했다. 따라서 소위 선언·강령 등은 신문지를 통하여 비로소 알았다.

요컨대 근로대중의 복리와 민족의 운명을 개척하는 엄숙한 정치적 신발족으로서 규정할 수 있는 합당인 만큼 더욱더 합리적인 합당 공작을 추진해야 할 것인데, 부지중에 너무도 조급히 발표된 점에서 최종의 합당책과는 배치되므로 나로서는 아직 책임질 수 없다. 다만 합당을 되도록 빨리 촉진해야 할 것은 물론이다.

● 인민당 부당수 장건상 담

인민당 부당수 장건상은 6일 오전 11시 본정 신민관에서 기자단과 회견하고 합당 추진파의 합당 결정 발표에 대하여 당수와 중요 간부도 모르는 합당은 있을 수 없다고 다음과 같은 담화를 발표했다.

一. 3당 합동 결정 및 남조선노동당 강령 발표에 대하여 인민당으로서는 위원장은 물론 본인 또한 중요 간부들도 전연 모르는 일이다.
一. 3당 합동을 원칙적으로 찬성하므로 위원장이 제의한 것이 사실이다. 그 후 공산당 내부 분열로 소기의 목적을 달성키 어려워 일시 보류하자는 의견이 대두되고, 인민당 내에서는 상당한 대립으로 위원장이 사표까지 냈으므로 이 대립이 통일되어 위원장 사임 문제가 해결되기까지는 합동 문제를 일방적으로 추진하지 않고, 당내 통일을 기하고자 타협해오던 중인데 아무 양해도 없이 이런 결정을 발표하는 것은 이해키 곤란하다.
一. 위원장이 시골 간 후에 모든 문제는 본인에게 결정하라고는 하였으나 문제가 중대하니만치 내 자의대로 이 이상 발표할 길 없고, 위원장께 이 사실을 보고차 사람을 보냈으니 지시가 오는 대로 다시 발표하겠다.

(「좌익 3당 합동에 대한 신민 · 인민당의 담화」, 『동아일보』 1946년 9월 7일)

신민당에서는 3당 합동준비위원을 뽑아놓았던 모양이다. 그래서 9

월 7일자 『동아일보』에는 백남운 위원장의 사임 소식과 함께 4일 연석회의에서 신민당 준비위원의 행동에 대한 책임 때문이리라는 추측을 곁들이기도 했다.

한편 인민당에서는 준비위원도 뽑아놓지 않았던 모양이다. 9월 7일자 『서울신문』 기사에 따르면 인민당의 '무조건 합당파'를 이끈 현우현(玄又玄) 등 중앙위원 3인이 "3당 합동준비위원 연석회의에 본인들이 인민당 대표로 참석하였다고 일부에서는 보도되고 있으나 본인들은 인민당의 합동준비위원이 아닌 만큼 연석회의에 참석할 리 만무"라고 해명했다 한다. 과연 이 연석회의에서 인민당을 대표한 준비위원들이 누구였단 말인가?

현우현은 건국동맹의 핵심 인물이었다. 1944년 8월 10일 건국동맹의 발족이 현우현의 집(삼광한의원)에서 이뤄졌다. 그에 관한 상세한 자료를 입수하지 못했지만 대충 짐작이 간다. 사회주의자로서 건국동맹에 참여하고 그 인연으로 인민당 간부가 된 사람들은 여럿이었다. 그들 중 공산당에도 가입한 사람들이 있어서 인민당에 이중 당적 문제가 일어나곤 했다. 합당의 당위성을 굳게 믿고 있던 그들이 박헌영의 강력한 무조건 합당 지시를 받았을 때, 여운형이 뭔가 일시적 오판을 한 것으로 생각하고 박헌영의 지시에 따랐을 수 있다. 8월 16일의 확대중앙위원회에서는 이런 사람들이 '즉각 합당'에 찬성했을 것이다. 그러나 9월 4일의 조작된 연석회의에 대해서는 책임이 없음을 밝히고 나선 것이 아닐까.

당대회 소집준비위원회를 구성하고 있던 공산당 대회파도 9월 4일 연석회의를 비난하는 성명을 발표했다.

지난 5일에 발표한 합당이란 것은 아당과 우당의 당수 및 당내 대중의 절대다수를 배제하고 각 당내 소부분만이 분열적 합동을 발표한 것이다. 이것은 사실에서 3당 전체를 분열하게 하는 것이고 합당을 방해하는 것이라고 인정한다. 이때 우리는 합당에서 가장 중요한 원칙을 다시 한 번 주장하려고 한다.

1. 우리의 합당은 3당 당원의 전체적 합당이 되어야 할 것.
2. 우리의 합당은 각 당 및 각 당 내부의 자색주의와 분파를 청산하여야 할 것.
3. 우리의 합당은 한 개의 당이 타당을 흡수하고 영도하는 것이 아니라 3당이 평등한 위치에서 공평하게 합당할 것.

이러한 원칙을 어느 일파는 완전히 무시하고 합당의 이름으로 기실은 분열을 실천하고 있다. 우리는 완전하고 전체적인 합당을 급속히 수행하기 위하여 이상의 원칙에 의한 기존 방침대로 추진할 뿐이다.

1946년 9월 7일

조선공산당대회 소집준비위원장 윤일

(「조공당대회 소집준비위원장 윤일 성명서 발표」, 『동아일보』 1946년 9월 8일)

오늘은 이 정도로 3당 합당과 관련된 9월 초순의 상황을 정리해둔다. 11월 23일 남로당 결성까지, 그리고 그 이후에도 남조선 좌익의 기구한 드라마는 계속된다. 그 와중에서 주도권을 지켜가는 박헌영 일파의 노선 성격을 서중석은 이렇게 정리했다.

일제 시기 한국에는 대중정당이 존재해본 적이 없었고, 12월 테제의 영향 아래서 지하활동 또는 투옥 생활만 했기 때문에 대중정당에 대한 인식이 없었던 박헌영 등 조선공산당 지도부는 인민당, 신민당과 합당하는 문제가 한국의 상황이 요구하는 대중노선의 차원에서 어떤 의미를 가지는지 생각할 수가 없었고, 그들과 무조건 합당하면 당을 격하시키는 것으로 판단하여, 자신들의 프랙션인 인민당과 신민당 내의 좌파 세력만 흡수해가려는 입장으로 나타날 수밖에 없었다. 더구나 박헌영 등 간부파는 기존의 당조차 민주적으로 운영하지 못하여 대회파의 반발을 샀고, 우당에게는 프락치를 심어 여운형·백남운을 견제하여 여운형·백남운과의 불편한 관계를 심화시켰던 것이다.

(『한국현대민족운동연구』, 역사비평사 1992, 483~484쪽)

1946. 9. 7.

공산당에 포문을 연 하지 사령관

『자유신문』도 『동아일보』도 1946년 9월 1일자 제1면의 절반 이상을 하지(John R. Hodge, 1893~1963) 사령관의 담화문 「조선 민중에게 보내는 말」로 채웠다. 『동아일보』 기사에는 "하지 중장이 발표한 지금까지의 성명 중 가장 중대한 성명"이라 했고, 『자유신문』에는 "이 발표에 있어 취사감수(取捨監修)를 불허함과 ○제도 지정한 것은 극히 주목되고 있다"고 했다. 부임 1년을 맞아 단단히 마음먹고 준비한 담화문이다.

『동아일보』에는 "특히 주목되는 바는 민주주의적 자유의 역용(逆用)을 일삼고 언론·출판·집회의 자유를 남용함으로써 조선 민족을 해방한 우방 미국에 대한 모략적 악선전과 애국적 지도자의 성의에 대하여 허위의 진술을 하는 일부 소수 정당에 대한 구증적인 실례를 열거하여 경고한 점"이라 했다. 실제로 담화문은 이런 말로 시작한다.

> "나는 최근 남조선에 있는 어떤 정당의 구두, 신문, 소책자, 벽신문 등을 통하여 연출(連出)하는 악질의 선전을 흥미 있게 보고 있다. 특히 그들의 선전 '노선'의 목적은 북미합중국과 남조선 주둔 미군 대표자와 미국 지도하에 운영되고 있는 미군정이다. 그 이면에는 잘 조직된 선전 조작소가 있어 전력을 다하여 조선 재건을 원조하는 미군

의 노력을 불신임케 하자는 목적이 명백히 있다."

원고지 30매가 넘는 이 담화문을 다 옮겨놓을 가치는 없어 보이므로 경찰과 관련된 부분만 소개한다.

"또 한 가지의 중대 선전 재료는 모당의 경찰에 대한 대성훤소(大聲喧騷)의 공격이다. 원래 범법자로 정예 경찰에 대한 증오심이나 악평은 경찰 제도가 생기면서부터 있는 일이다. 반경찰 선전은 물론 경찰의 기백과 훈련을 좌절하며, 인민의 생명과 재산과 치안을 유지하는, 흔히는 불쾌한 업무라도 충실히 이행하는 경찰에게 공포심을 넣어주어 배전의 문란을 범법자들이 노리는 것이다. (…) 극소수 경관이 부정직하거나 직권을 이용하여 정치운동을 이용하는 자가 발견되면 즉시 파면했다. 민중에 대한 경찰의 봉사 정신도 계속 함양하고 있다."

담화문은 표적을 분명히 하는 말로 마무리되었다.

"여러분은 참된 조선인의 단결과 참된 조선인의 힘을 합쳐 국가의 번영과 국민의 생활 향상에 일층 더 이바지하자는 지도자를 따르시도록 할 것이다. 무엇보다도 폭력주의, 난폭한 혁명 계급투쟁, 계급 증오심을 주장, 실천하며 무상으로 큰 것을 약속하는 그런 유의 지도자를 경계해야 한다."

(「조선 민중에게 보내는 말」, 『자유신문』 1946년 9월 1일)

9월 3일 제1관구 경찰청장 장택상(張澤相, 1893~1969)의 성명서는 좌익 책동을 분쇄하겠다는 하지의 뜻을 받든 것으로 이해된다.

"지난 8개월 동안 서울에서 가까운 지방의 치안과 질서는 거의 확보되었다. 경찰관의 노력도 있지만 사회 유지의 협력이 매우 크다. 그런데 나는 대개 경찰행정에는 두 가지 종류가 있다고 믿는다. 하나는 외부적이요, 다른 하나는 내부적이다. 외부적은 행동으로 나타난 범죄행위, 즉 강도, 살인, 불법 침입 등이요, 내부적인 것은, 즉 음모로 나타난 궤계, 모략, 비방 등으로 현실을 부인하고 인심을 동요시켜 조직된 정권을 파멸하며 경제, 재정, 상공업 등 생산에 필요한 시설을 마비시켜 자파의 사리를 확대하려고 계획하는 것이다.
경찰은 외부적 범죄행위도 다소간 감퇴됨에 따라 내부적 범죄행위의 박멸을 위한 방침을 9월 중부터 실시하기로 확립했다. 이제부터 경찰의 이목이 될 기구를 총동원하여 지하공작 음모로 남조선 정권과 민중 사이를 이반시키려고 힘쓰는 개인이나 단체가 있다면 경찰은 총력을 집중하여 그 타도에 노력하겠다. 이 타도 정책에는 경찰의 힘만으로는 되지 않는다. 사직 당국의 호의적 양해와 후원이 절대 조건이다."

(「제1관구 경찰청장 장택상, 치안 유지 등에 새 노선 천명」, 『자유신문』·『조선일보』 1946년 9월 4일)

"내부적" 범죄행위? 지금까지 몇 차례 소개로 장택상의 파시스트 면모를 충분히 파악하지 못한 독자라도 이 성명서로 충분하리라 생각한다. 경찰의 이목이 될 기구까지 동원하겠다고 공언한다는 것은 우익 청년 단체 이야기가 아니겠는가. 장택상은 식민지 시대보다 더 확실한 경찰국가를 만들고 싶은 것이다. 게다가 "사직 당국의 호의적 양해와 후원"까지 요구한다.

사직 당국에 대한 이 요구가 구체적으로 드러난 사례를 1947년 2월

18일자 『동아일보』에 실린 「경찰의 법원에의 항의는 판결에 대한 불만 아니다」 기사에서 찾았다.

> 지난 8일 고문하였다는 것으로 공판에 회부된 김동순 경위에 대하여 심동구 심판관으로부터 징역 8개월에 집행유예 3년을 선고한 바 있었는데 11일에는 시내 경찰서장이 대법원장 김용무 씨를 방문한 데 대하여 17일 수도경찰청장 장택상 총감은 기자단에게 다음과 같이 말한다.
> "재판의 신성은 평민이나 관리나 누구를 물론하고 간섭치 못함은 근대 법률에 비추어 상식화되어 있다. 이번 수도청 직원이 김 대법원장에게 항의한 것은 판결 자체에 대한 항의가 아니고, 김 대법원장 자신이 간섭했다는 것이 이유의 원인이다. 판결에 대한 불복이 있다면 인민들로서 상고함이 당연하지 항의라는 것은 천만부당하다. 김 대법원장은 자기 자신이 간섭했다는 것을 경찰이 마치 판결 자체에 항의한 것 같이 세간에 유포케 함은, 내 자신으로는 판단키 어려울 만큼 경찰의 태도를 비곡하여 세간에 유포케 했다. 판결의 신성성은 누구보다 경찰이 잘 지킨다. 이 점에 대해서 김 대법원장이 경찰을 의심함은 매우 유감으로 생각한다."

고문 사건 재판에 대법원장이 간섭했다니, 도대체 무슨 짓을 했다는 것인가? 부당한 간섭이 있다면 고발을 해야지, 왜 경찰서장이 찾아가는가? 요즘 검찰의 안하무인격 언론 플레이도 장택상에게 배운 것이 아닌지.

9월 5일자 『자유신문』에는 「하지 성명 반향」이란 제목으로 몇몇 정당·단체의 반응이 소개되었다. 기사 모두에는 "일찍이 예를 보지 못한 신랄한 표현"이라고 하지의 담화문을 설명했다.

● 민전

8월 31일 하지 장군의 발표 성명은 너무나 엄청난 모순이 있다. 조선 민중은 어떠한 선진 국가를 물론하고 진실하게 원조해준다면 그는 언제든지 고맙게 받을 것이다.

● 한독당

우리 민족을 해방해준 연합국에 감사하는 바이며 미군 장병에 대하여도 감사를 마지않는 바다. 이번 하지 장군의 간곡한 성명에 그 고충과 성의에 거듭 사의를 표한다. 그러나 미군정의 모처럼 선의에서 출발한 시책이 실제 운영에서는 우리 실정과 매우 거리가 멀고 모순된 결과가 되는 사실도 있는 것을 잘 양찰하기 바란다.

● 한민당

하지 중장의 성명은 당연했다. 미군이 조선에 진주한 지 1년. 그동안 미군정은 우리에게 언론·집회·결사·출판의 자유를 주는 동시에 조선의 완전 자주독립을 위하여 많은 원조를 한 것이다. 이러한 우리의 해방자인 미군정에 대하여 일부에서 이를 반대하는 것은 연합국에 대한 우리의 올바른 태도가 아니며 또한 조선 독립을 지연시키는 결과밖에 되지 않을 것이다. 따라서 우리 당은 이 성명에 만강의 사의를 표하는 바이다.

● 민혁당

하지 중장은 언론 · 출판 · 집회의 자유를 이용하여 악질적으로 선전

해방 1년 후 공산당에 대한 정면공격을 단행한 하지 중장. 해방된 지 1년이 지났으나 체제 유지에 신경 쓰느라 인민의 먹고사는 문제는 좀처럼 나아지지 않았다.

하고 있다고 말했는데 사실상 남조선에서는 언론·출판·집회의 자유가 없는 것이다. 악질적 선전 운운하는 각 좌익 정당 단체는 인민의 요구를 정당하게 발표할 따름이지 하등 악질적으로 선전한 적은 없다. 조선 인민은 지능과 판단력이 날마다 증가하고 있다. 우리는 하지 장군에게 조선 인민이 목전에 무엇을 요구하는가를 조사하여 잘 선처해주기 바란다.

● 신민당

우리는 우리를 해방해준 연합국 및 미국민에게 심심한 감사를 드려왔다. 그러나 해방 후 우리 인민에게는 실업과 기아가 더욱 심해질 뿐이니 이러한 원인을 규명하고, 그 해결책을 요구하고, 우리가 당연히 주장할 바를 주장하는 것을 악질 선동이며 기만적 모략이라 하니 우리는 이해하기 심히 곤란한 바이다.

9월 6일 『인민보』·『현대일보』·『중앙신문』이 정간 조치를 당하고 일부 직원이 체포당한 데 이어 9월 7일에는 박헌영을 위시한 공산당 간부들에 대한 체포 명령이 떨어졌다. 제1관구 경찰청은 서울 시내 검문검색을 포함한 대대적인 체포망을 구축했다. 공산당 서울시 당비서 김삼룡(金三龍, 1908~50), 서기국장 이주하(李舟河, 1905~50), 민전 부의장 홍남표(洪南杓, 1888~1950) 등이 속속 체포되었고, 수십 명 좌익 인사의 집이 수색당했다. 그러나 장택상은 기자들에게 이렇게 말했다고 한다.

> "이 사건은 나에게 묻지 말아주오. 나에게도 함구령이 내리었다. 그리고 이번 사건은 경찰에서 단독으로 하는 것이 아니고 상부 명령으로 경찰이 움직이고 있다. 그리고 좌익 단체 간부를 전부 체포하는 것은 아니고 경찰이 지명수배 인물만 수사하는 것이다."
>
> (「제1관구 경찰청장 장택상, 조공 간부 체포령에 대해 언급」, 『동아일보』 1946년 9월 10일)

그것은 사실이었다. 군정청 공보부에서도 기자단에게 이렇게 밝혔다고 한다.

> "이는 군정청에서 취급하는 것이 아니고 하지 중장 사령부에서 직접 관여 취급하는 때문이라 한다. 검거하려는 이유는 맥아더 원수 포고 제2호 위반일 뿐, 군정청 발포의 법령이나 규정 위반에 의하여 취급하는 것은 아니다. 만일 이들 간부들이 포고 제2호에 저촉되는 기사를 방금 정간 중인 3신문사에 제공했다면 이와도 관련될 것이다. 그렇지 않다면 별개로 취급될 것이고, 8일 발표의 하지 중장 성명서를

보면 체포하려는 의도는 더 잘 알 수 있을 것이라 한다."

(「공보부, 조공 간부 체포령에 대해 언급」, 『동아일보』 1946년 9월 12일)

9월 15일자 『서울신문』의 「정간된 3신문의 사원 일부 석방」 기사에도 이들이 미군 방첩대(CIC)에 검거되어 인천의 미군 형무소에 구금되었다고 한다. 공산당에 대한 정면공격은 하지의 결단만으로 군정청도 거치지 않고 미 육군 제24군단이 직접 움직인 것이었다. 군정청과 경찰이 하지의 뜻을 거스를 염려도 없는데 왜 그랬을까? '군정청'보다도 위에 군림하는 '미군'의 절대적 존재를 과시할 필요가 있었을까? 군정청 부하들의 개입조차 원치 않는 은밀한 뜻이 하지에게 있었던 것일까? 앞으로 사태의 진전을 살펴보며 되씹어볼 문제로 남겨둔다.

1946. 9. 9.

박헌영과 하지의 비밀 거래?

9월 6일의 3신문 정간 및 이튿날의 공산당 간부 체포령은 군정청 법령 위반 문제가 아니라 맥아더 포고령 관계라고 했다. 그래서 군정청과 경찰은 주둔 미군 사령관 하지의 명령에 따라 움직일 뿐이지, 판단과 결정의 주체가 아니었다. 이런 방침은 8월 21일 러치(Archer L. Lerch) 군정장관의 성명으로 천명된 것이었다.

> 러치 군정장관은 21일 군정청의 활동을 방해하는 개인이나 단체는 포고령 제2호에 의거 처벌하겠다고 대략 다음과 같은 성명을 발표했다. "군정청으로서는 조선인의 행정에 관한 건설적이며 공평한 비판을 환영하며 이를 적당한 방법으로 제출하는 비판은 감사히 접수하여 불평의 원인을 일소하도록 노력할 것이다. 그러나 최근에 개인 혹은 단체가 사실상 전혀 근거 없을 뿐 아니라 군정을 훼상 방해하는 성명을 공적 또는 사적으로 하는 일이 있다. 이에 군정청 관리들이 방금 취하고 있는 행동과 이에 관련된 사실을 철저히 조사하고 있다. 그러므로 그 결과 만약 고의로 군정 활동을 방해하고자 계획한 개인이나 단체가 발각되었을 때에는 미 군법회의에 부하여 태평양미국육군총사령부 포고 제2호 위반죄로 처벌당할 것이다."

(「공평한 진언 환영하나 군정 훼상의 성명은 엄벌」, 『자유신문』 1946년 8월 22일)

"태평양미국육군총사령부 포고 제2호"란 어떤 것인가? 1945년 9월 7일 하지가 이끄는 제24군단의 조선 상륙에 임해 태평양미국육군총사령관 맥아더(Douglas MacArthur, 1880~1964)의 이름으로 조선 점령에 관한 3건의 포고가 발포되었다. 제1호 포고는 미군이 38선 이남 지역 행정권을 행사한다는 내용이고, 제3호 포고는 미군 점령 지역에서 사용할 화폐에 관한 내용이었다. 그리고 제2호 포고가 범죄와 법규 위반에 관한 것이었다.

> 본관은 본관 지휘 하에 유한 점령군의 보전을 도모하고 점령 지역의 공중 치안 질서의 안전을 기하기 위하여 태평양미국육군최고지휘관으로서 좌기와 여히 포고함.
> 항복 문서의 조항 또는 태평양미국육군최고지휘관의 권한 하에 발한 포고 명령 지시를 범한 자, 미국인과 기타 연합국인의 인명 또는 소유물 또는 보안을 해한 자, 공중 치안 질서를 교란한 자, 정당한 행정을 방해하는 자 또는 연합군에 대하여 고의로 적대 행위를 하는 자는 점령군 군율회의에서 유죄로 결정한 후 동 회의에서 결정하는 대로 사형 또는 타 형벌에 처함.
>
> (「태평양미국육군총사령부, 포고 제1·2·3호 공포」, 『매일신보』 1945년 9월 11일)

러치의 8월 21일자 성명은 미군정을 비판하는 공산당 측의 성명서를 "연합군에 대하여 고의로 적대 행위를 하는" 것으로 간주한다는 것이다. 이것이 합당한 사법 정책일까?

제1호 포고의 마지막 조항인 제6조는 "이후 공포하는 포고 법령 규약 고시 지시 급 조례는 본관 또는 본관의 권한 하에서 발포하여 주민이 이행해야 될 사항을 명기함"이란 내용이었다. 1945년 9월 1~3호 포고는 '약법 3장'과 같은 것이었다. 항복 접수가 진행되고 있던, 아직 전쟁 마무리가 덜 된 상황에서 일본 지배 체제를 대신할 기본 원칙만을 내놓은 것으로서 군정이 자리 잡기까지의 임시 조치였다.

군정청이 설치된 후 많은 법령과 포고문을 발포했고, 많은 사건이 그에 따라 처리되었다. '자료대한민국사' 검색으로는 1945년 9월의 맥아더 포고령을 적용한 사례가 없었다. 임시 조치로서 포괄적으로 제시된 맥아더 포고령 대신 군정청 법령과 포고문을 준거로 삼게 된 것은 적어도 형식적 의미에서는 '법치'의 발전이라 할 수 있다. 그런데 1년 전 임시 조치로 발포된 포고령이 1946년 9월 군정청의 정상적 사법 체계를 뛰어넘는 '도깨비방망이'로 되살아난 것이다.

군정청의 '정상적 사법 체계'도 법치의 기준으로 그리 훌륭한 것이 아니었다. 8월 29일자 일기에서 적은 바, 정판사사건 피의자들의 불법 유치에 대해 "미군 경무부장의 명령으로 경찰에서 계속 취조 중이었으니 위법으로 생각하지 않는"다고 검사가 당당히 응답한 것이 단적인 예다. 군정청의 사법 운영은 하지 사령관 마음대로 할 수 있었다. 그런데 그것도 모자라 다른 기준과 처리 방법을 끄집어낸 까닭은 무엇이었을까?

확실한 근거가 없으니 추측만 해둔다. 9월 6~7일 시작된 공산당 탄압이 사법 조치가 아니라 정치적 조치였으리라는 점이다. 군정청, 특히 경찰에 탄압을 맡기면 좌익 전체를 대상으로 삼으려는 경향이 있다. 그런데 하지는 좌익 강경파를 배제하면서 온건 좌익을 좌우합작에 끌어들이고 싶었다. 그래서 이 일을 군정청·경찰에 맡기지 않고 주둔군 사령부에서 직접 관리하고자 한 것이 아닐까 하는 짐작이다. 폭격에도 '정밀 폭격'이 있는 것처럼 탄압에도 '정밀 탄압'이 가능하다고 생각한 것이 아닐지.

7월 4일자 일기에서 공산당의 '신전술'을 언급했다. 비합법 투쟁, 즉 정면 대결을 추구하는 이 노선을 박헌영이 6월 말 평양 방문 때부터 주장했다는 서용규(가명)의 진술이 『비록 조선민주주의인민공화국』(234~235쪽)에 실려 있는데, 대략 정황에 맞는 진술로 보인다. 신전술의 적용은 7월 27일 좌우합작에 대한 민주주의민족전선(이하 '민전'으로 줄임)의 '5원칙' 요구로 시작되었는데, 5월 초순의 정판사사건 이래 공산당이 강경 노선으로 돌아설 여건이 마련되어 있었기 때문이다.

민전 5원칙 중 미군정에 가장 자극적인 내용은 인민위원회로 행정권 즉각 이양을 요구한 제4조였다. 박헌영은 8월 3일 하지에게 보낸 편지에서도 이 주장을 내놓았다. 미군 정보기관은 이 편지 내용을 이렇게 요약해놓았다고 한다(G-2 Periodic Report, No. 302; 임경석, 『이정 박헌영 일대기』, 355~356쪽에서 재인용).

> 조선공산당 중앙위원회 의장 박헌영은 하지 장군에게 보내는 1946년 8월 3일자 편지에서 점령 후 1년이 지난 현재의 남조선 상황과 관련해 군정을 비난했다. 박은 이 난관을 타개할 수 있는 유일한 방법이 인민에게 그리고 민족 해방 투사들의 대표로 구성된 인민위원회로 정권을 이양하는 것이라고 믿고 있다. 그는 그러고 나서야 비로소 정치 무대에서 모든 '친일파', '민족반역자'를 축출할 수 있다고 믿고 있다. 그는 입법 기구 설립 문제에 강력하게 반대하고 나섰는데, 왜냐하면 이 기구의 역할이 군정 및 나아가 '친일파'와 '반동'분자들에게 힘을 좀더 실어주는 것뿐이라고 믿고 있기 때문이다.

행정권을 내놓으라는 것은 군정청의 존재 이유를 부정하는 것이고, 입법 기구 설립 반대는 미군정의 의도를 의심한다는 것이다. 입법 기구 설립의 부당함에 대한 근거를 대는 것이 아니라 나쁜 의도일 것 같아서 반대한다는 것이니, 상대방을 협력 상대로 인정하지 않는 자세다. 박헌영과 공산당은 그동안 우익과 경찰을 비난했을 뿐, 미국과 미군에 대한 비판은 절제해왔는데, 7월 하순부터 미군정 자체를 적대시하는 '신전술'로 돌아선 것이다.

그러나 신전술은 9월 초까지 선전 활동에 그쳤을 뿐, 실제 행동은 없었다. 한 달여에 걸친 적대적 선전 활동이 9월 6~7일 시작된 전면적 탄압의 충분한 이유가 될 수 있었을까? 서중석은 『한국현대민족운동연구』(443쪽)에서 박헌영 체포령을 놓고 "미군정이 계산하였을 정치적 이유도 애매한 점이 있다"며, 이어 "박헌영이 체포령이 내린 뒤 북한으로 피신한 것은 그 적절성에 의문이 제기될 수 있다"고 했다. 미군정이 체포령을 내린 데도, 박헌영이 이북으로 도주한 데도 상식적으로 이해되지 않는 면이 있는 것이다.

이때 체포된 이주하는 후에 6개월 형을 선고받았다. 행동이 아닌 선전 활동에 대한 징벌은 그 형량을 넘어설 수 없었다. 박헌영이 체포되었더라도 마찬가지였을 것이다. 이 정도 사소한 혐의를 놓고 주요 정당의 수뇌부를 몽땅 잡아넣겠다고 온 서울을 발칵 뒤집어놓는다는 것은 상식적으로 이해되지 않는 일이다.

박헌영의 도주도 그렇다. 신전술을 채택했다면 상당한 갈등을 예상했을 텐데, 체포령이 내렸다 해서 현장을 버릴 수 있을까? 3당 합당과 실제로 벌어질 총파업과 민중 항쟁을 앞둔 상황에서 그가 체포되어 법정투쟁을 벌이는 길, 지하에서 항쟁을 지도하는 길을 모두 버리고 이북으로 건너간 사실 또한 상식적으로 이해되지 않는 일이다. 따라서 여기에도 약간의 추측을 남겨두는 수밖에 없다. 하지와 박헌영 사이에 모종의 합의가 있지 않았을까 하는 추측이다. 7월 5일자 일기에서 두 사람 사이의 비밀 관계에 대한 생각을 적은 일이 있다. 북한의 숙청 과정에서 나온 박헌영의 '진술' 가운데 다소간의 사실도 담겨 있지 않을까 하는 판단에 근거한 생각이다.

성급한 정면 대결로 두 사람이 어떤 이득을 바라볼 수 있었을까 추측해본다면, 하지는 공산당의 정상적 정치 활동을 봉쇄함으로써 입법기구를 목표로 좌우합작에 온건 좌익의 순조로운 참여를 전망할 수 있었다. 그리고 박헌영에게는 북로당의 지지에도 불구하고 가라앉지 않는 좌익 내부의 반발을 피할 수 있는 길이었다.

박헌영의 월북 경위에 관해서는 여러 가지 엇갈리는 이야기가 전해지는데, 9월 29일 서울을 떠나고 10월 6일 평양에 도착했다는 『스티코프 비망록』■ 내용이 널리 받아들여진다(『이정 박헌영 일대기』, 375·381쪽). 9월 29일까지 박헌영은 무엇을 하고 있었을까? 원래 10월로 예정되어 있던 전평의 총파업을 9월 24일 철도, 26일 경성전기, 기타 부문 28일로 일정을 앞당기는 결정이 체포령 직후인 9월 10일경 내려졌다는 사실을 유의할 일이다(『한국현대민족운동연구』, 449쪽).

■ 1995년에 『중앙일보』가 북한 정권 수립기에 북한의 최고 실권자였던 테렌티 스티코프(Terenty F. Shtykov, 1907~64)의 일기를 입수 보도한 내용. 소련 군정이 이북뿐 아니라 이남 정세에 깊숙이 개입한 사실을 알 수 있다.

1946. 9. 12.

스스로 가다듬기를 마지않는, 그런 지도자

「사탕을 먹지 말거라」

"이 아이의 사탕 먹는 버릇을 아무도 고쳐주지 못했습니다. 선생님 말씀이라면 아이가 들을 겁니다. 사탕 먹지 말라고 아이에게 말씀해 주십시오."

아이를 데리고 중년의 간디를 찾아온 어머니가 간곡히 부탁했다.

아이의 눈을 그윽이 들여다보며 입을 뗄 듯하던 간디가 눈길을 어머니에게 돌리고 말했다.

"보름 후에 아이를 다시 데려오세요. 그때 말해주겠습니다."

"저희는 먼 곳에 살기 때문에 보름씩 여기 머물기도 어렵고 보름 후에 다시 오기도 어렵습니다. 지금 말씀해주실 수 없겠습니까?"

간디는 다시 한 번 아이의 눈을 들여다보고는 또 말했다.

"아무래도 보름 후에 말해줄 수 있겠습니다."

할 수 없이 아이를 데리고 돌아갔던 어머니가 보름 후 다시 찾아왔다. 간디는 아이의 눈을 한동안 그윽이 들여보다가 말했다.

"얘야, 사탕을 먹지 말거라."

그러자 아이는 고개를 끄덕였다.

기뻐하고 고마워하며 어머니가 물었다. 왜 그 말씀을 보름 전에는 해 주실 수 없었느냐고. 간디가 대답했다.
"그때는 저도 사탕을 먹고 있었어요."

간디는 인도의 예속 상태가 영국의 욕심보다 인도의 도덕적 무기력에 근본 원인이 있다고 생각했다. 그래서 그가 제창한 사티야그라하(비협조 · 불복종) 운동은 압제자에 대한 저항에 앞서 인도인의 도덕성 함양 과업에 치중했다.
1931년 영국과의 협상에서도 간디는 인도인의 자치 권한 확대보다 소외 계층 대책에만 주력해 민족주의 진영에 실망감을 주기도 했다. 이듬해에는 천민층의 참정권 제한 방침에 항의해 옥중 단식을 하는 등 인도 내부의 문제를 영국과의 관계보다 늘 앞세웠다.
성실한 도덕적 실천만이 진정한 인도 독립의 길임을 간디는 몸으로 보여주었다. 배타적 권리의 주장보다 인류에게 책임질 줄 아는 능력이 인도 독립의 열쇠라고 한 그의 가르침은 수미일관(首尾一貫)한 그의 실천으로 힘을 가질 수 있었다.
청문회 증인들에게 호통치고 설교하는 국회의원의 모습을 보며 간디의 가르침이 떠오른다. 마치 완전무결한 인간인 듯 증인들을 질타하는 그들이 증인들보다 월등하게 뛰어난 도덕성을 가졌다고 믿는 국민이 얼마나 될까? 사탕 먹지 말라는 한 마디를 위해 스스로 가다듬기를 마지않는, 그런 지도자가 아쉽다.

(김기협, 『중앙일보』 1997년 4월 11일)

나는 간디를 '성인'으로 여기지만, 그것이 '완벽한 인간'이라는 뜻은 아니다. 인간의 약점을 가졌지만 그것을 극복하려는 노력이 지극한 사람을 나는 '성인'으로 생각한다. 이 글은 바로 간디의 '지극한' 자세를 보여준다.

간디(Mohandas Karamchand Gandhi, 1869~1948)는 청년기에서 중년기에(1893~1914) 걸쳐 남아프리카의 영국 식민지 나탈에서 지내는 동안 정치 활동을 시작했다. 당시 간디의 정치의식은 만주국에서 최남선(崔南善, 1890~1957)이 보여준 협력주의와 방불한 것이었다. 여러 방향에서 비판이 가능한 자세였다.

인도로 돌아온 후 민족 지도자로, 나아가 20세기 인류의 정신적 지도자로 간디가 성장하는 데 이데올로기 차원에서는 큰 변화가 있었던 것 같지 않다. 인도의 공산주의자 E. M. S. 남부디리파드(E. M. S. Namboodiripad, 1909~98)처럼 부르주아지를 주체로 한 간디의 운동 노선을 공산주의 관점에서 혁명의 방해자로 볼 수도 있었을 것이고, 신분해방의 장애물로 볼 수도 있었을 것이다. 간디가 인도인에게, 그리고 인류에게 베푼 큰 가르침은 이데올로기 차원의 것이 아니다. '지극한' 자세로 정치 운동 아닌 도덕 운동을 일으킨 것이 그의 공로였다.

'정치'라면 현실적인 것으로, '도덕'이라면 현실과 관계가 없거나 있더라도 멀리 있는 우활한 것으로 사람들은 흔히 생각한다. 나는 이런 관념을 현대사회의 병리적 현상으로 본다. 문명이 발생한 이래 도덕은 정치의 핵심이었다. 근세까지 내내 그랬다. 마키아벨리(Nicolò Machiavelli, 1469~1527)의 『군주론』이 당시 사람들에게 충격을 준 이유는 도덕이 정치의 핵심이라는 당시의 '상식'을 뒤집은 것이기 때문이었다. 도덕이 정치에서 경시되어가는 당시의 풍조에 역설을 통해 경고를 발한 것이 『군주론』이었다. 그런데 지금은 그 역설이 많은 이들에게 '상식'이 되었다.

정치는 물질과 정신으로 구성된다. 역사를 통해 어느 때 어느 곳에서도 경제력과 군사력, 즉 물질적 요소가 정치에서 큰 역할을 맡아왔다. 그러나 한편에서는 도덕성의 역할이 균형을 맞추고 있었다. 산업혁명 이후 경제력과 군사력의 급속한 발전으로 이 균형이 무너지고 정치가 물질적 측면에 치우쳐 매달리게 된 것이다.

계몽주의 시대 이래 '보편적' 원리가 정치 이념을 지배하게 된 것이 그 뚜렷한 징표다. 보편적 원리는 추상적일 수밖에 없는 것이고, 따라서 도덕적 가치의 구체적인 힘을 잃는 것이다. 이념에 봉사하기 위해 비도덕적 행위를 거리낌 없이 자행하는 근대 세계에서 정치의 정신적 측면은 크게 위축되어 있었다.

간디 못지않게 훌륭한 도덕적 자세를 갖춘 사람은 어느 시대 어느 사회에나 있었으리라고 나는 믿는다. 그러나 그런 사람들이 현실 정치에서 소외되어 지내는 것이 근대 세계에서 정상적인 현상이었다. 간디가 정치 지도자로서 그만큼 부각될 수 있었던 까닭은 여러 가지 요인, 특히 인도와 영국의 정치 상황에 기인한 이례적인 일이었다.

해방 공간의 조선인 중에도 간디만큼은 아니더라도 실제 권력을 누린 사람들보다 훨씬 훌륭한 도덕적 자세를 보여준 사람들이 있었다. 그들의 좌절을 우리는 흔히 그들의 비현실성, 우활함으로 설명해왔다. 그러나 해방 공간의 구체적인 사정을 들여다보며 그런 설명이 지나친 선입견이 아닌가 하는 생각이 든다.

그들 중에는 나름대로 현실적인 비전을 제시하려 애쓴 이들이 있었다. 물질적 힘, 즉 돈과 주먹이 당시 세계에서도 예외적일 만큼 조선에서 큰 위력을 떨치고 있었기 때문에 양심적 지도자들의 도덕적 노력이 철저하게 소외되었다는 생각이 든다. 정치의 도덕적 측면을 인식하지 못하는 오늘날 우리의 선입견도 상당 부분 그 결과일 수 있다.

65년 전 오늘 있었던 일 하나를 전한다. 이승만(李承晩, 1875~1965)

저격 미수 사건이다.

> 지난 7일 조선공산당 박헌영 책임비서 수사로 경찰의 신경은 날카로이 경계와 수사에 혈안의 맹활동을 계속 중인데, 12일 백주 서울 거리에서 이승만 박사가 타고 질주하는 자가용 자동차 MG-5호를 향하여 권총을 발사한 사건이 돌발했다.
>
> 12일 오전 10시경 시내 돈암장을 출발하여 민주의원을 향해 창경원에서 돈화문으로 통하는 창경원 구름다리를 지나 10시 10분경 돈화문에서 10미터가량 되는 시내 권농정 50번지 산본상회 새골목 지점을 자동차가 질주할 즈음 돌연 골목에서 흰 와이셔츠에 국방복 바지를 입은 청년과 검정 학생복을 입은 25, 26세가량 되어 보이는 괴한 두 명이 권총을 가지고 이 박사 자동차를 향하여 발사했는데, 6발 중 4발이 자동차 가솔린 탱크에 착탄하고 나머지는 부근 벽에 착탄했다.
>
> 그리고 다행히도 이 박사는 이상 없고 괴한들은 골목으로 도망하였는데, 경찰의 보고에 의하면 괴한은 6명이나 되었다고 한다.
>
> (「질주하는 이 박사 자동차에 괴한이 권총을 발사」, 『동아일보』 1946년 9월 13일)

나는 이 일을 이승만의 자작극으로 본다. 좌우합작이 대세인 상황에서 주목을 끌어보기 위함이었을 것이다. 그리고 미군정의 공산당 탄압에도 도움을 주려 했을 것이다. 이승만은 사건 직후 YMCA빌딩의 대한독립청년단 결단식에 참석해서 연설 중 이런 농담을 했다고 한다.

"지금 내가 이곳으로 오는 길에 어디서 딱딱 하는 소리가 나기에 길에 놀던 아이들이 딱총을 놓는 줄 알았더니 그것이 나를 향하여 권총을 쏜 모양이다. 그런데 생각하면 네 발씩이나 총알을 발사했으면 나를 맞혀야 할 터인데 맞히지 못하는 것을 보면 그 총을 쏜 사람은 나를 사랑하는 사람인줄 믿는다."

(「12개 청년 단체 통합 대한독립청년단 결성」,
『조선일보』·『동아일보』 1946년 9월 13일)

9월 14일자 『동아일보』 기사에서는 이 저격이 계획범죄라는 정황 증거를 소개하고 15미터 거리에서 네 발의 탄환을 자동차 뒤쪽에 집중적으로 맞춘 것을 보면 능숙한 사수로 보인다고 했다. 차 안에 이승만 외에 비서 2인과 기사, 경호원이 타고 있었다 하고 별도의 수행 차량 이야기는 없다. 차 안에서 아무도 총소리를 듣지 못했다고 한다. 목격자가 봤다는 "권총을 든 두 명"은 어디서 나타난 것일까.

이승만의 비서가 장택상 경찰청장을 13일 방문했을 때 장택상은 이렇게 말했다고 한다. "아직 범인을 체포하지는 못하였으나 범인의 단서는 잡혔다. 범인은 의외의 방면에서 나올지도 모른다."(「이 박사 저격범 단서 포착」 중에서, 『자유신문』 1946년 9월 14일)

13일자 『동아일보』 기사 「혐의자 11명 체포」를 보면 와룡정 파출소에 수사본부를 두고 일대 민가를 가가호호 수색한 끝에 봉익정 송산여관에 투숙 중인 한 전문학교 학생 등 "수상한 혐의자" 11명을 종로서에 유치하고 엄중 조사 중이라 했다. 『자유신문』 14일자 기사에 따르면 12일에 20여 명이 검거되었다가 그날 밤 모두 석방되었다고 한다.

그러고는 14일 새벽 유력한 용의자로 모 좌익 정당원 김성도(23세, 가명)를 체포했다는 기사가 15일자 『동아일보』에 실렸고, 같은 신문 17일자에는 「벙어리 된 이 박사 저격 혐의범」이란 기사에서 혐의자가 공산당원임을 밝혔다. 그러나 18일자에는 이 협의자에게 도저히 뒤집어 씌울 수 없었는지 「범인은 오리무중, 이 박사 저격범은 누굴까」라는 기사를 냈다.

1946. 9. 14.

학교를 투쟁의 본산으로 만든 국립서울대학교 설치령

강준만은 『한국 현대사 산책: 1940년대편 1』(인물과사상사 2006, 279~281쪽)에서 '교육 출세론'을 해방 공간의 중요한 현상의 하나로 꼽았는데 적절한 지적이다. 사실 교육 출세론은 과거제가 국가 체제의 주축이던 왕조시대부터 조선 사회에 깔려 있던 것이라 할 수 있는데, 일본의 식민 지배가 시작되면서 한 차례 틀이 바뀌었던 것이 해방을 계기로 또 한 차례 폭발한 것이다.

일본 식민 지배자들은 새로 도입된 근대 교육을 협력자 집단의 형성을 위한 도구로 삼았다. 종래 조선왕조의 지배계급 중에는 이민족 통치에 저항하는 기류가 있었다. 다른 대안이 없는데도 식민 지배자들이 제공하는 일체의 학교 제도를 거부하는 사람들까지 있었다. 일본인 통치에 순응하는 황민 교육을 시행했기 때문이다. (민족주의자들과 선교사들이 세운 적은 수의 학교들은 이로부터 비교적 자유로웠지만, 그런 학교들에 대해서도 황민 교육의 요구가 갈수록 심해졌다.)

식민지 조선에서 교육의 기회는 근대사회답지 않게 매우 적었다. 고등교육일수록 더했다. 고급 직종의 인력 수요를 일본인으로 채우는 식민정책 때문이었다. 전문학교 이상은 일본에 가서 수학하는 사람이 훨씬 더 많았다. 유일한 정규 대학 경성제대의 조선인 졸업생은 해방 때까지 300여 명에 불과했다.

교육의 문이 좁고 본인이 비용을 부담하는 제도 아래 교육은 체제 순응의 길이었다. 고등교육을 받은 사람들 중 사회의식을 키워 이민족 지배나 군국주의 체제에 저항하러 나선 사람은 극소수였다. 굳이 반민족적 의식을 가지지 않은 학부형도 자식의 출세가 아니라 생존을 위해서라도 교육을 시켰고, 대부분 자식들은 그 기대를 저버리지 않았다.

중등 이상의 교육을 받은 사람들은 체제에 순응하기만 하면 어느 정도 안정된 생활을 보장받았다. 비록 제일 높은 자리는 일본인이 차지하고 있었지만 고등교육을 받은 사람들은 희소가치 때문에 좋은 대접을 받을 수 있었다. 교육제도는 식민지 지배 체제의 중요한 요소가 되었고, 사람들의 생존 의지와 출세욕은 그 미끼가 되었다.

해방이 되면서 고학력자의 수요가 폭증했다. 일본인이 차지했던 수만 개의 높은 자리가 갑자기 비었기 때문이다. 일본인이 주재하던 기관의 하위직에 있다가 벼락출세를 한 사람들 중에는 충북 봉양의 금융조합 이사 김성칠도 있었다.

> 유재홍 씨의 복명에 의하면 내가 연합회 본부 지도과 참사가 되었으니 얼른 부임하라는 기별이 자꾸 지부로 오나 전신 전화가 통치 않기 때문에 연락을 하지 못했으니 곧 상경하라는 의미의 말과 또 지부장 사무 취급으로 신임되었다는 조병순 씨의 편지가 왔다. 그러나 여러 가지로 생각한 끝에 금명일 중으로 서울 가서 취임을 거절하기로 했다.
>
> 이건 내가 도도해서 참사에의 승진을 미타하게 여겨서 그러는 게 아니다. 그리고 또 반드시 안일의 길을 취해서만도 아니다. 나의 나아갈 길은 따로이 있고 그 길을 똑바로 가기 위해선 지도과 참사가 부

> 적임이기 때문이다. 차라리 당분간 이 조합에 그냥 눌러 있으면 좋겠다. (김성칠, 『역사 앞에서』, 1945년 12월 3일, 창비 1993/2009)

그러나 김성칠은 이틀 후 연합회에 부임했다. 지도과 참사가 아니라 과장이었다. 금융조합 연합회란 것이 농협중앙회 같은 조직이었고, 이사회 밑에 4~5개 과가 있었다. 지방의 단위조합 조합장이 국장급으로 날아오른 셈이다. 마음 편한 일은 아니었다.

> 하상용 씨를 통해서 신(新)회장에게서 사령을 받았다. 구(舊)회장 이하 일인(日人) 간부 환시 하에서 다시 미인(米人)의 사령을 받게 되니 얼굴에 모닥불을 퍼붓는 것 같다. 저놈들이 옛날은 우리들에게 와서 머리를 굽실거리더니 이제는 또 미인의 앞에 같은 태도로 나갈 것이다, 하고 일인들이 속으로 비웃을 걸 생각하니 이 자리에 나온 것이 자꾸만 후회스럽다. (같은 책, 1945년 12월 5일)

> 오늘 처음으로 과장 자리에 앉아서 일을 보았다. 이 변란 통을 이용해서 좀더 좋은 자리를 하나 얻어둘 양으로 분주하는 여러 사람의 틈에 나도 한몫 끼이게 된 것이 아닐까 하고 혼자 어이없는 웃음을 지었다. (같은 책, 1945년 12월 6일)

김성칠의 옆에서 분주한 모습이 보이기도 한다. 동료 과장으로 김성칠의 일기에 나오는 이재형(후에 국회의장을 지냄)과 김주인(후에 국회의원과 헌정회장을 지냄)이 있는데, 1914년생의 이재형은 한 살 위의 김성칠과 매우 편한 사이로 여러 번 나온다. 한편 1916년생의 김주인은 김성칠 아래 지도과 참사로 들어왔다가 얼마 후 교무과가 만들어져 김성칠이 옮기면서 지도과장 자리를 넘겨받았다. 김성칠보다 근무 경력이 더 긴데 왜 아랫자리에 들어가야 하느냐고 불만이 있었던 모양이다.

> 밤에는 이재형 군이 놀러 와서 김주인 군이 과장이 못되어서 안달이란 말을 전하고 나와 주인 군의 처지가 거꾸로 되었다면 어떨까 하는 말을 하기에 그저 웃고 말았으나 내가 만일 미타한 자리에 놓이게 되었다면 기어이 취임을 거절했을 것이요, 일단 승낙하고 취임한 이상은 제 소임을 성실히 해나가야 할 것이라고 생각했다. (같은 책, 1945년 12월 20일)

김성칠이 12월 3일자 일기에서 "나의 나아갈 길"이 따로 있다고 한 것은 학문과 교육의 길이었다. 그런데 주변의 권유에 따라 금융조합연합회에서 일하기로 마음먹으면서 자기 뜻을 금융조합에서도 펼칠 수 있으리라고 생각한 모양이다. 연합회에 교무과를 만들기로 한 데에는 그의 의지가 작용한 것 같다. 그가 대구에 출장 갔을 때 금융조합에 무슨 교무과가 필요하냐고 그에게 따진 사람이 있었다고 한다.

> 밤에 화월식당에서 김의균 지사 이하 각 부장을 초대해서 연회가 있었다. 농상부장 서만달 씨가 여러 사람을 붙들어서 함부로 욕설을 퍼부어도 모두 감수하므로 부쩍 기수가 나서 종말엔 나를 대하여 이 자식 금융조합에 무슨 교무과가 필요하냐고 트집을 걸기에 너 같은 자식을 가르치기 위해서 필요하다고 받아주었더니 노발대발해서 덤비었다. (같은 책, 1946년 2월 6일)

1월 30일에 김성칠이 경성법전 고병국(高秉國, 1909~76) 교장으로부터 역사학 교수로 초빙받았으나 사양하고 시간강사로만 나가기로 했다는 것을 보면, 그 시점까지는 금융조합에서 계속 일할 생각이 있었던 것이 분명하다. 그러나 3월 19일 일기에는 돈암동에 집을 샀다는 말이 나온다. 당시의 '문화주택'인 원효로의 금융조합 사택을 떠날 결심을 그 사이에 한 것이다. 그날 일기에는 금융조합을 떠나는 동기도 밝혀져 있다.

> 장덕수 씨 등 민주의원 측이 하상용, 임홍식 씨 등을 초청해서 공작한 결과, 과장회의에서 중역들이 우익과 결탁하기를 선포하였을 때 나는 그 비(非)를 지적하고 두 시간 동안 고군분투했다. 다시 3월 9일 오후 인민비판사 주최로 좌익 편에서 금융조합 문제를 논의하고 민전, 전평, 전농, 해방일보 등 좌익의 논객들이 금융조합에 공격의 일제 화살을 보내왔을 때 나는 그들의 공식주의적인 관념론을 상대로 세 시간 동안 항변했다.
> 그러나 금융조합의 우익 편향은 이제 결정적인 사실이 되고 말았다. 이러한 의미에서도 나는 이 기관을 물러나야겠다. 나는 현하의 조선에 있어서 좌익의 경거망동을 싫어한다. 그러나 우익의 혼란도 보기 숭하다. 어느 편으로든 나 자신이 규정받는 걸 나는 좋아하지 않는다. 그러한 기관에 간부의 일원으로 몸을 담아두는 것도 생각할 문제이다.

도대체 금융조합 같은 기관이 우익과 결탁한다느니 우익으로 편향한다느니 하는 것은 어떤 것이었을까? 대출금을 우익에만 빌려주는 것인가? 우익의 예금만 받는 것인가? 구체적으로 이해 안 되는 일이지만, 아무튼 우익에서는 주요 기관 운영자들을 포섭하는 데 노력을 기울이고 있었던 모양이다.

김성칠은 교무과장으로서 조합원 교육 사업에 뜻이 있었던 모양인데, 운영진이 우익으로 간판 들고 나서면 그 사업이 제대로 될 수가 없다. 2월 18일 법전 개강 전에 결심할 것을, 하고 한탄했지만 때는 이미 늦었다. 할 수 없이 3월 하순에 금융조합을 그만둔 후 경성대학에 조수(지금의 조교) 자리를 얻어 학과 사무실을 연구실로 쓰며 1년간 지내다가 이듬해 조교수에 취임했다. (경성대학의 공식 명칭은 1945년 10월 16일 서울대학으로 바뀌었지만, 국립서울대학교가 되기 전까지는 통상 '경성대학'으로 불렸다.)

그러나 학교도 좌우 대립의 회오리에 말려들기 시작하고 있었다. 4월 17일 일기에 김성칠은 경성대학 예과 학생들의 동맹휴학 반대 성명을 반기는 마음을 적었다.

> 대학 예과 학생들이 근래 학원의 유행병처럼 되어 있는 동맹휴학을 반대하는 성명이 신문지상에 발표되었다.
> 정치 모략의 학원 침입을 반대하고 학원의 순수와 자유를 지키려는 것이며, 동맹휴학은 최후의 수단임을 재확인하고 연학에 전심해서 국가 재건에 공헌하겠다는 것이며, 태만 정신을 맹휴의 미명하에 호도하려는 그릇된 생각을 배격한다는 것이며, 어느 것이나 다 현하 학원의 불안에 대처할 학도의 노선을 정확하게 파악했다. 이러한 청년 학도들이 있으매 믿음직하다. 조선의 앞길에 빛을 그릴 수 있다.

학원 소요는 4월 들어 크게 늘어났다. 3월 초 발포된 군정청 법령 제6호에 의거하여 법정학교 폐교 결정이 나오면서부터 좌익에 호응하는 학생들의 시위와 동맹휴학이 잦아졌다. 이에 대한 미군정의 황당할 정

1946년 동숭동에 자리한 서울대학교 전경. 군정청의 국립서울대학교 설립안은 시설이나 예산의 투자 없이 통제의 편의만을 고려한 조치로, 학생만이 아니라 교수들까지 반대 운동에 나서게 했다.

도로 무단적인 대응책이 7월 13일 발표한 '국립서울대학교 설립안(국대안)'이었다. 시설이나 예산의 획기적 투자도 없이 통제의 편의만을 노린 이 조치에 대한 반발은 좌익의 범위를 훨씬 넘어섰다. 학생만이 아니라 교수들까지 자리를 박차겠다는 사람들이 줄을 이었다.

그러나 군정청은 이 계획을 강행하여 8월 22일 국립서울대 설립에 관한 법령(제102호)을 공포했고, 9월 13일까지 학생 등록을 요구했는데 대다수 학생이 이를 거부했다.

> 국립종합서울대학령 실시에 그동안 각 관계 학교와 학생층에서는 맹렬한 반대로서 대학령의 철폐를 강경히 요구하고 있는데, 신입생 재학생을 불문하고 금후 학생으로서 자격을 가지려면 신입생은 11일까지, 재학생은 13일까지 학생 등록(즉, 입학 수속)을 해야 한다는 법령으로 말미암아 신입생 중에는 등록 거부의 맹렬한 반대를 물리치고 등록을 감행한 학생도 있어 등록 기일까지의 학생 동향이 자못 주목을 끌고 있다.
>
> 대체로 12일까지의 학생 동향을 살펴보면, 신입생 3,860명 중 약 700

명이 등록하였다 하며, 재학생은 12일부터 13일까지 등록 기일이나 12일까지 등록한 학생이 한 사람도 없다 한다. 그리고 학교별로 검토해보면 법학대학(法專)과 의과대학(醫專)은 학생회에 등록을 전적으로 하기로 가결한 듯하며, 대학예과와 공업대학(工專)도 대부분이 등록을 하기로 가결한 모양이다.

그런데 끝까지 등록을 하지 않은 학생에 대한 조치와 결원 수를 학교 당국으로서는 어떻게 할 것인가 이에 총장 앤스테드는 다음과 같이 말한다.

"등록 기일은 13일까지이나 어떠한 사정으로 등록할 수 없었던 학생의 편의를 도모하여 14일까지는 등록을 접수하겠다. 그리고 등록하지 않은 학생 수의 결원은 고등교육을 받을 수 있는 유자격자를 다시 모집할 터인데, 모집 방법에서는 금일부터 원서를 접수하여 접수 순서대로 개별적으로 전형하겠다.

그러나 입학한 학생으로서 외부의 압박이라든가 혹은 그 밖에 피치 못할 사정으로 등록하지 못했다는 정당한 이유가 있는 사람에 대해서는 등록 기일 후라도 결원을 보충하기 전까지는 공평히 처리할 것이다. 그러므로 누구나 다 기일 안에 등록하기를 바란다."

(「서울대, 등록 접수 마감 9월 14일까지 연기」, 『조선일보』·『서울신문』 1946년 9월 13일)

'국대안 사태'는 학원 안에 그치지 않고 전 사회적으로 큰 혼란의 요소가 되었다. 군정청의 조치가 학문, 교육, 문화, 사회, 어느 면에서도 이해가 되지 않는 무단적인 것이어서 정치적 편향성이 없는 사람들까지도 반발하지 않을 수 없었기 때문에 좌익의 선전과 조직 활동에 좋은 소재가 된 것이었다. 이 상황을 전우용은 이렇게 설명했다.

> 좌익은 교수와 학생들의 불안과 불만을 '혁명적 정세'를 조성하는 데 이용하려 했다. 국대안이 발표된 직후부터 '국대안 반대 운동'은 요원의 불길처럼 전국으로 퍼져 나갔다. 반대 운동은 당장의 이해관계가 걸린 사람들에게서 미래의 이해관계가 걸린 사람들에게로, 나아가 대학과는 아무런 관계가 없는 사람들로까지 확산되었다.
>
> 통합 대상 학교의 교수, 학생 절대다수가 국대안에 반대했다. 전문대학 교수단연합회, 조선학술원, 문화단체총연맹, 조선과학자협회, 과학기술자연맹 등 좌우익을 막론하고 경성대학 출신들이 주도하던 학술 단체, 문화 단체들이 잇따라 반대 성명을 냈다. 민주주의민족전선을 비롯한 좌익 정치단체도 국대안 반대에 합세했다. (『현대인의 탄생: 해방 한국전쟁기 한국인의 질병과 위생 의료』, 이순 2011, 158쪽)

국립서울대학교는 설립 후 1년간 정상적 학교 기능이 마비된 채 좌우 대립의 격전지로 남아 있었다. 이를 계기로 서북청년회 등 우익 세력의 학원 진입을 강준만은 중시했고(『한국 현대사 산책: 1940년대편 1』, 276~279쪽), 조선의 학술·교육계에서 관립학교 출신보다 기독교계 사립학교 출신과 영미 유학파가 주도권을 쥐게 된 사실을 전우용은 중시했다(『현대인의 탄생: 해방 한국전쟁기 한국인의 질병과 위생 의료』, 165~166쪽).

1946. 9. 16.

아시아 신질서의 구조를 바꾼 중국 국공(國共) 내전

1945년 4월 루스벨트(Franklin D. Roosevelt, 1882~1945) 대통령이 죽을 때까지 지켜온 국제주의 노선이 패권주의적인 국가주의 노선에 밀려나 1947년 3월 트루먼독트린 발표에 이르게 된 사정을 몇 차례 언급한 일이 있다. 국제주의 노선을 처음 세운 것은 제1차 세계대전(1913~21) 때 재임한 윌슨(Thomas W. Wilson, 1856~1924) 대통령이었다. 1918년 1월 윌슨이 의회 연설에서 발표한 14개조가 그 출발점이다. 전쟁 후 세계 질서의 원리에 대한 미국의 제안이라 할 수 있는 14개조는 민족자결주의, 민주주의 확산, 자본주의 확산, 그리고 제국주의와 고립주의를 아울러 배격하는 국제협력주의로 요약되는데 이것을 '윌슨주의'라 하며 국제정치 노선으로는 국제주의라 한다.

당시 열강들은 윌슨주의를 이상주의적 경향으로 간주했지만 그것은 종래의 제국주의와 비교해서 보는 상대적 관점일 뿐이다. 식민지 쟁탈전에서 뒤처진 후발 열강 미국이 국제적 영향력을 키워가는 데 현실적 효용이 큰 정책 노선이었다.

제2차 세계대전 후 초강대국으로 미국의 위상이 바뀌면서 국가주의에 자리를 내주게 되지만, 그 단계에 이르러서도 국제주의는 미국이 세계 질서를 바라보는 1차적 기준으로 작용했다. 직접적 영향력의 증대를 꾀하는 국가주의 노선은 이곳저곳에서 국부적으로 적용되기 시작하고 있었다.

종전 당시 미국 정부는 중국을 아시아 지역 질서의 축으로 삼고 일본의 힘을 없애는 국제주의 노선을 그대로 지키고 있었다. 한편 일본을 점령한 맥아더 사령부에서는 일본을 미국의 '맹방'으로 부활하게 하려는 국가주의 기류가 일어나고 있었다. 1951년 샌프란시스코 평화조약으로 일본의 부활이 결정되는 데는 그 사이에 진행된 중국 공산화가 결정적 계기가 되었다. 조선과 일본에 대한 미국과 소련의 정책에 큰 영향을 끼친 중국 사정의 변화를 수시로 살펴볼 필요가 있다.

미국은 전쟁 중 일본에 대항하기 위해 장개석(蔣介石, 1887~1975) 정부를 전폭적으로 지원했다. 그러나 장개석은 적으로도 편으로도 다루기 어려운 상대였다. 1944년 10월에 조지프 스틸웰(Joseph Stilwell, 1883~1946)로부터 중국 전역 사령관직을 넘겨받은 앨버트 웨더마이어(Abert C. Wedemeyer, 1897~1987)는 훗날 "당시 중국은 미국의 장군들에게도 외교관들에게도 무덤과 같은 곳으로 여겨졌다"고 회고했다. 장개석 정부와의 협력이 너무나 힘든 일이기 때문이었다.

스틸웰은 4년간(1935~39) 주중대사관 무관 근무 등을 통해 중국어까지 습득한 미군 내의 '중국통'이었다. 그러나 그는 2년간 중국 전역 사령관(중국군 참모총장 겸임)으로 있는 동안 장개석과 철천지원수가 되었다. 장개석의 무책임에 더 이상 견디지 못한 스틸웰은 부탁을 거듭한 끝에 루스벨트 대통령으로부터 장개석에게 보내는 친서를 받아냈다. 스틸웰에게 중국군 지휘권을 완전히 넘기지 않으면 일체의 원조를 즉각 끊겠다는 최후통첩을 담은 친서였다.

대통령 친서를 전달한 패트릭 헐리(Patrick J. Hurley, 1883~1963) 특사는 친서를 꺼내기 전에 체면을 살려주면서 일할 수 있도록 노력하라고 충고했으나 스틸웰은 신이 나서 곧바로 친서를 장개석에게 들고가서 윽박질렀다. 장개석은 루스벨트에게 바로 정중한 답장을 보내 스틸웰만 아니라면 어느 미군 장군과도 충분히 협조하겠으니 제발 좀 바꿔달라고 부탁했다. 스틸웰은 곧 소환되었다. 일본 항복 당시 미 육군 제6군 사령관으로 오키나와에 주둔 중이던 스틸웰이 조선 주둔군 사령관으로 거론되었으나 장개석의 반대로 배제되었다는 이야기도 있다.

'식초 장군(vinegar Joe)'이란 별명으로 통할 만큼 성질이 까칠한 스틸웰은 그 성깔 때문에 장개석과의 힘겨루기에서 밀려나고 말았지만 장개석 정부의 부패, 무능, 무책임에 대한 불만은 대다수 미국 관계자들이 공유하고 있었다. 일본군과 싸우라고 보내준 원조의 대부분을 횡령하거나 공산군 탄압을 위해 빼돌리는 것으로 인식했다.

그러나 국민당 정부에 대항하는 세력은 공산당뿐이었고, 미국으로서는 국민당 정부의 안정을 도와주지 않을 수 없었다. 옛 만주국 지역의 일본군 항복을 소련군이 받는 외에는 대만을 포함한 중국 전역의 일본군 항복을 국민군이 받게 했다. 국민군이 도착하기 전까지는 일본군이 무장을 유지하며 주둔 지역을 공산군으로부터 지키도록 한 미국의 방침을 트루먼(Harry S. Truman, 1884~1972)은 이렇게 회고했다.

> 일본군이 바로 무기를 내려놓고 바닷가로 행군하게 한다면 온 나라가 공산당에게 넘어갈 것이 너무나 분명했다. 그래서 우리는 국민군 부대를 중국 남부로 공수하고 항구를 지킬 해병대를 투입할 때까지 적군에게 수비대 역할을 맡기는 괴이한 조치를 취하지 않을 수 없었다. (Harry S. Truman, 『Memoirs』 Vol. 2: Years of Trial and Hope 1946~53, 66쪽; 『Wikipedia』, 'Chinese Civil War' 조에서 재인용, 필자 번역)

장개석과 모택동은 1945년 8월 28일부터 충칭에서 평화협상을 시작했다. 앞줄 오른쪽부터 모택동, 장개석, 미국 특사 패트릭 헐리.

만주 지역을 점령한 소련군의 향배가 중국 형세에 큰 영향을 끼쳤다. 소련은 장개석 정부를 연합국으로 인정하고 협조 관계를 유지했다. 중국의 공산혁명을 기대하지 않고, 만주 지역에서 과거 러시아의 이권을 돌려준다는 장개석 정부의 보장에 만족한 것이다. 소련군이 공산군을 온갖 방법으로 은근히 도와준 데 대해서는 두 가지 해석이 가능하다. 공산당의 위협을 유지시킴으로써 장개석 정부와의 관계에서 유리한 위치를 차지하려는 정부 차원의 정략, 그리고 공산당에 대한 점령군 관계자들 차원의 유대감이 그것이다.

장개석 정부는 만주 지역의 진주 준비가 될 때까지 소련군 철수 연기를 부탁하기까지 했다. 소련군은 이 부탁에 응했고, 1946년 봄까지 국민군이 만주 지역의 주요 지점들을 소련군으로부터 인계받을 수 있었다. 그러나 도시를 벗어나면 대부분 지역을 공산당이 장악하고 있었다. 일본군으로부터 접수한 무기를 포함해 상당량의 무기를 소련군에게 넘겨받은 공산군은 연안 일대의 옛 근거지에 버금가는 강력한 새 근거지를 만주 지역에 만들었다.

소소한 충돌이 이어지던 끝에 1946년 1월 국공 간 휴전협정이 맺어졌다. 엄청난 원조를 중국에 퍼붓고 있던 미국은 국민당 정부의 안정이 평화로운 방법으로 이뤄지기 바라며 국민군이 우세를 확보하도록 도와주되, 도발 행위를 하지 못하도록 엄격한 감시를 계속했다. (8월 22일자 일기에 적은 것처럼 중국은 미국 주도의 운라(UNRRA)로부터 5억여 달러의 원조를 받은 최대 수혜국이었을 뿐 아니라, 1947년 8월까지 2년간 44억여 달러의 원조를 미국으로부터 직접 받았다. 그 곁에서 남조선 미군정은 2,500만 달러의 차관을 마련해준다고 물의를 일으키고 있었으니 참 쪼잔하기도 하다.)

그러나 장개석 정부는 무력 토벌의 길로 나서고야 말았다. 휴전 상태에서 시간이 갈수록 공산당이 유리해지는 상황이었기 때문이다. 국민당 정부의 경제정책은 실패를 거듭했고, 공산당의 토지개혁 약속은 일부 지역에서 실현되면서 인민의 지지를 끌어 모으고 있었다. 1946년 6월 26일 화북의 공산당 점령 지역에 대한 국민군의 공격으로 휴전협정은 무너졌고, 7월 20일 국민군 113개 병단의 일제 공격으로 시작된 전면전은 3년 후 장개석 정부가 대만으로 쫓겨날 때까지 계속되었다.

앞으로 간간이 중국의 상황을 소개하면서 1946년 7월 이후 내전을 "해방전쟁"이라 부를 것이다. 1945년 이전 국공 간 분쟁은 "국공 내전"이라 부르는 것이 합당하겠지만, 1949년 이후 중화인민공화국이 중국의 주체로서 역할을 제대로 맡아온 점을 생각하면 중국의 호칭을 그대로 받아들이는 것이 옳을 듯하다.

1946. 9. 19.

일본에 기대어 조국 '해방'을 바라본 사람들

오늘은 영국 식민지였던 인도와 미얀마 생각을 해본다. 19세기 후반에서 20세기 초까지 '대영제국'의 가장 중요한 식민지였던 인도는 1947년 8월 독립 후 제3세계의 움직임에 중요한 역할을 맡음으로써 냉전 구도에 큰 영향을 끼쳤다. 사실 영국 본국은 '제국'인 적이 없었고 식민지인 인도에 1876년 '제국'이라는 이름을 붙여 영국 왕이 인도 황제의 호칭을 겸했던 것이다. 미얀마는 1886년 인도제국에 병탄되었다가 1937년 별도의 식민지로 분리되었고, 1948년 독립 후 오랜 기간을 사회주의 군부 독재 아래 지내왔다.

1942년 일본군의 진격은 영국, 프랑스와 네덜란드의 식민지로 남아 있던 동남아시아 지역에 복잡한 변화를 일으켰다. 지배국에 저항하던 각지의 민족주의 세력 중 상당 부분이 일본군을 환영했다. 일본이 '대동아공영권'을 내세운 것도 이들의 협력을 끌어들이기 위해 백인 세력을 배격하는 데 힘을 합치자는 미끼였다.

우리에게 '아웅 산 사건'으로 널리 알려진 미얀마(버마)의 독립 영웅 아웅 산(Aung San, 1915~47)도 일본과의 협력에 앞장선 인물 가운데 하나였다. 1940년에 아웅 산은 식민 당국의 수배령을 피해 중국으로 갔다가 일본군에 붙잡혀 일본으로 갔고, 동남아 공격을 구상하던 일본

1947년 1월 영국 정부와 미얀마 독립 협정을 이끌어냈으나 6개월 후 암살되어 독립을 보지 못한 아웅 산.

당국의 우대를 받았다. 미얀마독립군(BIA, Burma Independence Army)의 모태 '30인 동지'는 아웅 산이 모집한 청년들이 일본에서 군사훈련을 받으며 결성한 것이었다.

1942년 3월 일본군의 미얀마 점령 후 아웅 산은 미얀마방위군(BDA, Burma Defense Army)으로 이름을 바꾼 군대를 지휘하며 일본군과 협력 관계를 펼치다가 1943년 8월 미얀마가 형식적 독립을 취하자, 국방장관으로 입각해 이번에는 미얀마국민군(BNA, Burma National Army)으로 이름을 바꾼 군대를 계속 지휘했다. 그러다가 1945년 3월 27일 국민군을 이끌고 일본 통치에 저항하기 시작했다. 3월 27일은 미얀마에서 '저항의 날'로 기념되다가 군사정권 아래에서 '국군의 날'로 바뀌었다.

아웅 산은 1947년 1월 애틀리(Clement R. Atlee, 1883~1967) 영국 수상과 1년 내에 미얀마를 독립시킨다는 협정을 맺고 건국 준비에 매진하다가 반년 후 암살당했다. 7월 19일에 아웅 산의 정적 우 사우가 보낸 무장 테러단이 과도 행정부 회의장에 난입해 여섯 명의 각료와 함께 아웅 산을 살해했다. 우 사우는 후에 재판을 거쳐 교수형에 처해졌지만 영국인들의 획책이라는 소문이 파다했다. 영국군 중견 장교 여러 명이 연루되어 유죄판결을 받은 것이 사실이다.

아웅 산 암살의 진상 중 완전히 밝혀지지 못한 점이 있을 수 있다. 다만 분명한 사실로서 유의할 것은 일본, 영국, 미얀마 민족주의의 삼각 관계에서 빚어진 깊은 갈등이 암살의 배경으로 작용했다는 점이다. 아웅 산이 일본 지배에 협력하고 있던 3년 동안 미얀마 북부 지역은 태평양전쟁의 가장 치열한 전투 현장이었다. 수많은 영국군, 인도군, 중국군, 미군 장병들이 그 지역에서 참혹한 죽음을 맞았다. 미얀마 민족 세력 내에는 많은 갈등이 쌓여 있었고, 아웅 산은 많은 사람의 원한을 사고 있었다.

인도의 민족주의 지도자 중에도 일본과 협력한 사람들이 있었다. 수바스 찬드라 보세(Subhas Chandra Bose, 1897~1945)가 그중 하나였다. 보세는 간디의 무저항운동에 반대하며 인도의 즉각 독립을 요구하고 무력투쟁을 제창했다. 열한 번이나 감옥에 드나드는 틈틈이 콜카타 시장과 국민의회 의장을 지낸 그는 "당신의 피를 주시오. 그러면 자유를 드리겠소"라는 유명한 어록을 남기기도 했다.

1941년 초 영국 경찰의 감시를 피해 콜카타를 떠난 보세는 아프가니스탄을 거쳐 소련으로 갔다. 공산주의자이기도 한 보세는 영국과 사이가 나쁜 소련이 인도 해방에 나서 주지 않을까 하는 희망을 품고 있었지만 소련은 움직일 생각이 없었다. 그래서 소련 주재 독일 대사의 도움을 받아 독일로 갔다.

나치 지도부는 보세의 이용 가치를 인정하고 영국군 포로 중 인도인 3천 명으로 '인도인 부대'를 만들도록 도와줬다. 보세는 이 부대를 앞

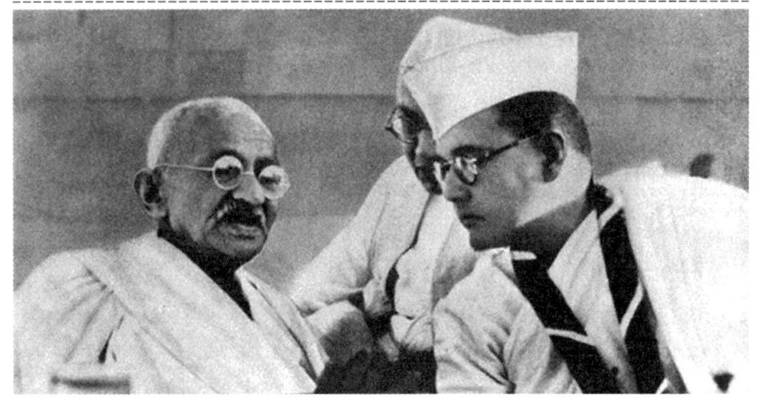

1938년 인도국민회의 연례 회의에 참석한 간디와 수바스 찬드라 보세.

세운 독일군이 인도로 진격해주기를 바랐지만, 그것이 헛된 꿈이며 독일인들은 자신의 선전 가치만을 이용한다는 사실을 시간이 지남에 따라 깨닫게 되었다. 결국 1943년 초 독일을 떠나 일본으로 갔다.

1942년 여름부터 인도 침공을 노리고 있던 일본군에게 보세는 대단히 큰 가치를 지닌 인물이었다. 보세 역시 일본군의 도움으로 인도 '해방'의 희망을 가질 수 있었다. 일본군은 싱가포르 등지에서 인도인 포로를 많이 확보하고 있었고, 민족 지도자로서 보세의 명망은 포로들의 열렬한 호응을 불러일으켰다. 일본군 점령 지역의 인도인 주민도 보세가 만드는 아자드 힌드 파우지(INA, Indian National Army/Azad Hind Fauj)에 지원을 아끼지 않았다.

아자드 힌드 군대는 8만 5천 명의 병력에 아자드 힌드(자유 인도) 임시정부도 세워져 추축국의 승인을 받았다. 그러나 아자드 힌드 군대의 국내 진입은 일본군이 점령한 벵골 만의 섬들과 동북부 국경 지대에 그쳤다. 1944년 3월부터 6월에 걸친 일본군의 인도 공격전에 참전한 아자드 힌드 군대는 영국군의 지휘를 받는 인도인 군대와 싸워야 했다. 그리고 이 공격전이 실패한 이후로는 다시 조국 해방의 희망을 가질 기회가 없었다.

종전 후 아자드 힌드 부대원 상당수가 반역죄로 재판을 받았다. 그러나 아자드 힌드가 영국 측 선전처럼 일본의 괴뢰군이 아니라 인도 민족주의에 입각해 자발적으로 만든 군대였다는 사실이 이듬해 초 알려지면서 인도인의 반영 감정이 거세게 터져 나오기도 했다.

보세 자신은 영국인의 법정에 다시 서지 않았다. 당시 알려진 바로는 1945년 8월 18일에 보세를 태우고 일본으로 가던 비행기가 타이베이 부근에서 추락했고, 화상으로 죽은 보세의 시신을 화장한 유골이 일본으로 옮겨져 어느 절에 안장되었다고 한다.

그러나 이 비행기 사고는 확인되지 않았다. 인도 정부는 1992년 죽은 사람에게 주어지는 바라트 라트나 훈장을 보세에게 수여했는데, 이 훈장이 후에 대법원 결정으로 취소되었다. 취소 이유는 보세의 사망이 확인되지 않았기 때문이었다. 보세의 사망을 확인하기 위한 조사단이 구성되어 1999년부터 2005년까지 활동했으나 끝내 확인하지 못했다. 1945년 8월 18일 타이베이 부근에서 소문과 같은 비행기 추락이 없었다는 사실만을 조사단은 확인했을 뿐이다.

결과적으로 제2차 세계대전은 단순한 선과 악의 대결이 아니었으며, 조선인의 전쟁 경험은 비교적 좁은 범위였다. 그렇다면 전쟁 후 새로운 세계 질서 구축에 이런저런 위치에서 참여한 민족들이 얼마나 다양한 배경과 과제를 갖고 있었는지 당시의 조선인들은 얼마만큼 파악하고 있었을까.

1946. 9. 21.

미군정 정책에 따라 춤추는 조선 쌀값

해방 후 조선의 만성적 식량난을 "풍년기근"이라고 당시 사람들은 말했다. 1945년의 쌀농사는 모처럼만에 풍년이었고 일본으로 보내는 강제 반출도 없어졌다. 38선 이남의 쌀을 상당량 이북에 보내도 아무 문제없을 것 같았다. 이런 전망하에 미군정은 1945년 10월 5일 "미곡 자유시장"을 일반고시 제1호로 발포했다.

주둔한 지 한 달이 안 되어 미곡시장 자유화를 서둘러 발포한 까닭이 무엇일까? 지주층을 대표하는 성향이 강한 조선인 고문단의 작용을 추측할 수 있지만 확실한 것은 알 수 없다. 일반고시 제1호는 미군정의 가장 중대한 실책 중 하나였다. 두 달도 안 되어(11월 19일) 미곡 통제를 위한 일반고시 제6호를 발포해야 했고, 이듬해 1월 25일에는 미곡수집령을 법령 제45호로 발포해야 했다. 소련군과의 관계에도 이북으로 쌀을 보내지 못하는 사정이 큰 걸림돌이 되었다.

왜 예상 못한 식량난을 겪어야 했을까? 당시 사람들은 술과 떡 등 낭비 풍조, 일본으로의 밀수, 그리고 매점 매석을 이유로 꼽았는데, 어느 것이 주된 이유였을지 판단하기 어렵다.

낭비 풍조가 만만치 않았을 것 같다. 엄격한 의미에서 '낭비'라기보다 식민지 시대의 극심한 소비 억제가 풀림으로써 쌀 소비량이 크게 늘어났을 것이다. 그리고 당시 일본의 식량난이 극심했던 사정으로 보아 밀수출의 동기도 충분하지만, 미군의 개입 없이는 전체 식량 사정에 영향을 끼칠 정도로 규모가 클 수 없었을 것이다. 1946년 11월 5일 군정청 식량행정처장의 성명을 보면 이에 대한 의심이 파다했음을 알 수 있다.

> 조선의 쌀을 외국으로 수출했다는 낭설에 대해서는 누차 군정 당국이 부인해왔었는데, 다시 5일 군정청 식량행정처장 지용은은 거듭 이 문제에 대해 다음과 같이 성명을 하고 외국으로 수출한 사실이 전연 없다고 자세히 밝혔다.
> "최근 항간에는 쌀을 조선으로부터 일본이나 미국으로 보내고 있다는 낭설이 있는데, 이것은 전연 거짓말이며 이것은 미국에 대한 불신뢰감을 조장키 위한 기도에서 나온 중상입니다. 나는 이에 대해 자세히 조사해본 결과, 이것은 아무 근거 없는 거짓말이라는 것을 알았습니다. (…) 미군이 조선에 진주한 이래 쌀을 조선 이외의 지방으로 가져간 일은 정말 없습니다. (…) 조선 곡류를 조선 외의 타지방으로 보낸다고 말하는 사람은 당신들에게 멀쩡한 거짓말하는 사람인 줄 생각합니다."
>
> (「식량행정처장, 미곡 대외 수출설 부인」, 『조선일보』 1946년 10월 8일)

잘못된 식량정책으로 많은 조선인, 특히 도시민이 막심한 고생을 겪었고, 이는 미군정에도 큰 부담이 되었다. 식민지 말기 전쟁기에도 1인 1일 2.5홉이 배급 표준이었는데, 1946년 전반기 대부분이 겨우 1홉이었고 그나마 제대로 배급되지 못할 때가 많았다. 1946년 여름의 하곡 수집도 목표의 3분의 1 수준에 머물렀고, 심한 홍수 때문에 쌀 수확도 전망이 좋지 않았다. 이에 군정청은 식량정책을 엄중한 문제로 생각하고, 1946년 8월 12일에 다음 미곡 연도 미곡 수집을 위한 식량규칙 제2호를 발포했다.

"1946년 12월 1일부터 1947년 8월 1일까지 8개월간 조선인이 필요한 식량을 확보하기 위하여 미곡 수집에 관한 국가계획을 완비함"에 목적을 둔 식량규칙 제2호의 요점은 할당된 분량의 공출을 집행하는 데 있었다. 집행 대상은 자작농과 소작농이었다. 이에 대한 좌익의 대표적 반응을 9월 22일 민전 담화문에서 볼 수 있다.

> 민전에서는 식량 대책으로 다음과 같은 담화를 발표했다.
> "식량문제의 해결은 오직 북조선에서와 같은 지주의 토지를 몰수하여 토지 없는 농민과 토지 적은 농민에게 토지를 분여하여 주는 무상몰수 무상분여의 토지개혁을 즉시 실시하고, 식량의 수집과 배급을 즉시 인민의 손으로 넘기어 지주와 모리배들의 은닉 매점 집적을 철저히 숙청함으로써만 가능한 것이다.
> 식량문제의 당면정책도 오직 이러한 원칙적인 방법으로서만 가능하다는 것을 강조하는 바이다. 남조선에서 이러한 원칙적 해결이 즉시 실시되기를 우리는 요구하는 바이다."
>
> (「민전, 식량 대책에 대한 담화」, 『서울신문』 1946년 9월 22일)

민전은 토지개혁을 통한 "원칙적 해결"을 주장했다. 그에 비해 우익에서는 더욱 구체적이고 현실적인 주장을 내놓고 있었다. 『동아일보』가 이례적으로 군정청 정책에 예리한 비판을 담은 8월 17일자 사설 「미곡수집령의 검토」에서부터 이 주장의 방향이 나타난다.

> 지난 13일 내(來) 미곡 연도에 비(備)하여 미곡 수집 계획을 확립하려는 중앙식량규칙 제2호를 발표한 군정청 중앙식량행정처에서는 뒤이어 식량 배급에 관한 범위와 그 행정 계통과 수속 및 그 직능 등을 규정한 미곡수집령을 발표했다. (…)
> 미곡 수집상 가장 중핵이라고 할 수 있는 그 표준가격은 후일 신문지상에 발표하기로 되었으나 대체로 이 규칙의 내용이라는 것은 전 일정 시대의 소위 공출제도와 그 방법을 그대로 답습했다고 할 것 이외에는 다만 준열한 벌칙을 규정했다는 것만이 주목될 뿐이다.
> (…) 미곡 수집의 일방적 강화는 실제에서 결국 농민의 희생을 강요함과 다름없는 일이며, 따라서 미곡 수집에서도 금 미곡 연도에 체험하고 있음과 별다른 무엇을 기대할 수 없으리라는 것은 현금의 하곡 수집 상태가 이를 실증하는 일이다.

남조선대한국민대표민주의원(이하 '민주의원'으로 줄임)에서 8월 19일에, 그리고 한민당에서 8월 22일에 '식량 대책안'을 내놓았는데 거의 같은 내용이다. 가장 중요한 주장은 소작농이 지주에게 지불할 소작료만을 수집 대상으로 한다는 것이다. 예상 수확고 2천만 석 중 500만 석을 점하는 소작료만을 수집해도 비농가 인구 600만 명의 배급이 충분하니 그 밖의 쌀은 자유 판매를 허용해도 된다는 것이다.

토지개혁을 시행하지 않는 한에서는 합리적 대책이었다고 생각된다. 소작농이 소작료를 지주가 아닌 관청에 납부하고 그 공출증을 전해 받은 지주가 '공정가격'에 따라 쌀값을 현금으로 받는다는 것은 지주층에 불리한 방안인데, 어떻게 지주 세력에 기반을 둔 한민당에서 이런 방안을 내놓았는지 어리둥절할 정도다. 쌀의 자유시장이 활발해지면 공정가격도 어느 정도 현실화될 것을 기대한 것일까?

일제강점기 인천항에 수탈한 쌀을 일본으로 수송하기 위해 쌓아놓은 모습. 해방 후에도 미군정의 잘못된 식량정책으로 민중의 삶은 여전히 힘겨웠다.

아무튼 행정력도 부실한 상황에서 지나친 규제가 경찰의 횡포 등 온갖 문제를 일으키던 현실에 비추어보면 규제를 최소화하려는 민주의원, 한민당의 대책에는 바람직한 면이 분명히 있었다. 지나친 규제가 매점 매석과 암시장을 부추기고 있었고, 경찰은 투기 현상 방지보다 서민을 괴롭히는 데 힘쓰는 경향이 있었다.

식량규칙 제2호 발표 후 종래의 미곡수집령 폐지 방침이 알려지자, 불과 십여 일 사이에 쌀값이 10퍼센트가량 떨어졌다. 행정과 경찰의 규제가 쌀 품귀 현상에 적지 않은 몫을 하고 있었음을 알 수 있다.

> 시세에 맞지 않는 38원의 쌀값과 반입 통제 망에 걸려 근년에 없는 대풍작이면서도 지난 정월부터 쌀 걱정을 하게 된 주요 도시 인민들의 생활난은 지금 극도로 위기에 이르러 비명을 올리고 있다. 이리하여 군정 당국에서는 이 타개책으로 신곡이 나올 때까지는 종래의 미곡통제령을 근근 일제 폐지하기로 되어 이 보도가 한번 신문에 발표되자, 창고 속에 잠자던 쌀은 재빨리 속속 튀어 나오고 있다.

미곡통제법령이 근일 중에 발표되리라는 소식이 한번 발표되자 (…) 이래서 이날 시세는 전일에 530원 하던 것이 벌써 30원이 떨어져 500원 이내로 보리 역시 30원이 떨어져 400원대까지 내렸다.

(「주효(奏效)! 쌀 길 트는 비상조치, 춤추고 나오는 '쌀'—가격, 반입 철폐 소리에」, 『동아일보』 1946년 8월 25일)

천정을 모르고 올라만 가던 쌀값이 요사이 떨어져 가고 있다. 즉, 신곡 수집 계획이 완성되기까지 자유 판매로 된 것과 금년 신곡의 풍작을 예상한 농촌 저장미의 다량 시장 진출과 아울러 하곡 수집의 원만 등으로 520, 530원 하던 쌀값이 28일 현재 450원대로 폭락했다.

(「쌀 가격 하락」, 『조선일보』 1946년 8월 30일)

식량규칙 제2호라고 해서 미곡 통제를 없앤다는 것은 아니었다. 다만 당시 시장 상황이 너무 막혀 있었기 때문에 앞 미곡 연도의 통제령과 다음 미곡 연도의 통제령 사이에 잠깐 풀어주는 정도의 조치였던 것 같다. 불과 십여 일 후 식량행정처에서 통제 계속을 발표하자, '1보 후퇴'했던 쌀값이 금세 '2보 전진'으로 돌아섰다.

중앙식량행정처에서는 11일 미곡의 불법 매매에 대하여 다음과 같은 요지의 경고를 발했다.

"군정청의 허가 없이 미곡의 매도, 매입, 운반, 축적 등은 8월 12일부로 발표된 중앙식량규칙 제2호에 의하여 금지되었다. 그리고 법령 제45호, 77호, 87호의 개정은 중앙식량규칙 제2호에 의한 정부 미곡 통제 계속에 아무런 영향이 없다. 금년 가을의 미곡 수집과 배급에 대한 군정청의 계획은 조선 사람, 정부에 대한 공평 정당한 식량 배급을 확보함에 있다. 양미 시장에서 미곡 매매를 하는 사람은 매국적 범죄행위자로 누구든지 발각되는 대로 법적 처분을 받게 될 것이다."

(「중앙식량행정처, 미곡 불법 매매에 대해 경고」, 『서울신문』 1946년 9월 12일)

일시 떨어지는 듯하던 시중의 쌀값이 다시 뛰어올라 불과 일주일 내외에 백 원가량이 올라 식량난으로 곤란 중인 시민은 어찌할 바를 모르는 터인데, 이같이 오른 것은 그동안 지방에서 소량으로 들여오던 쌀을 못 들여오게 한다고 지난 11일 중앙식량행정처에서 발표한 때문에 시중의 쌀이 자취를 감추게 된 탓인데, 이에 대하여 14일 경성지구 물가감찰부에서는 상부로부터 특별한 명령이 없는 한, 쌀 문제는 일체 간섭하지 않을 방침이라고 성명한 바 있어, 아직은 지방에서 다소간 식량을 가져온다든가 시중에서 매매하는 문제는 완전히 묵인된 것으로 간주된다.

실제로 미곡 사정을 보아도 군정 당국으로서 현재 배급되는 식량 이상의 배급은 신곡이 나오기까지 있을 수 없다고 하므로 농촌에서 가지고 있는 적은 양의 쌀이라도 될 수 있는 대로 들여오도록 하여 부족한 식량을 어느 정도 보급하는 수밖에 달리 도리가 없는 이상, 지금까지 묵은 쌀을 지방에서 들고 오거나 지고 오는 정도의 것은 당연히 묵인되어야 할 정세에 있는 터로, 경찰이며 기타 당국의 의향도 다 같은 태도인 것은 작금의 폭등한 쌀 사정에 관하여 크게 참고되는 바이다.

(「경성지구 물가감찰부, 쌀의 불취체 방침 천명」, 『서울신문』 1946년 9월 15일)

생필품 제1호인 쌀값이 군정청 방침에 따라 이렇게 널을 뛰니 투기꾼들은 살맛 났을 것이다. 군정청 방침을 예측할 수 있던 사람들은 앉아서 떼돈 벌었을 것이다. 결국 부담은 민중에게 돌아오는 것인데, '민중의 지팡이'는 그러지 않아도 힘든 민중을 더 힘들게 하기 위해 할 수 있는 짓을 다하고 있었다.

> 19일 아침 서울역 내에서는 한두 말 혹은 대여섯 말을 지고 들고 오는 승객의 쌀을 모조리 취체하는 경관이 빼앗았다.
>
> (「서울역에서 쌀 반입 승객의 쌀 취체」, 『조선일보』 1946년 9월 20일)

> 경찰청에서는 19일부터 일제히 쌀 취체를 개시하였는데 이에 관한 장 경무총감은 다음과 같은 단호한 태도로 임할 것을 언명했다.
> "기다리고 기다려도 쌀값은 아니 내려가고 모리배의 도량은 더욱 심하여 가고 대중 생활은 도탄에 빠져 있다. 남조선의 인민은 사선에서 방황하고 있는 것이 사실이다. 이왕 이렇게 해도 쌀이 대중의 손에 들어오기는 틀린 일이니 경찰로서는 쌀 가지고 있는 개인의 집이든, 모리배 창고이든 간에 무엇이든 불문하고 철저히 조사하여 적발되는 대로 인정이라고는 조금도 없고 돈에만 눈이 어두운 그런 놈들에게는 추호의 용서도 동정도 있을 수 없다."
>
> (「수도경찰청장 장택상, 미곡 취체에 단호한 태도 언명」, 『서울신문』 1946년 9월 20일)

> 쌀 취체를 개시한 19일부터 20일 오전까지 경찰청에서 압수한 쌀은 잡곡을 합하여 약 300가마니나 되는데 19일 오전부터는 마포·용산 방면으로 전력을 주력하여 은닉미 적발에 착수했다.
>
> (「쌀 취체를 개시한 경찰은 은닉미 적발에도 착수」, 『서울신문』 1946년 9월 21일)

> 자가용으로 한두 말씩 지고 오는 쌀까지 경찰관이 압수하는 사실에 관하여 제1경무총감 장택상은 21일 다음과 같이 말했다.
> "우리는 모리성 있는 쌀만 압수할 뿐이지 그 외 것은 간섭치 않는다. 경찰관이 정거장에서 압수하는 것은 경기도의 부탁으로 운수 경찰이 협력했을 뿐이다."
>
> (「장택상, 쌀 취체는 모리성 있는 것만」, 『조선일보』 1946년 9월 22일)

21일자 『서울신문』 기사에서 압수 미곡이 모두 약 300가마니라 한 것을 보면 소량 휴대품이 분명하다. 19일에 장택상이 "무엇이든 불문하고 철저히 조사하여" 적발한다고 한 것은 소량 휴대도 단속한다는 뜻 아니겠는가. 그런데 21일에 한 말은 다르다. 모리성 있는 쌀만 압수한다고 우기면서 정거장에서 행한 단속은 "경기도의 부탁"에 협력했을 뿐이라고 둘러대고 있다.

대구 항쟁이 다가오고 있다. 강준만은 『한국 현대사 산책: 1940년대편 1』(296쪽)에서 "1946년 10월 1일에 발생한 대구 항쟁은 쌀에서부터 시작되었다"고 적었다. 1923년생으로 전평 활동을 하다가 대구 항쟁에 참여한 이일재도 이렇게 회고했다.

> 배가 얼마나 고팠으면 이런 일도 있어요. 46년 초부터 콜레라가 만연했을 때, 환자가 수용소 가면 다 죽어버리는 거예요. 수용소라도 약을 안 주고 격리 수용하는 방법 외에 도리가 없었어요. 그런데 배고파서 드러누워 있는 할머니, 할아버지를 환자로 오인해서 수용소에 보내는 사례도 있었죠. 콜레라에 걸려서 누워 있는 사람이나 굶어서 누워 있는 사람이나 구별하지 않았던 거죠. (…)
> 식량 얘기 하나만 더 하지요. 1946년 9월 29일, 30일, 초하루, 초이틀

날 '기아 행진'을 했어요. 대구 중심지는 일본 놈들이 살았던 곳이고, 비산동·내당동·남산동·대명동 일대 변두리 사람들이 기아 행진을 벌였어요. 100명, 200명 무리지어 시청이나 도청에 쌀을 달라고 항의하러 갔던 겁니다.

시장실을 찾아가 왜 쌀을 안 주느냐고 따졌더니 시장이란 작자가 한다는 소리가 정말 어이가 없었어요.

"살림한다는 계집들이 먹을 양식도 준비 안 해놓고 뭘 하느냐?"

이건 실언도 아니고 폭언이지, 폭언. 굶주린 사람들에게 그런 소릴 하다니! 그러고는 일본 놈들이 놓고 간 세탁비누 두 개씩 가져가라는 거야. 더욱 화가 치민 여자들이 말하더군요.

"느그 집에는 세탁비누 묵고 사나?"

농촌의 빈민들이야 초근목피라도 있다지만 도시 빈민들은 아무것도 없으니 쌀 달라고 할 수밖에 없어요. 그래서 당시 진풍경이 벌어지곤 했는데, 전부 륙색을 메고 다니는 거예요. 열차를 타고 대전에 내려 호남에 가서 뭐든지 가지고 가 쌀과 바꾸는 거죠. 쌀을 구해오는 게 모든 가족의 일이었지. 지금 생각하면 아득하기만 해요. (문제안 외, 『8·15의 기억: 해방공간의 풍경, 40인의 역사체험』, 한길사 2005, 171~172쪽)

1946. 9. 23.

9월 총파업과 공산당의 '신전술'

'9·23 총파업'은 1946년 9월 23일 정오 부산 철도 공장의 파업을 개시로 며칠 사이에 전국으로 확산되었다. 이튿날 경성 철도 공장이 뒤를 따르면서 비상사태가 빚어졌다.

> 운수 동맥의 심장인 경성 철도 공장이 24일 오전 9시부터 완전히 그 기능이 끊어졌다. 즉, 지난 17일 최저생활의 보장을 위하여 여섯 가지 요구 사항을 운수부장과 철도국장에게 제출한 경성 철도 공장 3천여 명의 종업원들은, 21일까지 그 건의에 대한 회답을 요구하는 동시에 만일 기한까지 회답이 없을 때는 최후 행동으로 나간다는 경고를 했었는데, 기일이 지나도록 하등 회답이 없으므로 드디어 24일 상오 9시 종업원 대표들은 운수부장과 철도국장을 직접 면회하고, 요구 조건을 관철할 때까지 파업을 단행한다는 정식 선언을 하고, 전면적 파업에 이르렀는데 이에 앞서 부산 철도 공장 종업원 약 2천 명도 23일 정오를 기하여 경성공장과 같은 요구 조건으로 파업을 개시한 후 운수부장대리의 특별 방송까지 있었던 것이다. 한편 24일 종업원으로부터 파업 단행 선언을 받은 운수부장 코넬슨은 곧 운수부 과장 이상 간부를 회의실에 모아놓고, 동 10시 반부터 이 문제에 대한 구수협의

1947년 3월 총파업 당시 철도 노동자 투쟁. 조선노동조합전국평의회가 주도한 총파업은 미군정의 경제, 노동 정책 변화와 공산당의 신전술에 기인한 것으로 좌우합작의 기반을 위축시키는 결과를 낳았다.

를 하는데 회의는 12시가 지나도록 계속되었다.

(「남조선 전역의 철도 종업원 총파업」, 『조선일보』 1946년 9월 25일)

요구 사항 6개 항목은 (1) 쌀 배급(노동자는 4홉 가족은 3홉) (2) 일급제 반대 (3) 임금 인상 (4) 해고 감원 반대 (5) 급식을 종전과 같이 계속할 것 (6) 북조선과 같은 민주주의 노동법령을 즉시 실시할 것이었다. (4)번 이외의 요구는 모두 점진적 과제였다.

해고 감원 문제가 얼마나 긴박한 상황이었는지 모르지만, 정말 긴박한 상황이었다면 점진적 노력을 요하는 다른 문제들 틈에 끼워 내놓을 것이 아니라 그것 하나만을 걸고 투쟁에 나서야 했을 것이다. 이 총파업이 정치적 목적을 위해 '기획'되었다는 사실을 그 요구 내용으로도 짐작할 수 있다.

전평이 주도한 이 전국적 파업 운동은 7월 이후 공산당이 채택한 신전술의 일환으로 해석된다. 신전술이란 그동안 미군정에 대한 직접 비난이나 항거를 삼가던 태도를 버리고 적극적으로 저항에 나선 것이다.

물론 공산당의 의도만으로 거대한 운동이 일어날 수는 없었다. 파업 확산을 위한 조건은 해방 이후 축적되어온 것이었다.

1945년 11월 5일자 일기에서 전평 결성의 배경을 설명한 것처럼, 일본인의 철수를 계기로 조선 노동자들은 새로운 권리 의식과 책임감을 갖게 되었다. 그들은 많은 공장에서 자치위원회(직원위원회 또는 노동자위원회) 형태로 운영권을 넘겨받았다. 그러나 미군정은 자치위원회의 권한과 책임을 인정하지 않고 일본인 경영자들을 대신할 조선인 경영자들을 임명했다. 이 조선인 경영자들은 종래의 일본인 경영자들보다 책임 관계가 불분명한 조건이었고, 그 조건 또한 사리를 위해 악용하는 경향이 있었다.

양심적인 경영자도 미군정의 불안정한 경제정책 아래 바른 길을 지키기 어려웠다. 1946년 8월 9일자 일기에 동양방직 사태를 적었는데, 노동 분규가 진행되는 가운데 회사 경영진이 대량의 쌀을 감추고 있던 일이 드러났다. 폭리를 위한 사재기로 비판받았으나 검찰은 결국 종업원의 생계를 위한 것으로 인정하여 가벼운 처분만을 내렸다.

그런데 동양방직 사태의 진행 중에 노동운동의 양상과 미군정 노동정책의 변화 기류를 감지할 수 있었다. 6월 중순, 군정청 노동국 당국자들은 노사 간 중재에서 전평의 역할을 인정하고 있었다. 그 후 이 회사의 간부와 경비원으로 '신우회'란 조직이 만들어지고 노동자들과 충돌하는 일이 거듭 일어나더니, 8월 초에는 인천 공장 노동자들이 전평을 탈퇴하고 대한독립촉성노동총연맹(이하 '대한노총'으로 줄임)에 가입했다는 기사가 나왔다(『동아일보』 1946년 8월 10일자).

6월에는 전평도 유화적인 자세를 보였다. 그 상황을 서중석은 이렇게 서술했다.

전평은 1946년 6월에 들어 한층 유화적인 지령을 내려 보냈다. 6월 13일부 전평 서명의 지령 제24호 "일상 노조운동과 군정 협력에 관한 건" 등 몇 개의 지령은 8월에 들어와 실로 중대한 과오를 범했다는 비판을 받았는데, 이 지령들은 파업을 가능한 한 억제할 것을 지시했다. 6월 17일부 전평 서기국 서명의 특별 지령 "조합 활동 특히 직장 내 활동에 관하여"에서는 "파업 태업 등의 항목에 관하여"라는 항목에서 다음과 같이 지시했다.

"당면의 조선 현실은 경제 부흥에 의한 자주 경제의 수립이 긴급히 요청되고 있으며, 우리 노동자의 생활 향상도 경제 부흥 없이는 있을 수 없는 것이니, 우리는 경제 부흥과 노동조건 개선을 병진시키는 투쟁을 전개시켜야 한다. 산업을 고의로 파괴하려는 기업가와 물가 자재를 방매하여 폭리를 취하려는 모리배가 있는 타방, 태업, 파업을 구실로 노조를 파괴하려는 여러 가지 음모가 있고, 기타 여러 가지 정치적 관계로 보아 파업, 태업 등의 전술은 될 수 있는 대로 취하지 말아야 한다. 만약 승리를 위하여는 파업이 절대 필요하다 할지라도 이를 분산적으로 무계획하게 기분적으로 단행한다면 승리할 수 없는 것이니, 금후에 있어서의 파업은 상부 기관의 지도 없이 파업해서는 안 된다." (『한국현대민족운동연구』, 446~447쪽)

1946년 6월에서 8월 사이에 어떤 변화가 일어났던가. 우익에서 전평에 대항하기 위해 만든 대한노총은 4월 8일 설립된 후 노동계에서 단연 열세에 처해 있었다. 1918년생으로 조선 차량에 근무하면서 대한노총 설립에 참여한 김명식은 이렇게 회고했다.

당시 군정에서 노동조합 말고 다른 단체는 공장에 들어갈 수 없도록

> 했기 때문에 우리도 노동조합을 만든 거죠. 대한노총이 처음 생겼을 때 공장 직원 1,700명 가운데 74명만 대한노총에 속해 있었고, 370명 정도가 전평에 소속되어 있었어요. 전평에서 임금 인상을 주장하니까 그쪽에 사람들이 많이 몰린 거죠. (『8 · 15의 기억: 해방공간의 풍경, 40인의 역사체험』, 261쪽)

군정청의 노동정책 담당자들은 노동조합의 발전을 유도하기 위해 전평을 존중하는 정책을 제안했다. 그러나 5월 이후 미군정 고위층이 정판사사건 등 공산당 탄압 정책을 취하면서 공산당과 긴밀하게 연결되어 있던 전평에 대해서도 우호적인 태도를 차츰 거두게 되었다. 그런 상황을 이용해 우익에서 만든 대한노총이 세력을 확장한 것이었다. 동양방직의 '신우회'와 같은 구사대 성격의 조직이 대한노총에서 일반적 형태였을 것 같다.

김명식의 회고에서 전평이 임금 인상을 주장했다고 한 것은 대한노총에서는 그런 주장을 하지 않았다는 뜻이겠다. 전평은 노동자의 권익을 위해 자연스럽게 만들어진 조직인 반면, 대한노총은 노동운동에 대항해 사용자의 이익을 지키기 위한 조직이었다. 1929년생의 유병화는 해방 직후 대구 철도 노조 결성에 참여한 일을 이렇게 회고했다.

> 그러다가 8월 말 대구 철도 노조를 결성하게 되었어요. 지금 시민회관을 일제 시대에는 공회당이라고 했는데, 거기 소강당에서 10명 가까이 모여서 결성식을 가졌죠. 그 다음부터 내가 철도 사무실을 돌아다니면서 노동조합을 만들자는 이야기를 했어요. "노동자들이 한 달 봉급 가지고 한 달을 못 먹고 살면 안 된다." 무슨 말인가 하면, 해방 후에 한국의 경제 사정이라는 게 말할 수 없을 정도였어요. (…) 정

부는 거기에 대한 대책이 아무것도 없는 상태였어요. 그래서 우리는 먹고 살 수 있는 조건을 찾기 위해서는 노조를 만들어 투쟁해야 한다고 이야기하고 다녔던 거죠. (같은 책, 250쪽)

전평은 이런 자연 발생적 노조들을 기반으로 조직된 것이었다. 노동자들은 권리 확대에 앞서 회사를 살려내기 위해서라도 조직 활동이 필요했다. 식민지 시대에는 착취자의 역할이라도 확실한 역할을 가진 총독부가 있었고 경영자가 있었다. 그런데 그만한 책임감마저도 없는 세상이 되었으니, 회사의 장래를 위해 노동자가 나서야 한다는 책임 의식이 당시의 노동운동에서는 권리 의식 못지않게 중요한 요소였다. 앞에 서중석이 인용한 전평 문건의 "경제 부흥과 노동조건 개선을 병진시키는 투쟁"이란 대목도 책임 의식을 중시하던 당시 노동운동의 분위기를 반영한 것이다.

그런데 8월 중순 총파업 계획을 시작할 무렵 전평의 노선은 투쟁 일변도로 돌아서 있었다. 바뀐 방향을 서중석은 이렇게 설명했다.

7월 하순 공산당이 신전술을 채택함에 따라, 이것에 입각해서 전평 상무위원회에서는 보다 조직적이며 집단적인 대중적 파업 투쟁 계획을 세웠고, 그 시기는 10월로 잡았다고 한다. 10월은 추수기여서 농민들의 추수 투쟁과 연결하여 노농동맹을 강화할 수 있고, 미군정이 수습할 수 없을 정도로 큰 규모로 일으킬 수 있기 때문이었다. 그러나 전평 상무위원회의 파업 계획은 공산당 지도부가 질질 끌어 8월 중순에 가서야 파업 준비를 하라는 지시를 내려 전평은 그때서야 갑자기 파업 준비에 착수했다.

전평의 신전술 채택은 8월 23일 "현하에 있어서의 스트라이크 전략의 문제·조선 노동운동 당면의 제 문제, 특히 2, 3의 우익적 편향에 대하여"라는 노선 전환의 문서에 잘 나타나 있다. 이 장문의 문서는 앞의 파업과 태업 전술을 우익적 편향으로 비판하고, "태업, 파업, 시위운동 이외에 어떠한 투쟁 형태가 있단 말이냐! 그리고 또한 그와 같은 운동을 직장 내에서 하지 않고 어데서 해야 되느냐!"라고 반문하였다. 이 문서는 파업을 회피하는 것은 무장해제 이외에 아무것도 아니며, "노동자는 투쟁을 통해서 투쟁의 과정에서 교육되고 훈련되고 성장하는 것이며, 이상적인 상당한 준비가 없었다 할지라도 투쟁을 전개할 때에는 소여의 조건하에서는 전력을 집중하고 최선을 다하게 되는 것"이라고 주장했다. 이 문서는 판가리싸움을 벌여야 한다는 주장에서 나아가, "실로 스트라이크는 그 전부가 '판가리싸움'이며 조건 여하에 의해서는 '결정적 승리를 전취'할 수도 있으며 (…) 승리냐, 패배냐 하는 판가리싸움은 '타협'을 전제로 하지 않고 적을 '굴복'시킬 것을 전제로 하지 않으면 안 된다"라고 역설했다. (『한국현대민족운동연구』, 447~448쪽)

"판가리싸움"이란 말로 모험주의 성향을 노골적으로 밝힌 투쟁지상주의 노선이었다. 이런 노선 전환을 불러올 만한 요소가 미군정의 경제·노동 정책 변화에 전혀 없었던 것은 아니다. 그러나 이처럼 전격적이고 전면적인 전환을 가져온 것은 미군정의 일반 정책 변화가 아니라 공산당의 입장이었다. 공산당의 신전술은 미군정의 공산당 고립 정책에 대항해 박헌영 중심의 공산당 주류 세력이 좌익의 헤게모니를 강화하는 데 목적을 둔 것이었다. 총파업이 빚어낸 경색 국면은 좌우합작의 기반을 위축시켰을 뿐 아니라 좌익 합당에서 박헌영 반대파의 손발을 묶는 효과를 가져왔다.

1946. 9. 26.

좌익을 위해 최악의 길을 걸은 '총파업'

철도에서 시작된 총파업의 불똥이 제일 먼저 튄 분야가 출판이었다. 9월 25일 오후 4시 경성출판노동조합이 파업에 들어가면서 일주일 동안 신문이 나오지 않게 되었다. 서중석은 『한국현대민족운동연구』(449~450쪽)에서 애초의 계획은 "출판과 보도 부문만은 노동자 인민에게 선전하기 위해 마지막에 파업을 하기로 결정"했던 것인데, 이 계획을 벗어난 때 이른 파업으로 "노동자들의 투지 등 파업 전체에 악영향을 끼치고 파업의 효과도 반감"되었다고 평했다. 그렇게 된 사정을 각주에서 설명했다.

> CIC 보고에 의하면 서울의 몇 개 신문 편집장들이 철도 파업을 불법적이라고 낙인찍은 것이 인쇄공 파업의 한 원인이라고 한다. 한 연구자는 이 파업이 당 지시라고 하여 일어났던바, 남조선총파업투쟁위원회에서는 출판 노조의 파업을 중지시켜 파업 전모를 광범히 선전하자고 주장했지만, 이승엽의 간섭으로 파업이 계속되었다고 기술했다. 이 파업은 9월 28일에 열린 대회파에서 소집한 조선공산당대회에 대한 보도를 막기 위해서 박헌영 측근이 지시하였을 가능성도 생각해볼 수 있다. 그렇다면 간부파들은 쥐를 잡기 위해 독을 깨는 행

위를 한 셈이다.

파업 진행 중 언론 기능을 스스로 마비시킨다는 것은 '총파업'의 목적에 정면으로 역행하는 자해 행위였다. 위에 인용된 CIC 보고는 현장 분위기에서 출판 노조가 파업을 서두른 이유를 찾았는데, 개연성이 전혀 없는 관점은 아니다. 9월 5일 몇몇 신문의 강제 정간으로 언론계 분위기가 격앙되어 있었다는 점도 생각할 수 있다. 그러나 이 총파업에 두 달간의 집중적 준비가 있었다는 점을 생각하면, 역시 지도부의 방침으로 이해해야 할 것이다.

서중석은 공산당 대회파가 9월 28일에 소집해놓았던 당대회를 박헌영 일파가 차단하기 위해 출판 노조 파업을 지시했을 가능성을 제기했는데, 이것은 노동조건 개선에 목적을 둔 순수한 노동운동보다 정치적 목적을 위해 총파업을 이용했다는 이야기다. 이 가능성은 더 폭넓게 검토할 필요가 있다. 신문의 실종은 혼란 격화의 조건이 되어서 며칠 후 대구 사태 발발에도 한몫한 것이었다. 공산당의 신전술에 부합하는 방향이었다. 서중석은 9월 총파업 서술을 마무리하면서 "9월 총파업의 손실은 정치적 목적이 지나치게 앞선 나머지 제반 여건을 객관적으로 판단하려고 하지 않은 당 지도부의 근시안적 오류의 산물"이었다고 적었다(같은 책, 454쪽).

강준만은 9월 총파업에 25만여 명의 노동자가 참여하고 1만 1,624명이 검거되었으며, 그중 150여 명이 군사재판에 회부되었다고 정리했다. 그 결과 전평은 간부들의 대량 검거로 인해 쇠락해갔고 대신 대한노총이 성장하기 시작했다고 적었다(『한국 현대사 산책: 1940년대편 2』, 인물과사상사 2006, 294쪽). 좌익의 입장에서도 노동운동의 관점에서도 큰 손실을 가져온 일이었다.

먼저 대한노총과의 관계부터 살펴보자. 대한독립촉성노동총연맹이란 당시의 이름이 보여주는 것처럼 1946년 4월 결성된 대한노총은 "극우 청년 단체의 분신"(『한국현대민족운동연구』, 453쪽)이었고, "우익 정치집단으로서 일종의 테러리스트 조직"(『한국 현대사 산책: 1940년대편 2』, 294쪽)이었다. 그런 대한노총도 9월 24일 철도국 경성공장 파업에 참여했다. "공장 종업원으로서 다 같이 요구되는 사항이므로" 조직을 떠나 공동 투쟁을 하자는 전평 측 요청을 받아들인 것이다.

대한노총의 철도국 파업 합류에 파업 전선을 혼란시키려는 책략이 개재했을지도 모르지만 여러 사정으로 보아 노동자의 정당한 요구를 외면할 수 없었기 때문이었다고 생각된다. 당시 철도국 경성공장 노동자 3,700명 중 800명 정도가 대한노총 조합원이었다는 것을(성한표, 「9월 총파업과 노동운동의 전환」, 『해방전후사의 인식 2』, 한길사 2006, 421쪽) 보면 현장 노동조합은 중앙 지도부의 정치성에 비해 노동운동의 일반적 분위기를 갖고 있었을 것 같다. 당시 대한노총의 움직임을 성한표는 이렇게 정리했다.

> 대한노총 소속 철도 노동자들은 철도 파업에 동조하여 참여하고 있었지만, 그 지도부는 파업 당일인 24일부터 비상 태세에 들어갔다. 대한노총은 24일 인사이동과 부서 개편을 단행하고 위원장으로 이승만을 추대했으며, 26일에는 이승만도 참석한 회의에서 파업 대책을 토의했다. 이날 회의에서 40여 우익계 청년 단체가 결성한 파업대책위원회와 대한노총이 제휴하여 '총파업대책협의회'를 조직했다. 대한노총은 파업단이 제출한 요구와 비슷한 4개 요구 사항(…)을 제시하고 방송을 통해 밝힌 하지의 방침을 좇아 노동조정위원회에 조정을 신청한 후, 빠른 시일에 파업을 파괴하겠다고 군정 당국자들에게

약속했다. 대한노총은 이에 따라 28일 아침 총무부장 김헌에게 철도 노동자의 직장 복귀를 방송케 하고, 29일 각 청년 단체를 선봉으로 피켓라인을 뚫고 들어가려고 했으나 정작 주체가 되어야 할 공장지부연맹이 아직 태세를 확립하지 않아 공격은 하루 연기되었다. (같은 책, 428~429쪽)

대한노총보다 격이 높은 단체에서도 위원장보다 권위가 높은 총재 자리를 맡는 것이 보통인 이승만이 이 상황에서 위원장을 맡았다는 점이 매우 특이하다. 군정청과의 밀착 교섭이 필요한 상황이기 때문이었을 것이다. 군정청이 대한노총의 요구를 서둘러 들어준 것은 대한노총을 파업 파괴에 투입하기 위해서였을 텐데, 그러려면 교섭이 필요했을 것이다.

대한독립노동총연맹에서는 철도 파업 문제를 해결코자 아래와 같은 네 가지 요구 조건을 제출하여 군정 당국과 교섭한 결과, 노동부장 및 운수부장의 의향으로는 제출한 요구안을 전적으로 수락할 용의가 있다는 확답을 28일에 받게 되어 30일 오전 8시를 기하여 취업을 시작하기로 하였다 한다.

요구 조건

1) 일급제 폐지와 월급제 채택

2) 급식 계속(주식)

3) 출근 노동자에 1일 4홉미 배급

4) 임금 인상

(「군정 당국, 대한노총 파업 해결안 수락」, 『조선일보』 1946년 10월 2일)

이 기사에서 "30일 오전 8시를 기하여 취업을 시작하기로" 했다고 한 것은 10월 2일에야 신문이 나왔기 때문에 실제 일어난 결과에 맞춰 작성된 것으로 보인다. 28일에 파업 중단이 합의되었다면 앞에 인용한 성한표의 글 내용대로 29일 아침에 조업을 시작하는 것이 당연한 일이다. 대한노총의 현장 노동조합이 공격적 진입에 동의하지 않았기 때문에 '결전'이 하루 늦어진 것으로 보인다. 대한노총이라도 현장 노동조합은 중앙의 정치성과 거리를 두고 노동운동의 본색을 지키고 있었던 것이다.

현장 노동조합과 중앙 지도부 사이의 분위기 차이는 전평도 마찬가지였다. 9월 23일 일기에서 경성 철도 공장 노동자들의 요구 사항이 (1) 쌀 배급(노동자는 4홉 가족은 3홉) (2) 일급제 반대 (3) 임금 인상 (4) 해고 감원 반대 (5) 급식을 종전과 같이 계속할 것 (6) 북조선과 같은 민주주의 노동법령을 즉시 실시할 것 등 6개 항목이라 한 것은 9월 25일자 『조선일보』 기사를 인용한 것이었다. 그런데 원래 노동자들이 제출한 요구에는 (6)과 같은 정치적 내용이 없었다. 순전히 노동조건 관계 요구뿐이었다. 23일 결성된 '대우 개선 투위' 대표들이 24일 파업에 들어가면서 덧붙인 것이다.

총파업의 동력은 현장 노동자의 민생고에서 나온 것이었다. 그들은 민생고 해결에 전평의 도움을 기대했기 때문에 전평의 지도를 청했다. 노동운동 단체로서 전평은 이 기대에 부응하는 데 주목적을 두고 노선을 정해야 했다. 그런데 전평의 지도 노선이 정치적 효과에 더 연연했기에 자생적 노동운동 지도자들이 몽땅 뿌리 뽑히고 대한노총이 현장을 지배하는 결과를 가져왔다.

전평 지도부의 역할을 평가하는 데 지도부가 총파업을 계획했느냐 아니했느냐는 질문은 그다지 중요하지 않다. 전평 지도부가 철도 파업 단계에서부터 총파업의 지도를 떠맡고 나섬으로써 총파업은 그들이 계획했든 하지 않았든 간에 이미 그들의 투쟁으로 되어버렸기 때문이다. 따라서 보다 중요한 것은 전평 지도부가 총파업의 전 과정을 얼마나 효율적으로 장악하고, 통제할 수 있었는가 하는 점이다. 이렇게 볼 때 다음 몇 가지가 지적될 수 있다.

첫째, 9월 총파업은 과연 통일된 마스터플랜이 있었는가 의심이 갈 정도로 조직적인 통제가 결여되어 있었다. 우선 앞에서 소개한 전평 상임위의 파업 계획이 거의 그대로 실현되지 않았다. 24일에 파업키로 한 경성전기는 이날의 파업 시도는 사전 준비가 없어 실패하고, 철도 파업이 파괴된 후인 10월 1일에야 부분적인 파업을 실현시켰으며, 맨 나중에 파업하기로 되었던 출판 노조는 "전평의 지시에 호응"한다면서 남 먼저 파업하고 말았다.

둘째, 9월 총파업에는 산별 체제가 거의 가동되지 않았다. 15개 산별 노조 중 철도 노조를 제외하고는 어떤 노조도 산하 전 노동자가 참여하는 전국적인 파업을 실현시키지 못했다. 뿐만 아니라 현장 노동자들의 파업을 산별노조들이 지지했다는 흔적도 별로 찾아볼 수 없다.

셋째, 9월 총파업에 대한 전평 지도부의 의사 통일이 이루어져 있었는가에 대한 의문이 제기된다. 철도파업단 대표의 일원이며, 철도 노조 대표로서 전평 상임위원(서기국원)인 오병모는 (…) 다음 날이면 총파업을 선언하게 될 전평 지도부의 일원으로서, 그리고 현실적으로 파업을 이끌어야 할 철도 노조 대표로서는 지나치게 소극적인 태도가 아닐 수 없다. 그의 소극적 태도는 그가 바로 파업 회피 지령을 내렸던 서기국원이라는 사실과 관련이 없는 것일까.

넷째, 파업 당시에 내놓은 철도 노동자들의 요구에는 전평 지도부가

> 총파업의 요구 사항으로 결정한 '정치적 요구'들이 포함되지 않았다. 정치적 요구들은 전평의 "총파업 선언"에 처음으로 포함되었다. 그러나 그 후에 일어난 해원동맹 파업 때에도 "박헌영에 대한 체포령 철회" 요구는 제기되지 않았다. (「9월 총파업과 노동운동의 전환」, 『해방전후사의 인식 2』, 426~427쪽)

9월 총파업과 그 뒤를 이은 대구 사태를 통해 조선 남반부의 좌익 역량은 뿌리 뽑히고 말라붙었다. 이것은 실권을 쥐고 있던 미군정의 반공 노선이 불가피하게 가져온 결과라고 말할 수 없다. 민중의 보호를 위한 사회주의 노선은 상당 부분 좌우합작에 포용될 만한 상황이었다. 그런데 모험주의 성향의 공산당 '신전술'에 말려들어 사회주의 정책조차 용납되지 못하는 풍토를 만들고 만 것이다.

나는 이 사태가 극좌와 극우 사이의 '적대적 공생 관계'가 이뤄지는 또 하나의 고비였다고 본다. 좌익의 전략적 역량이 박헌영 일파의 전술적 이득을 위해 희생된 것이다. 그 사이에 우익의 헤게모니도 폭력 집단을 앞세운 극우파에게 돌아갔다. 몇 주일 후 좌우합작위원회가 곡절 끝에 이뤄낸 토지개혁안을 한민당이 거침없이 거부해버린 것도 이 사태 때문이라고 생각한다. 서중석도 '적대적 공생 관계'라는 말을 쓰지는 않지만, 아래와 같은 상황 설명을 할 때는 그와 비슷한 생각이 그의 머릿속에도 오가고 있지 않았을까 싶다.

> 공산당의 신전술은 좌익 전체의 헤게모니 다툼과도 맞물려 돌아갔다. 좌우합작 자체를 박헌영은 '원칙'에 어긋난, '반동'들과의 가당찮은 짓으로 보았지만, 좌우합작이 계속되는 한 좌익의 헤게모니는 표면상 여운형에게 돌아갈 수밖에 없었다. 이승만과 김구같이 수십 년

간 해외에서 헤게모니 문제에 단련된 인사들도 미국이 좌우합작을 지지하자, 1946년 6월부터 그해 연말까지는 정계에서 소외되었고 우익의 헤게모니는 김규식에게 집중되는 감이 있었다. 그런데 좌익의 경우 공서(共棲)의 특성 또는 구조로 여운형을 전면에 내세우고 공산당은 그 뒤에서 조직 강화를 하면 그 결실은 다분히 공산당에게 넘어갈 수 있었다. 또한 좌우합작의 지원을 받아 좌익의 최대 강적인 이승만과 김구를 약화하고, 진보적인 민족주의자들과 함께 통일전선을 형성할 수 있었다. 그러나 재건파 공산당 간부들은 종파주의 성향이 강했고, 헤게모니 문제에 민감했다. (『한국현대민족운동연구』, 420쪽)

1946. 9. 30.

"나라를 구한" 김두한, 감격하는 장택상

9월 28일 대한노총이 군정 당국이 자기네 요구를 수용했다 하여 파업 종식을 선언했다. 수용됐다는 요구 내용은 (1) 일급제 폐지와 월급제 채택 (2) 급식 계속(주식) (3) 출근 노동자에 1일 4홉 쌀 배급 (4) 임금 인상의 4개 항목이었다. 이것은 원래 9월 13일 전평 계열 노동조합에서 제출한 요구 그대로는 아니더라도 대략 충족되는 것이었다.

이 정도 요구가 정말 수용됐다면 일단 파업을 중지하고 세밀한 협상에 들어갈 수 있는 조건이었다. 실제로 이 시점에서 전평 계통 농성자들이 대표를 뽑아 군정청 운수국장에게 (1) 성의 있는 해답을 해줄 것 (2) 9월분 급료를 내줄 것 (3) 후생미를 분배해줄 것 등 세 가지 요구를 했다는 기사도 며칠 후 나왔다(『조선일보』 1946년 10월 2일자).

그런데 전평 지도부는 이를 묵살했다. 파업에 일단 돌입한 이상 중단하기 힘든 관성이 작용하는 것이고, 신문이 나오지 않는 상황 때문에 관성의 제어가 더 어려웠을 것이다. 그리고 파업 돌입 때 추가된 (1) 이북과 같은 개혁 조치의 시행 (2) 공산당 간부들의 체포령 철회 등 정치적 요구들이 협상에 걸림돌로 작용했을 것이다.

전평의 정치적 요구와 그에 대한 집착이 잘못된 것만은 아니었다. 근로조건 문제가 어쩌다 우연히 생긴 것이 아니라 미군정의 정책 노선에서 비롯된 것이니, 당장의 근로조건 조정만으로 해결될 일이 아니라 정책 노선의 변화가 필요한 것이었다. 힘들여 벌인 파업의 성과를 극대화하기 위한 노력은 당연한 일이었다.

그러나 미군정은 대한노총과 벌인 협상에서 파업 탄압의 명분을 확보했다. 이승만이 직접 나서서 이끈 대한노총이 미군정의 극렬한 파업 탄압을 유도한 사실은 이승만 영향권의 극우단체들이 경찰과 손잡고 파업 분쇄에 나선 사실과 앞뒤가 맞는다. 26일자 일기에서 이승만이 대한노총 같은 단체의 위원장을 맡은 것이 이례적인 일이라고 지적했는데, 이승만이 군정청과 대한노총 사이의 협력을 얼마나 중시했는지 이로써 짐작할 수 있다.

대한노총은 군정청과 '합의'를 내세워 바로 이튿날 피켓라인 돌파를 계획했으나 철도국 지부연맹의 반대로 하루 늦춰 9월 30일 새벽에 공격을 시작했다. 테러 단체들이 선봉을 맡았고 경찰이 뒤를 받쳐줬다. 경찰의 역할은 이렇게 발표되었다.

> 30일 오전 4시부터 행동을 개시한 수도경찰청 경관 3천여 명은 경무총감 장택상의 진두지휘로 파업 농성 중인 경성공장 기관구·통신구를 포위하고 파업단 간부와 종업원 1천여 명을 검거하여 시내 각 서에 분산 유치하였는데 동 11시경 장 총감은 기자단에게 다음과 같이 말했다.
>
> "파업 주모자와 경관에게 저항한 분자는 엄중히 처벌하겠다. 검거 당시 종업원의 저항으로 경관 7~8명이 부상당하고 종업원 중에도 수천 명의 부상자가 나온 모양이다. 검거된 천여 명 중에서 여자와 18세 미만의 종업원은 현장에서 즉시 설유(說諭)하여 석방했다. 이번 검거는 물론 경찰의 입장에서 한 것이다. 죄명은 주택 침입, 공무 집행

1958년 대한노총 전국대의원대회. 미군정은 대한노총과 벌인 협상에서 파업 탄압의 명분을 확보하고, 여기에 극우단체와 경찰이 파업 분쇄에 나서면서 대한노총은 성장의 발판을 마련하고, 전평은 쇠락의 길을 걷게 된다.

방해, 포고령 위반, 폭행 · 절취 등이다."

(「수도경찰청, 총파업 농성 중인 철도 종업원 천여 명 검거」, 『조선일보』 1946년 10월 3일)

장택상의 발표 중 부상자 "수천 명"은 착오겠지만, 아마 수백 명의 부상자는 나왔을 것이다. 이에 비해 경찰 부상은 7~8명에 불과했다니 어떤 양상이었을지 짐작이 간다. 공격에 대한 농성자들의 대비가 아주 허술했을 리도 없다.

파업 노동자들은 경성공장과 용산 기관구에서 농성하고 있었다. 전평이 식량 준비 없이 파업에 돌입했기 때문에 경성공장에서 농성하

> 던 노동자들은 25일 오전 용산역 광장에 모여 파업 선포 대회를 가진 후 해산, 귀가했다. 그러나 용산 기관구 노동자들을 중심으로 한 파업단 주력은 기관구에 집결하여 차고를 파업 본부로 정하고 농성을 계속했다. 경성공장에 가까운 용산 기관구는 노동자가 800명에 지나지 않지만 열차 운전의 열쇠를 쥐고 있는 곳으로서 전평 조합원의 정예들이 집결되어 있었다. 대한노총의 세력은 용산 기관구 내에서는 더욱 미약하여 간판조차 낮에만 걸고 밤에는 떼어야 할 정도였다. (「9월 총파업과 노동운동의 전환」, 『해방전후사의 인식 2』, 429쪽)

철도 기능에서도 전평 조직에서도 용산 기관구가 핵심부였기 때문에 파업 농성의 본부가 된 것이다. 엿새째 농성을 계속하면서 농성자들은 대한노총만이 아니라 경찰의 공격에도 대비할 태세를 갖추고 있었을 것이다. 그런데 이 대비를 무력하게 만든 것은 선봉을 맡은 우익 테러 단체의 공로였다. 이 '전쟁'에서의 역할을 김두한(金斗漢, 1918~72)은 자랑스럽게 회고했다.

> 나는 일본도를 빼어들고 2층으로 뛰어올라갔다. (…) 여러 곳에 숨어 있던 전평원을 색출, 창고에 몰아넣고 점검해보니 2천여 명이나 되었다. (…) "너희들 중에 이번 파업 간부를 뽑아내어라. 안 그러면 할 수 없다. 가솔린을 뿌리고 불을 지르겠다." 그리고 가솔린을 그들이 수용되어 있는 창고 주변에 부었다. "자, 5분의 시간을 준다. 내가 가솔린에 실탄만 쏘면 그만이다. 튀어나오는 놈은 모조리 쏴 죽인다." 나는 기관총 2대를 그들 앞에 정조준시켰다. 시계를 내어놓고 시간을 쟀다. 4분이 경과하니 그들 중에서 "나가겠습니다" 하는 말이 튀어나왔다. 전평 간부 8명이 내 앞으로 튀어나왔다. (…) 그러고서는

> 화부와 기관사를 뽑아내고, 기관차를 수리시켰다. 모든 철도 종업원들에게 즉각 취업하라고 지시했다. 만일 직장에 복귀 안 하면 그들의 가족까지도 몰살해버리겠다고 말한 후 서약시켰다. (김두한, 『김두한 회고기』, 연우출판사 1963, 153~158쪽; 「9월 총파업과 노동운동의 전환」, 『해방전후사의 인식 2』, 430쪽에서 재인용)

성한표는 위 글을 인용하면서 주에 이런 설명을 덧붙였다.

> 김두한은 이 밖에 파업단 습격에 나서기 전 공포심을 없애기 위해 3천여 명의 대원에게 술을 먹였고, 자신도 술을 마셔 정신을 마취시켰으며, 자기 앞에 나온 전평 간부 8명을 생매장시키라고 부하들에게 지시했다고 주장하고, 부하들이 이들을 죽창으로 찔러죽이고 역구내 하수도에 처넣고 시멘트로 복개했는데, 그 때문에 미 군사 법정에서 사형 선고까지 받은 일이 있다고 회고록에서 주장했다. (「9월 총파업과 노동운동의 전환」, 『해방전후사의 인식 2』, 447~448쪽)

강준만도 『김두한 자서전』(메트로신문사 2002)에서 부하들로 하여금 전평 간부 8명을 죽였고, 파업 수습 후 장택상이 자기를 찾아와 "눈물을 글썽거리며, '김두한 동지! 당신이 나라를 구했소'라고 말하면서" 자기 손을 꼭 쥐더라는 김두한의 회고를 인용했다(『한국 현대사 산책: 1940년대편 1』, 293쪽).

군정청의 미국인 중 가장 진보적 인물의 하나였던 노동문제 고문 스튜어트 미첨(Stuart Meecham)조차(1945년 11월 25일자와 1946년 8월 9일자 일기 참조) 9월 30일 벌어진 상황은 하나의 '전쟁'으로 보지 않을 수 없었던 모양이다.

> 우리는 전장에 나가듯이 사태에 임했다. 우리는 그것을 파괴하러 나갔다. 그리고 우리는 약간의 무고한 사람이 다칠지도 모른다는 점에 대해 오랫동안 걱정할 시간이 없었다. 우리는 시의 외각에 수용소를 설치하여, 감옥이 만원이 되면 파업자들을 여기에 수용했다. 그것은 전쟁이었다. 우리는 그것을 전쟁으로 인식하고 있었다. 그것이 우리가 대처한 방식이었다. (「9월 총파업과 노동운동의 전환」, 『해방전후사의 인식 2』, 441쪽에서 재인용. 여기에서 성한표는 미첨을 군정청 운수부장으로 소개했으나 브루스 커밍스가 쓴 『The Origins of the Korean War』, 378쪽을 보면 미첨은 1946년 12월까지도 노동문제 고문의 자리에 있었다. 민간인인 미첨은 대령급 군인을 앉히던 운수부장 자리를 맡을 신분이 아니었다.)

김두한이 2천 명을 몰아넣은 창고에 불을 지르겠다고 날뛰고, 적발된 전평 간부 8명을 때려죽이는 그런 사태는 상상도 못했던 것일까? 감옥의 만원 사태를 대비해 수용소까지 따로 마련했다면, 1천여 명의 대량 검거는 군정청이 계획한 것이다. 그런 대량 검거에 어떤 인명 피해가 따를지, 미군정 측은 아무 대비도 하지 않았음을 보여준다.

김두한의 회고를 보면 9월 30일 발생한 일은 '파업 분쇄'가 아니라 '학살'이었다. 날뛴 것은 우익 테러 단체였지만, 멍석은 미군정이 깔아준 것이다. 미군정은 왜 이토록 극단적인 대응책을 택한 것일까? 9월 29일 워싱턴에서 날아든 외신 기사 하나가 눈에 띈다.

> 〔워싱턴 29일발 AP 합동〕 과반 조선에도 내방하였던 미 하원 군사위원단 단장 세리단은 금주 조선 주둔 미군 사령관 존 R. 하지 중장의 경질을 종용한 바 있었는데, 이에 대하여 미 육군 장관 패터슨은 하지 중장을 전폭적으로 신뢰 지지한다는 성명을 발표하고 대략 다음

과 같이 언명했다. (…)

(「미 육군 장관 패터슨, 하지 경질 종용에 대해 하지 전폭적 지지 성명서 발표」, 『서울신문』 1946년 10월 5일)

미 하원 군사위원단은 8월에서 9월에 걸쳐 태평양 지역의 미군 주둔지를 시찰하던 중 9월 초순 조선을 방문했다. 위원들 사이에 미군의 조선 주둔 기간에 관한 이견은 보도된 바 있었는데(『서울신문』 1946년 9월 4일자), 하지 사령관의 경질을 주장한 위원도 있었던 모양이다. 이 주장을 육군 장관이 공식적으로 물리친 소식이 들어온 것이다.

하지의 점령군 사령관 역할에 미국 정계에서도 논란이 있었다는 사실을 보여주는 기사다. 소련과의 관계에 어떻게 대응하느냐 하는 것은 미국 정계에서 초미의 과제였다. 그런 상황에서 하지의 실적은 적어도 두 가지 점에서 비판받았을 것이다. 첫째, 극단적 반공·반소 태도로 조선에서의 미·소 관계를 경직시킨 점. 둘째, 군정 운영의 실패로 조선 남반부의 상황을 불안하게 만든 점이다.

반면 잘했다고 내놓을 만한 실적은 아무것도 없었다. 하지에게 초조하고 불안한 마음이 들지 않을 수 없었을 것 같다.

안재홍
선생에게
묻는다

"언젠가 역사가로서 미군정을 비판하겠다"

김기협 | 지난번(8월 26일) 뵙고 한 달이 지났군요. 생각지 못했던 변화들이 꼬리를 물고 일어나고, 시국은 더욱더 험난해지는 것 같습니다. 최근 변화의 중심에 미군정과 공산당 사이의 대립 격화가 있는 것으로 보입니다.

지난 월초에 몇몇 좌익계 신문이 강제 정간되고, 박헌영 씨 등 공산당 핵심 간부들에 대한 수배령이 내렸죠. 미군정을 비난하는 보도와 발언이 그 이유인 모양인데, 군정청 법령이 아닌 맥아더 사령부의 포고령을 내세운 것이 별난 일입니다. 그래서 군정청 경찰이 아니라 미군 CIC가 직접 체포에 나섰고, 검거된 사람들을 일반 감옥이나 유치장이 아니라 미군 감옥에 집어넣었죠.

미군정 수뇌부가 공산당을 꺼려한다는 사실은 세상이 다 아는 일이거니와, 이제 와서 납득할 만한 이유도 없이 노골적 탄압에 나선다는 것도 놀라운 일이고, 더구나 그 탄압 방법이 법치의 원리까지 위협할 정도라는 점이 더욱 놀랍습니다. 미군정이 어째서 저런 태도를 취한다고 생각하십니까?

안재홍 | 정말 놀라운 일입니다. 원래 포고령 1, 2, 3호는 작년 9월 미군 진주 때 군정청이 설치가 안 된 상태에서 발포한 겁니다.

법령 체계가 세워지지 않은 상황에서 임시 조치였죠. 그런데 형사 관계 법령도 웬만큼 갖춘 지금에서 군정 비난 정도의 행위를 규제하겠다고 그 포고령을 들고 나온다는 것은 이해하기 어려운 일입니다.

포고령 제2호의 "포고 명령 지시를 범한 자, 미국인과 기타 연합국인의 인명 또는 소유물 또는 보안을 해한 자, 공중 치안 질서를 교란한 자, 정당한 행정을 방해하는 자, 또는 연합군에 대하여 고의로 적대행위를 하는 자"를 점령군 군율회의에서 재판하여 "사형 또는 타 형벌"에 처한다는 내용은 전쟁 상태의 조치이지, 평화 시의 법령일 수 없는 것입니다. 더구나 민주주의 사회에서는 말도 안 되는 억압이죠.

이 포고령이 지난 7월 29일 정판사사건 공판 소동 사건에 적용되어 최고 징역 5년의 판결을 무더기로 때릴 때 식자들이 개탄해 마지않았습니다. 그래도 그때는 군정 당국이 뜻밖의 사태에 당황해서 돌발적으로 내린 조치려니 생각하고 다시 일어나지 않을 일로 믿었습니다. 그런데 이번에는 돌발 사태도 아닌 상황에서 냉정하게 준비한 조치에 이 포고령을 활용했으니, 정말 이해할 수 없는 일입니다.

미군에 적대감을 갖지 않은 나 같은 사람들도 이 일을 보고는 '군정'의 성격을 다시 생각하지 않을 수 없습니다. 민정을 펼 형편이 못되어 부득이 군정을 시행하더라도 민정의 원리를 확충하도록 노력하는 것이 군정의 올바른 자세라고 믿습니다. 그런데 안정된 법질서를 스스로 무너뜨리는 이런 조치를 보고 사람들이 미군의 '의도'에 의심을 품지 않을 수 없습니다.

김기협 | 그렇죠. 뭔가 '의도'가 있지 않고는 취할 수 없는 조치지요. 사람들이 미군의 의도에 대해 상상력을 발동하지 않을 수 없는 상황입니다.

과연 어떤 의도일까요? 좌익 배척은 미군정 초기부터 계속되어온 일이거니와, 지난 5월 초 시작된 정판사사건은 공산당에 초점을 맞춘 탄압이었죠. 그래도 범죄로서 위폐 사건을 수사하는 것일 뿐이라고 둘러대 왔는데, 이제 아예 탄압 의도를 그대로 드러내고 있습니다. 공산당 탄압의 의지가 이번 사태의 핵심 요소란 사실은 분명해보입니다.

안재홍 | 금년 들어 이북에 북조선임시인민위원회가 세워진 이후 토지 개혁을 비롯해 제반 사회 개혁의 순조로운 진행 소식을 들으면서 미군정 당국자들이 대단히 긴장한 것으로 보입니다. 이 긴장감에는 좋은 효과도 있지요. 진주 이래 한민당 쪽에만 귀를 기울이던 그들이 좌우합작 지원에 성의를 보이는 것은 소련군과의 '선의의 경쟁'이라고 볼 수 있습니다. 그런 경쟁은 우리 건국 사업을 위해 좋은 조건이지요.

그런데 이북의 변화를 소련의 지령과 지원에 의해서만 이뤄지는 것으로 보는 미군 당국자들의 편향된 시각에 문제가 있습니다. 그런 측면도 없지는 않겠지만 자치 확대와 개혁 실시는 기본적으로 인민의 의사에 따르는 것이거든요. 소련군이 인민의 요구에 편승하면서 자기네에게 우호적인 체제가 만들어지도록 유도하는 것은 정치 공작이라 하더라도 매우 수준 높은 공작입니다. 그런 기술은 미군도 좀 배웠으면 좋겠는데…….

이북의 공산 세력이 자리가 잡히니까 이남의 공산당이 그 지령과 지원을 받는 것으로 미군은 봅니다. 좌익 전반에 대한 적대적 태도 대신 소련·이북과 연결된 공산당으로 표적을 좁혀 탄압을 집중하는 것이죠.

좌익이라고만 하면 확실한 이유도 없이 무조건 배척하던 지금까지의 태도에 비해 중도적 좌익과 골수 공산주의자를 구분해서 보게 된 것은 그 자체로 좋은 변화입니다. 그러나 탄압에도 기준이 있고 원칙이 있어야죠. 난데없이 맥아더 포고령을 들고 나와 상식적으로 이해되지 않는 수배령과 신문 정간 등 조치를 취하니 중도적 좌익도 부당한 탄압에 항의하지 않을 수 없습니다. 탄압의 효과보다 반발의 부작용이 더 크지 않을까 걱정됩니다.

김기협 | 전평에서 엊그제 '총파업'을 선언했습니다. 23일 부산 철도 공장에서 시작된 파업이 전국으로 확산되고 있습니다. 전평이 공산당을 지지하기는 하지만 공산당에 예속된 조직은 아닌데, 설립 후 근 1년 만에 최대 규모의 투쟁에 나서는 데는 부당한 공산당 탄압에 대한 반발도 작용하는 것일까요?

안재홍 | 전평의 대규모 투쟁은 공산당과 관계없이 필연적인 일입니다. 노동자들의 처지가 그렇게 되어 있어요. 일제시대의 가혹한 노동자 착취는 전쟁 중의 군국주의 체제에서나 가능했던 것입니다. 해방되고 노동자가 자기 권리를 생각하게 된 것은 자연스러운 일입니다. 그런데 미군정은 관리인을 파견해서 일제시대의 경영 방법을 그대로 지키려 해왔죠. 한편 이북에서 노동자의 권익을 키워주는 개혁 소식은 들려오지, 노동자들 마음이 어떻겠습니까.

군정청 노동국에는 합리적이고 진보적인 생각을 가진 간부들이 전평을 도와 노동조합 운동을 발전시켜주려는 노력이 있었어요. 그런데 지난 7월부터 전평을 배척하고 대한노총을 감싸는 방향으로 돌아서면서 현장 문제들이 해소되지 못하고 쌓여만 왔습니다. 이번 파업의 뇌관이 된 철도국만 하더라도 전평과 대한노총이 합동으로 투쟁에 나서지 않았습니까? 파업을 막기 위한 군정청의 노력이 전혀 없었어요.

파업이 터질 때까지는 노동자들의 요구 내용에 정치적인 것이 없고 모두 순수한 노동조건 문제뿐이었어요. 그런데 파업이 시작되면서 "이북과 같은 개혁의 시행"이니 "박헌영 체포령 철회"니 정치적 구호가 끼어들기 시작했지요. 전평이 노동운동의 발전을 위해 할 일이 많은데, 공산당의 영향을 받는 중앙 간부들이 자꾸 정치색을 입히는 데에는 문제가 있습니다. 미군정이 노동운동을 탄압할 빌미를 주는 것이죠. 김 선생이 언젠가 얘기한 '적대적 공생 관계'로 볼 수 있는 것일까요?

김기협 | 그렇습니다. 군정청과 노동운동의 대립이 첨예할수록 노동운동에서는 극좌파의 헤게모니가 강화되고, 군정청에서는 개혁적 정책이 봉쇄되죠. 이런 상황에서 며칠 전 이승만 씨가 대한노총 위원장에 취임해 파업 대응책을 주도하는 것이 걱정스럽습니다. 그를 추종하는 극우 폭력 세력의 역할이 총파업의 배경 위에서 부각되는 것이 아닐지.

총파업으로 어수선한 와중에도 좌우합작에 대한 사람들의 기대감은 높아지고 있습니다. 7월 하순 시작되려던 합작위원회 활동이 공산당 쪽의 '5원칙' 때문에 중단되었다가 좌익 3당 합당으로 계속 막혀 있었습니다. 그러다가 공산당과 인민당의 내분 사태 후 8월 하순에 여운형 씨가 좌우합작 속개 의지를 밝히면서 공산당을 배제한 합작 가능성이 떠오르게 되었죠. 그로부터 다시 한 달이 지났는데, 지금 진행 상황과 전망이 어떤지요.

안재홍 | 8월 20일경 여운형 씨의 합작 속개 의지 통보는 확실히 합작 사업에 돌파구가 되었습니다. 합작에 반대해온 박헌영 씨 측

을 배제하더라도 합작에 응하겠다는 것인데, 박헌영 씨 측에 대한 '최후통첩'의 의미가 있습니다. 배제하겠다는 결단을 내린 것이 아니라 성의 있는 태도를 촉구한 것이죠.

이 통첩을 박헌영 씨 측도 심각하게 받아들이지 않을 수 없었습니다. 3당 합당이란 과제가 나란히 놓여 있는데 공산당 내 대회파의 반발에 이어 인민당의 '프락치 작전'까지 들통 나버렸으니 계속 억지만 쓰기가 어렵게 되었죠. 그래서 그쪽 태도 변화를 기다리고 있는데 지난 6~7일에 좌익 신문 정간과 공산당 간부 수배령이 터진 겁니다.

합작 회담이 바로 열리기 어렵겠다고 생각해 중순 동안 바람도 쐬고 지방 민심도 살필 겸 강릉 쪽에 다녀왔습니다. 며칠 전 돌아와 보니 중순 동안 민전 의장단 회의가 몇 차례 열렸다더군요. 19일 마지막 회의에서 합작 회담 재개의 합의가 이뤄지지 않아 당분간 보류한다는 뜻을 여운형 씨가 알려왔고요.

회담 재개 의견이 많았지만 여운형 씨는 '전원 합의'가 아니면 추진하지 않는다는 입장이라더군요. 답답하기는 하지만 수긍이 가는 입장입니다. 공산당이 빠지면 '대합작'이 못되고 '소합작'에 그칠 수밖에 없습니다. 공산당 대회파의 움직임도 가라앉지 않고 있으니 공산당의 합작 참여를 좀더 기다려봐야죠. 그러나 오래 걸리지는 않을 겁니다. 이제 소합작이라도 서둘러야 할 때가 되었습니다.

김기협 | 하지 사령관이 6월 30일 합작 지지 특별 성명에 이어 9월 17일 다시 지지 담화를 발표했습니다. 확고한 의지를 읽을 수 있습니다. 그런데 미군정 측에서는 '입법기관' 설치를 합작의 중요한 목표로 요구하고 있고, 박헌영 일파에서 합작을 반대하는 뚜렷한 이유를 여기 두고 있습니다.

이북에 임시인민위원회가 있는 반면 이남에는 조선인의 전국 규모의 공식 기구가 없습니다. 민주의원의 한계성은 미군정 측도 인정하니까 입법기관 얘기를 하는 거죠. 민주의원보다 발전된 단계의 조선인 조직이 만들어지는 것은 건국 일정도 잡혀 있지 않은 상황에서 일단 필요한 일이라 생각됩니다. 이에 대한 선생님 생각은 어떠신지요?

안재홍 | 공산당은 각 지방의 인민위원회를 바탕으로 한 진정한 조선인 조직을 주장합니다. 일리 있는 의견이라고 생각합니다. 공자도 '비(非)'보다 '사이비(似而非)'가 더 위험한 것이라고 경계했죠. 민의를 왜곡되게 수렴하는 기관이라면 없느니보다 못할 수 있다고 생각합니다.

그러나 현실을 인정해야죠. 미군이 조선에 와서 벌인 제일 큰 사업이 인민위원회 파괴였습니다. 그 입장을 100퍼센트 뒤집는다는 것을 어떻게 기대할 수 있습니까? 나는 언젠가 역사가로서 미군의 이 잘못을 비판할 겁니다. 그러나 지금 정치인으로서 나는 힘을 가진 미군이 한 일을 좋든 싫든 현실로 받아들여야 합니다.

미군의 힘도 미군의 잘못도 모두 현실로 받아들이고 그 현실 속에서 최선을 다하는 것이 우리가 할 일입니다. 실제로 어떤 입법기관이 만들어지느냐 하는 것은 우리 손에도 어느 정도 달려 있습니다. 합작을 못하고 우익의 손에만 맡겨놓으면 민주의원과 똑같은 꼴을 되풀이할 것입니다. 합작을 통해 민의를 더 잘 반영하면 더 나은 결과를 얻을 것이고, 소합작 아닌 대합작이 이뤄진다면 현실 속에서 최선의 결과를 얻을 겁니다. 내 일방적인 주장에만 집착해서 최선의 노력을 포기하는 것은 민족과 인민을 위하는 길이 아닙니다.

일지로 보는 1946년 9월

9월

- **1일** 김일성종합대학 개교
- **7일** 박헌영과 공산당 주요 간부 체포령
- **12일** 이승만 저격 미수 사건
- **17일** 국립서울대학교 설립안 반대 시위 관련 학생 석방
- **23일** 부산 철도 공장 파업. '9·23 총파업'으로 확산
  미군정, 민정장관에 존슨(Edgar A. Johnson) 임명
  여운형 북조선 시찰(23~30일)
- **25일** 경성출판노동조합 파업 개시
- **30일** 수도경찰청, 총파업 중인 철도 경성 공장 노동자 1천여 명 검거
  우익 테러 단체, 자유신문사와 공산당 본부 습격

2

좌우 대립 격화의 분수령, 대구 사태

1946년 10월 3 ~ 31일

1946년 서울운동장에서 열린 메이데이 기념식에 참석하기 위해 모인 시민들. 조선노동조합전국평의회의 깃발 아래 수십 만 노동자가 모였다.

1946. 10. 3.

'공공의 적'이 되어버린 경찰

9월 30일 우익 테러 단체들은 날개를 달았다. 용산 기관구의 파업단이 유린당한 그날 오후 자유신문사와 공산당 본부가 습격당했고, 이튿날에는 민전과 전평이 습격당했다. 용산 기관구의 합동작전을 통해 경찰과 우익 테러 단체 사이의 연합 관계가 공식화된 것이었다.

> 남조선 일대의 총파업으로 말미암아 인심은 극도로 흉흉한 중에 또한 테러가 횡행하여 언론기관, 좌익 단체 등을 습격하여 더 한층 민심이 날카로운 바 있었다.
>
> 30일 오후 4시 40분경 영락정 자유신문사에 모 청년 단체의 완장을 한 100여 명의 청년이 트럭 30대에 분승하고 습격해 동사 편집국장 외 3씨를 난타하는 한편, 문선 활자를 뒤엎고 유리창, 책상 등을 파괴하였으며, 또한 동일 오후 5시경 약 100명의 청년 단체는 남대문 앞 공산당 본부를 습격하여 동 빌딩 옥상에 걸린 붉은 기와 간판을 철거했다.
>
> 그리고 1일에도 오후 5시 반경 안국정 민전사무국, 중앙인민위원회, 민청 등 사무소에 무장 경관이 경비하고 있음에도 불구하고, 100여 명의 테러단이 침입하여 후문 간판과 민전 깃발을 파괴하였으며, 같

> 은 날 오후 5시 40분경 서울 역전 전평회관에 모 단체원이 습격하여 간판을 떼고 기구 기타를 파괴하고 갔다 한다.
>
> (「자유신문사와 조공 본부, 청년들에게 습격 파괴」, 『서울신문』 1946년 10월 5일)

이 분위기는 10월 4일 속간된 『동아일보』 지면에서도 확인된다. 「철도 파업과 기후(其後) 동태」란 제목의 기사 중 「배후에 정치 모략」이란 중간 제목 밑에 이렇게 적었다.

> 검거한 용산 파업 철도국원 1,700여 명 중 파업 선동 주모자는 100여 명이었고, 이들은 북조선과도 연락하는 한편 정치단체의 지령에 움직였던 것도 속속 판명되어가고 있다. 그리고 각종 지령 서류와 계획서 등도 다수 경찰에 압수되었고, 외부로부터 이를 선동 지도하려고 잠입한 분자도 다수 들어 있었다고 한다.

이 기사 중에는 「역 구내에 인민재판소도 설치」라는 자극적인 중간 제목도 들어 있다. 그리고 인명 피해 발생에 관해서는 "이번 사건으로 철도 종업원 측에서 즉사자 두 명과 쌍방에 약간의 부상자를 내었다"고 했다. 진압 당일 장택상의 발표에서 "검거 당시 종업원의 저항으로 경관 7~8명이 부상당하고 종업원 중에도 수천 명의 부상자가 난 모양"이라 한 것과 대비된다. 며칠 지난 후의 신문에 "쌍방에 약간의 부상자"라고 한 것은 어이없는 일이다.

파업의 기본 이유보다 정치적 배후에만 눈독 들이는 것은 당시 언론 중 『동아일보』의 특이한 자세였던 것으로 보인다. 「한국사데이터베이스」에서 이 시기의 기사 모두를 볼 수 있는 신문이 『동아일보』와 『자유신문』뿐인데, 10월 3일 속간된 『자유신문』에서는 정치적 배후에 관한

民主衆報

大邱서人民暴動勃發
一時는各警察署를占據
二日現在 全市에戒嚴令下

警務部長發表

1946년 9월 30일자 부산 지역 신문 『민주중보』에 실린 대구 사태의 조짐을 다룬 기사.

기사를 전혀 찾아볼 수 없다. 그리고 '자료대한민국사'에 발췌된 10월 2일자와 3일자 『조선일보』 기사 중에는 민생고를 파업의 이유로 부각시키는 한독당, 인민당, 사회민주당의 담화가 소개되어 있다.

『조선일보』 얘기가 나온 김에 한마디 하면, 요즘 "조·중·동"이라 하여 3개 신문의 부정적 이미지가 우리 사회에 많이 퍼져 있는데, 1946년의 『조선일보』와 『동아일보』는 전혀 다른 신문이었다. 당시 『동아일보』는 극단적 반공 노선에 집착하며 언론의 기본자세에서 벗어난 기사를 끊임없이 쏟아내는 극우 신문이었던 반면 『조선일보』는 『서울신문』과 별 차이 없는 중도적 자세를 지키고 있었다. 당시의 신문 자료를 활용하는 데 기본적으로 유의할 점이다.

총파업을 계기로 우익 테러 단체와 경찰의 고삐가 풀렸다. 이것이 10월 1일 밤부터 벌어진 대구 사태의 중요한 배경 요인이었다. 대구 사태의 상황은 10월 3일 조병옥 경무부장의 발표가 10월 4일 신문에 실리면서 비로소 전국에 알려지게 되었다.

1만여 군중과 경찰이 충돌하여 경찰서를 점거한 소동이 대구를 비롯하여 경북 일대 각지에 발생했다. 9월 25일 이후 대구에서는 40여 공장에서 파업을 단행하여 생산 각 부문에 대혼란을 일으키고 있던 바 1일 밤중부터 2일 아침에 걸쳐 파업 중이던 노동자들과 전문중등학교 학생 및 일부 시민들이 합류한 만여 명의 군중이 대구경찰서를 습격 포위하여 장시간 경찰대와 대치 격투를 한 후 드디어 2일 상오 10시에는 경찰서를 점령하고 말았다.

이로써 경찰 측은 사망 20명, 부상 50명, 행방불명이 30명이나 된다. 사건은 이에 그치지 않고 인근 각 군에도 이와 유사한 일이 발생하여, 당지 미군 행정관은 계엄령을 실시하고 사태를 수습하여 경찰서만은 다시 찾아 3일부터 집무하고 있는데, 다른 곳은 아직 폭도에 점거된 채 3일 충남북도의 경찰부에서는 700여 명의 경관을 응원 파송하고, 한편 한종건 보안국장 외 모건 중위가 비행기로 현장 조사 수습차 떠났다. 이처럼 큰 사건으로 그 진상을 중앙에서 잘 모르게 된 것은 통신 관계의 지장 등인데 3일 조 경무부장은 대략 다음과 같이 사건 경위를 발표했다.

"대구에서는 9월 30일 운동회를 끝마친 학생들의 시위 행렬이 있었는데 경찰은 이를 곧 제지했다. 10월 1일 파업 중이던 40여 공장 노동자들이 허가받고 집회를 했는데, 회를 끝마친 후 노동자들은 학생 및 시민들과 합류하여 만여 명의 군중이 시위 행렬을 개시하자, 경찰은 군중과 대치하여 1일은 철야하고, 2일 상오 10시 반을 중심하여 경찰서를 포위하고 한동안 점거당한 일이 있었고, 이와 아울러 인근의 다른 경찰서 지서도 무기를 강탈당하는 동시에 청사를 점령당했다. 이에 경북 군정관은 계엄령을 내리어 사태를 수습한 결과, 대구 부내에 한해서는 미군의 응원으로 경찰 활동이 완전히 복구 유지되었다.

그리고 다른 경찰서 관내는 2일 하오 11시 현재로 복구 못한 상태에 있다. 현지의 소식으로는 민중의 사상은 아직 모르고, 경찰은 사망자 20명, 중경상자 50명, 행방불명 30명이다. 이 긴급사태로 3일 충남에서 400명, 충북에서도 300명이 파송되었고, 한 공안국장과 미군 장교 등 4명이 비행기로 떠나서 사태수습총사령부를 두고 사태 수습과 경비에 만전을 다하기로 되었다."

(「경무부장 조병옥, 대구 소요 사태 경위 발표」, 『동아일보』 1946년 10월 4일)

1923년생으로 전평에서 활동하던 이일재는 당시 현장에 있었다. 사태 전환의 계기가 된 10월 1일 경찰 발포 상황을 그는 이렇게 회고했다.

29, 30일에는 도청과 시청 공무원들도 파업에 들어갔어요. 그즈음 철시가 되는 겁니다. 상인들까지 문을 모두 닫아걸었던 거죠. 그러더니 초하룻날 경찰 100여 명과 노동조합이 도 평의회 앞에서 대치한 거예요. 그 밑에는 세관이 있고 건물 하층은 운수노동조합이고 2층은 도 평의회. 내가 당시 도 평의회 간사를 했어요.

수배가 돼서 사무실에 들어가지도 못하는데 거기서 '남조선 파업 대구시 투쟁위원회'라고 하는 현판을 걸려 하고, 미군정에서는 못 걸게 하고, 충돌의 발단이 거기서 시작된 거죠. 왜 못 걸게 해요? 상식에 어긋나는 일이잖아. 여하튼 경찰과 온종일 대치했어요. 그리고 해산될 무렵 노동자가 사살되었던 겁니다. 경찰이 철수하면서 시민들과 몸싸움 도중 발포했습니다. (『8·15의 기억: 해방공간의 풍경, 40인의 역사체험』, 175쪽)

이튿날 분노한 시민들이 피살자의 시신을 앞세우고 나선 '시체 데

모' 앞에 경찰이 무너진 상황도 이일재는 회고했다. 경찰 지휘부에서 경찰의 잘못을 인정하고 자진하여 무장해제를 한 데서부터 사태의 폭발적 확산이 시작되었다니 안타까운 일이다.

> 한편 10월 2일 아침부터 대구의대, 사대, 상고, 고보, 여고 학생들이 하나로 뭉쳐 대구경찰서로 진격했어요. 여기서 이른바 '시체 데모'가 이루어진 거예요. 뭐냐 하면 경찰서로 향하기 전에 사대에서 모인 학생들이 어떻게 시위를 전개할 것인지 토론을 벌였어요. 그때 의대 학생들이 시체를 들것에 싣고 교내로 들어왔던 거죠. 전날 시위 현장에서 죽은 노동자의 시체였어요. 그것을 보자 토론이고 뭐고 필요 없이 합세해서 나아갔던 겁니다.
>
> 그때 경찰서에는 이성옥 대구경찰서장, 경북경찰청장 프레이즈 소령, 권영석 경찰청장이 있었어요. 그런데 이성옥은 무장해제를 원했어요. 말 그대로 무기고에 무기를 갖다 넣자는 겁니다. 하지만 프레이즈라는 놈은 자꾸 "쏘라"고 명령했어요. 그놈들이야 한국 사람들 죽는 거 생각할 게 뭐가 있겠어요. 껌 쫙쫙 씹으며 지프 타고 다니면서 사진만 찍는데. 결국 권영석 경찰청장이 대표자를 보내라고 해서 담판이 이루어졌어요. 우리 쪽은 아까 말한 이종하 선생님을 비롯해 채문식, 이재복, 송기채 같은 분들이죠. 권영석 청장이 무장해제를 지시했어요.
>
> 무장해제가 발표되자 시위대는 함성을 지르며 대구 평의회 앞에서 발포했던 250여 명의 경찰관들과 대구경찰서와 파출소에서 달아난 경찰관들을 쫓았고, 잡히는 대로 구타하고 죽였어요. 그리고 군중들은 부유층이나 고위층의 집을 털어 가져온 쌀과 광목 등을 달성공원에 실어다놓고 나누어줬어요. 경찰력이 없어졌지만 시민들 스스로가 질서를 잡고 있었던 거죠. 완장을 차고 도로 정리하고, 청년들은 자

경찰의 발포로 민간인이 사망하자, 시위 이틀째 날 대구 시민 수천 명이 시위대와 합세하여 대구경찰서로 향하고 있다.

경대를 만들어 도둑들도 막았어요. 누가 주동한 것도 아닙니다. 조선공산당이 지도했다고 하는데 그걸 지도할 여력이 어디 있겠어요. 정신적인 여력도 조직적인 여력도 없었어요. (같은 책, 177~178쪽)

이일재의 회고는 저항 세력의 입장에 쏠려 있다. 마지막 문단에서 "시민들 스스로가 질서를 잡고 있었던" 것이라고 하는데, 과연 그것을 '질서'라고 할 수 있을까? 그 자신의 기록을 보더라도 경찰관 제복만 입고 있으면 구타와 살해의 대상이 되는 판인데……. 경찰이 무장해제를 결정하기까지 최소한의 '질서'에 대한 이종하 등 시민 대표단의 약속이 있었을 텐데 그 약속은 지켜지지 않았다.

1927년생으로 경북도청에 근무하고 있던 강창덕은 비교적 중립적인 시각에서 당시의 혼란상을 회고했다.

사람들이 모두 대구경찰서 앞에 집결했죠. 대열에 있던 사람들에게

> 저기 죽은 사람이 무엇 때문에 죽었느냐고 물었더니 어젯밤 총 맞아 죽었다고 하더군요. "그래, 이놈의 새끼들 말이야 무엇 때문에 총을 쐈나" 하는 생각이 들어 나도 사람들 속으로 파고들어갔어요. 우리는 처음에 의과 대학생이 죽은 줄 알고 분개했고, 그래서 앞쪽으로 파고 들어 결국 경찰서 정문까지 갔어요. 그때 경찰 간부 한 사람이 나와 무슨 연설을 하는 것 같았어요. 나중에 얘기를 들어보니 신재석 경위라는 사람인데, 뭐 연설을 하고 모자도 벗고 하더라고요. 경찰에서 손을 떼고 시위대에 합류한 것이지요. (…)
> 또 가는 중에 누구 한 사람이 심하게 두들겨 맞아 길가에 앉아 있는 모습을 보았어요. 그런데 유혈이 낭자하게 부상을 입고 넋이 빠진 채 말도 못하고 있는 사람을 몇 사람이 둘러서서 구경만 하더라고요. 간호해주는 사람도 없이 말이죠. 보기에 마음이 안 좋아 주위 사람들에게 저 사람이 왜 저리 됐는지 이유를 물었더니, "뭐 못되게 하다가 그래 됐지"라고 했어요. 그날 대구 시내 분위기가 경찰이나 일본 놈 앞잡이를 하면서 상당히 미움 받았던 사람들을 모두 끄집어내 두드려 팼던 것 같아요. (같은 책, 186~189쪽)

'인민재판'이라는 말이 난폭한 재판을 가리키는 말로 쓰여 왔지만, 인민재판조차 없이 인명과 재산이 위험에 노출된 상황이었다. 강창덕 같은 선량한 제3자가 부상당한 사람을 구호해주고 싶어도 맞을 만한 짓을 한 놈이라는 막연한 한마디에 막혀 나서지 못하는 상황이었다. 이일재의 회고에서 공산당에는 항쟁을 지도할 여력이 없었다고 말했지만, 적어도 전평에서는 저항을 강화하는 '지도'는 하고 있었다. 경찰이 스스로 항복한 상황에서 혼란을 줄이기 위한 노력은 얼마나 있었을까.

두 사람의 회고에서 10월 1일의 발포 사태에 경찰 간부들도 떳떳치 못했다는 사실을 알아볼 수 있다. 그런데 그런 떳떳치 못한 짓을 시키는 자들이 있었다.

> 진압 후 대구에 도착한 수도경찰청장 장택상은 "폭동에 가담했던 폭도들은 모조리 체포, 구속하고 주모자는 즉결 처분해버리라"고 지시했고, 이후 피바람이 불었다. 경무부 고문인 대령 매글린이 "민주 경찰이 국민의 생명을 파리 목숨만큼도 여기지 않으니 이럴 수가 있단 말인가?"라고 장택상에게 항의할 정도였다. (『한국 현대사 산책: 1940년대편 1』, 299쪽)

경찰 최고위 간부들 중에 경찰을 우익 테러 단체로 여기는 자들이 있었다. 경찰관 중에는 그들의 자세를 기꺼이 본받는 자들이 있었고, 그런 자들이 직속상관의 명령 없이 10월 1일의 발포 같은 짓을 저지르고 다녔을 것이다. 양심적인 간부들은 경찰의 시민 학살을 막기 위해 무장해제를 결심했고, 그 결과는 시민의 경찰 학살이었다. 마침 이 시점에서 서울 시내 경찰서에 미국인 고문이 배치된 것은 경찰의 고삐가 풀린 데 대한 경각심이 조금이나마 일어난 결과였는지 알 수 없는 일이다.

> 행정권 조선인 이관으로 말미암아 경찰행정은 직접 간접으로 복잡다번할 것이 예상되는데 군정청에서는 이 경찰 사무를 원조 협력키 위하여 위선 시내 각서에 미인 고문을 배치했다. 이는 다른 관서와 같이 미인의 소속 장관으로 된 미인 서장의 느낌이 없지 않으나 이번 배치된 취지는 전혀 그러하지 않고 오직 민주주의적 경찰의 참된 협조자로서 시무하리라 한다.
>
> (「각 서(署)에 미군 고문」, 『자유신문』 1946년 10월 3일)

1946. 10. 5.

반란인가, 폭동인가, 항쟁인가?

대구 사태에 관한 군정청 당국의 첫 공식 발표는 10월 3일 조병옥 경무부장에게서 처음 나왔다. 그 발표에서 경찰의 피해만 "사망자 20명, 중경상자 50명, 행방불명 30명"이라는 점은 충격이었다. 경찰 피해만으로도 해방 이후 최악의 사태였다. 충청도에서만 700명 경찰이 응원하러 달려갔다고 한다. 일반인 피해는 밝히지 않았는데, 경찰과 부딪치는 사태에서 일반인의 피해가 압도적으로 크다는 것은 당연한 일이다. 소식을 접한 사람들은 놀라고 긴장하지 않을 수 없었다.

조병옥은 이튿날도 경과를 발표했다. 경찰관 사망이 53명으로 확인되었다는 것, 대구 시내 질서는 회복되었으나 영천, 성주, 왜관, 군위 경찰서는 탈환하지 못하고 있다는 것, 경남 통영에서도 5천여 명의 습격 시위가 있었다는 것, 약 4천 명 경찰이 동원되었고, 그중 3,388명은 타 지방 경찰의 응원 출동이라는 것 등이 이 발표에 들어 있었다.

5일에는 경무부의 발표가 있었는데, 조병옥의 전날 발표와 크게 다르지 않으나 몇 가지 새로운 사실이 붙어 나왔다. 많은 경관의 가택과 가족들이 습격당했다는 사실, 대구형무소의 죄수 100여 명이 탈옥한 사실, 그리고 오후 7시에서 오전 6시까지 통행금지가 실시된다는 사실 등이었다. 무엇보다 놀라운 사실은 성주경찰서에서 서장 이하 21명의

10월 2일 미군정이 계엄령을 선포한 가운데 주동자를 체포하기 위해 주택가를 수색하는 무장 경찰들.

경관을 붙잡아 태워 죽이려다가 응원대의 공격으로 미수에 그쳤다는 소식이었다.

7일에는 이례적으로 공보부를 통한 공식 발표와 조병옥 개인의 발표가 따로 나왔다. 공보부 발표는 각지의 상황을 간단히 전한 것이었는데, 조병옥의 발표는 마치 종료된 사태에 대한 종합 분석처럼 (1) "폭동 발단 및 만연의 과정" (2) "피해의 진상"에서 (6) "희생된 경찰관에 대한 선후책" (7) "전국적 치안 상태"에 이르기까지 항목을 나눠 서술했다.

7일 조병옥의 발표는 경찰의 입장을 정당화하면서 "공산당 대구 책임자 손기채", "게릴라 공작 대원" 등을 출연시켜 '폭동'의 조직적 성격을 부각시키는 데 역점을 둔 것이었다. 대구 사태에 대한 당시 정당과 언론의 논평은 민생고를 중시하는 것이 일반적이었다. 대구의 콜레라 피해가 혹심했다는 점도 흔히 지적되었다. 그런데 일각에는 정치적 선동을 부각시키는 시각이 있었다. 조병옥은 이런 시각을 끌고나오는

데 앞장선 사람이었다.

대구 사태의 원인을 공산당의 선동으로 돌린 한민당, 대한독립촉성국민회(이하 '독촉국민회'로 줄임), 민주의원 따위의 조직, 단체의 논평에는 신경 쓸 가치도 없다. 심각한 것은 10월 14일에 나온 하지의 특별 담화다. 그의 기본 시각을 뚜렷하게 보여주는 대목에 밑줄로 강조한다.

> "나는 신뢰할 만한 정보를 가지고 이번 남조선에서 생긴 폭동은 남조선에 거주하지 않는 선동자들이 일으킨 사건이라고 말했거니와 추가 물적 증거로 보아 그 폭동과 혹 장래 일어날 폭동까지도 이 위험한 무정부주의자 범죄자 및 선동자들이 조선 국가와 민족의 복리와 안녕에 관심이 없는 지도자 지휘하에서 주도히 계획하고 집행한 사실이 명확하다. (…)
> 선동자들은 모든 곤란을 과장하며 식량문제를 기화로 하여 별의별 악질의 거짓말을 하여 급기야 순량한 조선 대중으로 하여금 폭동을 일으키도록 한 것이다. 폭동은 어려운 사태를 개선하려는 순진한 노력이 아니라 혼란과 불행을 초래하여 조선의 발전을 정지시키며 선동자들의 정치적 목적을 달성시키자는 음모에 불과하다.
> 이 선동자들의 악질 행동에 관한 증빙물을 일일이 발표하기에는 시간이 불허하나 애국자나 무엇을 생각하는 조선 사람은 과거 수일간 남조선에 생긴 사건을 보아 순량한 노동자와 농부와 학생이 매우 그릇 인도되었다는 것을 확신하는 동시에 자기네의 한 일을 냉정히 재고할 때에 깊이 뉘우치는 바가 있으리라고 한다. 나는 이 폭동에 참가한 사람들을 다 원망하는 바가 아니다. 그 군중의 대다수는 국가를 파괴하면서라도 사적 또는 정치적 야심을 충족시키려는 위험한 범죄자들에게 그릇 인도되었던 것이다. 이 선동자들은 현상의 불만을 주

지하고 악용하여 지도자로 자임하고 소동과 폭동을 일으킨 것이다. (…) 이런 만행이 계속될 우려도 많다. 그들의 전 노력을 남조선 혼란과 반항에 경주하고 있다. 그들은 근로자와 농부의 친구라 자칭하며 선동과 거짓말로 남조선의 순량한 대중을 어지럽게 했다. 대중이 욕망하는 모든 것을 다 줄 수나 있는 듯이 이것저것은 무상으로 준다고 약속해가며 규율 정연한 정부를 타도하라고 충동했다. 경상남북도에서 경관과 양민을 다수 살상한 것으로 보아 그들은 범죄자로 자인했다.

나는 여러분 지역에 들어온 근로대중의 좋은 친구로 자임하는 그자들을 냉정히 검토해보라고 한다. 어디서 사는 자냐? 얼마나 오래 그 지역에서 살았나? 무슨 일을 하나? 대체 어떤 것을 전하고 있나? 신뢰할 만한 사람인가? 그들의 언약을 이행할 안이 있는가? 조선을 개선하기 위해 어떤 노력을 하는가? 그들은 곤란을 가할 노력을 권하는가? 조선 독립을 위한 질서유지와 민주주의를 주창하는가? 그렇지 않으면 소동과 폭행으로 세계 안목에 조선에 치명상을 주며 조선 자주독립에 큰 지장을 주는 것인가? (…)

노동자로서 조건 개선을 진정한다면 언제든지 환영한다. 이 요구를 노동자를 대표한 위원이 당국자에게 제출하여 파업을 계획하기 전에 토의하고 중재할 것이다. 정당한 불평이라면 그것도 숙고할 것이다. 그러나 노동자가 아닌 순전한 <u>정치적 선동자가 노동자의 이름을 팔아 가지고 이것저것을 강요한다면 그 청구의 정당성과 순량하고 참된 노동자들의 요구에까지도 의심을 가지게 된다.</u>

정당한 노동쟁의가 있다고 하여 반드시 소동이 있어야 될 이유도 없고 구실도 절대 없다. 그러므로 경상도에 생긴 폭동과 살상은 파업과는 관계가 거의 없고 오직 파업의 요구를 가용하여 감행한 살육뿐이다. 이런 종류의 불법적 행동은 대중의 복리보다는 소동을 일으키자는 데 요점을 둔 자들의 선동이 아니면 생길 이유가 없다. 파괴와 살인은 어느 나라에서든지 범죄행위요, 조선에서도 역시 그러하다."

(「하지, 소요 사태와 파업에 관해 특별 성명 발표」,

『동아일보』 1946년 10월 15 · 16일)

하지의 의도가 착한지 어떤지, 그 성격이 오만한지 성실한지를 떠나 하지의 상황 인식 능력은 참으로 한심한 수준이었던 것 같다. 커밍스(Bruce Cumings, 1943~)는 『The Origins of the Korean War』(Princeton University Press 1981, 548쪽, 주 1)에서 하지가 1946년 10월 28일 맥아더에게 보낸 전보에서 "소련이 금년 가을 추수 후에 남한 침공을 준비하는 증거가 늘어나고 있다"는 점을 지적하며, 그 후에도 여러 차례 북측의 공격에 대한 경각심을 드러낸 일이 있다고 밝혔다. 하지는 경찰이 습격당하는 이유에 대해서도 이런 생각을 갖고 있었다고 한다.

"경찰은 법과 질서의 시행을 대표하며 법을 지키는 사람들과 그들의 재산을 보호한다. 경찰은 선동자들이 일으키고자 하는 혼란을 가로막는 존재이기 때문에 선동자들은 경찰을 무너뜨리고 위신을 떨어뜨리기 위해 '증오 작전'을 불러일으키는 것이다." (『The Origins of the Korean War』, 357쪽에서 재인용)

용어의 선택에는 해석이 곁들이기 쉽다. '대구 사태'나 '10 · 1사태'는 해석이 개재되지 않은 중립적 용어다. 그런데 '폭동'이나 '항쟁' 같은 용어에는 특정한 해석을 전제로 하는 뜻이 담긴다. 그래서 사태의 성격을 정확하게 파악하는 데 방해가 될 수 있다.

대구 사태에는 폭동의 의미와 항쟁의 의미가 모두 들어 있었다. 경찰은 '반란'의 인상을 미국인들에게 심어주기 위해 온갖 애를 썼다. 조병옥이 미국인 경찰부장 매글린(William Maglin) 대령에게 10월 20일 건네준 메모에는 이렇게 적혀 있었다고 한다.

> "지난 5월부터 빨갱이들이 군정에 대한 전 국민적 반대를 꾸며내려고 계획해왔다는 것은 공개된 비밀이었다. (…) 이 계획은 공산당 지도자들의 손으로 만들어왔으며, 그 전국 조직과 지방 조직, 그리고 그 자매단체들의 조직 핵심부를 통해 실행되어왔다." (같은 책, 372쪽에서 재인용)

심한 민생고를 배경으로 터져 나왔다는 점에서는 '폭동', 미군정과 경찰의 횡포에 대항해 일어난 점에서는 '항쟁'의 성격을 가진 것이라고 나는 본다. 다만 '항쟁'이라 하기엔 그 주체와 지향성이 너무 불명확했다. 공산당의 '신전술'이 항쟁의 주체를 지향한 것으로 볼 수 있지만, 현실적 지도력이 매우 미약했다.

커밍스는 대구 사태로 촉발된 '추수 봉기'가 지배자를 추방할 조직을 갖추지 못한 만큼 '혁명'의 성격을 가질 수 없었으므로 동학운동과 같이 '농민 봉기'의 고전적 사례로 본다고 했다(같은 책, 351~352쪽). 대구 사태 자체는 10월 21일 계엄령 해제로 일단락되었지만 각지의 소요 사태는 12월까지 이어졌다. 사태에 대한 대응 자세에서 드러난 미군정의 무능과 불성실을 보면 피할 수 없는 일이었다고 생각된다.

1946. 10. 7.

어렵게 얻은 좌우합작의 성과 '7원칙'

좌우합작위원회에서 '합작 7원칙'을 발표했다. 좌익의 '5원칙'과 우익의 '8원칙'이 맞서 있던 두 달간의 교착 상태를 깨뜨리고 처음으로 공식적 합의 사항을 내놓은 것이다. 7원칙에 대한 실질적 합의는 10월 4일에 이뤄졌고, 준비를 거쳐 7일에 김규식(金奎植, 1881~1950)과 여운형의 공동성명 형태로 발표한 것이다.

> 본 위원회의 목적(민주주의 임시정부를 수립하여 조국의 완전 독립을 촉성할 것)을 달성하기 위하여 기본 원칙을 아래와 같이 의정함
> 1. 조선의 민주 독립을 보장한 3상회의 결정에 의하여 남북을 통한 좌우합작으로 민주주의 임시정부를 수립할 것.
> 2. 미소공동위원회 속개를 요청하는 공동성명을 발할 것.
> 3. 토지개혁에 있어 몰수, 유조건 몰수, 체감매상 등으로 토지를 농민에게 무상으로 분여하여 시가지의 기지 및 대건물을 적정 처리하며, 중요 산업을 국유화하여 사회 노동법령 및 정치적 자유를 기본으로 지방자치제의 확립을 속히 실시하며, 통화 및 민생 문제 등을 급속히 처리하여 민주주의 건국 과업 완수에 매진할 것.
> 4. 친일파 민족반역자를 처리할 조례를 본 합작위원회에서 입법 기

구에 제안하여 입법 기구로 하여금 심리 결정케 하여 실시케 할 것.
5. 남북을 통하여 현 정권하에 검거된 정치 운동자의 석방에 노력하고 아울러 남북 좌우의 테러적 행동을 일절 즉시로 제지토록 노력할 것.
6. 입법 기구에 있어서는 일절 그 권능과 구성 방법·운영 등에 관한 대안을 본 합작위원회에서 작성하여 적극적으로 실행을 기도할 것.
7. 전국적으로 언론·집회·결사·출판, 교통, 투표 등 자유를 절대 보장하도록 노력할 것.

(「좌우합작위원회, 합작 7원칙과 입법기관에 대한 건의문 발표」, 『동아일보』 1946년 10월 8일)

7원칙의 내용에 대해 강만길과 심지연은 이렇게 논평했다.

합작 7원칙은 첫째, 좌우에서 가장 큰 쟁점으로 삼고 있던 3상 결정 문제에 대해 좌익이 주장한 것처럼, 총체적 지지는 아니었으나 이를 일단 받아들이는 입장에서 미소공위의 재개를 촉구하고 이를 통한 임시정부의 수립을 요망함으로써, 반탁을 주장해온 우익으로서는 크게 양보를 했다고 할 수 있다. 그러나 5원칙과는 달리 7원칙에서는 "남북을 통한 좌우합작으로 민주주의 임시정부를 수립"한다는 것으로 되어 있어, 이 부분은 8원칙을 수용한 것으로 볼 수 있다.
둘째, 토지문제에서 무상몰수·무상분배 대신 몰수·조건 몰수·체감매상과 무상분배 등 일종의 절충안을 취했으며, 친일파 처리 문제에서는 좌우의 주장과는 별도로 합작위에서 친일파 처리 조례를 만들어 입법 기구에 제안하여 심의 결정토록 했다. 이는 친일파 숙청을 계속 주장했던 좌익의 큰 양보라고 하겠다. (강만길·심지연, 『우사 김규식의 생애와 사상 1: 항일독립투쟁과 좌우합작』, 한울 2000, 211쪽)

토지문제는 다른 어느 문제보다 구체적이고 현실적 문제라는 점에서 중요한 것이었다. 토지문제에 대한 원칙에서 핵심 내용이 '체감매상'이었다. 몰수(조건 몰수 포함)는 지주의 신분에 따라 제한적으로 적용되는 것이었음에 반해 체감매상은 모든 지주에게 보편적으로 적용되는 방침이었기 때문이다.

중소지주에게 스스로 경작할 면적이 넘는 소작지가 조금 있을 때는 시가대로 매상하되, 매상할 소작지가 많은 대지주의 경우 면적이 넓을수록 매상 가격을 할인한다는 것이 체감매상이었다. 전기 요금이나 소득세 누진 원리를 거꾸로 적용시키는 것으로 생각하면 된다. 대지주의 땅에 대해서는 명목은 '매상'이라도 '몰수'의 의미에 가깝게 된다.

체감 비율을 어떻게 정하느냐에 따라 효과가 좌우될 여지는 있지만, 일단 우익의 '매상' 주장과 좌익의 '몰수' 주장을 절충시키는 길은 분명히 만들어진 것이다. 분배받은 농민에게는 수확의 2할을 현물세로 징수하는 방침이었으니, 이 점에서는 25퍼센트 현물세를 책정한 이북의 토지개혁보다도 경작자에게 유리한 방침이었다.

강만길과 심지연의 논평처럼 이 7원칙은 좌우합작을 위해 적절한 방향으로 꼭 필요한 내용을 담은 것이다. '합작'으로서는 현실적으로 최대의 성과라 할 수 있다. 여러 방향에서 나온 이에 대한 논평을 시간 순서대로 살펴보겠다.

여운형의 인민당은 공식 발표 전날인 6일 확대위원회를 열어 7원칙 지지를 당론으로 결정했다. 원래 합작 회담의 좌익 대표단은 민전을 배경으로 삼았는데, 10월 초순 시점에서 민전은 박헌영과 이강국(李康國, 1906~53)의 도피 등 사정으로 인해 정상적 대응이 어려운 형편이었다. 그래서 여운형은 7원칙에 대한 좌익의 광범위한 인준을 얻기 위한 노력의 일환으로 인민당 확대위원회를 연 것으로 보인다.

여운형에 반대하며 무조건 합당을 추진해온 소위 '48인파'는 7일 이 확대위원회 결정을 배격한다는 성명서를 발표했다. 박헌영 노선을 추종하는 이 집단의 움직임에서 박헌영의 태도를 미루어 짐작할 수 있다.

7일에 이승만은 기자단과의 회견 중 7원칙에 대해 "나는 무조건으로 이를 지지하고 과거 5개월 동안 정치적으로 침묵을 지켜왔다. 그러나 좌우합작이 최초의 조건대로 방금 진전 중인지 자세히 모르겠다"고 말했다. 반대하는 점을 구체적으로 지적하지는 않으면서도 반대하는 자세를 보인 것이다. 한편 한독당은 같은 날 "민족적 양심과 민족적 열의로 보아 8·15 이후 최대의 수확"이라며 전면적 지지의 뜻을 밝혔다.

10월 9일자 『서울신문』과 『동아일보』에는 여러 방면의 논평이 실렸다. 이승만은 발표할 것이 아무것도 없으며 당분간 침묵을 지키겠다고 했고, 민주의원에서는 이미 사전 통과가 있었던 내용으로 당연히 지지한다고 했다. 새로 결성된 신진당과 사민당도 찬성과 지지의 뜻을 밝혔다. 그런데 민전의 사무국장대리 박문규(朴文奎, 1906~?)는 반대 의사를 밝혔다.

> "민전 측의 5원칙은 비단 좌우합작을 위한 우리의 원칙일 뿐만 아니라 남북통일과 민주 독립을 달성하기 위한 원칙인 것이다. 그럼에도 불구하고 지금 진행되고 있는 좌우합작은 그 본래의 사명을 떠나서 남조선 단독의 입법기관 설치 문제를 중심으로 전개되고 있으므로 좌우합작 7원칙에 대하여는 반대하는 바이다."
>
> (「좌우합작 7원칙과 입법기관의 설치에 대한 각계 견해」, 『서울신문』 1946년 10월 9일)

7월 하순에 제출했던 5원칙에서 조금도 물러나지 않겠다는 것이다.

인민당 48인파의 뒤를 이어 박헌영 측의 입장을 보여준 것이다. 여운형이 7일 새벽 누군가에게 납치되었다가 8일 밤에 풀려난 일이 있는데, 『동아일보』(10월 11일자)는 박헌영과 담판을 가진 것으로 추측하기도 했다. 박헌영이 10월 6일 평양에 나타난 사실이 후에 확인되었으므로 박헌영과의 담판이 아님은 분명하지만 7원칙 발표를 막기 위한 박헌영 일파의 소행이라는 데는 이론이 없다.

> 여운형의 납치 경위에 대하여는 본인의 건강이 극도로 쇠약하여 면회를 일체 사절하고 방금 대학병원에 입원 가료 중인데 신임할 만한 측근자의 말에 의하면 조선공산당 박헌영파에 납치당하였던 것이라 한다.
>
> 7일 아침 모 청년이 여 씨를 찾아와 '박 선생이 홍 선생 댁에서 기다리신다'고 하여 박 씨로부터의 청하는 편지를 전하였던바, 여 씨는 곧 청년을 따라 원남동 로터리 부근까지 도보로 인도되어 다시 자동차에 태워 박 씨가 피신해 있는 모처에 합작을 거부하는 박 씨와 만났다. 격론 끝에 여 씨는 흥분한 나머지 뇌빈혈을 일으켰고, 박 씨는 여 씨의 강경한 태도에 논쟁을 단념하고 다시 여 씨를 자기 직속 청년 모모에 인도하였다 한다.
>
> 여 씨를 인도받은 청년들은 수 시간에 걸쳐 여 씨를 에워싸고 합작 반대를 애원 혹은 공격했으나 여 씨는 단연 합작을 주장하였으므로 청년들 역시 설복할 것을 단념하고, 8일 밤 자동차로 명륜정 김 모 집까지 돌려보내게 되었다 한다.
>
> (「여운형 납치 사건」, 『동아일보』 1946년 10월 11일)

중도 노선을 체현한 7원칙에 대해 극좌와 극우가 반대하고 나설 것은 당연한 일이다. 한민당도 당연히 반대 입장에 섰다. 그러나 7원칙에 "모호한 점"이 있다며 다소 애매한 태도를 보였다.

> "합작 7원칙 중 모호한 점이 있는 것이 유감이다.
>
> 1. 제1조에서 3상회의 결정에 의하여 민주주의 임시정부 수립을 기함에 운운한 것은 한민족의 치명상인 신탁통치 문제에 대하여 하등 언급한 바 없으므로 본당은 이에 전 민족의 총의를 대표하여 신탁통치 반대의 태도를 재해명하는 바이다.
>
> 2. 제3조에서 토지제도를 개혁하여 경작 농민에게 분배하는 것은 본당의 원래부터 주장하는 바이나 유가 매수한 토지를 무상분여한다는 것은 국가의 재정적 파탄을 초래하게 될 것이요, 이 재정적 파탄을 면하려면 부득이 농민에게 중세를 과하게 될 것이며, 또 무상분여한 토지는 결국 경작권만을 인정하고 농민의 소유권을 부정하는 결과가 되고 말지니, 이는 농민에 대한 일시 기만책이 됨을 불면할 것이다. 이에 본당은 단호 반대하는 바이다.
>
> 3. 당초 민주의원과 비상국민회의 상임위원과 연석회의에서 결정한 8기본 대책과 상위된 점이 많음을 이에 지적해둔다.
>
> 4. 합작위원회의 합작 원칙은 동 위원회 자체 내의 결정이요, 장래 설치될 입법기관이나 기타 정당 및 사회단체에 대한 구속력이 없는 것을 차제에 부기하여둔다."
>
> (「좌우합작 7원칙과 입법기관의 설치에 대한 각계 견해」, 『동아일보』 1946년 10월 9일)

합작위원회에 참석했던 한민당 총무(요즘의 '최고위원' 위치) 원세훈(元世勳, 1887~1959)은 이 성명을 보자 바로 탈당계를 냈다. 원세훈은

좌우합작 7원칙이라는 실질적 합의를 이끌어낸 뒤에도 여운형 뒤의 극좌 세력과 김규식 뒤의 극우 세력 사이의 계속되는 시비를 풍자한 시사만평.

지난 연초에도 김병로(金炳魯, 1887~1964)와 함께 4당 코뮈니케 작성에 참여했다가 한민당 주류에게 뒤통수를 맞은 일이 있었다. 원세훈의 뒤를 따라 많은 당원이 탈당하게 되는데 한민당이 위기를 맞는 상황은 뒤에 설명하겠다.

한민당이 제3항에서 8원칙 집착을 주장하면서도 7원칙을 '전면 반대'하지 않은 점이 이승만의 유보적 표현과 함께 주의를 끈다. 조선건국청년회와 조선기독교청년회가 뒤이어 7원칙 지지에 나선 것도 우익을 끌어들이는 미끼가 7원칙에 들어 있기 때문일 것이다.

7원칙 본문으로 돌아가 제6항을 보라. '입법 기구'를 설치한다는 것이다. 한민당 등 극우파는 이를 간절히 원하고 있었다. 당시 자기네가 갖추고 있던 '실력'을 합법화, 항구화할 길이 거기에 있었다. 더구나 공산당이 탄압받는 상황에서 입법 기구를 만든다면 우익의 확고한 지배력을 확립할 수 있었다. 이승만을 따라 분단 건국을 추구하는 세력에게는 입법 기구 설치를 분단 건국의 계단으로 삼을 야욕도 있었다.

좌우합작 회담이 시작될 때부터 하지 사령관 이하 군정 당국자들은 입법 기구 설치를 원하는 뜻을 밝히고 있었다. 합작 회담이 정체해 있는 동안 법령 118호로 "조선과도입법의원 창설"을 발포해놓기까지 했다(1946. 8. 24). 7원칙이 나오자마자 발표된 하지의 특별 성명을 보면 좌우합작의 유일한 목적이 입법 기구 설치에 있는 것으로 생각하고 있었음을 알 수 있다.

"나는 좌우합작위원회 대표 김규식 박사의 정식 서한을 받아 동 위원회는 민주주의적 대표가 참가하여 남조선에 임시 독립기관을 수립하자는 안을 만장일치로 추천하였다는 것을 알게 되었습니다. 나는 좌우 당 대표들이 조선 복리를 위하여 회합하였다는 것과 조선 자치를 향하여 획기적 민주주의 발전안을 추천하도록 결정하였다는 것을 들을 때에 매우 반갑습니다.

임시 입법기관 수립은 조선 민족 통일과 독립 과정상 오늘날까지의 제일 진보된 걸음이라고 간주됩니다. 조선 민족의 완전 통일을 위하여 진력하시는 여러분의 애국열에 극진한 찬례(讚禮)를 드립니다. 그들의 목적이 통일되어 있느니만치 조선의 장래는 매우 유망합니다. 미국의 근본 방침은 조선에 민주주의를 조장하며 장려하는 데 있습니다. 임시 입법기관의 구성은 조선인에게 정부에 자기네 대표를 직접 파견하도록 됩니다. 이 임시 수립기관의 조직에 관한 상세한 것은 현재 최종 수정 중에 있는 안이 미구(未久)에 발표되겠습니다. 그리고 합작위원으로부터 입법기관에 대한 제의가 있었는데 이것도 충분히 고려하여 법령을 발표하려고 합니다.

이 기관은 남조선의 입법체로 정부 고위급에 현재 있는 이와, 앞으로 임명될 사람을 심사할 권리를 가지게 됩니다. 이 기관은 조선 문제를 자유롭게 충분히 토의할 논단이 되고, 여기에 조선인의 자유의사 발표가 조장되며, 여론이 반영되며, 국가의 복리를 위한 애국자의 애국심이 화합할 것입니다. 대체로 이 입법기관이 조선 민중에 관한 미국

> 수집 및 배급 과세 및 토지 재분배 등을 작정할 것입니다. 그리고 이 입법기관은 민의에 순응하리라 합니다.
>
> 합작위원 7원칙은 합작위원의 입장에서 추천한 것이요, 입법기관의 행동 및 결정 자유에 하등 권한과 구속을 줄 바는 아닙니다. 앞으로 조직될 입법기관은 귀중한 조선 민중 대표기관이 되며 누구나 다 같이 열망하는 2대 목표, 즉 조선 통일과 조선 독립 달성에 큰 공헌이 있기를 나는 조선 애국자와 아울러 진심으로 축원하는 바입니다."
>
> (「하지, 좌우합작과 입법기관 설치에 대해 성명서 발표」, 『동아일보』 1946년 10월 9일)

마지막 문단에 음미할 만한 뜻이 들어 있다. 입법 기구가 일단 만들어지면 합작위원회에서 결정한 원칙에 구속받지 않는다는 것이다.

입법 기구 설치는 좌익에서 가장 완강하게 반대해온 사안이었는데, 합작 성공을 위해서는 양보하지 않을 수 없었다. 그래도 입법 기구가 악용되는 일을 최대한 막기 위해 "입법 기구에 관하여 하지 장군에게 대한 요망" 7개조를 7원칙에 붙여 발표했다. 하지는 합작 회담을 내세워 입법 기구 설치가 조선인의 뜻에 따른 것이라고 꾸미면서 합작 회담의 결정이 구속력을 갖지 못하게 가로막고 있었던 것이다.

1946. 10. 10.

여운형의 족쇄가 된 입법 기구

합작위원회가 발표한 7원칙 중 제6조가 "입법 기구에 있어서는 일절 그 권능과 구성 방법·운영 등에 관한 대안을 본 합작위원회에서 작성하여 적극적으로 실행을 기도할 것"이었다. 여기서 '대안'이란 말을 주의해야 한다. 입법 기구를 만드는 주체는 군정청이지 합작위원회가 아니므로 '원안'은 군정청에서 만들고 합작위원회는 필요할 경우 그 수정을 권고하는 입장이라는 것이다.

합작위원회는 10월 7일에 7원칙과 함께 "입법 기구에 관하여 하지 장군에게 대한 요망" 7개조를 발표했다. 이것도 당시까지 군정청에서 내놓은 입법 기구 관계 논설과 법령을 보완하는 입장이라 할 수 있다.

1. 입법 기구의 일체 결의안은 군정장관의 동의를 구하여 발표 실시케 할 것.
2. 입법 기구의 권능에 있어 '재가', '비준' 등 용어를 '동의'로 개정할 것.
3. 정원 수는 60인을 90인으로 증가하되 45인은 지방에서 민선으로 하고, 45인은 본 합작위원에서 추천하여 군정장관의 동의를 요할 것.

(이유: 현하 우리의 정세는 아직도 국가 독립을 위하여 노력하는 단계이다. 그러므로

국가 독립운동의 헌신 분투하는 독립운동자의 다수를 주체로 하는 것이 이 기구의 효능을 강화 유력하게 하기 위함.)

4. 대의원 자격에 좌기 분자는 의원됨을 부득함.

친일파, 민족반역자, 관리(일제시대의 도 · 부 의원 주임관 이상의 관리) 악질 경헌(警憲), 악질 정(町) 총대(總代) 및 악질 모리배.

5. 선거 방법은 동 촌 리의 대표 2인씩을 선거하여 차 대표가 해면(該面) 대표 2인을 선거하고 면 대표는 당해 군 대표 2인을 선거하여 해인수(該人數) 비례에 의한 지정 수의 대의원을 선거할 것(선거 방식은 무기명투표에 의함).

6. 선거 사무를 집행하는 데 협조 연락하기 위하여 각 도에 감시원 2인씩을 본 합작위원회에서 파견할 것.

7. 이 초보의 입법 기구는 최속한 기간 내에 전국을 통하여 총선거 식으로 되어진 입법 기구로 대체케 할 것.

하지 사령관에 대한 '요망'을 하지에게만 조용히 보내지 않고 언론에 공표한 것은 무슨 뜻인가? 합작위원회가 미군정에 종속된 존재가 아니라 조선인의 요구를 대변하는 주체적 입장임을 밝힌 것이다. 물론 공식 대표권을 가진 것은 아니지만 그런 역할을 가능한 한 추구하는 자세라는 것이다.

그리고 실제로 요망 사항의 내용을 봐도 조선인의 입장에서 원하는 입법 기구의 성격을 적극적으로 규정하고 있다. 군정청 사업에 조언해주는 정도가 아니다. 합작위원회가 입법 기구에 관해 강경한 입장을 취한 것은 당시의 '뜨거운 감자'였기 때문이다.

좌우합작 노력이 그 시점까지 계속되어온 데는 미군정의 힘이 컸고, 미군정이 좌우합작에 바란 점은 입법 기구 설치를 뒷받침해주는 것이었다. 그래서 7원칙이 나온 이튿날 하지의 환영 성명에서도 입법 기구 얘기만 했던 것이다. 1년 전 랭던(William Langdon)의 '정무위원회' 제안 이래 미군정은 자기네를 지지하면서도 조선인을 대표하는 기구를 만드는 데 부심해왔다. 그 목적으로 민주의원을 만들었으나 그 한계가 너무 빤한 것을 보고 대표성을 조금이라도 가진 입법 기구를 만들기 위해 좌우합작을 지원해온 것이다.

미군정이 원한 입법 기구는 군정청 자문 기구였다. 주권은 갖지 않은 채 주민 의사를 수렴하는 역할만 맡는 대표 기구는 식민 지배의 효율성을 위해 널리 시행된 제도였다. 조선총독부에도 그런 성격의 중추원이 있었다. 미군정의 입법 기구 추진에 대해 중추원의 부활이라는 의구심이 제기되었고, 좌익의 좌우합작 반대자들은 입법 기구 반대를 중요한 명분으로 삼았다.

이런 문제점에도 불구하고 합작위원회가 입법 기구 설치에 동의하고, 요망 사항 7개조를 붙인 것은 현실을 인정하면서 그 안에서 최선을 다하려는 뜻이었다. 7개조의 내용을 하나하나 음미해본다.

제1조는 군정청이 주권을 행사하고 있는 현실을 인정한 것이다.

제2조는 입법 기구가 자문기관으로서라도 최대한의 독립성을 갖기 바라는 뜻을 보여준다.

제3조에서 합작위원회 추천의 '관선'의원을 선거로 뽑는 '민선'의원과 동수로 해달라는 것은 제대로 된 선거가 이뤄질 수 없는 문제점을 보완하려는 것이며, 합작위원회가 입법 기구 설치에서 책임만이 아니라 권한도 행사하겠다는 의지를 내세운 것이다. 형식상으로는 대표성을 제한하는 조항이지만, 실제 선거 결과를 보면 실질적 대표성을 최소한이라도 확보하기 위해 꼭 필요한 구성 방법이었다.

제4조의 친일파 배제 원칙이 이 시점에서 현실 문제로 부각되었다

는 사실이 놀랍다. 갓 해방된 나라의 선거에서 친일파 배제는 너무나 당연한 원칙이므로 출마하고 당선되는 일이 실제 벌어진다는 것이 있을 수 없는 일이다. 그런데 서울의 입법의원 당선자 세 명이 모두 한민당 후보였고, 그중 둘이(김성수와 장덕수) 『친일인명사전』 수록 인물이었다. 김성수(金性洙, 1891~1955)는 그래도 그 위치에 비해 친일 행적이 덜 뚜렷한 편이었지만, 장덕수(張德秀, 1895~1947)는 친일 행위로서 명성을 떨친 사람이었으므로 많은 논란을 불러일으켰다.

미군정이 합작위원회의 요망 사항을 그대로 받아들이는 가운데 제4조에 농간이 끼어든 사실에서도 당시 친일파의 기세를 알아볼 수 있다. "주임관(奏任官) 이상의 관리"가 "국장급 이상의 관리"로 둔갑한 것이다. 주임관이라면 대략 지금의 사무관급이었다. 한편 국장급은 칙임관(勅任官)으로서 식민지 시대를 통해 역임해본 조선인이 몇 안 된다. 이 둔갑에 항의가 쏟아지자 "통역의 실수"라고 얼버무렸으니, 당시 '통역정치'의 속성을 보여준 일이다.

제5조 선거 방법에서 최대 4단계의 간접선거를 내놓은 것은 제대로 된 선거가 이뤄질 수 없던 당시 상황 때문이다. 유동 인구가 많은 상황에서 선거인명부도 제대로 작성하기 힘들었을 것이다.

제6조에서 선거관리위원을 합작위원회에서 내보내 일탈 현상을 막겠다는 의지를 보였지만, 한 도에 두 명씩 내보내서 어떤 일을 할 수 있었을까? 공정선거를 위한 협조를 현지 경찰에게 기대할 수 있었을까? 미군정은 선거 흉내라도 내게 하려고 안달하고 있었는데, 합작위원들도 참 난감했을 것이다. 제3조의 관선의원 제안이 부득이했던 사정이다.

제7조에서는 '총선거' 식의 입법 기구에 대한 장래 희망을 표시했다. 직접선거, 비밀선거 등 원칙이 지켜지는 선거를 '총선거'라고 표현한

것 같다. 지금 만들어지는 입법 기구의 한계점을 분명히 밝힌 것이다.

미군정은 합작위원회의 7원칙 발표를 계기로 입법 기구 설치에 총력을 기울였다. 대구에서 시작된 소요 사태가 가라앉지 않는데도 선거를 강행했다. 7원칙의 다른 조항은 쳐다보지도 않았다. 7원칙 중에는 제5조의 정치범 석방 노력과 제7조의 언론·집회·결사·출판, 교통, 투표의 자유 보장 등 선거 분위기 개선을 위한 내용이 있었는데 이를 모두 도외시하고 선거를 강행한 것은 "현실 속에서 최선을 다하려는" 합작 정신에도 어긋나는 일이었다.

좌익에서는 원래부터 입법 기구 설치에 반대하는 기류가 강했는데, 합작 회담에 앞장서온 여운형마저 졸속한 선거 강행에 반대하는 입장으로 돌아서게 된다. 좌우합작과 좌익 합당의 두 과제 사이에 끼어 있던 여운형의 입장을 세밀히 살펴볼 필요가 있다. 여운형은 9월 하순 평양에 가서 이북 요인들과 만나고 돌아왔는데, 두 과제에 대한 자신의 입장에 대해 그들로부터 상당한 수준의 양해를 얻은 것으로 보인다.

> 9월 23일부터 30일까지 북조선 시찰을 마치고 돌아온 인민당수 여운형은 4일 오전 11시 반 북조선 사정에 대하여 기자단과 회견하고 다음과 같이 일문일답이 있었다.
>
> (문) 북조선을 시찰한 감상은?
>
> (답) 토지개혁과 아울러 남조선과 같이 풍년으로 생활은 안정되었다. 물가는 쌀 한 말에 240~250원 정도로 생활의 여유는 없지만 비교적 안정되어 세민 측도 최소한도의 생활은 보장되고 있으나 상가의 물품 진열은 남조선보다 적다.
>
> (문) 합당 후의 인상?
>
> (답) 우리 생각에는 공산당이 간판만 떼고 그 전과 같은 시책을 하는

줄 알았더니 태도가 퍽 완화되어 합당 결성은 매우 양호하고 위원장 김두봉은 대단한 숭배를 받고 있다. 김두봉은 대학 건설에 분망하고 있으며 남조선에서 간 100여 명의 교수를 합쳐 약 150명의 교수가 있다.

(문) 남조선에서 가는 사람을 어떻게 생각하고 있는가?

(답) 자기들의 지식과 기술 부족으로 과거 1년간 자기들의 실패를 자각하여 무엇이든 기술이라면 대환영을 하고 있어 최승희도 무용을 준비 중이고 대체로 보아 건설 일로에 매진하고 있다.

(문) 소군과의 관계는?

(답) 내용적으로 어떤지는 모르나 김두봉의 말에 의하면 소군은 전연 행정에 관계치 않는다 하며, 가족을 가진 병사만 도시에 있고 기타 산에서 천막을 치고 있고, 내가 4월에 갔을 때보다 소군의 수는 적었다.

(문) 이강국이 평양에 갔다는데?

(답) 나도 평양에서 만났다.

(문) 좌우합작은 어떻게 진전되는가?

(답) 합작이라 한다고 반동과의 합작이 아니요, 우익이 싫든 좌익이 싫든 간에 할 수 없이 합작하여 연립내각이 되고 독립이 될 것이다. 그리고 합당 후의 명칭은 북조선과 같은 노동당이란 명칭보다 노동인민당이라 함이 노동 대중을 위한다는 입장에서 더 적합할 것이다.

(문) 좌우합작에 대하여 북조선에서는 어떻게 생각하는가?

(답) 좌우합작은 최초 공동위원회 속개를 목적한 것이므로 이에 반대는 없을 것이고 다만 입법기관에 대해서는 반대하고 있었다. 남북통일은 언제든지 공동위원회가 열려야 될 것이니 만일 소련이 속개시킬 수 없다면 소군에 철퇴할 것을 말하라고 평양에서 선언하고 왔

납치 사건 직후 건강 쇠약으로 대학병원에 입원한 여운형.

으며, 나도 얼마 동안 보다가 속개 아니 되면 미소 양군 다 물러가라고 할 것이다.

(「여운형, 북조선 시찰 후 기자회견」, 『조선일보』 1946년 10월 5일)

7원칙 합의가 이뤄진 것이 이 대담이 있었던 10월 4일이었다. 여운형은 좌우합작의 성공을 원했는데 박헌영 일파는 이에 완고하게 반대하고 있었다. 그 반대가 이념보다 정략에 입각한 것이라고 여운형은 생각했기 때문에 이를 극복하기 위해 제3자 위치에 있던 이북 지도자들의 도움을 얻으러 평양에 간 것으로 이해된다. 대담 끝의 말처럼 이북 지도자들은 좌우합작 자체는 찬성하면서 입법 기구 설치에만 반대하고 있었는데, 입법 기구에 엄격한 조건을 붙이면서라도 동의해주고 합작을 성사시키겠다는 자신의 방침에 양해를 얻었기에 10월 4일의 합의가 가능했을 것이다.

10월 7, 8일 여운형 '납치' 사건을 보자. 7일 새벽에 여운형은 누군가의 부름에 응해 집을 나섰다가 그날 밤 자신의 안전을 가족에게 알리는 쪽지를 하나 보냈고, 8일 밤에 돌아왔다. 그 이튿날 여운형은 담화를 통해 "모처에서 담론 중 현기증으로 졸도"한 것일 뿐이라고 발표했다. 그를 붙잡고 있던 쪽에서는 납치를 목적한 것이지만 그 자신은 상대방을 설득하기 위해 자진해서 납치당한 것으로 보인다.

그리고 이 담화에서 여운형은 좌우합작이 "당 확대위원회의 지지를 받았으므로 이제부터는 개인 문제가 아니요 인민당의 노선으로 삼고 적극 추진하겠다"고 강조했다. 7원칙 발표 전인 6일에 확대위원회가 열린 데에는 좌익합작의 공식 성격을 확장하는 데 뜻이 있었다. 그리고 입법 기구 선거의 졸속 추진에 공개적으로 반대하고 나선 것은 10월 16일 백남운(신민당), 강진(공산당)과의 사회노동당 발족 선언 때였다. 좌우합작에 대한 좌익의 지지 기반을 넓히려면 입법 기구에 대한 엄격한 태도를 분명히 할 필요가 있었던 것이다.

좌익 3당의 무조건 합당파는 박헌영의 지침에 따라 9월 4일 합당 결정서를 채택하고, 남조선노동당 설립을 선언했다. 이에 반대하는 여운형 중심의 인민당, 백남운 중심의 신민당, 그리고 공산당 대회파가 수습책을 모색한 끝에 사회노동당으로의 합당을 결정한 것이다. 10월 15일 결정되어 이튿날 발표된 「3당 합동에 대한 결정서」에는 "좌우합작에 대하여", "입법기관에 대하여", "남조선 비상사태에 대하여" 등 현안에 대한 입장이 붙어 나왔다. 입법기관에 대한 입장은 이런 내용이었다.

> 현재 조선 민족의 당면한 최대 요구는 미소공위가 속개되어 민주주의 임시 통일 정부 수립을 촉진하는 데 있다. 이번에 발포된 입법기관 법령은 위에 말한 우리의 민족적 요청을 거세한 것이며, 인민의

의사와 인민적 기초 위에 서지 못한 일종 군정 자문기관에 불과한 것이다. 그러므로 우리는 입법기관 설치보다는 다음의 기초적인 인민의 권리가 확립되어야 할 것을 주장한다.

1. 검거 투옥된 모든 민주주의 애국 운동자와 인민을 즉시 석방할 것.
2. 경찰 사법 행정 기구 내에서 친일파 민족반역자 및 일절 반동분자를 숙청할 것.
3. 언론·집회·결사·출판, 파업, 시위, 신앙의 자유를 절대 보장할 것.
4. 군정 자문기관인 민주의원을 즉시 해산할 것.
5. 일절 테러 행동을 금지하고 테러 단체를 해산할 것.
6. 지방자치체로 광범한 인민 조직의 활동을 보장할 것.

(「3당 합당 반대파, 좌우합작 · 입법기관 · 남조선 사태 등 문서 발표」, 『조선일보』 1946년 10월 17일)

사회노동당에 합류하는 사람들의 승인을 받기 위해서도, 사회노동당에 대한 이북 지도자들의 협조를 구하기 위해서도 여운형은 입법 기구 선거의 졸속한 추진을 반대하지 않을 수 없었다. 그러나 7원칙 발표를 기다린 것처럼 입법 기구 설치를 밀어붙이는 미군정과 우익의 기세 앞에 당랑거철의 형세였다. 그 무렵 박헌영은 평양에서 활동을 시작하고 있었다.

지나간 일 하나를 덧붙인다. 공산당 대회파는 9월 28일에 당대회를 예정하고 있었고, 박헌영 일파가 그 대회 소집을 어렵게 하기 위해 10월로 예정되어 있던 총파업을 앞당긴 것으로 보는 견해가 많다. 당대회는 예정대로 열렸다. 그런데 이 대회가 경찰 아닌 하지 사령부의 임검으로 중단된 사실이 눈에 띈다. 박헌영은 나중에 미국 간첩으로 몰려 숙청당하게 되는데, 간첩까지는 아니더라도 군정청과 상당한 비밀

거래가 있었을 법한 일들이 더러 있었다. 이 일도 그중 하나다.

> 합당 문제를 계기로 조공 내의 종파성을 분쇄하고 명실상부한 애국적인 조선공산당을 건설하려고 당 대표자대회를 준비 중이던 반간파, 즉 당대회소집파의 활동은 드디어 결실하여 9월 28일 오전 11시부터 시내 혜화정 모처에서 38 이남 각지에서 참집한 대의원 250여 명 참석하에 당대회준비위원장 윤일 씨 사회로 극비밀리에 대회는 개막되었다.
>
> 이날 먼저 박헌영 일파로만 조직된 현 중앙위원에 대한 불신임안이 상정되자 만장일치로 이를 의결하였고, 신중앙위원 27명 선정은 김철수 씨 외 4명의 전형위원에게 일임하고, 지방 정세 보고를 하던 중 돌연 G-2의 임검(臨檢)으로 말미암아 윤일 씨 외 수 명이 피검되어서 오후 5시경 부득이 유회되었다.
>
> 제2일은 30일 오후 8시부터 시내 가회동 모처에서 피검되었던 윤일 씨 외 수 명의 동지를 맞이하여 신선된 중앙위원 등 100여 명 참석하에 윤일 씨 사회로 속회하고 중앙집행부의 부서 책임자와 합당준비위원 9명을 결정하였는데, 책임비서 선정은 전형위원에게 일임하고 동 10시경 폐회했다.
>
> (「박헌영파 불신임안을 결의, 조선공산당의 재건 대회에서」, 『동아일보』 1946년 10월 4일)

1946. 10. 12.

'지주당(地主黨)'의 본색을 드러낸 한민당

10월 7일 좌우합작위원회 합의 7원칙이 발표되자 한민당은 전면 반대는 아니지만 반대쪽으로 많이 기울어진 담화를 발표했다. 구체적인 반대는 (1) 신탁통치에 반대하는 뜻을 명시하지 않았다는 점과 (2) 유상매수·무상분배는 재정 파탄이 필연적인 방책이므로 기만책에 불과하다는 점에 있었다. 그러나 결론적으로 "합작위원회의 합작 원칙은 동 위원회 자체 내의 결정이요, 장래 설치될 입법기관이나 기타 정당 및 사회단체에 대한 구속력이 없는" 것이라 하여 합작의 효과를 부정했다.

합작위원회에 참여해온 한민당 총무 원세훈은 이에 반발해 8일 저녁 탈당계를 내고 9일 성명서를 발표했다.

> "한국민주당에는 나도 창립 당원 중의 일인이다. 애당심에 대하여도 남만 못지않은 사람이다. 그러함에도 이 당과 관계를 단절하게 됨은 유감천만이다. 그러나 당의 내정 운영과 토지 정책 등에 대한 다음과 같은 기본 이념의 상위(相違)에서는 할 수 없이 당과 관계를 단절하지 아니할 수 없다.
>
> 첫째, 최근에 발표된 좌우합작 원칙 중에서 조선의 민주 독립을 보장

한 3상회의 의결에 의하여 민주주의 정부를 수립할 것이라는 명백한 문구에 대하여 회의적 태도를 취함은 이해키 곤란하다. 소위 신탁통치 운운의 용어를 가지고 합작 원칙을 비난함은 그 논의와 논리에 합당하다고 할 수 없다.

둘째, 토지의 체감매상과 무상분여 등에 대하여 국가재정의 부담이 과중할까 우려함은 애국자적 견지에서 그럴 듯도 하나 애국자적 지주들이 국가재정을 위하여 토지를 희사하는 분들이 없으리라고 할 수 없고, 유상매상 무상분여를 국가재정의 파탄이라고 하는 한민당이 국가재정을 위하여 토지의 무상몰수 무상분여를 주장할 용기는 어찌하여 없는가? 입법기관에서 토지문제를 신중 토의할 것이지만 조선에서 사유재산제를 채용할 것은 확정적인즉 모든 소작인에게 응분의 토지를 분여하고 소유권을 허여하고 일반적 세제에 의하여 징세한다면 그 무엇이 과중 부담일 것이며 기만될 것인가?"

(「7원칙과 정계의 파문, 정치 이념 상이」, 『자유신문』 1946년 10월 10일)

두 가지 문제 중 "신탁통치 반대" 표시 문제는 지난 연초의 '4당 코뮈니케' 때도 원세훈이 똑같이 겪었던 일이다. 당시의 좌우합작에 한민당 대표로 나섰던 김병로와 원세훈은 모스크바 3상회의 결의에 대한 공동 코뮈니케에 동의했는데, 한민당 주류가 "신탁통치 반대" 표시가 없다는 이유로 이 코뮈니케를 거부했던 것이다.

이번 합작위원회에서 원세훈은 한민당을 공식적으로 대표한 것이 아니라 민주의원 대표의 한 사람으로 참여한 것이었다. 그는 합작 회담의 출범을 앞장서서 공표하는 등 주도적 역할을 맡았다. 그러면서 한민당의 좌우합작에 대한 부정적 태도를 벼르고 있었을 것 같다. 그래서 첫 성과인 7원칙에 대해 한민당에서 부정적 태도가 보이자마자

좌우합작 회담의 출범에 주도적 역할을 한 원세훈. 좌우합작위원회 합의 7원칙에 대한 한민당의 부정적 태도는 원세훈의 한민당 탈당으로 이어지고, 대규모 탈당의 신호탄이 된다.

뛰쳐나온 것일 게다.

원세훈은 민족주의 진영에서 널리 존경받는 인물이었다. 그의 풍운아적 기질과 결백한 면모는 김재명의 『한국현대사의 비극: 중간파의 이상과 좌절』(선인 2003, 3장 95~134쪽)에 소상히 그려져 있다. 그 책에 담긴 인상적인 일화 하나는 김성수의 동생 김연수(金秊洙, 1896~1979)가 그에게 경성방직 경영을 부탁했으나 거절했다는 이야기다. 사실 여부는 확인 못했지만, 한민당 주류 노선과 거리를 둔 그의 자세를 생각할 때 그럴싸하게 들리는 이야기다.

1945년 9월 한민당이 출범할 때는 민족주의 진영이 폭넓게 참여했었다. 그런데 1년 동안 한민당 주류가 임정 봉대 등 애초에 표방했던 노선에서 벗어난 데 대한 불만이 팽배해 있었다. 원세훈의 탈당을 신호탄으로 탈당의 봇물이 터졌다.

원세훈이 탈당 성명을 발표한 그날로 중앙감찰위원 한홍(韓興)과 이민응(李敏膺)이 뒤를 따랐다. 두 사람은 성명서에서 한민당의 좌우합작 외면을 성토한 다음 "이상의 이유에 기하여 본원들은 한민당의 정치노선 급 당면 정책을 부정함과 아울러 그에 협력할 수 없음을 확인하고 자에 탈당을 성명함"이란 결론을 내렸다(「감찰위원인 한(韓), 이(李) 양 씨도 탈당」, 『자유신문』 1946년 10월 10일).

청년부장 박명환(朴明煥)과 합작위원회 서기 송남헌(宋南憲, 1914~2001)을 비롯한 한민당 중앙위원 16인도 같은 날 탈당을 발표했다. 박명환이 이들을 대표해 이렇게 말했다고 한다.

> "탈당의 동기보다 신념을 말하고 싶다. 현하에 있어서 정당이란 1당 1계급의 역할과 이익을 추구하기 전에 먼저 신국가 건설이라는 민족 전체의 이익을 위하여 각 분야에서 이것을 추진하는 전위부대가 되고 혁신적이며 건설적인 집단이 되어야 할 것이다. 이러함에도 우리 정계는 이와 거리를 멀리하여 우익은 우익대로 좌익은 좌익대로 혼돈 상태에 빠져 있다. 도탄에 빠진 민생을 구출하고, 좌우 양 세력이 국제 정세에 발맞추어 완전 합작함으로써 난국을 수습해야 할 것이며, 만일 이것이 실현되지 않는다면 우익 진영만이라도 대동 통일하여 혁명적 세력을 집중해야 할 것이다.
> 이러한 견지에서 한 당에 구속됨 없이 전체적 입장에서 미력을 다하기 위하여 탈당한 것이다. 원세훈 씨를 비롯한 우리의 탈당을 가리켜 한민당의 분열보다는 좌우합작의 성립을 계기로 한 국내 정국의 일대 분해 재편성 과정이라고 본다. 현재로서는 신당 조직의 의사는 없으나 반드시 지식층 기타 대중의 적극 지지할 일대 세력에 집중될 시기가 올 것만은 확신한다."
>
> (「한민당 청년부장 박명환 등 16명 탈당」, 『조선일보』 1946년 10월 11일)

7원칙 내용은 10월 4일부터 확정되었던 것이므로 7일 공식 발표 전에도 관심 있는 이들은 이와 관련된 토론을 하고 있었을 것이다. 8~9일 중 탈당한 한민당원들은 당의 태도를 미리 예측하고 탈당 결심을 굳힌 사람들이라 짐작된다.

그런데 탈당 사태는 여기서 그치지 않았다. 『서울신문』 10월 13일자에는 김용국 등 17인이 11일에 탈당한 사실이 보도되었다. 다급해진 한민당은 원세훈의 성명을 반박하는 성명서와 당의 입장을 변명하는 선전부 담화문을 11일에 거듭 발표했다. 선전부 담화문은 이런 내용이었다.

> "전일 본당의 성명은 좌우합작을 반대한 것이 아니요, 합작 원칙 중 토지개혁 기타에 이의를 가진 것이다. 따라서 입법기관을 반대함도 아니다. 도리어 본당은 토지문제를 가지고 선거에 임할지며 입법기관에 들어가서도 토지문제로 당책을 관철하려 한다."
>
> (「한민당, 토지문제 관련 담화」, 『서울신문』 1946년 10월 12일)

좌우합작을 반대한 것이 아니란다. 합작위원회의 합작 원칙은 구속력이 없는 것이라고 한 사실이 반대가 아니라면, 어떻게 말하는 것이 반대란 말인가? 한민당은 입법기관만 환영하고 다른 모든 합작 내용에 반대했다. 입법기관만 환영한 것은 하지 등 미군정 당국자들도 마찬가지였지만, 미군정 당국자들은 입법기관에 묻어 들어오는 다른 내용도 감수할 용의가 있었다. 입에 맞는 떡만 집어 들고 다른 떡은 걷어차는 한민당, 옳고 그르고를 떠나 참 한심한 행태였다.

지난 1월 4당 코뮈니케를 놓고 원세훈과 함께 한민당 주류에게 뒤통수를 얻어맞았던 한민당 감찰위원장 김병로는 7월 군정청 사법부장에 취임하면서 당적을 가지고 있지 않았다. 그 또한 12일 기자회견에서 좌우합작을 지지하는 담화를 발표했다. 한민당과의 관계를 정리하는 의미 있는 일이었다.

> "나는 사법부에 몸을 두게 될 때 벌써 정당 관계는 떠난 것이므로 어느 정당에 대해서도 비판을 가하려고 아니하나 원래 토지 정책에서는 무상으로 국유됨을 원칙으로 하여 농민에게 균등 분여할 것이며, 지주에 대하여는 균등 생활을 확보할 정도에서 보상하면 정할 뿐이다. 좌우합작 7원칙에 대해서는 다소 충분치 못한 점이 있다 할지라도, 현하 국내외 정세에 비추어 우리 독립을 촉진시킴에는 민족 통일을 기하려면, 좌우합작을 추진시켜야 할 것은 누구나 아는 바이다. 그러므로 이 좌우합작의 원칙에 대하여는 이것을 민족적 총의로 적극적 지지를 아끼지 아니하는 것이 우리의 당연한 일이라고 믿는다. 그러므로 무엇을 말하든지 여기에 반대하는 것은 하등 정치적 의의가 없을 줄로 안다."
>
> (「사법부장 김병로, 합작 7원칙과 한민당의 성명에 대해 담화 발표」, 『서울신문』 1946년 10월 13일)

한민당은 12일 긴급중앙집행위원회를 열어 대책을 의논했다. 그때까지 탈당자 49인 중 30인이 중앙위원이었다. 150석의 중앙위원회에서 30석의 결원은 작지 않은 구멍이었다. 12일 회의에서 몇 가지 기구 변경과 함께 중앙위원 결원을 보선했지만, 주류의 극우 노선에 대한 반발은 아직도 다 튀어나온 것이 아니었다.

10월 21일 89명이 집단으로 탈당했는데 그중에는 중앙위원 50인과 대의원 5인이 있었다. 앞서 탈당자들과 합치면 중앙위원 절반 이상이 당을 떠난 셈이다. 이번 탈당자는 비교적 온건한 사람들이 사태를 관

좌우합작을 지지하는 담화 발표로 한민당과의 관계를 청산한 김병로.

망하다가 주류 측의 대응 방향을 보고 끝내 탈당 결심을 한 것으로 보인다. 이들은 공동성명에서 한민당의 반동 노선을 비판했다.

● 성명서

"8·15 후 계급 분립 운동, 즉 건준의 계급 분파적 지도, 인공의 비인민적 계급 분파적 구성 등이 미치는 조선 민족 해방운동에의 악영향이 자못 큼에 감하여, 전 민족적 혁명 세력의 집결을 의도코자 결성된 창립 당시의 한국민주당은 확실히 민족 혁명적 존재였다. (…) 그러나 당내 일부 지도 간부는 이 기구 개혁에 도리어 불필요한 세력을 인입하여 당내의 진보 분자에 대한 보수적이며 지주적인 대립 관계를 더욱 격화케 했다. 그러나 보수적이며 지주적인 운동이 민족 해방운동이 아닌 것은 누구나 아는 상식이다. 이에 당내 진보 분자로 자임하는 아등은 (…)"

(「김약수, 손영극 외 89인 한민당 탈당 성명」,
『조선일보』·『서울신문』 1946년 10월 22일)

10월 21일 '제2차 탈당파'에서 가장 두드러진 인물은 김약수(金若水, 1890~1964)였다. 본명은 김두전인데, 김원봉과 함께 도피 행각 중 가명 삼아 약수(若水), 약산(若山)의 아호를 나란히 쓰게 되었다고 한다. 식민지 시대에 쟁쟁한 사회주의 운동가로 6년간 복역한 바 있는 김약수가 한민당에 참여한 것은 박헌영 일파가 조선건국준비위원회(이하 '건준'으로 줄임)를 장악하는 데 대한 반발에서였다고 한다. 후에 국회부의장으로 있다가 1949년 6월 국회프락치사건으로 체포되어 재판받던 중 6·25 때 납북되었다. 가장 기구한 운명을 겪은 정치인의 하나다.

제2차 탈당으로도 한민당의 탈당 사태는 끝나지 않았다. 1946년 11월 23일자와 28일자 『서울신문』에 「한민당에서 강인택 외 20여 명 탈당」, 「한민당 중앙위원 최양옥 외 20여 명 탈당」 등 기사가 계속 보인다. 그러나 한민당 주류는 '과도입법의원'이란 이름으로 추진되던 입법 기구 선거에만 몰두하고 있었다. 이제 한민당은 '민족당'의 가면을 벗어던지고 '지주당'의 본색을 거침없이 드러내기에 이른 것이다.

1946. 10. 14.

박헌영이 관 속에 숨어서 월북했다고?

남조선노동당은 11월 23, 24일 결성대회를 열기에 이르거니와, 9월 4일 준비위원회가 결성된 시점에서 기존 좌익 3당은 이미 새로운 단계에 접어들었다고 볼 수 있다. 공산당은 대회파의 반발로 창당 후 최대의 내분에 휘말려 있던 차에 9월 7일 박헌영을 비롯한 핵심 간부들의 체포령으로 더 이상 정상적 운영이 불가능했다.

대회파의 반발 이전에 공산당 내부에는 박헌영의 독단적 당 운영에 어느 정도 반발이 나타났을까? 세밀한 검토는 못했으나 『이현상 평전』에서 공산당의 내부 분위기를 그린 서술을 찾아볼 수 있었다.

> 이 무렵〔1945년 말〕 이현상과 동지들을 괴롭힌 또 다른 존재는 내부의 적이었다. 조선공산당이 경성콤그룹 출신들로 장악되어 파벌적이라는 좌익 내부의 비난이었다. 조선공산당의 주요 직책을 대부분 경성콤그룹 출신들이 맡고 있었던 것은 사실이었고, 박헌영이 공식적인 직책과 상관없이 옛 동료들의 의견에 의존한 것도 부인할 수 없었다. 그는 이관술, 이현상, 김삼룡, 이주하를 매우 신임해 직책과 상관없이 이들의 의견을 절대 신임했으며, 여기에 정태식, 이순금, 김형선 등이 충실한 비서 역할을 했다. 산하 지구당 위원장들도 대부분

> 경성콤그룹 출신이거나 그들에게 천거받은 인물들이었다. (안재성, 『이현상 평전』, 실천문학사 2007, 191쪽)

> 이 과정에서 조선공산당 중앙의 권위는 심각하게 훼손되었다. 지역의 도당 소속 당원들은 박헌영과 당 중앙이 문제가 있다는 막연한 불신감을 가지게 되었고, 이는 전남이나 전북 등 중앙에서 먼 지구당일수록 심했다. 또한 주요 당직에서 소외된 이들이나 출세 지향적인 인물들은 신민당과 인민당 등 다른 좌익 정당으로 집결했다. 공산당이라면 기본적으로 일국일당제 위에 당은 오류가 없다는 맹신에 가까운 신뢰에 빠지기 마련인데, 남한의 조선공산당은 처음부터 치명적으로 권위를 잃은 채 여러 개의 당으로 분리되었던 것이다.
>
> 이렇게 된 데에는 북한의 존재도 영향을 미쳤다. 아직까지 큰 제약없이 삼팔선을 넘나들던 시기였다. 공산당 집권이 순조롭게 진행되던 북한이야말로 혁명의 전진기지라는 인식이 퍼지고 있었다. 일제하에서의 불투명한 경력이나 출세주의, 파벌성 때문에 조선공산당에서 소외된 이들은 북한에 의탁하려 했다. 김일성은 거듭해서 조선공산당 중앙에 대한 지지를 천명하면서도 내심 박헌영의 편협성과 지도력 부족에 불만을 가지고 반대파들을 받아들이고 있었다. (같은 책, 198쪽)

안재성은 이 책에서 박헌영의 심복 이현상에게 깊은 애정과 신뢰를 보여준다. 그래서 박헌영 일파가 반대파 공격에 쓰던 "불투명한 경력이나 출세주의, 파벌성" 같은 말을 그대로 따라 쓰고 있다. 그러면서도 "박헌영의 편협성과 지도력 부족"과 콤그룹 중심의 당 운영을 지적하는 것을 보면 이런 문제들이 우호적인 시각에서도 어쩔 수 없는 것이었다고 생각하게 된다.

9월 7일 미군정의 공산당 간부 수배령이 납득하기 어려운 조치였다는 생각을 9월 9일자 일기에 적었다. 이때 체포된 서기국장 이주하는 몇 건의 담화문 발표가 공안방해죄로 기소되어 12월 4일에 8개월 형을 선고받았다(『서울신문』 1946년 12월 6일자). 그가 6개월 형을 선고받았다고 하는 것은(『한국현대민족운동연구』, 443쪽) 이에 불복 상고한 결과인 모양인데 신문 기사로는 확인하지 못했다.

아무튼 9월 7일에 수배령이 떨어진 박헌영 등 공산당 간부들에게 이주하보다 무거운 혐의가 있었던 것은 아니다. 그 정도 혐의로 주요 정당 지도부를 일망타진하겠다고 경천동지할 체포 작전을 벌인 사실을 납득하기 어려움을 서중석도 『한국현대민족운동연구』(442~443쪽)에서 밝혔다. 이 체포령을 이유로 이북으로 피신한 행동의 적절성에도 의문을 제기했다.

확실한 증거가 없더라도 이 체포령이 박헌영과 하지 사이의 '담합'으로 볼 '합리적 의심'의 여지는 있다고 생각한다. 물론 이런 의심만으로 박헌영을 간첩죄로 처형할 일은 아니지만, 당시 상황을 최대한 정확하게 이해하기 위해서는 염두에 둘 필요가 있는 의심이다.

이 의심에 따르면 박헌영은 월북하고 싶었고, 하지는 그 알리바이를 만들어주기 위해 체포령을 내린 것이다. 8월 말에 북로당은 대회파를 제쳐놓고 박헌영의 손을 들어주었다. 그러나 김두봉과 김일성 등 북로당 지도부는 박헌영의 영도력과 노선을 불신하고 있었다. 박헌영 일파는 현상 유지 차원에서 북로당의 지지를 받고 있었지만 수세에 몰린 상황이었다. 이남 좌익의 향배에 결정적 영향력을 쥐고 있던 북로당 지도부가 여운형 등 다른 세력으로 눈을 돌리지 않도록 가로막기 위해 그쪽에 가야 할 필요를 박헌영은 절실하게 느꼈을 것 같다.

그런데 잠깐 방문이면 몰라도, 오랫동안 지내기 위해서는 핑계가 필요했다. 남로당 지도부에 참여해야 하는 입장이었기 때문이다. 그래서 하지에게 체포령을 부탁했으리라는 의심이다. 서용규(가명)의 증언은 이런 의심을 부정하는 것이지만, 아무래도 의심을 완전히 없앨 수는 없다.

"박헌영 체포령이 내려지자 소군정과 김일성을 비롯한 북로당 지도부는 걱정에 휩싸였습니다. 당시 이런저런 현안이 있는 마당에 박헌영이 체포라도 되는 날이면 남한 내 좌익 세력의 기둥이 날아간다고 생각한 것입니다. 그래서 김일성은 비밀리에 박헌영에게 사람을 보내 '평양으로 올라와 남한 공산당을 지도하라'고 권했습니다. 성시백이 몇 차례 오갔고 한은필도 동원됐습니다. 경호원을 보내기까지 했습니다. 그러나 박헌영은 이를 거절했습니다." (중앙일보사 특별취재반, 『비록 조선민주주의인민공화국』, 중앙일보사 1992, 260~261쪽)

체포령이 내린 상황에서 북로당 지도부가 박헌영 등의 월북을 권한 것은 당연한 일이다. 이남 좌익 핵심부의 모든 것을 장악하고 있던 이들이 미군 CIC의 취조를 받게 되는 일을 좌시할 수는 없지 않은가. 박헌영은 월북 후의 유리한 활동 조건을 홍정하며 거절하는 시늉을 했을 것 같다.

서용규는 미군정의 체포령 발령에 여운형이 개재했다는 정보도 있었음을 언급했다.

"박헌영의 체포령과 관련해서 미군정과 여운형 측의 사전 논의가 있었다는 정보가 올라온 겁니다. 당시 46년 1월부터 서울로부터 '박헌영과 여운형의 갈등이 점점 더 심해지자 여운형이 미군정 측에 박헌영을 그대로 놔둬선 안 된다고 얘기해 체포령이 빨리 내려졌다'는 정보가 올라왔습니다. 북에서는 이 정보에 근거가 있다고 생각했어요. 여운형이 그렇게까지 얘기하진 않았어도 미군정 고문과 만난 자리에서 박헌영의 극좌적 행동을 비난한 것은 사실일 거라고 본 겁니다."

(같은 책, 262~263쪽)

이것은 박헌영의 마타도어였으리라는 생각이 든다. 여운형이 만났다는 "미군정 고문"이 누구였을까. 레너드 버치(Leonard Bertsch) 중위가 얼른 떠오른다. 여운형이 버치와 만난 자리에서(김규식 등 다른 합작 위원도 함께) 박헌영의 좌우합작 방해를 얼마든지 비난했을 수는 있다. 그러나 여운형이 박헌영 일파를 좌우합작에 끌어들이기 위해 얼마나 인내하며 애를 썼는지 생각하면 박헌영 체포령을 미군정에 권한다는 것은 상상할 수 없는 일이다. 박헌영 일파의 배제는 좌우합작에서 좌익의 약세를 뜻하는 것이었고, 실제로 여운형은 이로 말미암아 곤경에 빠지게 된다.

여운형과 박헌영, 그리고 미군정 사이의 관계에 관한 서용규의 증언은 7월 18일자 일기에서도 소개한 바 있다. 미군정이 여운형을 흑색선전으로 매장시키면서 박헌영이 한 것처럼 꾸미려는 음모를 박헌영이 미리 알고 여운형에게 "이런 음모가 있으니 당신에 대한 흑색선전이 마치 내가 한 것처럼 나오는 것이 있으면 미군정에서 한 짓인 줄 아시오" 하고 귀띔해줬다는 것이다.

이 증언을 보며 서용규란 사람, 기억력은 좋은지 몰라도 머리가 잘 돌아가지 않는 사람이라고 생각했다. 박헌영이 한 얘기를 그대로 옮기며 '합리적 의심'은 전혀 떠올리지 않는 것이다. 미군정이 나쁜 짓 꽤

나 했지만 흑색선전에는 별로 소질을 보인 일이 없다. 박헌영이 여운형에게 저지른 흑색선전을 이북 지도자들에게 추궁받자 둘러댄 얘기인 줄 어떻게 알아듣지 못할 수 있었을까? 흑색선전은 한민당과 박헌영 일파의 전공 분야였다.

체포령이 떨어진 후 10월 6일 평양에서 모습을 드러낼 때까지 한 달 동안 박헌영의 행적은 임경석의 『이정 박헌영 일대기』에도 명확히 밝혀져 있지 않다. 9월 중순에 몇 차례 민전 의장단 회의에 참석한 것이 추측될 뿐, 언제 서울을 떠나 어떤 경로로 월북했는지는 명확치 않다. 9월 말 내지 10월 초까지 총파업 등 '신전술' 추진에 힘썼을 것이 짐작될 뿐이다.

박헌영이 관 속에 숨어 영구차를 타고 38선을 넘었다는 얘기가 많이 떠돌았던 모양이다. 박헌영 취향의 이야기다. 1927년 병보석 출감에 앞서 똥을 집어먹는 등 정신병자 행세를 하던 이야기가 딱 겹쳐진다. 그를 석방한 진짜 이유가 무엇이었는지 알 수 없지만, 죄수 건강을 걱정해서 풀어준 것은 절대 아니었다. 1920년대 공산당 사건에서 옥사(獄死)는 있을지언정 병보석은 박헌영 외에 없었다.

화려한 '옥중 투쟁' 이야기는 석방의 진짜 이유를 감추기 위해 만들어진 것이라고 나는 생각한다. 엄중한 사건의 주요 피의자가 병보석 중 국외로 탈출할 수 있었던 것도 석방의 진짜 이유가 따로 있기 때문일 것이다. 관중(棺中) 월북 이야기도 박헌영의 투사 이미지를 제고하며 애매한 행적을 얼버무린다는 점에서 1927년 옥중 투쟁과 같은 울림을 일으킨다.

박헌영의 월북으로 이남에서 공산당의 역할은 한 차례 매듭을 지었다. 지금까지 공산당은 합법적 주요 정당의 하나로 기능을 발휘해왔는데, 이제 박헌영 일파를 중심으로 남로당이 만들어지고 나면 신전술의 연장선 위에서 반체제 활동의 본산이 된다. 원세훈, 김병로 등 민족주의자들이 떠나고, '지주당'의 본색을 드러낸 한민당과 짝을 이루는 변신이었다. '적대적 공생 관계'의 새로운 단계가 열리는 것이다.

1946. 10. 17.

정판사사건, 공산당에는 책임이 없었나?

10월 15일 서울지방법원 제4호 법정에서 박원삼 판사 주심으로 정판사 공장장 안순규의 위증죄 공판이 열렸다. 경찰과 검찰에서 위폐 인쇄 현장을 목격했다고 진술했다가 공판정에 와서 번복한 안순규는 자신의 위증죄 공판정에서 이렇게 말했다.

> "경찰에서는 고문을 당하고 물까지 먹어 양심에 가책을 받는 거짓 진술을 하였으며 검사국에서도 역시 검사가 구인장을 내놓으며 허위로 진술을 하면 군정재판에 회부된다 하므로 이미 경찰에서 진술한 바와 같이 보았다고 진술하였으나 공판정에서까지 양심에 가책을 받는 거짓말을 할 수가 없다."
>
> (「목격한 사실은 없었다」, 『자유신문』 1946년 10월 16일)

정판사사건과 얽힌 뚝섬 위폐 사건 피의자로 안순규와 함께 경찰서에 유치되어 있었던 배재룡도 증인으로 나와서 당시 안순규가 "너희들이 뚝섬서 지각없는 짓을 하여 늙은 나까지 애매하게 잡혀 와서 고생한다"며 고문당한 이야기를 했다는 증언을 했다. 그러나 정기원 검사는 공판정에서의 안순규 증언이 위증이었다고 주장하며 1년을 구형했다. 그리고 나흘 후 판결 공판에서 박원삼 판사는 구형과 같이 1년을 선고했다.

정판사사건의 윤곽을 다시 한 차례 정리한다. 5월 16일에 군정청 공보부의 발표가 있었는데(경찰의 발표가 아니라는 점이 특이했다) 공산당 본부, 『해방일보』와 같은 건물에 있던 인쇄소 정판사에서 대규모 위폐 인쇄를 했다는 것이었다. 공산당의 조직적 범죄는 아니라고 군정청은 강변했지만, 총무부장 겸 재정부장 이관술(李觀述, 1902~50)과 『해방일보』 사장 권오직(權五稷, 1906~53) 등 공산당 핵심 간부들이 혐의자에 포함되었다.

이 사건의 수사와 체포는 발표 열흘 전에 시작된 것이었는데, 두 달 동안 경찰 손에 있다가 7월 9일에야 검찰로 송국되었다. 검사들이 송국 전부터 경찰서에서 조사하고 있었던 것을 보면 7월 6일 이관술의 체포 때까지 송국을 못하고 있었던 것으로 보인다. 송국 후에는 일사천리로 진행하여 불과 열흘 후 기소되고, 다시 열흘 후인 7월 29일 제1회 공판을 열었다가 변호인단의 판사 기피 신청으로 8월 22일까지 진행이 늦춰졌다. 제1회 공판 때 체포된 항의 시위자 수십 명이 군정재판에서 3~5년의 중형을 선고받기도 했다.

그 후 공판 진행 과정에서 여러 가지 무리한 일이 있었고, 안순규의 위증죄 기소도 그중 하나였다. 그런 무리에 항의하다가 변호인단의 퇴정 사태가 속출하고 윤학기, 강중인 두 변호사는 자격 정지 처분을 받기도 했다.

10월 17~19일 이관술 심리 공판 후 21일 결심 공판이 열렸다. 이관술, 박낙종(朴洛鍾, 1899~1950), 송언필(宋彦弼), 김창선(金昌善)에게 무기징역, 신광범, 박상근, 정명환에게 징역 50년, 김상선, 김우용, 홍계훈에게 징역 10년이 구형되었다. 조재천(曺在千) 검사는 논고에서 "사실 및 증거"로 16개 항을 제시했는데, 그중에는 검찰 주장을 뒷받침해 주거나 의심케 하는 것도 있다. 의심스러운 점부터 열거한다.

> (1) 예심 청구를 피하고 싶은 이상 여차 복잡하고 중대한 사건은 송국되기 전부터 검사가 경찰서에 출장하여 병행 조사하는 수밖에 방도가 없고 또 그것이 비교적 가장 타당하다.
> (2) 경찰에서 60일 구속한 것은 군정하 이원적 법제하에서는 위법이 아니다.
> (3) 경찰의 고문에 의하여 피고인들이 입었다는 부위를 의학계 권위자에 감정시켰던바 그것은 외상에 기인한 것이 아니라고 판명되었다.
> (10) 종시일관하여 위조 현장을 목격하였다고 진술해왔으며 같이 있던 그 우인 배재룡에게도 목도 이야기를 한 증인 안순규는 공판정에 이르러 목격 사실을 부인하여 위증 혐의로 별도 취조 중이던 바, 진술의 전후 모순이 사방에서 속출하고 전체를 총람하여 위증임이 명백하므로 처벌받았다. 동인은 과반 모 정당원 두 명이 협박받은 사실도 판명되었다.
>
> (「위폐 사건 검사 논고 전문」 중에서, 『동아일보』 1946년 10월 22일)

(1)에서 예심 청구를 피한다고 했는데, 왜 피해야 하는 것인가? 경찰과 검찰의 '병행 조사'란 이상한 짓을 할 타당한 이유로 보이지 않는다. 이 '병행 조사' 때문에 피의자들은 경찰의 고문에 대한 두려움에 검사에게도 거짓 증언을 하지 않을 수 없었다고 주장했다.

(2) '이원적 법제'라면 당시 조선 사회에 조선인에게 적용되는 군정청 법령 외에 미군사령부의 법제가 우위에 있었다는 말이다. 설령 그렇다 하더라도 미군사령부의 명령으로 경찰의 유치 기한을 넘길 경우

미군사령부의 법제로 뒷받침되는 조치인지 확인할 필요가 있는데 이것이 무시되었다.

(3) 고문당한 사실에 대해 여러 사람의 일관된 주장이 있다면 적극적으로 확인할 필요가 있다. 뺨을 때린 정도의 학대는 경찰과 검찰이 모두 인정한 것이다. 몇 달 전의 고문 사실은 의사 두 명(백인제와 공병우)의 간단한 진찰로 완벽하게 반증될 수 있는 것이 아니다.

(10) 안순규의 위증죄 판결은 논고가 발표되기 이틀 전에 나왔고, 안순규는 즉각 상고했다. 최종 판결이 아닌 안순규의 유죄판결을 논고의 근거로 삼은 것은 적절치 않다. 오히려 본 사건의 논고에 활용하기 위해 안순규의 유죄판결을 서두른 것으로 보인다.

한편 검찰 주장을 뒷받침해주는 것으로 보이는 내용도 없지는 않다.

> (7) 피고인 김창선은 체포된 익일에 그 범행 일체를 체계적으로 또 상세하게, 그리고 구체적으로 자백하였던바 설혹 어느 정도의 고문이 있었다고 가정하더라도 적어도 그 과감성을 자타 공인하는 정당의 당원으로 상당한 의식과 투쟁성을 가진 당 30년의 장년이 그 단기간의 고문에 못 이겨 없는 사실을 허위 자백하였다고는 믿어지지 않을 것이다.
>
> (12) 경찰서에서 검사국에 송국된 후에도 피고인 중의 수 명은 범죄 사실을 의연 자백하였는데 공판에 와서는 부인하면서 '송국된 후이지만 부인하면 다시 경찰서로 데리고 가서 고문할까 염려되어 허위 자백한 것이라'고 변명했다. 그러나 송국 후 도로 경찰서로 보내서 고문하는 예는 절무한 것이므로 피고인들은 송국 후에도 아직까지 양심적으로 말해놓고 공판정에 와서야 죄를 면하려고 전술과 같은 궤변을 안출한 것이다.

강력한 뒷받침은 못 된다. 일제시대 이래 경찰 '고문 기술자'의 전통이 웬만큼 밝혀진 지금, "당 30년의 장년"도 견뎌내기 힘든 고문이 당시 존재했으리라고 짐작한다. 그리고 일단 송국된 후에는 고문의 위협이 더 이상 없었다고 누가 장담할 수 있겠는가. 경찰에서 두 달씩이나 붙잡고 있었던 것도 "절무(絶無)"해야 할 일이었다. 그런 일을 겪은 사람들이 검찰에서 경찰로 도로 보내는 것이 "절무"할 일이라고 어떻게 믿겠는가.

그러나 공산당 측의 '법정투쟁' 방침에 따라 경찰과 검찰의 진술 요구에 가급적 쉽게 따른 면도 있을 수 있다. 검찰이 각본에 집착하게 만들어놓고 공개된 재판에서 진술을 뒤집어 검찰을 곤경에 몰아넣는다는 것이 법정투쟁의 중요한 전술이었을 것 같다.

7월 19일 기소 당시 검찰은 유죄 확인에 자신감이 있었던 것으로 보인다. 진술의 집단 번복을 예상치 못한 것이다. 위폐 인쇄의 참가자와 일시까지 자신 있게 발표했다. 그런데 공판 과정에서 박낙종 사장이 그 일시에 지방 출장 중이었다는 사실이 밝혀졌으니 얼마나 당혹스러운 일이었을까. 10월 21일 결심 공판 후에도 몇 차례 공판을 더 열고 한 달 넘어 지난 11월 28일에야 선고가 이뤄진 것도 이런 허점 때문이었을 것이다.

조재천과 함께 이 사건을 담당한 김홍섭(金洪燮, 1915~65) 검사 이야기를 8월 29일자 일기에서 한 일이 있다. 한국 법조계에서 가장 훌륭한 인격자의 한 분으로 추앙받는 김홍섭은 이 사건에 어떤 견해를 갖고 있었을까. 먼저, 이 사건의 공판 진행 중 김홍섭이 사표를 낸 일부터 잠깐 살펴보며 그의 사람됨을 가늠해본다.

지난 19일 돌연 사표를 제출한 김홍섭 검사의 문제를 둘러싸고 사법

今日求刑대로言渡

法廷에서赤旗歌부르고退廷

共黨員偽幣事件

主文

眞摯한態度로判決

今月末까지

1946년 11월 29일자 『동아일보』에 실린 정판사 사건 선고 기사.

당국 안에는 긴장한 공기가 흐르고 있는데 20일 오후 검사국에서는 회의를 열어 검사의 직권 행위를 보장할 것과 검사를 무시하고 법의 위신을 훼손하는 배후 인물들을 엄중히 처벌할 것을 결의하고, 만일 이러한 요구가 관철되지 못할 때는 총사직으로서 항거하겠다는 태도를 정하여 박종식·원택연 양 검사는 전원 대표로 이인 검사총장을 거쳐 미인 사법부장 커넬 소좌에게 건의하였는데 그 귀추가 주목된다.

그런데 문제의 발단은 모 경제 단체의 간부인 모모 양씨에 대하여 불미한 풍설이 항간에 떠돌고 있어, 이에 대한 규명을 하고자 김홍섭 검사는 지난 10일경 양씨를 소환 심문한 일이 있었던 바 18일 상오 11시경 공당원 위폐 사건 공판에 입회하는 김 검사를 모 미인 장교가 불러내어 양씨에 대하여 진사할 것과 여하한 조치라도 동 검사에 대하여 감행할 수 있다는 것 등을 언명한 사실이 있었다.

● 김용찬 검사장 담

이번 사건은 사법부 위신에 관한 중대한 사건인 만큼 당국에서는 적당히 조치할 것이다. 나로서는 이에 대하여 아무런 말도 할 수 없다.

● 김홍섭 검사 담

검사 체면 문제에 대하여서는 검사총장이 적당히 할 것이고, 내 자신의 문제는 어디까지나 개인 문제이기 때문에 내가 적당히 처리할 터인데 나로서는 끝까지 내 주장을 고집할 것이다.

(「총사직으로 직권 보장, 주목되는 검사 무시의 귀추」, 『동아일보』 1946년 9월 24일)

검사 모욕 배후 문제로 박기호, 전용순 양씨는 21일 불구속되어 강석복 검사로부터 엄중한 취조를 받고 있다.

(「배후 문제를 알고자 박·전 양씨를 취조 중」, 『동아일보』 1946년 9월 24일)

그 미군 장교가 누구인지는 확인 못했지만 그럴 만한 신분이 되니까 협박한 것 아니겠는가. 그것을 까밝히고, 이 개가 짖게 한 놈이 누구냐고 달려들다니 김홍섭의 성격 중 다른 면은 몰라도 배짱 하나는 정말 끝내준다. 그런 검사가 정판사사건에서 소신에 어긋나는 구형을 할 수 있었을까? 11월 28일 선고 직후 변호인단의 성명에서도 "양 재판관"과 "조 검사"를 비난하면서 "김 검사"는 건드리지 않는 점이 눈에 띈다.

"조선의 해방을 위하여 피투성이의 투쟁을 해온 이관술 씨 등 애국투사들에게 통화 위조란 허위의 낙인을 찍어 그들을 해방된 오늘날 또다시 철창 속에 얽어매려는 가증한 정치 모략이 성공하였다고 보는 자는 역사가 정의와만 어깨동무한다는 철칙을 모르는 저들 반동파에 불과할 것이다. 양 재판관과 조 검사의 불법과 기적과 비겁, 배리, 탈선의 오선(五線) 무지개를 타고 월세계를 가려는 재판 태도를 관철하였으니 과연 이것이 인민에게 용납되겠는가?"

(「변호인단 성명」, 『자유신문』 1946년 11월 29일)

이 사건에 대한 김홍섭의 인식은 10월 21일 논고에서 혁명 투사 박낙종에 대한 극진한 경의를 표한 다음 "나는 김창선이 공판정에서 죽고 싶다 말할 적에 2천 년 전에 일어난 예수를 은 30량에 잡아준 가룟 유다의 비극을 상기했다"고 말한 데 담겨 있지 않았을까? 김창선에게는 범죄 사실이 있는데, 박낙종 등 다른 무고한 사람들이 말려든 것이라고.

미군정 혼자서 그 무고한 사람들에게 죄를 씌우려 달려들었다면 김홍섭은 극력 항거했을 것이다. 그러나 거짓 자백으로 정당한 판결을 어렵게 한 데에는 공산당의 법정투쟁 전술도 한몫했기 때문에 검사로서 자기 역할에 한계를 느낀 것이 아닐까 생각된다. 그가 검찰을 떠난 시점을 확인하지 못했지만, 아마 정판사 판결 직후였던 것으로 보인다.

설령 유죄라 하더라도 무기징역, 50년 징역이 제대로 된 양형일까? 이관술과 박낙종은 옥중에 있다가 4년 후 전쟁 발발 때 학살당했다. 그런데 그들의 목숨을 빼앗은 판결을 내린 양원일(梁元一)이 그들보다 앞서서 국군 병사의 손에 죽음을 맞았다는 사실은 참 뜻밖의 일이다. 술에 취해 불심검문에 저항하다가 총 맞아 죽었단다.

3일 밤 9시 반경 고등법원 부장판사 양원일(38) 씨는 원종억 변호사와 대법원 대법관 김익진 씨 댁의 만찬 초대에서 집으로 오는 도중 서울시 회현동 2가 동화백화점 뒤 육군본부 근무 중대를 통과 중 당

> 시 동 본부 입초병인 일등 상사 이응주 병사가 불심 심문을 하게 되어 옥신각신하던 중 이 상사가 카빈총을 발사하여 양 씨의 하복부를 관통시켜놓았는데 서울검찰청 최대교 검사장과 군부 측에서 헌병이 출동하여 양 씨를 서대문 적십자병원에 곧 옮기어 가료하였으나 4일 4시 반경 절명했다.
>
> (「양원일 고등법원 부장판사 피살」, 『동아일보』 1949년 3월 5일)

이응주 일등 병사는 한 달 후인 4월 6일 중앙고등군법재판에서 무죄를 선고받았다. 양원일이 허리에 차고 있던 권총을 뽑으려다가 총을 맞았다는 증언(동행이던 원종억 포함)이 결정적 역할을 한 것으로 보인다(「양 판사 피살 사건 제1회 군법회의 개최」, 『자유신문』 1949년 4월 6 · 8일).

1946. 10. 19.

민중의 '몽둥이'가 된 민중의 '지팡이'

10월 16일 오후 각 정당 대표 30여 명이 인민당사에 모여 '각 정당 시국 대책 간담회'란 모임을 만들었다. 소요 확대를 비롯한 절박한 현안 때문에 자연스럽게 모인 것이고, 지속적 공식적인 활동을 계획한 것이 아님을 '간담회'란 이름에서 짐작할 수 있다.

그러나 일단 모이자 우선 '비상사태'에 대한 의견서를 군정청에 제출하고 각지에 합동조사단을 보낼 것을 결정했으며, 앞으로 각 정당이 교대로 회의를 소집하여 여러 현안을 계속 토론하기로 했다. 상황 때문에 정당 간 합작 활동의 필요성이 자연스럽게 인식된 것으로, 군정청 지원을 발판으로 한 좌우합작과 다른 차원의 합작 움직임이 생겨난 것이다(「각 정당을 망라 긴급 시국 대책 간담」, 『자유신문』 1946년 10월 18일).

16일 모임에 신진당, 민족혁명당, 사회민주당, 공산당, 청우당, 독립노농당, 한민당, 인민당, 신민당의 9개 당이 참석했는데, 한민당에는 괄호를 붙여 "탈당 측"이라 표시했고, 공산당에는 그런 표시가 없지만 '대회파'임이 틀림없다. 며칠 후(10월 21일) 신진당에서 열린 간담회에서는 경부선, 중앙선, 호남선 방면으로 보낼 3개 조사단을 만들 것을 결정했는데, 각 조사단은 각 정당 대표 1인씩 8명으로 구성하기로 했다. 16일 모임에 없었던 한독당이 참여했고, 한민당과 민족혁명당이 빠졌다. 그러나 민족혁명당은 조사단에 불참했을 뿐 계속해서 간담회에 참여했고, 이 간담회는 한민당과 간부파 공산당을 제외한 모든 주요 정당의 합작 사업이 되었다(「영남 폭동 조사 단원 결정」, 『자유신문』 1946년 10월 23일).

소요 사태가 제일 먼저 발생한 대구 지역은 이 무렵 공권력 지배가 회복되어 있었다. 계엄령도 10월 21일에 해제된다. 그러나 10월 2일 대구에서처럼 거대한 폭발은 아니더라도 연쇄 반응이 여러 방향으로 계속 확산되어갔다. 특히 10월 20일을 전후해 경기도 일대에서 동시다발적인 상황이 벌어졌다.

> 영남 소동의 여파는 전라, 충청의 각 지방에 파급되어 사태가 매우 우려되던 바 사태는 충남 홍성·예산 등지에서도 소동이 나고, 20일 상오 2시 반경 수천 군중이 광주경찰서를 습격하여 동서를 소각해버린 것을 비롯하여 신장·동부·개성·연백·풍덕·봉동·상도·황해도·배천·연안 등 기호 각 지방에서도 일제히 소동이 일어나 경찰서 주재소 등을 습격하여 쌍방에 적지 않은 사상자를 내었다. 이에 수도경찰청에서는 각지에 응원대를 급파했다.
>
> 광주경찰서장인 정규설은 이번 폭동 사건 당시, 무기 창고를 잠근 채 직장을 버리고 무기를 쓸 수도 없게 한 죄과로 장택상 경무총감은 즉시 체포령을 내린 동시에 제1관구보안과장 김성중 외 응원대 50명을 급파했다. 정 서장은 20일 낮 체포되어 방금 수도경찰청에서 엄중 취조를 받고 있다.
>
> 20일 새벽 개성경찰서 관내 봉동·상도·풍덕의 3지서에 수천 군중이 습격하여 청사를 점령하고 경관 2명을 구타치사 2명이 중상을 입었다. 이 지방에서는 소동 군중 중 2명은 사망, 1명은 검거되었는데 이

들 3명은 폭동을 선동한 직접 책임자로 지목되고 있다.

(「경기, 충남, 황해 등지에서 소요 사건 발생」, 『동아일보』 1946년 10월 22일)

20일 상호 2시 반경 수천 군중은 광주경찰서를 습격하는 동시에 석유 불로 불살라버리고 동서에 유치 중인 죄수를 전부 석방하고, 소총 34정, 탄환 450갑을 탈거해갔다. 이 사건으로 말미암아 경관 2명이 순직, 한편 광주군 신장 동부지서도 습격을 받았는데 군중은 전화선을 절단하고 숙직 중인 주임 경사를 결박한 후 장총 3정, 탄약 약 39발을 탈거했다.

(「공보부, 경기 일대 소요 사건의 진상과 대책 발표」, 『동아일보』 1946년 10월 22일)

기호 지방 소동 사건의 혐의자는 도합 300여 명을 체포 각지 경찰서에 유치 취조 중인데, 한편 20일부터 21일 새벽까지 도내 각처에서는 영남 지방에서 경찰관서를 습격하여 탈취한 무기를 트럭에 감추어 넣고 서울로 올라오던 자 40여 명을 검거했다.

수도관구 경찰청에서는 21일 오전 9시부터 서울 시내 각 서장 주임의 긴급회의를 열고, 폭도 사건 수습에 관한 비밀회의를 여는 한편, 형무소 등 중요 기관의 경비를 강화하고 시내 좌익 5단체의 간부에 대하여 체포령을 내리고 활동을 개시했다.

(「개성경찰서 관내 각 지서 습격 사건」, 『동아일보』 1946년 10월 22일)

검거된 광주서장 정규설은 왜 무기고를 잠그고 직장을 버렸을까? 무책임한 겁쟁이라서 그랬을 수도 있겠지만, 그보다는 '군중'에게 발포할 수 없다는 신념 때문이었다고 보고 싶다. 그런데 경찰 지도부는 그런 행동을 처벌 대상으로 삼았다. 정당한 이유 없이 선동에 휘말려 파괴 행위에 나선 '폭도'로만 군중을 보았기 때문이다. 커밍스는 경무부장 조병옥이 10월 22일 미군 경무부장 매글린에게 보낸 메모의 내용 일부를 소개했다.

> "지난 5월부터 빨갱이들이 군정에 대한 전 국민적 반대를 꾸며내려고 계획해왔다는 것은 공개된 비밀이었다. (…) 이 계획은 공산당 지도자들의 손으로 만들어졌으며, 그 전국 조직과 지방 조직 그리고 그 자매단체들의 조직 핵심부를 통해 실행되어왔다." (『The Origins of the Korean War』, 372쪽에서 재인용)

좌익 간부에 대한 체포령의 근거도 같은 메모에서 찾을 수 있다. 조병옥은 일제시대의 사상범 취체령을 들고 나온 것이다.

> "그런 예비검속을 위한 법적 근거를 제공하는 오래된 법령이 아직도 존재한다. 조선총독이 1912년 7월에 발포한 행정명령을 말하는 것이다." (같은 책, 371쪽에서 재인용)

경찰 외의 모든 사람들은 소요 사태의 근본 원인이 민생고에 있다는 사실을 알고 있었다. 오직 경찰만이 모든 책임을 공산당의 선동에 돌리고 있었다. 심지어 이승만의 조직인 민족통일총본부(이하 '민통'으로 줄임)에서조차 10월 21일 성명서에서 이렇게 말했다.

> "이번 영남으로부터 남조선 일대로 만연하는 폭동 사건은 각처의 보고에 의하면 그 근인은 극렬분자의 선동에 있으나 그 근본 원인은 양곡 문제에 기한 것이다. 선동될 재료가 있는 이상, 선동은 언제든지

쌀 지키는 의용 경찰대. 대구 사태 이후 각 지역별로 청년 단원이 동원되었다.

가능한 것이다. 당국은 이 점을 예의 반성하여 양곡 문제의 근본적 해결을 지어 선동 재료를 소멸시켜야 할 것이다." (…)

(「민족통일총본부 선전부, 미곡 문제에 대해 성명 발표」,

『조선일보』 1946년 10월 23일)

10월 25일자 『자유신문』에는 예비검속을 부인하는 러치와 장택상의 발언과 함께 예비검속이 의연히 진행되는 상황이 나란히 보도되어 있다.

요사이 파업 또는 소요 사건으로 인하여 경계가 심한 한편, 피검자의 숫자도 늘어가고 있으며 특히 성주식 씨 결혼식 때문에 모였던 좌익 요인들이 피검되는 등 사건으로 미루어보아 일반 민중은 좌익 계열을 전부 예비검속하지 않나 하고 의아하게 생각하고 있는데, 이 점에 관하여 24일 러치 장관은 다음과 같이 발표했다.

"경찰관에 대하여는 절대적으로 공정하라고 지시했다. 다만 죄를 범한 사람만이 체포당할 것이다. 각 지방 당국에도 이상의 명령을 이행하도록 지시했다."

그리고 수도경찰청 당국자도 동일 "일반은 경찰이 일제 때 같은 예비검속을 하는 것 같은 오해를 하는 모양인데 절대 그렇지 않다. 범죄자만을 체포하려는 것이다"라고 말했다.

(「좌익 예비검속은 낭설, 검거는 범죄자에게만 국한한다」,
『자유신문』 1946년 10월 25일)

남조선 각지에 발생한 소요 사건은 이즘 거의 종식을 보게 되었으나, 시내 각 서에서는 지난 22일 이래 이미 수백여 명을 검거하여 방금 취조 중이며, 앞으로도 소요 혐의가 있는 사람은 이를 계속 검거할 터라 하는데, 이것은 일제시대의 예비검속과 같은 느낌이 없지 않으나 경찰 당국 담(談)에 의하면 검거 당시 압수된 서류에는 모 당원이 폭동과 민중 선동의 행동을 취하기로 계획된 것이 판명되었으므로 이를 미연에 방지하는 의미에서 "공안을 방해하는 우려가 있는 자를 체포한다"는 것이라 한다.

(「공안 방해 우려 있는 한 계속해서 검거할 모양」,
『자유신문』 1946년 10월 25일)

"우려가 있는 자"를 체포하는 것이 일제시대 예비검속과 다른 것이라면, 일제시대에는 우려가 없는 자를 체포했단 말인가? 커밍스는 『The Origins of the Korean War』(368~371쪽)에서 가혹한 탄압 방법과 광범위한 체포에 관한 미군 측 기록들을 소개하면서 경찰과 우익 단체들이 시위 군중에 적개심을 품고 대한 태도를 서술했다. 시위 군중도 물론 경찰에 대한 적대 행위가 많았다. 그러나 경찰이 공공질서의 책임자로서 해야 할 역할을 완전히 등진 것이 이번 사태의 가장 심각한 문제였고, 이 배신을 앞장서 이끈 것이 조병옥, 장택상 같은 지휘자들이었다.

긴 문서 하나를 붙인다. 각 정당 시국 대책 간담회는 10월 22일 회의에서 하지 사령관에게 의견서를 보낼 것을 결정하고, 이틀 후 회의에서 채택된 의견서를 하지에게 보냈다. 당시 극좌(공산당 간부파)와 극우(한민당)만을 제외한 여러 정파가 시국을 놓고 이만큼 의견을 쉽게 합칠 수 있었다는 것이 놀랍고, 그 의견은 실제로 확실한 객관성을 가진 것으로 보인다. 당시 상황을 잘 요약해서 보여주는 문서라 생각하여 옮겨놓는다.

"하지 중장 각하

조선공산당·신진당·한국독립당·인민당·독립노농당·남조선신민당·민족혁명당·사회민주당·청우당 등 각 정당 연석 간담회의 이름으로 각하에게 서면을 제출하게 된 것을 지극히 영광으로 생각합니다. 현하 남조선 각지에서 일어나고 있는 동포 살상의 참극과 전무후무한 대량 검거는 추수기를 앞두고 진실로 전 민족의 생존을 좌우하는 중대한 문제이며, 이러한 통분한 현실을 초래한 모든 원인을 제거치 못한 책임의 일부를 각 정당이 스스로 느끼어 감히 민족의 의사를 대표하고 민중의 이익을 옹호한다는 정당의 자기반성이 오늘처럼 요구될 때가 다시없다고 생각됩니다.

이에 각 정당은 진지한 태도로서 각 정당 연석 간담회를 결성하고, 공통되는 민족의 이해를 각 정당이 협동 옹호하는 방향으로 보조의 일치를 기하게 된 것은 확실히 경화된 정치 동향에서 일보 전진한 운동이 될 것을 자부하는 바입니다. 이 협동 정신에서 긴급한 남조선 비상사태를 거족적으로 조사·검토 해결키 위하여 남조선 비상사태 각 정당 연합조사단을 구성 파견하여 공정한 조사와 위문을 기할 것을 결정하고, 출발에 앞서 공통된 의견과 해석을 각하에게 전달함으로써 몇 가지 건의와 요구를 겸하려 합니다. 이번 사태에 대한 각 정당의 공통된 의견은

1. 미소공동위원회 무기 휴회와 아울러 통일 임시정부 수립의 희망이 단절되어 조국 해방 전도에 대한 절망감에서 오는 격렬한 울분,

2. 경찰 및 각 행정 기구 기타 산업 기구 내에 박혀 있으며 횡포한 행동을 하는 민족반역자, 친일파 및 군정에 아첨하는 신형 왜놈 등 일제 잔재의 반동분자에 대한 극도의 증오,

3. 무정견한 식량정책에서 나온 가혹한 공출제에 대한 반감과 식량난으로 인하여 조선 민족 해방 이전의 생활보다 더 불행하고 정치적 자유도 유명무실하다고 생각게 되고 이 절박한 현상에 대한 반발 의식이 극도에 달하여 광범하고 심각한 민중의 봉기에까지 이르게 된 것임을 부인할 수 없다는 데 일치되었습니다.

따라서 이번 사태는 그 대상이 첫째 경찰, 둘째 행정관청, 셋째 불순한 권력가 및 모리배 등에 있는 것이 특징이며, 그 진행 중 일부에서 경망스럽게 이성을 상실한 군중의 손에 용서키 어려운 잔인한 동포 살상의 참극이 생기한 것은 민족적 통한스런 일이라 아니할 수 없으며, 더욱이 이 사태를 진압하려는 군정 당국과 경찰 당국이 취한 태도는 토벌적 보복 수단으로 대량 검거, 폭행 등에 의한 공포정치를 실현하려는 듯하고, 그보다 이번 사태에 반감을 가진 측 인원을 동원하여 계획적 복수전을 하는 측이 있다고 하는데, 이것이 사실이라면 이는 신생 조선의 전도를 절단하는 무모한 활동이라 할 것입니다.

그러므로 첫째, 각하는 이 거대한 민중 봉기를 선동만으로 발생되었다고 지적하였으나 우리는 이 점에 절대로 항의하는 바입니다. 5천 년간 꾸준히 계승되어온 자기 민족의 역사와 문화와 생명력을 가진

조선 민족으로서 각자의 절망적인 생활과 조국의 정치적 불안에 기인하지 아니하고, 오직 악질적 선동에만 의하여 죽음을 무릅쓰고 폭동을 일으켰다는 것은 조선 민족의 긍지를 모욕하는 것입니다. 과거 동학당 봉기도 3·1운동도 그 당시 집권자들은 이를 선동에 의한 폭동이라고 잔인한 탄압을 하였으나 그것은 조선 민족 생명의 정당한 투쟁 과정이었습니다.

각하가 이번의 봉기를 선동에 의한 것이라고 규정하는 근거가 군정을 악이용하고, 권력을 남용하여 사리사복을 채워 군정과 민간을 이반케 하는 일제 당시의 사냥개로서 잘 훈련받은 사이비 조선인과 일부 악질 통역정치배들이 자기들의 치명적 과실을 합리화하려고 일부러 제출한 일방적 보고에서 추출된 것이 아닌가 우려한다는 점을 솔직히 표명하는 동시에 만약 각하의 지적한 바와 같이 사적 야심을 충족시키고자 이 봉기를 잔혹한 유혈 참극의 방향으로 선동한 자가 있다면, 그에 대해서는 전 민족적 책벌이 있어야 할 것을 주장하는 바입니다.

둘째, 경찰의 토벌적 탄압과 감정적 대량 검거와 보복적 복수전을 각하의 명령으로 즉시 중지시키기를 전 민족의 이름으로 강경히 요구합니다. 부분적인 잔인한 사실 형상만 과장하는 보고에 의하여 일정한 선입주견 아래 토벌적 탄압과 잔인한 복수전이 계속되는 것을 묵과한다면, 이는 현명한 위정자의 취할 길이 아닐 것입니다. 이러한 공포정치는 장차 더 큰 반항을 가져올 것이며, 이러한 사태가 계속된다면 조선 민족 상호의 유혈 투쟁이 계속 반복되어 조선의 독립을 영구히 거부하는 결과를 가져올 것입니다.

그보다 시급한 문제로 추수기를 당하여 이러한 공포감과 절망감을 민중에게 주는 것은 미곡 수집을 앞두고 어떠한 비상사태를 초래할지 예측을 불허하는 바이며, 곡창 삼남 지방이 이러한 사태에 또다시 직면한다면 남조선 인민 대중의 식량 보장에 크나큰 지장이 올 것을 잊어서는 아니 될 것입니다.

현명한 각하는 이 모든 것을 숙고하여 순량한 근로자, 농민, 학생들의 고통과 심경과 명리(命理)까지를 함께 나누어줄 아량으로 이 문제 해결에 임하여 즉시 모든 검거와 순량한 근로민중과 농민이 직장과 농토로 돌아가서 안심하고 일할 수 있는 비상 대책을 시급히 실시하기를 요망하는 바이며, 각 정당도 이에 대하여 적극적으로 지지 협력할 것을 약속합니다. 끝으로 이번 연합조사단의 조사와 위문 격려 실행에 대하여 각하의 우호적인 원조로 사명이 완수되기를 바라며, 항상 건강과 현명이 각하께 떠나지 않기를 심축합니다."

(「각 정당 시국 대책 간담회, 하지에게 제출한 요구서 내용」, 『조선일보』 1946년 10월 25일)

1946. 10. 21.

끝내 평행선을 그린 좌익 합당

9월 4일 남로당 준비위 구성 이야기(9월 5일자 일기) 이후 달포 동안 좌익 합당 이야기를 다시 꺼내지 않았는데, 그 사이에도 계속 진행되어 왔다. 총파업, 소요 사태 같은 시국 상황과 좌우합작 같은 정치적 과제의 영향으로 진행이 더뎠을 뿐이다.

남로당 추진자들은 북로당의 지지를 발판으로 반대파 포섭을 시도했고, 반대파 일각에서도 타협을 모색하는 움직임이 있었다. 그러나 결국 박헌영 반대파(공산당 대회파 및 인민당과 신민당의 여운형, 백남운 지지 세력)는 다른 길을 찾아 사회노동당(사로당) 창당 추진에 나선다. 10월 15일 준비위를 결성하고 이튿날 기자회견을 열었다.

인민당(여운형), 신민당(백남운), 공산당(강진) 공동 명의로 합동 결정서와 함께 몇 가지 현안에 대한 성명서가 발표되었다. 원론적 내용의 합동 결정서보다도 구체적 현안을 논한 이 성명서에서 사로당 추진자들의 정치적 입장을 더 쉽게 알아볼 수 있다. 소요 사태에 관한 내용은 상식적인 것이므로 좌우합작과 입법기관에 관한 부분만 옮겨놓는다.

● 좌우합작에 대하여

여운형·김규식 양씨의 애국적 의도와 우리 민족의 주체적 입장에서 제기되어야 할 민주 역량의 집결체로서 소위 좌우합작은 우리가 열렬히 지지하는 바이다. 이러한 견지에서 볼 때 10월 7일 발표된 좌우합작 결과로 보아 우리 민족의 주체적 독자적 협동 협력보다도 오히려 다른 정치적 효과를 예측하고 그것을 견제하는 데에서 출발하였다는 것을 지적하지 않을 수 없고, 이 점을 우리는 동의할 수 없는 것이다. 그러므로 우리 3당은 소위 좌우합작을 우리 인민대중이 요구하는 민주적 통일전선으로 발전 전화시키기 위하여 우리 민주 진영이 인정할 수 있는 인물로서 구성하고 민주 협조의 현실적 보장인 민주적 책임 조직을 확립해야 할 것을 주장한다.

이러한 구성과 조직은 우리 조선 민주 건국과 인민의 기본권을 관철하기 위하여, 일체의 반동 세력과 투쟁하면서 민주적 요소의 광범한 포섭으로서, 반동 세력을 고립시키며 포위 공격하는 데에 우리 민족의 독자적 임무를 집중적으로 수행할 것을 주장하는 바이다.

● 입법기관에 대하여

현재 조선 민족의 당면한 최대 요구는 미소공위가 속개되어 민주주의 임시 통일 정부 수립을 촉진하는 데 있다. 이번에 발포된 입법기관 법령은 위에 말한 우리의 민족적 요청을 거세한 것이며, 인민의 의사와 인민적 기초 위에 서지 못한 일종의 군정 자문기관에 불과한 것이다. 그러므로 우리는 입법기관 설치보다는 다음의 기초적인 인민의 권리가 확립되어야 할 것을 주장한다.

1. 검거 투옥된 모든 민주주의 애국 운동자와 인민을 즉시 석방할 것.
2. 경찰 사법 행정 기구 내에서 친일파 민족반역자 및 일절 반동분자를 숙청할 것.
3. 언론·집회·결사·출판, 파업, 시위, 신앙의 자유를 절대 보장할 것.

4. 군정 자문기관인 민주의원을 즉시 해산할 것.

5. 일절 테러 행동을 금지하고 테러 단체를 해산할 것.

6. 지방자치체로 광범한 인민 조직의 활동을 보장할 것.

(「3당 합당 반대파, 좌우합작 · 입법기관 · 남조선 사태 등 문서 발표」, 『조선일보』 1946년 10월 17일)

좌우합작의 노력 자체는 존중하지만 10월 7일 '7원칙'의 형태로 얻은 성과에는 "다른 정치적 효과"가 개재된 점 때문에 승인할 수 없다는 것인데, 이것은 바로 입법기관을 가리키는 것이다. 여운형을 준비위원장으로 받들고 기자회견도 여운형의 입원 병실에서 열었으나 지금까지 진행되어온 좌우합작의 방향대로 따를 수 없다는 것이다.

이것이 사로당 추진 세력의 장점이기도 하고 단점이기도 했다. 여운형을 지도자로 앞장세우면서도 그가 정해주는 노선을 일률적으로 따르는 것이 아니라, 집단의 정체성 확립에 필요한 방향을 지도자에게 요구하는 것은 민주주의 원칙에 합당한 것이다. 실제로 여운형은 이 요구에 따라 입법기관 문제에 강경한 태도를 취한다.

그러나 구심점이 될 '권력'의 부재가 통합성에 한계를 가져왔다. 당시 상황에서는 심각한 문제였다. 사로당 추진 세력은 박헌영의 독재적 조직 방법에 저항하는 여러 집단이 모인 것인데, 그 정치 성향은 넓은 스펙트럼에 걸쳐 있었다. 자금과 조직력 없이 여운형의 명망과 합리적 노선 선택만으로는 결속력을 보장하기 어려웠다.

좌익의 합당은 결국 남로당과 사로당의 경쟁 양상이 되었는데, 이 경쟁의 초점은 북로당의 지지와 지원에 있었다. 북로당은 8월 말 창당에 임해 박헌영 일파를 지지하는 뜻을 발표했고, 며칠 후 남로당 준비위 결성은 이에 힘입은 것이었다.

그러나 9월 하순 여운형이 평양을 다녀온 뒤 좌우합작과 사로당 결성에 서슴없이 나선 것은 평양에서 북로당 요인들에게 상당한 양해를 얻은 것으로 보인다. 김두봉, 김일성 등 북로당 지도자들이 어느 정도 범위의 좌우합작을 지지하고, 박헌영의 지도력과 노선에 불신하는 뜻을 가졌다면 가능한 일이다. 사로당 준비위 결성 직후 공산당의 강진(姜進, 1905~?)과 신민당의 백남운이 평양에 간 것은 그런 뜻을 확인하기 위한 것으로 추측된다.

이 추측을 더욱 뒷받침해주는 것이 이들의 북행에 대한 박헌영 추종자들의 반응이다. 신민당 중앙위원회 명의로 10월 21일 나온 담화문은 백남운이 '당 중앙'의 지시에 불복하고 합당을 천연시키다가 평양으로 '소환'되었다고 했다. 이 담화문에서는 또한 허헌(許憲, 1885~1951)이 신민당 위원장에 취임했다고 주장했다.

> 남조선신민당(중앙간부파) 중앙위원회에서는 백남운의 평양 소환과 허헌의 위원장 취임에 대한 경위를 대략 다음과 같이 발표했다.
> "백남운은 소위 원만한 합당이라는 구실 하에서 합당을 천연 내지 불가능케 하는 것은 불가하다는 당본부의 지시를 불복하고 개인행동을 하며, 나아가서는 당을 분열시키는 행동을 하여 지난 9월 22일 권고사직을 시켰으나, 사로당을 만드는 데 참가하여 민주 진영을 분열하는 정치적 착오를 범한 것으로 말미암아 당 중앙에서 평양으로 소환되었다. 따라서 민족과 인민을 위하여 일생을 분투한 허헌에게 위원장으로 취임하기를 누차 교섭한 결과 승낙받게 된 것을 영광으로 생각한다."
> 남조선신민당 중앙간부파에서는 21일 동 당중앙위원회 명의로 기자단에게 다음과 같은 요지의 발표가 있었다. 위원장 백남운은 수일 전

평양으로 가게 되었다. 따라서 허헌에게 위원장 취임을 교섭한 결과 승인을 받았다. 그리고 이번 새로 위원장에 취임한 허헌은 기자단에 대하여 "종래 누차 교섭을 사퇴해왔으나 현하 중요 시기에 당 외에서 조력할 것만이 아니라고 느껴 이번 입당을 결의하고 책임을 맡게 되었다"는 의미의 담화를 발표했다.

(「신민당 중앙위원회, 백남운 평양 소환과 허헌 당수 취임 경위 발표」, 『조선일보』·『서울신문』 1946년 10월 22일)

김두봉을 중심으로 조선신민당을 만들면서 이남에 이에 호응하는 정당을 만든 것이 남조선신민당이고, 김두봉과 친분 있는 백남운이 이를 맡았던 것이다. 두 당은 별개의 정당이고, 두 당 지도부가 만난다면 '협의'를 위한 것이지, '소환'이 될 수는 없다. 박헌영 일파는 강진에 대해서도 '소환'이라고 했는데, 조선공산당 책임비서를 어디서 누가 소환한단 말인가? 북로당 지도부를 '당 중앙'으로 여기던 박헌영 일파의 사고방식을 보여준 일이다.

그리고 허헌이 신민당 위원장을 맡는다? 당 이외 인물을 위원장으로 영입하는 것이 안 되는 일은 아니지만, 위원장 자리가 비어 있어야 영입할 것 아닌가? 소위 중앙간부파가 '소환'이란 이름으로 백남운 위원장을 실격시켜버렸을 뿐, (남조선)신민당에서 백 위원장에게 어떤 조치를 취한 흔적은 없다. 즉각 반발이 나온 것은 당연한 일이다.

22일 신민당(대회소집파) 선전부에서는 당수 백남운 평양 소환설에 대하여 다음과 같이 발표했다.

"백남운의 북행은 몇몇 반당분자에 대한 사문위원회의 작성 서류와 사회노동당의 적극적 발표에 대하여 정치적으로 고려할 바 있어 현재 연락 중에 있는 것이므로 결코 소환된 것은 아니다."

(「신민당 선전부, 백남운 평양 소환과 허헌 당수 취임에 대해 발표」,

『조선일보』 1946년 10월 23일)

신민당 선전부장 허윤구는 22일 허헌의 입당설과 백 위원장 평양 소환설 등에 대하여 다음과 같이 말했다.

"허 씨 입당설과 백 위원장 평양 소환설 등등에 각종 모략과 허구 선전이 유포되고 있으나 첫째, 허헌이라는 당원은 우리 당에는 없고 따라서 위원장 취임 운운은 가소로운 일이다. 백 위원장은 전번 대표자 대회가 선정한 사문위원회에서 결정한 방대한 사문 서류와 15일에 결정한 합당, 즉 사회노동당의 영예로운 발전 등에 대하여 정치적으로 고려하는 바 있어 수일 전 북조선에 향발했다."

(「신민당 선전부, 백남운 평양 소환과 허헌 당수 취임에 대해 발표」,

『동아일보』 1946년 10월 23일)

북로당에서 명망의 김두봉이 위원장을 맡고 실력의 김일성이 부위원장을 맡은 것처럼, 이남의 합당도 명망의 여운형을 앞에, 실력의 박헌영을 뒤에 배치하는 것이 이북 지도자들이 권한 합당 구도였다. 그래서 남로당 준비위에서도 여운형을 준비위원장으로 모시지 않을 수 없었고, 그 결과 여운형의 이름은 사로당과 남로당 양쪽 준비위 위원장 자리에 함께 올라 있는 형편이었다.

그러나 여운형과 박헌영 사이는 김두봉과 김일성 사이만큼 어울려지지 못했다. 이 문제의 책임이 주로 박헌영에게 있었다고 나는 생각한다. 김두봉과 여운형 사이에 취향과 태도의 차이가 크지 않은 반면 김일성과 박헌영 사이의 차이가 크다고 보기 때문이다. 편견일지도

박헌영과 여운형. 좌우합작과 좌익 합당이라는 문제 앞에서 적과 동지를 뚜렷이 가르는 박헌영의 스타일은 반대파를 만들지 않을 수 없었고, 여운형은 박헌영의 반대파를 끌어안지 않을 수 없는 입장이었다.

모르지만, 지금까지 살펴본 행적에서 꽤 뚜렷하게 느껴지는 문제가 있다.

허헌을 신민당으로 보낸 것만 해도 그렇다. 남조선신민당은 세력이 큰 정당은 아니고, 이북의 조선신민당과의 관계 때문에 좌익 안에서 상당한 상징성을 가진 정당이었다. 세력이 큰 인민당도 프락치로 흔들어댄 것을 보면 신민당 뒤집어놓는 것은 일도 아니었을 것이다. 이제 허헌을 신민당 대표로 앉히는 것은 남로당 대표 자리를 원래 맡기려던 여운형을 대신하게 하려는 일이었다.

지난여름 이래 여운형은 좌우합작과 좌익 합당으로 바쁘게 움직였다. 이 시기 그의 판단과 행동에 대해 여러 가지 평가가 있을 수 있겠으나 여운형의 성실한 태도에는 의문의 여지가 없다고 나는 생각한다. 박헌영과의 불화는 그로서도 어쩔 수 없었던 일로 보인다. 적과 동지를 뚜렷이 가르는 박헌영의 스타일은 반대파를 만들지 않을 수 없었고, 여운형은 박헌영의 반대파를 끌어안지 않을 수 없는 입장이었다.

사로당과 남로당 양쪽의 준비위원장 명의를 함께 갖고 있던 여운형은 양측의 통합을 위해 끝까지 최선을 다했다. 그러나 남로당 측은 사로당 측의 무조건 해산과 개인 자격 합류 요구를 굽히지 않았다. 여운형은 11월 5일 예정되어 있던 사로당 임시중앙위원회에 불참함으로써 회의를 연기시키고 일주일 후 열린 회의에서 사로당 해산 제안을 내놓으면서까지 남로당 측을 회유하려 했으나 결국 역부족이었다.

솔로몬의 재판이 생각난다. 현명한 임금 솔로몬은 아이를 둘로 나누어서라도 제 몫을 가져야겠다는 어미가 가짜 어미라고 판결했다. 솔로몬이 65년 전의 조선에 있었다면 좌익을 쪼개서라도 제 몫을 챙겨야겠다는 박헌영을 가짜 지도자라고 판결했을까? 물론 적합하지 않은 비유다. 그러나 좌익 분열을 막기 위해 노심초사하던 여운형의 애달픈 모습 앞에 떠오른 생각이다.

1946. 10. 24.

해방 공간에서 기독교인들의 역할

오기영(吳基永, 1909~?)의 글을 몇 차례 소개한 일이 있다. 강만길 자서전 『역사가의 시간』(창비 2010, 464~469쪽)에 오기영에 관한 글이 있는데, 그중 오기영의 평론집 『민족의 비원』(1947) 서문에서 뽑아온 이런 대목이 있다.

> 내 아버지는 우익에 속하는 인물이요 내 아우는 좌익에 속해 있다. 나는 누구보다도 내 아버지이기 때문에 존경하며 내 아우이기 때문에 지극히 사랑한다. (…) 그러나 비통한 심정이거니와 나는 아버지의 가는 길이 모두 조국의 독립과 번영을 위하여 반드시 유일무이한 똑바른 길이 아닌 것을 알고 있다. 이 두 가지 길은 모두 조국의 독립에 통해 있기보다는 미국과 소련에 통해 있음을 간취할 때 (…) 너는 우도 아니요 좌도 아니요 대체 무엇이냐? 하는 질문도 많이 받았고 혹은 중간파라, 심하게는 기회주의자라는 비난도 받았다. 그러나 나는 나 자신을 하나의 자유주의자로 자처해본다.

결국 1949년 월북에 이르고 말지만 오기영의 글은 중간파의 입장을 한결같이 보여준다. 그가 보여주는 글 한 편을 통해 65년 전 상황을 본다. 『신천지』 1권 10호(1946년 11월)에 실렸던 글을 『진짜 무궁화』(성균관대학교출판부 2002, 170~175쪽)에서 옮겨놓은 것이다.

「구원(救援)의 도(道)」

한 젊은이가 있어 구원의 길을 물으매 "네 있는 것을 다 팔아서 가난한 자를 구하라" 한 이가 있다. 이 말이 전해 오기 이천 년에 이 거룩한 뜻을 신봉하는 자 억(億)으로써 헤일만 하고 조선에도 이 가르침을 받아들인 지 오십 년에 이미 신도는 오십만을 넘는다고 한다.

그리하여 방방곡곡에 예배당이 있고 주일마다 선남선녀들이 구름같이 모여서 "주의 뜻대로 하오리다" 하는 기도를 올리며 은혜를 감사하는 것이다. 그러나 누구나 종소리를 따라서 예배당에 가보는 자 거기 같은 하느님의 아들이요 딸이라 하는 교인들이로되 "나사로와 부자"의 구별이 철폐되지 아니한 것을 기이하다 하는 이가 별로 없는 것은 과연 기이한 일이다. (나사로와 부자: 『신약성서』 누가복음 16장 19~31절에 나오는 비유. 나사로는 부자의 식탁에서 떨어지는 부스러기로 주린 배를 채웠다. 그런데 부자와 나사로 모두 죽게 되자, 나사로는 천사의 인도로 아브라함의 품에 안겼고 부자는 고통스러운 지옥으로 끌려갔다.)

하기는 이 "나사로와 부자"의 구별이 어느 예배당에나 아직 한 번도 철폐된 적이 없었는지라, 보통이라 할 것이지 기이하다 하는 자 차라리 기이한 정신을 가진 사람일는지도 모르기는 하다. 그러나 네 있는 것을 다 팔아서 가난한 자를 구하라는 이 예수의 주장이야말로 빈곤을 나누고 고락을 함께하며 인류는 평등과 박애에 살라고 한 것이 아니겠느냐.

그런데 "주의 뜻대로 하오리다" 하는 신도들이 그 생활에 있어서 예로부터 지금까지 가난과 부자라는 엄연한 불평등을 가지고 있는 것은 웬일인가. 예수는 다시, 가난한 나사로는 천당에 오르고 부자는 지옥에 빠지는 무서운 경고를 보냈다. 그러나 이 경고에 가난한 자 위로를 받았으나 부자는 하등의 불안을 느낀 적이 없었다.

나사로의 동무들은 죽어 천당에 가서 생전의 부자를 가엾게 생각할 날을 믿고 생전의 빈궁에 자위를 얻었으나 부자는 우선 생전에 예배당을 잘 다니고 다른 좋은 일을 한 값으로 또한 천당을 가면 될 것이니 구태여 하도 많은 주(主)의 교훈 가운데 그 대목 하나만을 꼭 지키지 않은들 어떠랴 싶은 모양이다.

세상 사람이 드디어 이 진리의 교훈이 실천되지 아니하는 데 낙심하여 다른 진리를 발견하기에 이르렀다. 천당이 있고 없고 거기 가서 잘되고 못되고는 죽은 다음의 일이요, 우선 살아생전에 견딜 수 없는 빈궁에서 어떻게든지 벗어나 보려는 욕구에서 나온 것이다.

그리하여 새로 발견한 진리를 창도하고 그 실천에 노력하려는 사람들은 응당 많은 사람의 공명이 있었지마는 또 반면에 반대하는 이도 많아졌다.

이리하여 폭력으로써 혁명을 성공한 나라에 소련이 있다. 허나, 정치나 외교란 과연 기이한 것이어서 좀처럼 친할 수 없던 예수교의 나라 미국과 예수의 교훈이 실천되지 않는 것을 폭력에 호소한 소련과 친해지는 수가 생겼다.

파쇼의 일독이(日獨伊)가 천하를 집어삼키려는 통에 두 나라는 서로 굳게 손을 잡고 협조하지 않으면 안 될 처지인 것을 깨달은 때문이었다. 이 두 나라가 각기 자국의 휴척 앞에서는 선뜩 종래의 감정을 씻은 듯이 버리고 최대의 우의를 가지고 맹우로서 인류의 평화를 옹호하고 민주주의의 위대한 승리를 위하여 협조하였다.

그래서 그들은 이겼고 신성한 목적은 달성하였다. 천국에 있는 예수나 지하에 있는 카를 마르크스도 친애의 미소를 교환하였을 것이다.
이제 와서 유물론 유심론은 한 개의 철학적 사상이면 족해야 옳을 것이다. 예수와 카를 마르크스는 인류의 평등을 이상으로 하는 점에서 아무런 갈등도 있는 것이 아니다. 원래 예수도 부자가 천국에 가기는 낙타가 바늘구멍으로 나가려는 것보다 어려운 일이라고 했으니까 지상천국을 위해서도 부자의 욕심은 배제할 필요가 있다.
그런데 예수교 신도는 대개 공산주의라면 질색을 한다. 무슨 큰 원수나 만난 듯이 무시무시해하고 사랑할 생각을 아니한다.
그래서 또 "원수도 사랑하라"는 주님의 교훈을 위반한다. 공산주의가 별것이 아니라 그 부를 분배하라는 것인데 그다지도 싫어하는 것은 예수부터도 딱하게 여길 것이며, 도대체 예수를 정말로 믿는 것이 아닌 것 아니냐 의심스러운 일이다.
하기는 공산주의자도 예수교 신도를 좋아하지는 않는다. 그러나 그것도 우스운 일이, 예수교 신도라면 예수만 길이 믿으라 하면 그만일 것이다. 잘못 믿으니 부자와 나사로가 있지 잘만 믿으면야 빈부의 차별, 인류의 불평등은 해소될 것 아닌가.
하물며 오늘날 우리에게 민주주의 원칙 아래 신교의 자유가 있다. 얼마든지 믿어도 좋다. 다만 잘만 믿으라고, 그러면 죽어 천당이 있다 없다 하는 토론회는 성립할 가능성이 있으나 토지개혁, 중요 산업 국유화 등을 반대하려고 동포 간에 미워하거나 중상하며 싸울 일은 털끝만치도 없을 것이요 또 없어야 마땅하다.
좌우합작이 있은 지 여러 달에 드디어 7원칙의 발표를 보았다. 지금 그럴 듯한 원칙이라도 세목에 있어서 불만스러운 여지가 있기 쉽다고 예단할 수 있고, 또 현재 불만된 점이라도 장차 그 세목 시행 여하로는 이 불만을 보유할 수도 있을 것이매, 따라서 이 7원칙은 좌익의 5원칙이나 우익의 8원칙보다는 피차 허심탄회하면 합작할 수 있는 기초적 조건으로서 지지할 수 있는 것이라 할 것이다.

그런데 여기 손을 드는 편이 있다. 찬성의 거수가 아니라 반대의 거수다.

지금까지 땅은 다 국유가 가(可)라고 제법 토지국유론을 말하던 이들인데 그 몰수와 분여의 방법이 틀렸다고 반대하는 것이다. 이 당이 바로 지주당(地主黨)이라 그 심속이 무엇이라는 것은 이제는 얼마큼 알아지기는 하였다. 그러나 묻고 싶은 것은 염치가 있어야 하지 않느냐는 말이다.

하기는 대대손손이 토지를 독점한 채로 소작인을 호령해가면서 살아온 재미를 일조에 내버리기가 어려울 것이다. 애국이란 나라를 사랑한다는 말이거니와 이들도 말인즉 애국을 하자는 것인데 이제 알고 보니 인민이 다 같이 행복할 수 있는 나라를 사랑한다는 것이 아니라 그 전처럼 자기만이 부자로 살며 가난한 자를 호령할 수 있는 그런 나라를 사랑한다는 말이었다. 그러니까 결국 뱃속을 들여다보면 그들이 말하는 "나라"는 자기네만 잘사는 "나라"요, 자기네 집단보다 몇백 배 몇천 배 더 많은 소작인이 사는 나라는 안중에 없는 것이다.

이것이 합당한가? 때가 민주주의 시대라 하는데 민주주의는 다수인의 복리를 위하여 다수결에 복종하는 신사도라고 알고 있다. 그런데 불과 십만 명 내외의 지주를 위하여 이천만 이상이 그대로 불행하자는 민주주의란 어느 천당이나 지옥에나 있을 리가 만무다.

물론 이런 염치없는 지주당과 예수교와는 아무 관련도 없다. 그러나 이미 지적한 바와 같이 예수교 신도들이 주님의 교훈을 잘 지키지 않은 증거로 아직 빈부의 차별과 인류의 불평등이 그대로 존속되어 있기 때문에 이것을 합법적으로 온건하게 다수인의 의사에 의하여 다수인의 행복을 위해서 새 나라의 기초 조건으로 토지개혁, 중요 산업 국유화 등을 주창하게 되어 있으니 이 기회를 놓치지 말고 예수를 믿는 이는 다시 한 번 잘 믿어볼 생각을 해주기를 실로 진실로 간절히 바라는 것이다.

그리하여 모두 주님의 은혜 가운데 지주당까지도 감화를 시키고 삼천만이 모두 잘살 수 있는 나라를 세워볼 것이지, 공연히 좌익을 덮어놓고 미워만 하려들고 상대를 아니하려 드는 것은 옳지 못하다. 이런 사람들은 대문 앞에 앉아 있는 불쌍한 나사로를 불쌍히 여길 줄 모르던 부자와 다를 것이 없으니 그들은 죽어 천당에 가기는커녕 살아 지상천국을 건설하는 데도 방해스러운 사람들이다.

우리는 지금 대문 앞은커녕 대문 안에 나사로가 팔할 이상이고 제법 부자 축에 들 사람은 일할도 될락 말락 한 것을 생각하는 동시에 이 팔할 이상의 나사로와 더불어 지상천국을 건설할 역사적 임무를 걸머지고 있다.

다시 한 번 모두 다 골방 안에 들어가서 조용히 기도를 하십시다. 삼천만이 골고루 은혜를 받도록.

"이런 염치없는 지주당과 예수교와는 아무 관련도 없"는 것이 물론이라고 했다. 정말 아무 관련도 없다고 오기영이 생각했을까? 그렇지는 않은 것 같다. 예수의 가르침을 제대로 믿지 못하는 예수교도 문제를 한민당의 좌우합작 7원칙 반대와 나란히 놓고 이야기하는 데 아무 뜻도 없을 수 있겠는가.

그러나 종교와 관계된 문제를 명확하게 규정하지 못하면서 꺼낸다는 것이 부담스러웠을 것이다. 이것은 누구나 마찬가지다. 특정 종교를 종교 외적 문제와 관련시키는 논평은 예민한 반응을 불러일으킬 수 있기 때문이다. 오기영은 해방 공간에서 기독교 집단의 역할에 문제의식을 느끼면서도 직설적 표현을 자제하지 않을 수 없었던 것으로 보인다.

미군정의 조선인 접촉에서 기독교도들이 유리한 입장이었다는 것은 자연스러운 일이다. 그리고 기독교도들은 종교 정체성을 갖고 있다는 점에서 민족 정체성만 가진 일반 조선인과 민족문제에 대한 태도에서 다른 경향을 보일 개연성이 있었다. 따라서 기독교도 집단의 움직임에서는 미군정기만이 아니라 대한민국에 들어와서도 특별한 의미를 찾을 여지가 있다.

그런데 지금까지 내가 조사한 연구물 가운데 기독교회의 정치적 역할을 다룬 것이 많지 않다는 사실은 역시 종교 집단의 예민한 반응 가능성 때문에 억제된 결과일 수도 있다. 각별히 유의해서 살필 점이다. 김상태의 서울대 박사 학위 논문 「근현대 평안도 출신 사회 지도자 연구」(118~119쪽)에서 실마리를 찾아본다.

> 요컨대 미 군정청의 한국인 관료층은 통설과 같이 한민당계 인사들이 아니었다. 총독부 관료 출신을 제외한 다수의 외부 충원 인사들은 연희전문 인맥, 공주 영명학교 인맥, 윤치호계, 평안도 홍사단계 등 기독교계의 미국 유학 출신 지식인층이었다. 그중에서도 가장 중심을 이룬 세력은 평안도 홍사단계 인사들이었다. 미군정의 입장에서 볼 때 그들은 한국 사회에서 거의 유일하게 미국의 정서와 이념을 체득한 사람들이었다. 그들은 미국에서 공부를 하였으므로 영어에 능통하였고 박사·석사 학위 소유자로서 해당 분야에 대한 전문적인 식견을 갖추고 있었을 뿐만 아니라 미국적 생활 습관과 가치관에 익숙해 있었다. 그들은 또 일제 시기에 미국인 선교사들에 의해 기독교 신자

가 되었을 뿐만 아니라 일제 말기 신사참배 및 한국기독교회 일본화 국면에서 서울·경기 지역에 비해 '정통성'을 갖추고 있었다. 더욱이 그들은 소군정 치하의 북한에서 월남해옴으로써 철저한 반공 성향의 인사들이라는 점을 입증했다. 이로써 평안도 출신의 기독교계 엘리트들은 미 군정청의 충실한 보조 세력으로 자리 잡을 수 있었다.

1946. 10. 26.

입법의원 엉터리 선거의 최대 수혜자는 박헌영

'입법기관'이란 말이 처음 대중에게 알려진 것은 1946년 6월 29일 러치 군정장관이 하지 사령관에게 보낸 편지를 군정청 공보부에서 공개하면서였다(『서울신문』 1946년 7월 2일). '입법기관' 또는 '입법 기구'란 이름으로 논의되던 이 기구가 8월 24일 군정청 법령 제118호로 발포된 "조선과도입법의원"(입법의원)으로 모습을 나타내고, 10월 하순 선거를 치른 뒤 12월 20일 개원하기에 이른다.

6월 29일 공개된 편지에서 러치는 각 지방에서 선거로 뽑은 대표(민선의원)와 중요한 정당을 대표하는 자들(관선의원)로 구성하는 조선 민중을 대표하여 발언할 기구를 제안했다. 그리고 이 기구는 독립된 정권이 아니라 조선인을 대표하여 행정에 참여함으로써 군정장관의 직무 수행을 돕는 것이므로 남조선 단독정부가 아닐 것이라고 강조했다.

러치의 편지 공개 며칠 후 민전에서 반대 의견이 나왔지만 적극적 반대는 아니었다. 의장단 정례 기자회견에서 질문이 있자, "제안의 주지와 성의에는 감사하나 정치적으로 지금 이러한 기관을 설치할 시기가 아니"라고 답변한 것이다(『서울신문』 1946년 7월 5일).

하지는 7월 9일 러치의 제안을 받아들인다는 공개성명을 발표했다. 그러나 이에 대해서도 조선 정치인들은 큰 반응을 보이지 않았다. 이튿날 민전 의장단 정례 기자회견에서도 일주일 전과 같은 뜻의 대답을 하고, 입법 기구가 좌우합작과 별개의 일이라는 점만 강조했다(『동아일보』 1946년 7월 10일, 『서울신문』 1946년 7월 5일).

8월 24일 법령 제118호 발포까지 입법 기구에 대한 두드러진 논의가 없었다. 이 법령은 (1) 목적 (2) 입법기관의 목적 (3) 설치 (4) 봉급 (5) 조선과도입법의원의 직무 및 권한 (6) 정원 수, 의원 발언의 면책특권 (7) 의원 자격 (8) 의원의 선거 방법 (9) 임기 (10) 의장 (11) 군정청의 권한 (12) 시행 기일 등 12개조로 구성되었다. 90명으로 구성하며 그 절반을 민선으로 한다고 한 것(제3조)과 "일반 복리에 이해에 관계되는 사항 및 군정장관이 의탁한 사항에 관하여 법령을 판정함이 동 의원의 직무임", 그리고 "동 의원에서 제정한 법령은 군정장관이 동의하여 합법적으로 서명날인하고 관보에 공포하는 때" 법률의 효력이 있다고 한 데(제5조) 이 기구의 기본 성격이 나타나 있다.

제7조에는 "일제하에 중추원 참의, 도회 의원, 또는 부회 의원의 지위에 있는 자, 또는 칙임관 이상의 지위에 있던 자"는 자격이 없다고 했는데, "칙임관 이상"은 지위가 너무 높아 실효성 없는 기준이었다. 후에 군정청에서는 번역의 착오였다고 변명했다. 그리고 제8조에서는 리정(里町)·면읍구(面邑區)·시군(市郡)·도(道)의 4단계로, 각 단계에서 두 명씩 대표를 올려 보내는 간접선거를 규정했다. 관선의원의 선출 방법은 규정되지 않았다.

법령 제118호가 나올 무렵까지는 미군정이 좌우합작을 지원하는 큰 이유가 입법 기구 설치에 있다는 사실이 널리 알려져 있었다. 7월 하순 합작위원회의 구성 때까지 합작에 열의를 보이던 허헌이 합작위원회에서 자취를 감추고 민전에서 합작을 실질적으로 반대하는 5원칙을 내놓은 것은 박헌영 일파가 입법 기구에 대한 미군정의 의도를 파악했기 때문이었던 것으로 보인다.

정용욱은 이것을 공산당이 "미군정의 의도와 좌우합작 운동 자체의 의의를 분리하여 이해하지 못하고 이를 함께 부인하는 오류"였다고 봤는데(『존 하지와 미군 점령통치 3년』, 중심 2003, 151쪽), 합작 운동의 동력이 미군정에서 나오고 있던 상황을 감안하면 분리해서 이해할 수 있는 폭이 좁은 것도 사실이었다. 실제로 좌우합작과 입법 기구에 대한 미군정의 의도가 강경 좌파를 배제하고 온건 좌파를 끌어들여 온건 우파 중심으로 정계를 개편하는 데 있었다고 정용욱 자신도 파악한 만큼 공산당의 정세 파악은 정확한 것이었다고 봐야 하지 않을까.

여운형은 좌익의 일부만이 합작에 끌려 들어가는 사태를 피하려고 극구 노력했다. 이남의 좌우합작에 그치지 않고 남북을 아우른 대합작을 바라보려면 공산당의 참여가 꼭 필요하다고 생각했고, 공산당이 빠질 경우 우익 잔치판에 들러리 서는 꼴이 될 위험도 꺼렸다. 그러나 8월 들어 좌익 합당을 둘러싸고 박헌영과의 대립이 극한으로 달려 인민당까지 흔들리는 지경에 이르러서는 박헌영 일파의 참여를 포기하고 좌우합작에 임하게 되었다.

한민당과 이승만 세력이 미군정과 밀착되어 있고 조병옥, 장택상 등 극우파가 경찰을 장악하고 있는 상황에서 선거, 그것도 간접선거가 공정하게 치러진다는 것은 불가능한 일이었다. 실제로 10월 하순에 강행된 입법의원 선거에서는 좌익은커녕 중간파도 설 땅이 없었다. 좌우합작의 여건을 미군정에 의지하고 있던 중간파는 선거를 최대한 공정하게 치를 수 있도록 하는 군정청의 조치를 전제로 입법 기구 설치에 협조할 뜻을 7원칙과 함께 발표했다. 여운형도 좌익을 대표해서 여기에 동의했다.

그런데 미군정은 합작위원회의 협조 의사가 나오자 기다렸다는 듯이 입법의원 설치에 달려들면서 정치범 석방 등 요구받은 전제 조건은 돌아보지도 않았다. 10월 7일 합작위원회의 7원칙 발표에 이어 이튿날 하지가 입법 기구에 치중한 특별 성명을 발표하자, 7원칙과 입법 기구 두 가지 사안에 대한 각계 의견이 쏟아져 나왔다. 정용욱은 각계 의견을 이렇게 정리했다.

> 각 정치 세력의 합작 7원칙에 대한 반응은 제각각이었다. 조선공산당은 합작 7원칙을 전면 거부하였는데, 특히 입법의원 설치가 단정 수립을 위한 조치라는 것을 집중적으로 비판했다. 우익의 반응은 다양했다. 한민당은 토지개혁 조항에 대해 격렬하게 반대하였으며, 이승만은 합작 7원칙에 거리감을 표시했다. 그러나 한민당과 이승만은 과도입법 기구 설치에는 모두 찬성한다는 입장이었다. 김구는 합작 7원칙이 발표되자마자 이것에 찬성을 표하였고, 한독당은 과도입법의원에 대해서 그 권한을 대폭 강화하는 4개 항의 설립 전제 조건을 제시했다. 또 민주의원은 일부 내부적 반발이 있었으나 전체적으로 지지를 표했고, 비상국민회의는 조소앙, 유림의 반대로 합작 7원칙을 거부했다. (『존 하지와 미군 점령통치 3년』, 157~158쪽)

10월 8일에서 15일 사이에 나온 반응이 이랬다. 그런데 10월 중순을 지나며 대구에서 시작된 소요 사태가 가라앉기는커녕 확산 기미를 보이자 입법의원 선거를 연기하자는 주장이 힘을 얻기 시작했다. 10월 22일자 『조선일보』에는 사회민주당(사민당)의 선거 연기 주장과 함께 민중의 인식 부족, 관청 간의 연락 부족, 소요 사태 등을 이유로 선거 연기를 바라보는 기사가 함께 실렸다.

과반 발표된 과도입법의원 의원 민선에 관하여 21일 사회민주당에서는 좌기 3개조의 이유를 들어 기일 연기를 요청하는 담화를 발표했다. 즉, 동당으로서는 좌우 각 정당을 기조로 한 합작위원회의 추진에 의한 관선 또는 민주적 민선이 현실적으로 가능할 때까지 기일을 연기하자고 누차 당국에 건의해왔던 바라고 한다.

1. 선거 수단 방법에서의 의식적인 편파성 비민주성.
2. 좌우합작위원회에서 제시한 선거의 선결 조건인 애국적 정치인의 석방은 고사하고 이번 민요에 의한 진보 진영 중 다수의 수감.
3. 남조선 전반에 파급한 민중 봉기에 인한 질서 파괴와 민심의 불안.

(「사회민주당, 입법의원 대의원 선거 연기 요청 담화 발표」, 『조선일보』 1946년 10월 22일)

조선과도입법의원에 대의원을 보내려는 선거는 지금 남조선 각 도·시·읍에서 진행되고 있는데, 일반 민중의 입법기관에 대한 인식이 부족한 점과 아울러 중앙과 지방 관청 간의 연락이 불충분한 까닭으로 선거 사무는 그 진행이 매우 늦어지는 형편에 있어, 오는 십일월 초순 중 개원하려던 예정은 부득이 연기되지 않을 수 없으리라는 관측은 군정청 수뇌부에서도 가지고 있다. 지방 출장에서 돌아온 군정청 모 책임자의 말을 들어보면 지금 어떤 지방에서는 입법기관에 대한 인식이 전혀 없을뿐더러 이에 대한 주지 철저 방법도 투철치 못하여 민중은 전혀 선거에 대한 관심이 없다 한다. 한편 지방 말단 관청에 보낸 군정청의 법령 지시 등도 간신히 요새 도착한 데도 있다고 하며, 영남 일대를 중심으로 민요 사건의 수습은 아직 더 시일을 요할 것이므로, 이런 지방 선거란 지금 곧 기대할 수 없는 사정도 있어 입법원의 민간 선거 그것부터가 원체 늦어지지 않을 수 없으리라는

> 것이다. 따라서 입법원의 개원도 훨씬 늦어지지 않을 수 없을 것으로 관측된다.
>
> (「입법의원 개원이 민중의 인식 부족과 선거 사무 지연으로 연기 전망」, 『조선일보』 1946년 10월 22일)

사민당은 1946년 5월 10일을 전후해 여운형의 동생 여운홍(呂運弘, 1891~1973)을 비롯한 인민당 일부가 빠져나와 8월 초에 결성한 정당이다. 서중석은 『한국현대민족운동연구』(497쪽)에서 "여운홍의 인민당 이탈은 미군정이 벌인 좌익 분열 공작의 또 하나의 산물"이며, "미군정의 공작은 여운홍 등 부동하는 세력을 인민당에서 탈당시키는 정도의 성과밖에 올리지 못했다"고 해석했다.

그런데 사민당의 입법의원 선거 연기 요구는 여운형의 의중과 일치하는 것으로 보인다. 그래서 『비록 조선민주주의인민공화국』(248쪽)에 실린 서용규(가명)의 증언을 보며 사민당이 인민당에서 떨어져 나온 의미를 다시 생각해보게 된다.

> "상무위원회에서 이남에서 올라온 각종 정보를 종합해서 집중 분석한 결과, 미군정이 여운형을 포섭하기 위해 공작하고 있다는 결론을 내렸습니다. 몽양의 동생 여운홍의 움직임이 이상했기 때문입니다. 여운홍은 당시 사회민주당을 만들었습니다. 여운홍이 형이 만든 인민당에 있다가 나와서 당을 새로 만들었는데 아무래도 이상하다는 생각들을 가졌습니다.
>
> 상무위원회는 '미군정이 인민당을 해체시킨 뒤 여운형을 동생의 당으로 가도록 만들려는 계산이 깔려 있다'고 봤습니다. 그런 분석이 가능했던 것은 고급 정치 공작원인 성시백을 통해 들어온 정보 때문

이었습니다."

여운홍이 여운형의 양해 아래 사민당을 따로 만들었다는 것이다. 지난 5월 여운홍의 이탈 소식을 접했을 때는 그런 쪽으로 생각되지 않았다. 그런데 그 후 몇 달 동안 인민당에서 벌어진 일과 사민당의 행보를 보며 다시 생각해보게 된다.

인민당은 개방적 대중정당이었고, 따라서 당세를 키우기 쉬운 강점과 통합성이 취약하다는 약점이 함께 있었다. 그 약점이 8월에 박헌영 추종 세력의 움직임으로 당이 통째로 흔들리는 사태에서 드러났다. 이질적 요소들을 적극 끌어들여 융화시키는 민주적 정당으로서 인민당의 존재 의미가 있었지만 정치 세력으로서 현실적 경쟁력에 한계가 있었다. 작지만 단결력 있는 별도의 세력 거점으로서 여운형도 사민당을 필요로 했던 것이 아닐지…….

좌익 통합이 박헌영 일파의 독단으로 파국을 맞았을 때 박헌영 반대파가 여운형을 중심으로 결집하여 사로당을 추진했지만, 그들이 받든 것은 여운형의 명망이었지 그의 지도력이 아니었다. 사로당은 인민당보다도 더 넓은 스펙트럼에 걸친 이질적 요소들을 기반으로 한 움직임이었다. 여운형에게는 자기 생각대로 사로당을 끌고 갈 여지가 별로 없었고, 다양한 요소들로부터 공통분모를 이끌어내는 것이 그의 과제였다.

10월 16일 사로당 준비위의 성명 "입법기관에 대하여"(10월 10일자 일기 참조)는 입법기관을 "인민의 의사와 인민적 기초 위에 서지 못한 일종의 군정 자문기관에 불과한 것"으로 규정했다. 여운형 본인의 생각은 그렇게까지 부정적인 것은 아니었다. 공정한 선거가 불가능한 현실을 감안해서 관선의원을 절반 넣도록 하고 그 인선을 합작위원회가 말도록 한 것이므로, 완벽한 선거가 못 되더라도 용인할 생각이었을 것이다. 너무 어지러운 시기에 너무 서둘러 시행하지 않기를 바라는 사민당의 선거 연기 요구가 그의 의중에 가까웠을 것이다.

이남 좌익이 남로당과 사로당으로 갈라져 맞서는 상황에서 북로당이 칼자루를 쥔 셈이었다. 9월 하순 평양 방문에서 돌아온 여운형은 좌우합작에 대해 이북 지도자들로부터 상당한 양해를 얻은 것처럼 행동했다. 그러나 양해를 얻었더라도 입법기관 문제에 대해서는 까다로운 주문이 따랐을 것이 분명하다. 여운형 자신도 입법기관은 좌우합작을 성사시키기 위한 '대가'로 생각한 것인데, 그 대가가 너무 크면 안 된다는 점은 북로당 지도부만이 아니라 모든 조선 좌익의 공통된 요구였을 것이다.

그런데 미군정은 무식하게 선거를 밀어붙였다. 조금이라도 내실을 기하려는 노력이 일체 없었다. 여운형의 입장을 살려줄 최소한의 공정성이라도 확보하려는 김규식 등 우익 합작위원들의 노력도 군정청은 무시하고 말았다. 11월 중순 북로당이 사로당을 맹비난하며 남로당의 손을 들어주는 데 입법의원 선거가 결정적 요인이었다고 나는 생각한다. 미군정은 박헌영을 핍박하는 것 같으면서도 실제로는 박헌영을 도와준 일이 많았다.

1946. 10. 31.

해방 공간 속의 청년 김대중

1946년 11월 1일자 『조선일보』에 조그만 기사 하나가 실렸다.

> 목포에서 폭동이 일어나서 1일 광주로부터 무장 경관 50명이 파견되었다 한다. 한편 경찰서도 점령을 당하였다는 설이 있으나 상세한 것은 알 수 없다.

10월 31일의 이 사건과 관련된 김대중(金大中, 1924~2009)의 회고가 있다.

> 목포에서도 파출소가 습격당한 사건이 발생했다. 그런데 엉뚱하게 내가 그 화를 입었다. 사건이 났을 때 나는 처가에 있었다. 만삭인 아내가 해산을 하려고 친정에 머물렀기 때문이다. 그날 우리는 딸을 낳았다. 하늘의 귀한 선물이었다. 나도 아내도 무척 기뻤다. 그런데 다음 날 아침, 우익 단체 사람들이 들이닥쳐 그들의 아지트 같은 곳으로 나를 끌고 갔다. 영문도 모르고 끌려간 나에게 그들은 다짜고짜 파출소 습격 주모자라며 겁박을 했다. (…)
> 나는 무참히 두들겨 맞았다. 멍 자국이 전신에 구렁이를 감아놓은 듯

> 했다. 없던 일을 자백하라니 미칠 일이었다. 그날은 처갓집에 있었기 에 처가 식구들이 다 알고, 산파도 증언할 수 있음을 누누이 설명했지만 돌아오는 것은 매질뿐이었다. 그렇게 사나흘 동안 매타작을 당하다 경찰서로 넘겨졌다. 그러자 장인이 경찰서로 찾아왔다. 장인은 피투성이가 된 채 구석에 처박혀 있는 사위의 몰골을 보고는 펄펄 뛰었다. 장인이 고함을 질렀다. "내 집에서, 내 눈앞에 앉아 있었는데 무슨 짓들이오? 이럴 수 있는 거요?"
>
> 그러자 경찰들도 어쩔 수 없었는지 풀어주었다. 그러면서 그들은 내게 앞으로 처신 잘하라고 훈계를 했다. 데려다 죽도록 두들겨 패고는 미안하다는 말 한마디 없이 풀어주면서 또 으박질렀다. 하기야 그때는 기가 막힌 세상이었다. 재판도 없이 아무나 그냥 끌고 가서 아무 데서나 죽였다. 죽은 자들만 불쌍했다. (김대중, 『김대중 자서전 1』, 삼인 2010, 63~64쪽)

1924년생인 김대중의 22세 때 일이었다. 혈기 방장한 나이에 해방을 맞은 김대중은 그때 이미 정치에 뜻이 있어서 조선신민당에 입당했다고 한다. 신민당이 좌우합작 노선을 분명히 밝혔기 때문이라고 한다. 1946년 상반기의 일로 생각된다. 그런데 오래지 않아 신민당을 떠난 것은 당내의 공산주의자들과 어울릴 수 없었기 때문이라고 한다.

> 어느 날, 당원들과 세상 돌아가는 이야기를 하고 있었다. 거기에는 물론 공산주의 성향의 사람들도 섞여 있었다. 당시에는 "공산주의자들은 소련을 우리 조국이라고, 적기를 우리 국기라고 한다"는 이야기가 사람들 입에 오르내렸다. 그러나 나는 그걸 믿지 않았다. 그래서 거리낌 없이 호통을 쳤다.
>
> "어떤 놈들이든 소련을 조국이라고 하고, 붉은 깃발을 우리 깃발이라

고 하는 놈은 때려죽여야 한다."

지금 생각해도 좀 격한 말이었다. 그랬더니 그들은 나를 노려보고 욕을 해대기 시작했다. 공산주의 성향의 당원들은 "해방의 은인한테 그럴 수 있느냐"고 거품을 물었다. 나는 다시 큰 소리로 반박했다.

"은인은 은인이고 민족은 민족이지 않은가. 그렇게 말한 것이 무엇이 나쁘단 말인가."

나는 그렇게 내뱉고 자리를 박차고 일어났다. (같은 책, 62쪽)

좌익 경력 시비에 오랫동안 시달린 사람이었기 때문에 공산주의와 선을 그은 일이 회고 중에서도 강조된 것으로 보인다. 파출소 습격 사건 때 그를 빼내준 장인 차보륜은 인쇄소를 소유한 재력가로 한민당 목포지부 부지부장이었다고 한다. 그 정도 신분이라면 사위가 실제로 자기 집에 있지 않았더라도 "내 눈앞에 앉아 있었다"고 큰소리치며 빼내줄 수 있었을 것이다.

장인의 보호를 받으면서 김대중도 지역사회에서 우익 인사로 인식되었기 때문에 몇 년 후 전쟁 때는 인민위원회에 연행되어 죽을 고비를 넘기기도 했을 것이다. 그가 연행되었을 때 혐의는 '밀고'였다.

목포경찰서에서 인민군 정치보위부 장교의 취조를 받았다. 그는 인근 산악 지역에서 게릴라전으로 유명한 산사람 출신 김성수였다. 그는 대뜸 "우리 동지들을 몇 명이나 밀고했냐"고 물었다. 그런 일 없다고 대답하자 내 빰을 때렸다.

"우리는 네가 우리 애국자를 밀고할까봐 얼마나 신경 쓴 줄 아냐? 그런데도 아직 바른말을 안 하는 걸 보니 반성을 안 했구먼. 당장 가둬버려!"

나는 목포형무소로 보내졌다. 그곳에서는 더 이상 심문 같은 것은 하지 않았다. 그냥 버려두다시피 했다. 그들은 나를 조사가 필요 없는 악질 반동으로 여기는 듯했다. 다른 사람에게는 자기네에게 협력할 의향이 있느냐, 의용군에 갈 생각이 있느냐고 물었지만 내게는 접근조차 하지 않았다. (같은 책, 76~77쪽)

밀고를 추궁했다는 것은 좌익 내부 사정을 알고 있으리라고 추정했다는 것이다. 김대중의 회고 중에도 그런 추정을 할 만한 근거를 찾아볼 수 있다. 앞서 말한 것처럼 김대중은 좌익 정당인 신민당에 가입한 일이 있을 뿐 아니라 건준에 가입하고 조선인민공화국 선포 후에도 인민위원회에서 계속 활동했다.

목포지부는 처음 이남규 목사를 중심으로 조직했지만 곧 공산주의자들이 점차 조직을 장악해나갔다. 공산주의자들은 일제시대 독립 투쟁을 주도적으로 전개했고, 투옥된 애국지사들 중 상당수가 공산주의 사상에 심취해 있었던 만큼 해방 공간에서 그들의 입지는 넓었다. 당시 청년층 대부분은 공산주의에 별다른 거부감이 없었고, 일부에서는 일제시대 때 공산주의자들이 독립운동을 하였다고 하여 호감을 나타내는 경향도 있었다.

나 또한 공산당에 특별한 거부감은 가지고 있지 않았다. 솔직히 일제라는 암흑시대를 겪고 난 후 나는 민주주의가 무엇인지, 공산주의가 무엇인지 잘 알지 못했다. 오직 새 나라에 대한 희망과 내 나라에 대한 열정으로 건준에 참여했다. 나는 목포지부의 선전부 과장을 맡아 기쁘게 일했다. 조국 재건에 청춘을 바친다는 것은 생각만 해도 벅찬 일이었다. 이보다 보람찬 일이 어디 있단 말인가.

(…) 얼마 후 조선인민공화국이 선포되고 나자 건준은 인민위원회로

> 바뀌었고, 목포지부도 인민위원회 목포지부가 되었다. 이남규 목사는 순수한 뜻이 훼손되었다며 조직에서 탈퇴했다. 나는 그대로 남아 있었다. 격문을 쓰고 벽보와 전단지를 제작하거나 신문 발표용 보도문을 작성했다. (같은 책, 59~60쪽)

인민위원회 일을 언제 그만뒀는지는 밝혀져 있지 않다. 아마 파출소 습격 사건으로 체포당할 때 그만둔 것이 아닐까 생각된다. 그때까지 인민위원회 일을 하고 있었기 때문에 가담 혐의를 받았을 것이다. 그리고 그 일을 계기로 우익 유력 인사인 장인의 보호 아래 들어갔기 때문에 몇 해 후에는 인민위원회 내부 사정을 우익 쪽으로 누설한 것이 아닌지 좌익 쪽으로부터 혐의를 받았던 것이다.

김대중은 30세 때 국회의원 출마를 기점으로 평생 직업 정치인으로 활동하며 한국 정치계에서 중요한 역할을 맡았던 까닭에 그의 정치사상은 밝혀질 만큼 밝혀져 왔다. 굳이 자신의 회고가 아니더라도 청년기의 그가 어떤 정치적 성향이었을지는 대충 짐작할 만한 일이다.

해방 직후의 조선에서 공산주의를 신봉하지 않는 청년이라도 민족의 장래에 대한 희망을 좌익 방면에서 찾는 것은 자연스러운 일이었다. 그런데 좌우 대립의 심화에 따라 중도적 입장의 막연한 희망은 설 땅을 잃게 되었다. 1946년 10월 대구에서 시작된 전국적 소요 사태는 대립 격화의 큰 분수령이었다.

『위키백과』에는 "1947년, 김대중은 장인의 권고에 따라 한민당 목포지부에 입당하여 시 당 상무위원으로 선출된다"라는 대목이 있다. 자서전에는 없는 내용이다. 근거는 확인하지 못했지만 그럴싸한 일로 생각된다. 1946년 10월 이후 남조선에서는 정치에 의지를 가진 청년이라도 희망이 아닌 필요에 따라 정당을 선택해야 할 상황이었으니까.

좌우합작 원칙 타결과 입법의원 설치

인터뷰 대신 『한성일보』 1946년 10월 10~13일자 기명 논설을 살펴본다.

「합작과 건국 노선」

만인의 대망 중에 퍽은 오래 끌던 좌우합작이 필경 성취되었다. 합작을 갓 시작한 이래 벌써 반년 가까운 시일이다. 반년 걸려 간신히 나온 것이 합작 7원칙이요, 이에 부수하여 입법기관이 성립하려 하고 있다. 시작이 반이라고 하거니와, 지금까지가 합작 준비이었던 데 비하여, 지금부터가 합작의 시작이다.
작금의 조선은 동란 상태에 들어 있다. 미소공위가 무기 정지되고, 대망의 임시정부가 진작 성립되지 아니하면 조선에는 동란이 일어날 것이라고 하였더니, 불행 그 서곡은 벌써 일어났다. 좌우합작 이념에 의한 시급한 인심의 수습이 아니고서는 멀지 않아 제2의 동학란이 일어날 것이라고 경고하였더니, 그 서곡이 벌써 전주(前奏)되었다. 철도 총파업과 그 뒤를 이어 생겨난 경남북을 주로 한 농민 소동은 적지 않은 유혈 참극을 나타내었다. 심대한 불상사이다. 동족상잔의 유혈 참극은 가슴을 쳐서 통탄할 일이다.

오인(吾人)은, 미국이 연합 4국 중에도 우리의 해방에 가장 거대한 구실을 한 주도 역량의 소모자인 것을 잘 인식한다. 또는 미국이 아무런 제국주의적 야심 없이 우리의 완전 해방과 자주독립 완성을 원조키에 진력하고 있는 것을 신뢰한다. 그러므로 만심(滿心) 미군정에 협력하는 터이다.

그러나 8 · 15 이후 거의 15개월에 임시정부는 언제나 성립되고 자주독립은 언제나 실현되는 것인지, 해방을 갈망하고 독립에 광희(狂喜)하였던 기대가 너무나 어그러지고, 민생의 곤란은 하루면 하루가 심하게 곤경에 빠져들어 가니, 일반적 실망이 컸었고, 군정청의 인사행정이, 한편에서는 '숫나기' 생원님네로 실제를 모르는 이들과, 또 한편에서는 일제시대 이래 이른바 친일파 민족 패류에 속한 부대가 대량으로 잉용(仍用)되어, 평소의 대중의 불신과 증오조차 받고 있던 그들이 의연히 지배와 억압의 손을 들고 나오게 되어 불평불만에 싸이어 몰려오는데, 미곡 정책의 과오와 미가의 폭등에 인한 생활난으로 인심이 반항을 원하는 즈음 거기에 부채질하고 불붙이는 자 있으니 그만한 불상 사태가 발발한 것은 거의 필연의 일이다.

오인은 동포애와 조국애의 정열에서 대중의 불평불만을 순당(順當)하게 해결케 하여, 민생 문제가 하루빨리 안정을 지향하게 하고, 건국 공작이 활발 추진되어 임시정부를 조속 성립시켜야 할 일이다. 이때에 있어 합작의 성취는 귀에 번쩍 반가운 일이다. 합작을 견고히 하여 후속 부대가 자꾸 따라오고 입법기관을 잘 활용하여 군정의 철폐와 임시정부 건립을 그 실천 공작에서 걸음걸음 전진시켜야만, 민생 문제도 현실적으로 건설의 계층을 올라가게 될 것이다.

합작 원칙은 그 서문에서 "본 위원회의 목적(민주주의 임시정부를 수립하여 조국의 완전 독립을 촉성할 것)을 달성하기 위하여" 기본 원칙을 의정하게 되었다. 그는 무엇보다도 현하에 있어 임시정부가 "수립될 수 있는" 방법을 안출 및 실현하는 데 시국 수습의 열쇠가 있는 것인 까닭이다.

원칙 제1항에서 "조선의 민주 독립을 보장한 3상회의 결정에 의하여 남북을 통한 좌우합작으로 민주주의 임시정부를 수립할 것"은 문제의 초점의 하나이다.

모스크바 3상회의에서, 그 제1항으로 조선에 민주주의 임시정부를 수립하여 자유 독립국가를 건설케 할 것을 규정하였으니, 이토록 보장된 국제공약은 카이로와 포츠담선언 이래 줄곧 계속하여온 바이고, 이 공약을 논거로 우리가 하루빨리 민주주의 임시정부를 수립하여 갈망하는 자주독립을 관철키를 주장 요청하는 것은 당연하다. 그를 요청 실현하는 순서로서 남북을 통한 좌우합작이 필요하다는 것은, 본 문제의 주도 이념으로 두말할 바 없다.

의구자(疑懼者) 가로대, "모스크바 3상회의 결정에 의하여"라고 인용하는 것은, 그 제3항에 나오는 "조선 임시정부와 조선 민주주의 단체를 참가시키어 조선 민족에게 정치적, 경제적 진보에 대한 원조와 협력(신탁)의 대책을 강구함"이라는 규정, 즉 탁치안까지 뒤집어쓰게 되는 것은 아니냐고 하지마는, 그는 법리적으로 기우이다. 탁치 반대의 급선봉이라도 탁치가 실제로 상정되는 것은 임시정부 수립된 이후의 일인 것을 잘 알고 있는 터인즉, 반탁 문제는 그때에 가서의 일로 되는 바이요, 지금 민주주의 임시정부를 만들어 자주독립 국가 완성의 공약을 이행토록 최촉하는 데에는 지레부터 근심할 바 아니다.

제2항에 "미소공동위원회 속개를 요청하는 공동성명을 발할 것"은 1항의 진행 순서로서 당연 나올 바이다. 미소공위 속개를 성명쯤으로 요청하는 것은, 국제 도의상의 한 공식 행위라고 하여도 좋을 만

치 필연 있을 일이다.

제3항 토지개혁은 건국 초두에 반드시 있을 중대 안건이다. 한양조 처음에 이 씨 왕권을 수립할 즈음, 고려조 말의 헝클어진 토지제도를 재정리하여 권호가(權豪家)의 겸병 독점을 깨뜨리고, 그적에 있어서의 토지의 재분배를 단행하였으므로 대세가 결정되었던 것이다. 토지개혁의 역사적 긴절성(緊切性)은 긴 말이 필요 없다.

적산은 몰수하고, 유조건 몰수는 문구 조금 아리송하나 사회 공익과 풍교(風敎) 소관(所關)되는 법인 기타 이에 준할 공동 기관의 소유 토지는, 그 수입에 상당한 다른 재원을 국가로부터 대신 공급하고 이를 회수하며, 체감매상은 그 내용 약간 설명을 요하나니, 자작 정도의 소유 토지는 그대로 사유 경작케 하고, 소지주의 토지로 자기 경작량을 공제한 이상의 분(分)은 시가 전액으로 매상하고, 중지주 이상 대지주의 토지는 역시 그 제한 소유의 면적을 제한 외에 누진적으로 그 토지 면적이 올라갈수록 그 대가인즉, 체감적으로 줄여주면서 국가에서 매상한다는 뜻이다.

요컨대 토지국유의 원칙에서 여러 가지 방법으로 국가에 회수하여 경작자인 농민에게 적정 분여키로 하되, 값을 받지 않고 주어, 그 세습 사유를 보장하되 이후라도 개인 간의 사상(私相) 매매하는 것은 국법으로 금지하고, 부·읍·면 등을 통하여 반드시 국가에만 팔기로 하면, 국가에서 또다시 꼭 수요되는 경작자에 분여하게 되는 것이다. 이것이 유상회수 무상분여의 정책이다. 결국 토지는 세습 사유를 보장하되 경제 균등의 원칙에서 그 대량 독점을 제한하는 혁명적인 국책이다.

지난 5월 미소공동위원회가 열렸던 당시, 제5호 성명에 서명하는 문제로서, 조선의 민주 독립을 보장한 3상회의 결정은 이미 민족주의 각 정당 및 사회단체에서 원용하고 있던 바인즉, 지금 새삼스러이 그것으로써 마치 탁치를 수락하는 것같이 호호(呼號)하는 것은 적지 않은 전후 모순이다.

또는 토지를 덮어놓고 몰수함도 아니요 무상분여라고 해서 경작권만 주는 것도 아니다. 훌륭하게 세습 사유를 허하는 것이다. 한국독립당은 지난 8월 12일 중앙위원회 이후 당강 당책 수정 연구위원회에서 특히 토지문제를 명백하게 규정한 후, 이러한 1항목을 세웠다. 즉, "지주의 소유 토지는 최저한도에 제한하라. 직접으로 농장 경영에 종사하는 지주에게는 사정에 따라 한외(限外)의 면적을 사유함을 허할 것"으로 되어 있다. 이만큼의 신축성은 확실히 필요 있다.

시가지의 기지(基地)와 대(大)건물을 적정 처리하는 점에는 긴 말을 허비하지 말고, 중요 산업을 국유화하는 것은 토지개혁과 대조하여 당연한 말이다. 철도·전신·운수·전기·광산·삼림·수리·수산 등 대규모 공산업(工産業) 및 중공업과 국방공업 등은 국영·공영·국가 관리로 하고, 일반 중경 공업·산업·무역·상업 등은 자유 경영케 할 것이다. 사회 노동법령과 정치적 자유를 기본으로 지방자치제의 확립을 속히 실현하며, 통화 및 민생 문제 등을 급속히 처리하여, 민주주의 건국 과업 완수에 매진할 것은 모두 또 당연한 일이다.

이것은 합작위원들의 제안 및 추진하는 노선에 관한 바로 그의 실현은, 입법 기구를 통하여 될 바요, 다시 정식 국회의 성립을 기다려 더욱 결정적인 결과를 지을 것이다.

제4항의 친일파 민족반역자의 처리는, 언제나 한번 있어야 할 일로, 입법 기구를 통하여 심리 결정하는 것이다. 36년 포학한 일제의 밑에 허다한 인물이 친일파적 색채를 띠게 되었고 민족 패류도 적지 않게 있는 것인즉, 일률로 친일파로 규정할 바 아니요, 모든 기술자 사무

가 기타 전문가와 또는 새로운 결심으로 건국 운동에 정신(挺身) 분투하는 인물은 대체로 친일파적 누명이 세척될 것이요, 오직 악질의 반역자는 공명 엄정한 태도에서 이를 분별하여 되도록 최소한에 국한할 것이다. 이로 인하여 다수의, 회의(懷疑) 중에 맴돌고 있던 부층(部層)에서도 단연 그 지의(遲疑)를 벗어버리고 명랑심을 회복하여 발랄하게 애국 운동에 진력함으로써 전 민족적으로 진취성을 앙양할 것이다.

제5항의 남북을 통하여 현 정권 하에 검거된 정치 운동자의 석방에 노력하고, 아울러 남북 좌우의 테러적 행동을 일체 즉시 제지토록 노력할 것은, 역시 당연한 것이다.

남의 사정은 잘 아는 바이지만, 북의 사정은 허다한 민족주의적 애국 운동자가 체포 구금되어 있으므로, 남과 북이 서로 호응 병진하는 방법으로 그 석방에 진력하여야 할 것이다. 테러 제지는 합작 공작이 한 걸음씩 실현됨에 따라 자동적으로 진척될 것이다. 어찌했든 제5항의 안은 상당한 실천 공작에 따라 그와 정비례로 추진될 것이므로 일단의 노력을 요한다.

좌우합작의 이념과 정책 방면의 주요 안건은 그만큼 말하기로 한다.

그런데 전 국제 정세에서 인류사는 지금 일대전환을 한 걸음씩 실천 추진하고 있다.

(1) 1789년에 폭발된 프랑스의 인권 혁명은, 정치적 평등을 성취하였으나 부의 불균등에 말미암아 사회적 불평등을 의연히 가져왔다. 제2차 세계대전 당시까지 200가족만이 금융자본과 산업자본과 전 토지까지도 거의 독점 농단하는 금권정치에 추락되고 말았다.

(2) 1917년, 제정러시아의 차르의 절대 전제하는 제권과 그를 둘러싼 봉건귀족과 귀족인 대지주와 귀족 대지주의 출신인 육해군 장교

단과 또 그들에 대한 사상적 수호자인 희랍 정교파인 승려군 등등으로 구성된 정권·부권·병권을 독점하고 압박 착취를 마음껏 하던 지배계급에 대항하여 전 국민 8할 이상의 절대다수인 농민과 노동자가 패전에 인한 지배 세력의 도궤(倒潰)됨을 계기로, 때마침 자신들의 수중에 확보된 대량의 무장과 함께 일거에 귀족과 지주와 자본가의 세력을 제권과 함께 타도하고 과격한 전시(戰時)공산주의 혁명을 단행한 것은, 프랑스혁명 이래의 역사적 대사건이다. 이것은 러시아의 일국적 견지에서는 후진성을 내포한 자국가의 독자적 혁명 노선을 형성하는 것이지만 세계사적 견지에서는 명백한 프랑스혁명에 대한 수정의 요청인 것이다. 다만의 정치 평등이 겉껍데기밖에 아니 되는 고로 그에 대한 경제적 대등을 요청하는 인류의 소리였던 것이다.

(3) 그런데 이 러시아의 과격한 공산혁명은 당연 일대 수정을 요하나니, 그는 (가) 인류의 역사가 필연 유물변증법적인 굴곡 진퇴의 공작의 길을 밟는다는 본질적인 이유요, (나) 그 역사의 전통과 당면한 사회의 현실 정세가 저절로 서로 다른 각 국민에의 적용의 도차(度差)가 있는 점에서도 그러하다.

(가)는, 러시아혁명 이후 파시스트·나치스 제국의 반동 세력이 강력한 발호를 한 끝에 민주주의의 승리로서 종국된 제2차 세계대전 이후 세계는 방금 과격 공산주의 수정을 의미하는 사회주의 노선을 합의적 점진적으로 추향하는 데서 명백하다.

(나)는, 우리의 사회 정세가 36년의 포학한 일제의 파괴 공작으로 인하여 자체 상호의 계급 지배가 거의 거세되었기 때문에, 양대 계급으로 분열 대립하는 것을 상호 인식과 합의에서 지양 청산하고, 민족혁명 완수의 요청에서 남북 좌우가 한데 회통 종합하여, 균등 경제의 토대 위에 정치·문화의 균등을 합쳐놓은 3균 제도를 기반으로 삼는 신

민주주의에 의한 신민족주의 국가를 완성함을 요청하게 되는 것이다. 이는 우리 국내적으로는, (가) 독자적인 역사적 일도성(一度性)에 제약되는 특수 조건에 의한 것이니, 한 국민이 현실에서 당면한 실천상의 과제는 어느 선진 국가의 역사를 그대로 모방함을 허치 않는 독창적인 공작을 요하는 것인 까닭이다. (나) 밖으로 전 국제 정세가 프·소 양차의 혁명 성격과 그 노선에서 그를 회통타조(會通打造)하여 수정된 제3성격과 노선으로 지향하는 데 적응 조합함을 요함으로써이다. 어찌했든 좌우합작은, 기계적 절충주의에 추(墜)하지 않고, 또는 미·소 양국의 세력 균형을 담당하는 섭외적인 반사작용도 결코 아닌 것이다. 우리들 자신이 안에서 사회 정세와 밖으로 국제 정세에 투합하여 독창적인 자아적 신(新)제도와 신(新)주의를 실천 투쟁에서 건조함으로써 말미암아 건국 구민의 자주의 노선이 비로소 궤도에 오르고 이와 동시에 대외하여서는 엄정중립적인 자주독립이 성취됨에서, 친미·친소·반미·반소적인 일국 편향 혹은 일국 의존의 폐단이 자동적으로 해소되어 우리의 건국 사업은 행여나 사로(邪路)에 헤매는 것을 방지할 것이다. (안재홍, 『민세 안재홍 선집 2』, 지식산업사 1983, 152~159쪽)

일지로 보는 1946년 10월

- **1일** 대구 사태 발발, 경찰 발포 사태
- **2일** 대구 사태 계엄령 발령
- **3일** 대구 사태에 관한 군정 당국 첫 발표, 경찰의 피해만 "사망자 20명, 중경상자 50명, 행방불명 30명"
- **6일** 경향신문 창간
- **7일** 좌우합작위원회, 김규식과 여운형의 공동성명 형태로 '합작 7원칙' 발표. 여운형 납치되었다 다음 날 풀려남.
- **9일** 한민당 총무 원세훈, '7원칙'에 반발 성명과 한민당 탈당
- **16일** 각 정당 대표 30여 명 '각 정당 시국 대책 간담회' 개최
- **21일** 조선정판사 위폐사건, 17~19일 이관술 심리 공판 후 결심 공판
- **23일** 조미공동소요대책위원회(조미공위) 개최
- **25일** 좌우합작위원회, 조미공위에 대한 담화
- **30일** 정동 덕수국민학교에서 입법의원 서울시 대의원 투표 실시, 당선자 김도연, 김성수, 장덕수

3

조미공동소요대책위원회의 역할과 의의

1946년 11월 2 ~ 28일

좌우합작위원회. 좌우합작위원회와 미군정의 비공식 기구인 조미공동소요대책위원회를 통해 합작위원들은 조선인의 민의가 공식적으로 폭넓게 제기되는 자리를 마련했다.

1946. 11. 2.

조병옥과 장택상을 (잠깐) 혼내준 조미공동위원회

10월 16일 결성된 각 정당 시국 대책 간담회에는 남로당 준비위 쪽 좌익과 한민당을 제외한 주요 정당들이 모두 참가했다(한독당은 며칠 늦게 참가했다). 대구에서 시작된 소요 사태가 진정되지 않자 '시국'에 대한 우려 때문에 대화와 협력의 필요성이 부각된 결과다.

같은 우려 때문에 예상 못했던 형태의 기구 하나가 또 생겼다. 10월 23일에 첫 회의를 연 조미공동소요대책위원회(이하 '조미공위'로 줄임)다. 조선인과 미국인이 대등하게 참여하는 고위 회의가 미군 진주 후 처음으로 만들어진 것이다. 좌우합작위원회의 제안을 하지 사령관이 받아들여 만든 이 회의는 확실한 제도적 근거를 가진 것은 아니었지만 미군정 최고위 인사들과 중도파 지도자들의 긴밀한 접촉 통로가 되었다. 김규식이 10월 25일 이런 담화를 발표한 것은 극우파가 촉각을 곤두세운 점을 의식했기 때문이었을 것 같다.

"지난 23일 덕수궁에서 좌우합작위원회 대표와 미군정 요인과의 회동은 남조선 소요 사건으로 인한 동족상잔의 참극을 눈앞에 보고, 이의 긴급한 해결책을 민족적 입장에서 미군정 당국과 격의 없이 토의하기 위하여 나의 제안으로 모이게 된 회담이며, 일정한 명칭 하의 조직체는 아니다. 좌우합작위원회는 모든 긴급한 문제를 해결하기 위하여서는 수시로 이러한 회담을 할 것이다. 이것이 무슨 공동위원회 운운하여 고정적인 조직체를 결성한 것같이 보도된 것은 착오이므로 이를 해명하여 둔다."

(「좌우합작위원회, 조미공동위원회에 대한 담화」, 『조선일보』 1946년 10월 26일)

그 이튿날 조미공위의 성명서가 하지를 대리한 브라운 미소공위 수석대표와 합작위 주석 김규식·여운형의 이름으로 발표되었다. 조미공위의 미국 측 대표가 대부분 미소공위 대표단 구성원이었기 때문에 브라운이 미국 측 실질적 수석대표였던 셈이다.

합작위원회의 위원과 미군 측 대표들로 조직된 조선 공동회담은 매일 덕수궁에서 개최 중인데, 동 회의에서는 최근 남조선에서 야기한 소란의 원인을 구명함에 동 회담에서 토의할 개괄적 사항을 결정하였다고 금일 발표되었다. 즉, 토의 사항은 다음과 같다.

이들 문제를 합리적으로 속히 조사하기 위하여 동 회담에서는 이러한 원인을 삼대별로 구별하게 되었다.

1. 소란의 원인 중 개인들을 사건에 유도한 원인.

2. 경제 곤란 문제를 포함하는 사항.

3. 정치 문제의 영향 (…)

(「조미공동소요대책위원회, 성명서 발표」, 『서울신문』·『조선일보』·『동아일보』 1946년 10월 27일)

'소요 대책'의 이름 아래 이 위원회는 광범위한 사안들을 토의 대상으로 삼았다. 인사, 경제, 정치의 세 방면으로 구분했는데 인사 문제에는 (1) 경찰 문제, (2) 군정청 내의 친일파 문제, (3) 통역관 문제, (4) 관리의 부패 문제, 그리고 (5) 선동자 문제가 제시되었다. 선동자 문제를 제하면 모두 미군정 쪽 문제였다.

조선인의 민의가 공식적으로 폭넓게 제기되는 자리가 만들어진 것이다. 8개월 전에 만들어진 민주의원이 이런 역할을 전혀 맡지 못했던 것과 비교하면, 합작위가 비록 선출된 기구는 아니더라도 조선 인민을 실질적으로 대표한 측면을 인정할 만하다.

경제와 정치 분야에서도 식량문제를 비롯한 의제들이 의욕적으로 설정되었다. 김규식을 앞세운 합작위원들이 '소요 대책'을 빌미로 '국정감사'를 요구한 셈이었다. 미군정이 이 요구에 응한 것은 상황이 다급했기 때문이다. 11월 초까지 거의 매일 회의가 열렸고, 조병옥과 장택상 그리고 미군정 고위 인사들까지 요구에 따라 출두했다. 이 조미공위가 조선인들의 여망을 어떻게 모았는지 보여주는 기사 하나가 눈에 띈다.

> 경성여자의학전문학교 동창회에서는 성모병원 김근선 여의가 지난번 경무총감 장택상 씨 피격 당시 치료를 거부하였다는 이유로 경관에게 구금되었던 사건에 대하여 조사한 결과, 김 여사의 잘못된 사실이 없음이 판명되었으므로 동회에서는 당시 구타한 경관의 불법행위를 규탄하는 탄핵서를 22일 군정장관, 경무부장, 검사총장, 조미공동위원회에 각각 제출하였다 한다.
>
> (「여의(女醫) 구타한 경관 탄핵, 여의전 동창회서 각 방면에 항의」, 『자유신문』 1946년 11월 24일)

장택상 피격이라 함은 11월 13일 아침 출근길 장택상의 승용차에 괴한이 수류탄 2개를 던진 사건을 말한다. 이 사건을 보도한 『동아일보』 1946년 11월 14일자의 기사 끝에 "장택상 총감이 상처를 받고 곧 부근 성모병원에 응급수단을 청하였을 때 동 병원 여의사 김모(30)는 '우리 병원은 내과라 외과는 다른 병원으로 가라'고 거절하였으므로 의사로서의 사명을 몰각한 데 대하여 방금 수도청에 인치하고 취조 중이다"라는 대목이 있는데 잘못이 없다는 사실이 그 사이에 밝혀진 모양이다.

장택상 참 웃기는 사람이다. 이마에 찰과상을 입었다는데 의사가 치료 안 해준다고 두들겨 패고 경찰서에 끌고 가다니……. 의사가 지금보다 훨씬 더 사회적 존경을 받던 시절인데다 호위 오토바이까지 붙은 출근차 안에는 딸 둘이 함께 타고 있었다는데, 그 애들은 무슨 공무가 있었던 것인지. 호위 오토바이를 몰다가 중상을 입은 순경과 범인을 체포한 순경은 당일 부로 각각 경위와 경사로 승진했다고 한다(「습격으로 부상당한 장택상과 일행 경과 양호」, 『조선일보』 1946년 11월 15일).

『동아일보』도 참 대단하다. 14일자 기사 「제1경무총감 장택상이 저격」에는 시민의 이런 목격담이 붙어 있다. 장택상이 병원으로 뛰어가면서 권총을 빼어들고 있었던 것은 무슨 까닭인지 모르겠지만…….

> "현장에서 목격하였는데 장 총감은 이마에 피를 흘리면서도 태연한 태도로 부하들의 부상을 구급하기 위하여 권총을 빼어들고 부근 성모병원으로 뛰어가는 것을 보았는데, 황급한 가운데도 부하를 생각하는 그 용감하고도 정중한 태도는 보는 사람들로 하여금 감격하였다."

11월 2일 수도경찰청 출입기자단이 장택상에게 항의서를 제출했다.

"(…) 이즈음 총감 휘하의 일부 경찰관은 그 표방하는바 민주 경찰이란 본분을 잊어버리고, 이 선량한 민중의 검문 취재에 있어 함부로 구타와 폭언을 쓰고, 그나마 같은 민중이자 민중을 대변하는 역할을 지닌 신문기자에게까지 횡포한 기색이 농후하여 앞서는 합동통신사 사원과 대동신문사 기자 3씨가 종로서원에게 애매한 구타를 당하였고, 근자에는 조선일보사 기자 모 씨가 영등포서원에게 불법한 타박상을 입어 급기야 진단 고소까지 제소케 된 사태에 이르러서는 실로 언어도단 오히려 개구 아연한 바 있습니다.

또한 이즈음 총감 휘하의 경찰 행정면에 나타난 기이한 현상은 바로 왜정 경찰 때는 원래가 우리의 애국자란 애국자를 모조리 멸종시킬 악독한 식민정책을 썼으니까 으레 흉악스러운 음모의 기밀도 있었으려니와, 정당 색채를 떠나서 중립을 엄수하여 오로지 치안 확보에만 전력을 다한다는 오늘의 조선 경찰에야 특수 경찰 기밀 이외에 무슨 비밀인들 있겠기에, 근래에 와서는 마치 극단의 기밀정책이나 세운 듯이 (…) 마치 경찰에 기자는 필요 없다는 양 매우 존대 오만함이 날로 심해짐에는 오히려 타기(唾棄)할 바가 있습니다. (…)

이상 말한 전자는 바야흐로 인권유린의 위험 신호이오, 후자는 무서운 독선 행정의 전조임을 솔직히 지적합니다. (…) 비록 영남 사건에서 온 경찰관의 복잡한 심기는 이해한다손 치더라도 총감께서 특히 인권을 존중할 것과 명랑한 경찰행정을 기할 것을 누누이 언명 강조해왔음에도 앞서 이야기한 바와 같이 별로 탓할 점도 없는 민중을 구박하고, 행정에 대한 민중의 눈을 감기려는 비민주적 경찰 현상을 눈앞에 보고서는 민중과 더불어 총감의 지도 정신을 의심치 않을 수 없고, 민중과 더불어 경찰 강기가 이완되었음을 통탄하는 동시에 민중과 더불어 공분을 금치 못하겠습니다.

이에 우리는 민중에 대한 책임을 느끼고 근래의 비민주적 경찰 현상을 즉시 시정하기 위하여 다음의 세 가지 당면 조치 조건을 제의하오니 총감의 영단과 강력한 실천이 있기를 기대하며 엄숙히 항의합니다. (…)"

(「제1경무총감부 겸 수도경찰청 출입기자회, 경찰 조치에 항의서」, 『서울신문』·『동아일보』 1946년 11월 3일)

장택상이 수도경찰청을 맡은 지 1년이 넘었다. 전에 없던 이런 강경한 항의가 나온 것은 무슨 까닭일까. 한편으로는 소요 사태로 경찰의 태도가 더욱 악화된 면도 있겠지만, 다른 한편으로는 경찰을 견제할 주체로 조미공위가 나타난 까닭도 있었을 것 같다.

장택상은 납작 엎드렸다. 4일에는 휘하 경찰에게 "수도청 출입기자 제씨에 대한 각서 직원의 태도는 통탄할 바가 있다. 자금 이후로는 언제든지 출입 자유에 대한 보장을 청장 자신이 기약하였으니 각 직원은 지실(知悉)할 사"란 명령을 내리고(『동아일보』 1946년 11월 5일자), 5일에는 기자단 정례 회견에서 개선을 약속했다.

이즈음 경찰관들이 민중의 검문 취체에 함부로 폭행과 폭언을 하는 사례가 많아서 제1경무총감부 출입기자단이 앞서 항의한 데 대하여 장 경무총감은 기보한 바와 같이 이에 관하여는 충분히 주의하여 일반의 기대에 어긋남이 없게 하겠다고 성의 있는 답변을 한 바 있었거니와 5일 기자단과의 회견석상에서는 다시 이것을 강조하여 다음과 같이 말했다.

"어떠한 민중에게든지 폭행 폭언을 한 경찰관이 있으면 어디서 누가 왜 그랬다는 사실을 민중이나 여러분 기자들이 자세히 알려주는 대

수도경찰청장 장택상. 민주, 정의, 공평 등과는 거리가 멀었던 경찰 간부들이 경찰을 견제할 주체로 등장한 조미공위의 활동 기간에는 납작 엎드릴 수밖에 없었다.

로 엄중한 처벌을 하겠다. 다만 민중 측에서도 치안을 위하여 생사를 무릅쓰고 직무에 충실한 경찰관을 무시하거나 모욕하는 태도를 삼가서 정당한 검문 취체에는 국법을 존중하는 마음으로 점잖게 응하여 주기 바란다. 그리고 고문한 사실이 있을 때에도 알려주는 대로 엄중히 처단할 터이다."

요즈음 경찰이 피검자에 대하여 물을 먹이고 곤봉으로 때리는 등 고문이 있다고 하는데 장 총감은 5일 다음과 같이 고문경관의 일소를 언명했다.

"말단에서 4~5퍼센트의 고문이 있었고 다소간 폭행도 있었으나 이런 경관은 적발하는 대로 엄벌에 처했다. 더구나 물을 먹이는 등의 횡포한 경관은 도저히 용납할 수 없다. 자세히 성명을 통지하여 주기만 하면 조사하여 단호 엄벌에 처할 방침이니 일반은 그리 알기를 바란다."

(「제1경무총감 장택상, 관하 경찰에 자숙을 요하는 고시문 하달」, 『조선일보』 1946년 11월 6일)

이 무렵의 신문 기사 하나를 보고 갸우뚱했던 것이 있다.

> 8일 경무부에서는 조 부장을 위시하여 무장 경관 50여 명이 강원도 강릉 지방으로 떠났으므로 동 지방에 어떤 중대 사건이 발생된 것처럼 추상된다는 것은 기보한 바이거니와 9일 경무 당국의 말에 의하면 강릉 지방 산속에 많은 폭도가 잠복하고 있다는 말은 일종의 유언(流言)이었으므로 아무런 일도 없이 당일로 돌아왔다 하며 조 부장만은 기위 출장한 김에 강원도를 순시하고, 4~5일 후에 돌아올 예정이라고 한다.
>
> (「강릉으로 떠났던 무장 경관 당일 무사 귀가」, 『서울신문』 1946년 11월 10일)

그 전날 기사에 따르면 "완전히 무장한 경관 50명이 8일 오후 3시 30분 김포비행장발 공로로 급거 강릉으로 향하여 출발"했다고 한다. 산속에 폭도가 있다 해서 경관 50명이 비행기로 강릉에 가고, 50명 출동하는 데 경찰 총수가 따라간다? 헛소문으로 판명된 후에는 경무부장 혼자 간 김에 며칠 돌다가 온다고?

이해되지 않는 점이 여러 가지였다. 그런데 조미공위의 흐름을 살피다 보니 이해가 간다. 조병옥은 조미공위 출두를 회피하고 있었던 것이다!

> 조미공동회담에서 경찰 인사 문제가 논의되는 이때 김규식은 5일 미인(美人) 경찰부장 매글린과 장시간 경찰 문제를 중심으로 토의하였다 하는데 동씨는 금후 조병옥, 장택상과도 회견할 예정이라 한다.
>
> (「좌우합작위원회 김규식, 미국인 경무부장 매글린과 경찰 문제 토의」, 『동아일보』 1946년 11월 7일)

피한다고 피할 수 없는 출두였다. 11월 18일 군정청 공보부를 통한 조미공위의 발표는 아래와 같았다.

> 지난주에 개최된 조미공동회담은 주로 경찰행정 문제에 관한 토의로 시종했다. 이 회담에 출석한 사람은 경찰부장의 미국인 고문관 매글린 대좌, 경찰부장 조병옥 박사, 수도경찰청장 장택상 씨, 수사국장 최능진 씨 등이었다. 이 회의에서는 시작된 지 겨우 1년 만에 조선 전부를 통할하는 조선 신경찰의 건설·조직 및 확충 등에 관하여 토의한 바 있었다.
>
> 이 회담에서 경찰력의 약점과 역량을 알게 되었다. 이 토의에서는 경찰력 확충에 봉착한 제1난문제의 하나는 신입 경찰관들로 하여금 공평하고 위신 있게 인민을 취급하도록 교육해야 하는 것임을 지적했다. 매글린 대좌는 경찰로 하여금 대외적으로뿐만 아니라 대내적으로도 정의와 공평을 엄수하게 하는 것은 자기의 책임이라고 말했다.
>
> 대좌는 자기가 전 경상북도 경찰부장의 파면을 명령하였는데 그것은 그 경찰부장이 직원 채용에서 우익 사람만으로 국한한 까닭이었다고 한다. (…) 예비검속 문제에 관하여는 출석자들은 심심한 관심을 가졌다는 것을 표명하였으며 국가 안전이 보장되는 한 인민의 자유에 대하여도 좀더 강력한 보호 방침을 실시하여주기를 희망했다.
>
> 경찰부장 조병옥 박사는 민주주의 경찰 제도를 확립하는 데 봉착하는 여러 가지 난점을 들어 설명하였으며, 민주주의 경찰 제도 수립에서의 자기의 책임은 대부분 집단 교육의 특성을 살려나가는 데 있다고 설명했다.
>
> 수도경찰청장 장택상 씨는 경찰력의 운용과 원리에 관한 여러 질문에 답변을 하였는데 동씨는 단언하기를 자기는 경찰 내에서의 당파

> 적 활동에 적극적으로 반대하며, 따라서 경찰력 행사에 정당 단체를 이용하려는 의도는 전혀 없고 또 그러한 것을 허가한 일도 없다고 했다. 그리고 동씨는 경찰에서 고문하지 않도록 최선의 노력을 하고 있다고 부언했다. (…)
>
> (「조미공동소요대책위원회, 경찰행정에 관한 토의 경과 발표」, 『서울신문』·『동아일보』 1946년 11월 19일)

조미공위의 활동은 입법의원 개원 전까지 계속되었다. 조미공위의 건의에 대한 하지의 성명이 12월 5일 발표되었으니, 아마 그 며칠 전 건의서를 제출하여 본격적인 활동을 마감한 것 같다. 10월 26일 성명서에서 지적한 인사 문제 5개 항이 12월 초 건의서에도 그대로 들어 있는 것을 보면 문제가 무엇인지는 애초부터 분명했다. 그 문제들을 확인하고 미군정 측을 설득한 것이 조미공위가 한 일이었다.

> 조미공동위원회에서는 남조선 사건과 기타 문제에 대한 토의가 있어서 그 결과로 구체적 안이 작성되어 이를 하지 중장에게 건의한바, 이에 대하여 하지 중장의 다음과 같은 성명서가 어제 공보부에서 발표되었다.
>
> "조미공동회담에서는 최근 남조선에서 발생한 소요 사건의 발생 원인에 관하여 조사하여오던바 이번 회의안 중 최초 5조목에 관하여 결정된 바 있어 본관에게 건의되었는데 (1) 경찰에 대한 원한, (2) 군정청 내 전 친일파의 잔류, (3) 군정청 내 통역의 영향, (4) 어떤 조선인 관리의 부패, (5) 조선의 복리에 반대하는 선동자 등인데, 나는 이 같은 조사를 수행한 성의와 열의에 대하여 기뻐하는 바이며 또한 최근 남조선에서 발생한 소요 사건에 내포된 근본 요인을 잘 구명할 수

있도록 장시간에 걸쳐 각 방면의 관계자를 초청하여 보고를 듣고 토의한 공동회담 위원 제씨에게 감사하는 바이다.

현재 본관은 동 회담에서 제출한 일부 결정과 건의를 검토 중이나 기중에 대부분은 벌써 조치를 강구한 건들이다. (…) 본관은 아직도 공동회담의 기타 제안을 심의 중이며, 그 제안을 기초로 하여 대체로 조선인의 복리에 최대의 개선 대책을 강구할 것이다.

본관은 우리가 모두 바라며 또 가까운 장래에 수립 독립된 통일 조선의 장래에 영향을 미치는 중대 문제를 해결하기 위하여 미국 측 대표와 애국심을 가지고 진지하게 일하는 합작위원회 위원 제씨에게 거듭 감사의 의를 표하는 바이다."

(「조미공위의 건의에 최대 개선과 대책 강구」, 『자유신문』 1946년 12월 6일)

6단에 걸친 큰 기사의 모퉁이에 수사국장 최능진(崔能鎭, 1899~1951)을 면직시키는 "군정청 발령"이 붙어 있다. 1946년 2월 11일자 일기에서 소개했던 최능진은 조병옥에 당당히 맞서던 인물이다. 조병옥, 장택상과 함께 조미공위에 출두하여 하고 싶은 말, 해야 할 말을 다했던 모양이고, 그 결과가 면직이었다. 조미공위 건의에 대한 하지의 진정성을 보여주는 조치다.

최능진의 면직 발령 옆에는 경무부 고문 매글린 대령의 해명이 붙어 있다.

최 수사국장의 면관은 별항 하지 중장 성명과 여(如)히 친일 경관 숙청과는 전연 별개의 것이고, 그간 조 경무부장과 경찰 운영에 대한 의견의 상위(相違)로 어느 정도 감정 문제에까지 파급된 일도 없지 않아 조 부장은 지난 5월부터 그의 사직을 권고하였으나 나 자신은 경

> 찰 운영의 초창기인 것을 생각하여 피차 협조하기를 지시하였으나 지난번 10·1사건에 또다시 충돌이 있어 다시 그의 사직설이 대두되었으며, 그의 태도는 경찰 당국의 명령 체계상 용납되지 않아 드디어 그의 면관을 보게 된 것이다.
>
> (「경찰진에 파문－숙청과 별개, 매글린 고문 담」, 『자유신문』 1946년 12월 6일)

서중석은 『한국현대민족운동연구』에서 최능진의 면직에 관한 주를 붙였다.

> 조미위원회 회의 종료 후 조병옥은 최능진에게 사임을 요청하였고, 이것이 거부되자 바로 파면했다. 최는 조·장 두 사람이 경찰행정을 한민당의 책동에 의하여 자행하여왔으며, 그들이 매야(每夜) 요정 향락에 탐닉했고, 부정 경찰관의 도량을 조장하였다고 주장하고, 조병옥 이하 부정 경찰관의 총 퇴진을 요구했다. 그는 일제 때 고등계 주임이었던 최운하 사찰과장 같은 자들에게 검거 투옥된 애국자가 많다고 개탄했다. (『한국현대민족운동연구』, 461쪽, 주 168)

조미공위의 조선인 위원들이 조병옥과 장택상의 숙청을 바라고 있었다는 사실도 알아볼 수 있다.

> 조 경무부장 인책 파면 요구에 미국 측은 조병옥 대신 장 수도청장의 인책을 대안으로 제기하여 표결 결과, 10(한국인 측) : 10(미군정 측)이 되어 그 결정은 하지의 최종 결단으로 미루어졌다고 한다. (같은 책, 461쪽, 주 166)

이듬해 5월 미소공위 재개를 앞둔 시점까지도 김규식과 안재홍(安在鴻, 1891~1965)은 조병옥과 장택상의 해임을 미군정에 요구하고 있었다.

> 중도 좌우파는 전반적으로 통일 정부 수립의 한 계기로서 미소공위 재개를 크게 환영하였지만, 미국 입장을 지지하였던 것은 아니었다. 브라운은 김규식과 안재홍에게 협조를 부탁했지만, 김규식과 안재홍은 먼저 미군정에서 조병옥과 장택상을 해임할 것을 요청했다. 미군정으로부터 번번이 정치·사회적 개혁 요청을 거부당했던 김규식과 안재홍은 정계 은퇴 의사를 내비치며 브라운에게 압력을 행사했다.
> (『존 하지와 미군 점령통치 3년』, 215쪽)

1946. 11. 4.

박해하는 민족, 박해받는 민족

11월 6일자 『자유신문』에 「중국인을 약탈하였나?-조선서 귀국하여 피약탈(被掠奪)을 호소」라는 제목의 기사가 실렸다.

〔상하이 3일 UP발 조선〕 이번 조선에서 귀국한 중국인 81명은 신문기자단에게 다음과 같이 말하였다 한다.
"조선의 화교들은 차별 대우와 박해를 받고 있다. 일본이 항복한 이래 중국인에 대한 약탈, 살해, 습격 등의 사건은 200여 건에 달한다. 중국에 살던 조선인이 고국에 돌아간 뒤로 중국인에 대한 조선인의 감정은 악화되었다. 우리 귀환민 대표단은 인천, 서울에 있는 중국상무회의 진정서를 가지고 오는 주일에 남경(南京)을 방문하고 정부에 대하여 화교의 보호를 요구할 예정이다. 현재 조선에는 중국 영사관이 없으므로 사태는 더욱 곤란하다."

해방 후 조선, 중국, 일본 등 어느 나라에나 치안 불안과 물자 부족 같은 어려운 문제들이 쌓여 있었다. 불안과 불만에 휩싸인 사회에서는 민족 간의 갈등이 격화되기 쉽다. 어려움을 타민족에게 전가하려는 경향, 타민족의 박해를 통해 대중의 지지를 얻으려는 경향이 일어나기 때문이다.

해방 당시 일본에는 약 200만, 중국에는 약 300만의 조선인이 살고 있었다. 중국에서도 만주에 약 200만이 있었는데 대부분 농민이었다. 만주의 조선인은 절반가량 귀국하고 절반가량은 남아서 조선족 사회를 유지했다. 반면 만주 이외의 중국 내지에 있던 조선인은 절대다수가 귀국한 것으로 보인다.

만주로부터의 귀환은 관청이나 군대 도움 없이 각자 알아서 한 것이고, 중국 내지로부터도 집계되지 않은 각자 귀환이 많았던 것 같다. 단, 1946년 3월부터 6월 사이에는 군정청의 주선으로 한꺼번에 수천 명씩 귀환선을 타고 들어온 동포들이 수만 명 있었다. 이때 중국 사정이 많이 알려졌는데, 민전의 6월 1일 담화가 눈길을 끈다.

> "최근 중국으로부터 귀국하는 우리 동포들의 말에 의하면 우리 조선 교민의 일체 재산을 중국 관리가 몰수하고 공수로 돌려보냄은 참으로 유감스런 일이다. 우리 동포의 대다수는 일제의 학정으로 인하여 국내에서 생활 근거를 잃고 생활 방도를 찾아 중국으로 간 것이며, 그리하여 각고면려로서 축재한 사람들임에도 이들의 재산을 몰수함은 인도상으로도 본 민전은 범죄자 친일파를 제외한 조선 동포의 일체 재산을 접수치 말 것이며, 이미 접수한 것은 엄밀히 조사하여 반환하기를 요망하는 바이다."
>
> (「민전, 중국 정부의 재중 동포 재산 몰수에 관해 담화 발표」, 『조선일보』 1946년 6월 2일)

국민당 정권하의 중국 정부는 중국인 대중의 인기를 끌기 위해 귀환 조선인의 재산을 몰수하는 방침을 많이 시행했다. 만주에서도 국민당 정권은 지역 토호의 환심을 사기 위해 조선인 박해 정책을 취함으로써 조선인 사회의 민심을 공산당으로 쏠리게 했다.

그런데 이 사태를 살피는 데는 역지사지(易地思之)의 관점도 필요하다. 민전 담화에서 재중 동포의 입장을 "일제의 학정으로 인하여 국내에서 생활 근거를 잃고 생활 방도를 찾아 중국으로 간 것이며, 그리하여 각고면려로서 축재한 사람들"이라고 표현했는데, 조선에 와서 해방 때까지 살고 있던 일본인 중에도 그와 비슷한 입장이 많지 않았을까? 당시 조선인은 일본인 개개인의 사정을 따지지 않고 일본인 재산은 모두 몰수하는 것이 마땅하다고 했다. 식민 통치자의 권력에 기대어 '탈취'한 재산이지, '각고면려'의 결과가 아니라고 본 것이다.

그런데 중국인들은 재중 조선인의 재산을 어떻게 보았을까? 만주에는 "일제의 학정으로 인하여 국내에서 생활 근거를 잃고 생활 방도를 찾아 중국으로 간" 조선인이 많았다. 반면 중국 내지로 간 조선인은 일본의 침략에 편승한 경우가 많았다. 그들 중에는 '일본 국민'으로 현지 중국인보다 우월한 입장을 누린 사람들도 적지 않았다. 아마 많은 중국인의 눈에는 조선인이 침략자 일본인의 일부로 보였을 테고, 그런 조선인의 재산을 '각고면려'의 결과로 보지 않았을 것이다.

한편 조선에서 중국인의 처지는 어땠을까? 1946년 가을 중국으로 돌아가 조선에서 겪은 "차별 대우와 박해"를 호소한 중국인 81명은 조선에서 살기 어렵기 때문에 돌아갔을 것이다. 당시 조선에서는 부족한 물자를 중국에서 들여오는 밀무역이 성행하고 있었다. 조선은 중국 상인들에게 좋은 사업 기회를 제공하는 것이었는데도 조선을 떠나는 중국인이 많았던 것이다.

> 아직 대외무역이 정식으로 인정되지 않았는데도 단지 10월 1개월 동

안 인천에는 중국에서만 들어온 물자가 홍콩을 비롯하여 각종 부식 물자는 도합 50여만 근에 달한다. 이 가격을 헐케 보아 매 근에 평균 50원씩 치더라도 2,500여만 원으로 계산되어야 한다는데 이것은 당국의 검사를 경유한 것이고, 이외에 당국의 눈을 속여가면서 수입되는 것을 합치면 실로 놀라운 액에 달할 것인데 (…) 조선인 모리배에 단호한 단속과 처단이 있어야 함은 물론, 중국 밀무역자들도 이때에 강력한 법의 힘으로 엄밀히 단속해야 할 것으로 논의되고 있다.

(「대중국 밀무역 단호 조치 요구」, 『조선일보』 1946년 10월 30일)

남조선과 일본은 같은 맥아더 사령부의 관할이었기 때문에 조선인과 일본인의 귀환이 순조로웠다. 남조선에 있던 일본인은 1946년 9월까지 300명가량이 남아 있던 것으로 집계되었다. 반면 1946년 9월 4일자 『서울신문』에는 130만 명의 조선인이 일본에서 귀환했지만 아직 64만 7천 명이 남아 있는 것으로 보도되었다.

일본인보다 조선인의 귀환이 늦어진 데에는 몇 가지 이유가 있었다. 첫째, 일본이 맥아더 사령부의 직할지였기 때문에 일본인의 귀환을 미군이 더 중시했다. 둘째, 일본인은 침략자로서 보복의 대상이 될 수 있기 때문에 귀환에 최선을 다한 반면 일본의 조선인에게는 그런 염려가 없었다. 셋째, 조선의 열악한 사정 때문에 귀환을 꺼리고 일본에 잡아놓은 자리에 주저앉으려는 조선인이 많았다.

1946년 여름 들어 일본에서 돌아온 조선인이 다시 일본으로 밀항하는 '역류' 현상이 늘어난 사실을 9월 2일자 일기에 적었다. 6월까지 월 1천 명가량이던 조선인 밀항자 체포가 7월부터 1만 명대로 늘어난 것이다. 재일 동포의 열악한 지위 문제는 지금까지도 계속 논란의 대상이 되고 있고, 1946년 상황이라 해서 특별히 일본인의 환영을 받았을

리가 없다. 그런데도 많은 귀환자가 체포 위험을 무릅쓰고 일본으로 향한 것은 미군정 치하 조선의 상황이 얼마나 참혹한 것이었는지 단적으로 보여주는 증거다.

10월 들어 일본 밀항이 더욱 늘어났으리라는 점은 증거 없이도 확인할 수 있는 일이다. 패전 국민으로 무기력한 상태에 있던 일본인들 중에는 미군의 횡포에는 항거하지 못하면서 열등한 존재로 여기던 조선인의 위상이 바뀐 데 분통을 터뜨린 자들도 있었다.

〔도쿄 5일발 공립〕 일본 진보당의 한 의원이 조선인에 관하여 발언한 건에 대해 재일조선인연맹 중앙총본부에서는 그 발언의 취소와 진사를 요구하는 강경한 태도로 진보당과 사이에 분쟁을 일으키고 있었는데 어제 진보당에서는 총무 회장 이누카이(犬養) 기타 간부가 동 연맹 대표와 회견하고 대강 다음과 같은 회담을 했다.

'의회 각파의 의향으로서 중의원 내에서의 언론은 각국의 통례와 같이 이것을 지지한다. 그러나 이것과는 별개로 조선인과의 감정을 일으킨 사정이 일어난 것은 매우 유감스런 일이요, 국제 관계, 특히 동아 제 민족 간의 관계를 저해하는 것이므로 또다시 이런 불상사가 나지 않도록 선처하겠다. 일본 재주의 조선 국민은 여러 가지로 살기 어려운 문제가 있는 듯하다. 우리는 자진해서 동아 민족의 일원으로서 협력하겠다'고 하여 이 문제에 대한 진사의 뜻을 표했다. 재일본조선인연맹에서는 이것을 양해했다.

(「일 진보당 총무 회장 이누카이, 소속 의원 발언 취소와 진사의 뜻 전달」, 『서울신문』 1946년 11월 7일)

문제가 된 시이쿠마 사부로(椎熊三郎) 의원의 의회 연설 내용은 이런 것이었다고 한다.

"(…) 종전 당시까지 일본에 머물며 일본인으로서 생활하고 있었던 대만인·조선인 등이 종전과 동시에 흡사 전승 국민과 같은 태도를 하고 방약무인의 행동을 감행해왔던 것은 실로 우리가 취시(就視)할 수 없는 바이다. (박수)
최근에 이르러 한번 귀국하였던 그들이 특히 조선인은 일종의 조직력을 가지고 재차 일본에 밀항 잠입하려는 자가 날마다 증가하여 규슈, 산인 방면에서 그 수가 실로 수만에 달한다고 한다. 그리고 그들은 일본 경찰력의 미약함을 틈타 흉기를 가지고 도당을 짜서 놀랄 만한 흉악성을 발휘하여 그곳 주민의 생활을 위협하는 것은 실로 말문이 막히는 일이다. (박수)
지금 아직 내지에 있어 외국인이란 특수한 지위를 악용하여 경찰력의 무력화에 틈타 모든 불법을 감행하는 자가 다수 있다는 것은 이미 여러분도 알고 있을 것이다. 우리는 유감스럽게도 패전 국민이기는 하지만 종전의 순간까지 동포로서 같이 이 나라의 질서 아래 생활한 자로 갑자기 변해서 흡사 전승 국민과 같이 게다가 (…) 그 행동은 패전의 고통에 신음하고 우리 모두에게 참말로 전신에 혈조가 역류하는 감정을 갖게 하는 것이다. (박수)
그래서 그들은 특수한 입장에 서서 경찰력이 미치지 못하는 점을 이용하여 뒷거래를 하고 있어 일본의 상업 뒷거래의 근원은 바로 오늘이 불령 조선인 등이 중심이 되고 (…) 혹은 금제품을 대로상에서 밀매하고 혹은 노천을 점거하고 경찰력을 모멸하면서 백주 공공연하게 거래하고 (…) 만약 이 문제를 이대로 방치해두는 것은 바로 남방 방면의 화교 세력과 같이 일본의 중소상업권이 그들의 수중에 장악되지 않을까 하는 우려까지 있다. (박수) (…) 현재 고베·오사카 같은 데는 노천상·음식점 전부가 대만인·조선인에게 장악되고 있다는 사실을 내무 당국은 어떻게 보는가? (…)"

물자 부족은 어디나 마찬가지였지만, 치안은 일본 쪽이 훨씬 나았다. 그리고 일본에서 조선인은 상대적으로 행동의 자유와 조직력이 있었다는 사실을 아래 글에서 알아볼 수 있다. 좌익 활동에 대한 서술이지만, 그런 자유와 조직력이 먹고 사는 일에도 활용되었기 때문에 분통을 터뜨리는 일본인들이 있었을 것이다.

(1945년) 10월 10일 후추 형무소에서 사상범들이 풀려났을 때 환영 인파의 다수는 조선인이었다. 태극기를 든 조선인들이 형무소 앞으로 몰려와 김천해 등 공산당 지도자가 나오자 환호성을 올렸다. (…) 조선인의 활약이 두드러졌다는 것은 상대적으로 일본의 혁신 진보 세력이 일제의 군국주의 통치 아래서 거의 궤멸 상태에 빠져 전후 전열을 재정비하는 데 상당한 진통을 겪었음을 뜻한다. (…)
정치범 석방 운동의 주역을 조선인이 담당했다는 것은 전후 일본의 정세 흐름에 시사하는 바가 많다. 재일 조선인들은 일제시대에 공산당과 일본인 공산주의자 노동운동가들을 해방 투쟁의 원군으로 생각하고 동지적 유대감을 가졌다. 일본 제국주의를 타도하기 위해서는 일본인 노동자와 연대해 혁명을 일으키는 수밖에 없다고 생각했기 때문이다. 그런 정서가 전후에도 이어져 일본공산당의 재건 과정에서 조선인들이 하부 조직에 많이 참여했다. (김효순, 『역사가에게 묻다』, 서해문집 2011, 127~129쪽)

1946. 11. 7.

현실주의자 김규식의 등장

수도경찰청은 11월 6일에 두 가지 조치를 내놓았다.

> 수도경찰청에서는 경찰관의 강기 일신과 직권남용을 적발하고자 6일부터 수도청 내에 불심검문 제도를 창설했다. 즉, 이것은 10반으로 편성되어 경찰서 내에서나 서외에서나 때와 장소를 가리지 않고 경찰관 전부에 대하여 검문하는 것으로 성적이 나쁜 경찰관은 소속 서장에게 그 책임을 묻게 되는데 당국의 이번 조치의 효과 여하가 주목되는 바이다.
>
> (「수도경찰청, 경찰관 직권남용 적발 목적의 불심검문 제도 창설」, 『서울신문』 1946년 11월 7일)

> 합법적 단체 조직임을 기화로 하여 경찰을 돕는다는 미명하에 시내 일부 모모 청년 단체원은 상점 혹은 음식점 등에서 부당한 금품을 강요하는 한편 심지어 거리에서 검문·취체·폭행하는 일이 있어 비난이 자자하다. 이에 수도경찰청에서는 모 단체 간부 사택을 수색하는 한편 사설 단체의 지나친 행동에 대해서는 좌우익을 막론하고, 경찰 행세를 하는 경우에는 철저히 숙청하도록 하여 다음과 같은 공시를

6일 발표했다.

一. 단체나 개인으로 금전을 강요하거나 공갈적으로 면회를 강청하는 자는 즉시 소관 경찰서에 구두나 서면으로 보고할 것.

一. 경관의 신분으로 사설 단체 인원을 대동하고 체포나 혹은 검문에 종사한 자는 보고할 것.

(「수도경찰청, 사설 단체의 월권행위 규제 방침 발표」, 『동아일보』 1946년 11월 7일)

또 서울역과 서울운수경찰이 5일부터 합동으로 서울역 정화 운동에 나선 것을 보도한 11월 6일자 『서울신문』 기사도 있는데, 그중 이런 대목이 있다.

서울역의 불결함은 수도 현관으로서 시민의 수치임에 역 당사자와 운수경찰에서는 청소에 노력 중인데, 그 중요한 원인은 야간 통행금지로 금지 시간에 하차하는 여객이 전부 역 대합실에서 자기 때문에 서울역장은 6일 수도경찰청장에게 이들 여객을 통행금지 시간이라도 각기 숙사로 돌아갈 수 있게 하여 수도 현관의 청결화 운동에 협력하여 달라고 요청했다.

이 조치가 있기 전에는 열차 연착으로 통금 시간에 도착한 승객들이 집에 돌아가지도 못하게 했다는 것이다. 장택상의 수도경찰청이 모처럼 개혁에 나선 것 같다. 11월 10일부터는 '경찰 친절 주간'을 시행했다고 한다. 웬일일까?

"경민의 융화는 친절로"라는 구호 아래 10일부터 시작된 경찰 친절 주간은 120만 수도 서울 시민의 시각을 집중시켜 그 성과가 매우 주

> 목된다. 제2일인 11일 거리에서 경찰관들의 태도를 엿보기로 하자. 뚝뚝하고 곱지 못한 말씨는 고분고분하고 친절한 말씨로 바뀐 것만은 사실이다. 왼팔에 붙인 "봉사와 친절" 완장은 보는 시민에게 명랑한 느낌을 준다.
>
> 시내 각서 현관은 물론 청내 곳곳에는 표어가 붙어 있고 수부에서 접대하는 순경의 얼굴에는 미소가 교환된다. 이것이 우리 경찰의 참된 표정이라 하겠다. 경관이 친절하면 민중도 친절하자. 이것이 경민 일체의 민주 경찰 육성의 첫걸음이 될 것이다.
>
> (「고운 말씨에 미소 띤 봉사 친절을 수업(修業)하는 일선 경관」, 『동아일보』 1946년 11월 12일)

조미공위 때문일 것이다. 좌우합작위원회(합작위)가 소요 사태 조사를 위해 하지 사령관에게 요청해 만든 것이 조미공위였다. 합작위 측은 소요 사태의 원인으로 (1) 경찰 문제, (2) 군정청 내의 친일파 문제, (3) 통역관 문제, (4) 관리의 부패 문제, 그리고 (5) 선동자 문제에 치중했다. 그중에서도 가장 직접적이고 심각한 원인인 경찰 문제를 제일 앞세운 것은 당연한 일이다. 11월 1일에는 군정청 공보부를 통해 이런 발표가 나왔다.

> 10월 29일 한미공동회담은 경찰 인사 행정에 대한 불만을 지적하여 토론이 있었다. 이 회담은 이 문제가 긴급하고 중대한 만큼 이 문제에 관한 일반적 정세를 자유롭고 공평하게 토의했다. 결론에 들어가기 전에 이 문제에 대하여 장시간의 토론이 있을 것이다.
>
> 이 조사의 목적은 근본적 문제를 지적하여 제의를 작성함에 있다. 우리가 작성하는 제의가 모든 관계자에게 공평하게 처리되려면 본 회

담에 제출하는 자료는 반드시 사실이어야 하겠고 동시에 편벽되지 않아야 할 것이다. 이 문제는 계속적으로 토의 중이며 앞으로도 이에 대한 성명이 있을 것이다.

10월 30일 회담에서는 친일파와 일본인과의 협력자들이 중요한 지위를 점령한 사실에 대하여 토론이 있었다. 모든 조선 내에 남아 있는 일제 잔재 요소를 없애는 것은 벌써 모스크바 결정에도 있는 것이다. 이 점은 미국 최고 당국에서도 성명하였던 것이다.

(…) 40여 년간 노예적 입장에 속박되었던 국가에 일제 잔재의 일부분이 계속하여 존재되는 것은 면치 못할 사실이다. 조선 민중은 정당하고 공평한 구별을 하여 조선인 중에도 부득이 일인과 협력한 사람들 중에 관용받을 만한 사람들과 또는 보다 적극적으로 협조한 사람, 즉 용서받지 못할 사람들을 구별해야 한다.

(…) 이 문제에 대하여 조선 민족이 당면한 제반 다른 문제와 같이 이 회담은 민중의 여론을 탐지하려는 목적만이 아니라 관계 당국에서 이 문제를 해결하도록 진언할 것이다.

(「친일자가 중요 지위에, 한미공동위원회에서 지적코 숙청 요망」, 『동아일보』 1946년 11월 2일)

조병옥과 장택상의 경찰 측은 위 5개 문제 중 선동자 문제를 절대시해왔다. 공산주의자들의 선동만 없으면 치안에 아무 문제가 없을 것처럼 주장해왔다. 미군정 당국자들이 그 주장을 승인해온 것은 그 말을 곧이들을 만큼 머리가 나빠서가 아니라 좌익을 탄압하고 싶은 자기네 뜻과 맞았기 때문이었을 것이다. 그런데 10월 2일 이후 사태는 그렇게 얼렁뚱땅 넘어갈 수 없는 것이었다.

조미공위의 미군정 측도 합작위 측 주장에 따라 경찰 문제를 조사했는데, 미국인 경무부장 매글린 대령이 먼저 조사에 응했다. (원래 군정청 고위직에는 미군 장교들이 임명되었다가 후에 조선인이 임명되어 같은 직책을 조선인과 미국인이 함께 맡고 있었다. 이 무렵 미국인들을 '고문'으로 일컫기도 했기 때문에 기사 중 매글린을 '경무부장'으로 표시한 것도 있고, '경무부 고문'으로 표시한 것도 있다.) 매글린은 당시의 경찰 문제에 대해 허심탄회한 의견을 제출한 것으로 보인다.

11월 12일자 『동아일보』에 실린 「현직에 있는 일제 관리, 입의 개원 앞두고 군정서 조사」 기사를 봐도 미군정은 조미공위에서 제출된 합작위원의 요구에 부응하려는 노력을 꽤 기울이고 있었다.

> 입법의원의 개원을 앞두고 군정청 각 부처에서는 의원들의 질문 답변 재료와 아울러 금후 행정의 기본 재료가 될 각종 자료 조사에 분망 중이다. 그중 가장 중요한 것은 일제시대의 악질적 관리와 공직자들이 그대로 군정의 중요한 자리에 나와 일하는 것에 대한 조사이다. 문제는 현재 좌우합작위원회에서도 여러 가지로 논의되고 있거니와 이번 특히 군정청 자체가 조사하는 의의야말로 매우 큰 것이다. 우선 조사 대상은 4급 이상(즉, 각 서장·국장급 이상)으로 있는 230명의 이력을 조사하고, 앞으로 그 범위를 확대 조사하는 한편 기왕의 고관과 도·부회 의원 등 공직자 명부를 작성하는 것이다. 이리하여 이들을 전부 관직에서 즉시 파면시키지는 않더라도 이 조사의 결과는 군정의 금후 인사행정에 어느 정도 반영될 것으로 보인다.

조미공위에 출석한 합작위원들은 주로 우익 측 대표들이었지만(김규식, 원세훈, 안재홍, 김붕준, 최동오) 일제시대 경찰과 관리들의 부활을 용납할 수 없는 민족주의자들이었다. 그들의 경찰 혁파 요구는 중도파가 설 땅을 가질 필요조건이기도 했다. 그래서 여운형은 조미공위에 출석하지 않으면서도(이임수를 대리로 출석시키기도 했다) 조미공위 발표에 자기 이름이 오르는 것을 용인했다. 10월 6일 기자와 가진 인터뷰에서 이런 문답이 오갔다.

> (문) 좌우합작위원회와 조선공동위원회 등에 귀하의 명의로 수차 성명이 발표되었는데 귀하의 본의는 어떠한가?
> (답) 좌우합작위원회의 좌측 대표는 나 하나뿐이다. 그러므로 성명 발표에 우측 수석대표 김 박사와 나의 공동 명의로 발표되는 것이다. 조선공동위원회는 군정 당국과 좌우합작위원회와의 협의체로 구성된 만큼 합작위원회를 대표하여 내 명의가 나온다고 본다.
> (문) 입법기관 법령 실시와 의원 선거에 대한 소감은 어떠한가?
> (답) 입법기관에 대해서는 좌우합작위원회에 원조를 요청해왔다. 좌우합작은 막부(모스크바) 3상 결정에 의하여 규정된 미소공위를 속개시켜 외부적으로 우리의 과도정부 수립을 촉진하고, 내부적으로 남북통일을 기하는 정치 협상이다. 그러므로 좌우합작과 입법기관은 전혀 별개의 것이다. 입법기관 설치의 실행 조건으로서 정치범의 석방, 현 경찰 행정 기구의 전면적 개혁, 친일파의 숙청 등을 좌우합작위원회에서 군정 당국에 제시한 바 있었고 또한 동의를 얻었던 것이다. 그러므로 기본 조건이 관철되어야만 군정 당국의 요청에 응할 수가 있다는 점은 두말할 것도 없다. 나는 비민주적인 지방 대의원 선거에 대하여 일부분 개선 등으로 도저히 문제가 해결되지 않는 만큼 전적으로 반대하는 바이다.
> (문) 좌우합작과 귀하의 견해는 어떠한가?
> (답) 좌우합작위원회는 성립되었으나 좌우합작은 미완성이다. 좌우

> 합작위원회의 좌측 대표 5인은 역시 종전과 같고, 출석치 못한 좌측 대표 4인의 명의는 합작위원회에 보류되었을 뿐이다. 진정한 좌우합작의 선결 조건은 정치범의 석방, 경찰 행정 기구의 전면적 개혁, 친일파의 숙청이다.
>
> (「인민당수 여운형이 좌우합작위원회와 입법의원 개원 기자 문답」, 『조선일보』 1946년 11월 7일)

좌우합작과 입법의원이 "전혀 별개의 것"임을 강조한 대목이 눈길을 끈다. 입법의원 추진은 미군정의 일이므로 정치범 석방 등 몇 가지 기본 조건을 충족시킬 경우 합작위가 협조할 수 있지만, 조건이 전혀 충족되지 않은 채 시행된 잘못된 선거를 인정할 수 없다는 것이다. 그리고 7원칙은 좌우합작의 종착점이 아니라 출발점이며 좌우합작의 진행을 위해서도 같은 기본 조건들이 충족되어야 한다고 주장했다.

이튿날인 11월 7일에는 김규식의 기자회견에서 이런 문답이 오갔다.

> (문) 조선 사람이 막부 3상 결정을 무시하고 국제적으로 호소하여 조선 독립이 가능한가?
> (답) 여기에 대해서는 우리의 합작 7원칙 제1항에 나의 견해가 이미 표명되었으므로 더 말할 것 없고 또 일부에서 이것을 무시하거나 지지하거나 자유일 것이다. 그러나 7원칙 제1항을 무시하고 나아가는 데 대하여서는 본 합위로서는 책임지지 못할 것이다.
> (문) 입법의원 피선자 중에 친일파가 다수 되었다고 지적되었는데 그 증거와 친일파의 한계는 어떠한가?
> (답) 각 소속 구역 감시원 보고에 의해 지적된 것이며, 친일파에 대한 견해 역시 본 합위에서 입법 기구에 관한 하지 중장에게 제언한 7항

김규식은 대구 소요 사태 조사를 위해 만든 조미공위 활동을 통해 미군정과 절충하여 조선인의 의지를 점진적으로 관철하려는 현실주의적 입장이었다.

수정안과 118호 법령 7항에 규정된 것을 우선 한계라고 볼 수 있다.

(문) 좌우합작의 적극 추진에 대한 박사의 견해는 어떠한가?

(답) 국내외 정세를 정확하게 파악한다면 오직 좌우합작으로 민족통일을 하는 것 이외에 우리 국가의 재건이 어려울 것이라는 결론을 얻을 것이며, 양심적인 지도자의 열의와 전 민중의 자발적 자각으로 합작을 적극 추진코자 한다.

(문) 한미공동위원회 회담의 진전 상황과 성과는 어느 정도로 되었는가?

(답) 한미공동회담에서 공보부를 통하여 제1회, 제2회 발표한 것 중에 대개가 발표되었으며 그 성과에 대해서는 남조선 소요 사건의 근본 대책을 구명하여 건의할 것이요, 그 실시는 미군정의 성의 있는 태도에 비추어 매우 크리라고 본다.

(「김규식, 좌우합작 등 당면 문제에 관해 기자 문답」, 『서울신문』 1946년 11월 8일)

마지막 답변에 보이는 것처럼 김규식은 조미공위 활동의 효과에 기대를 걸고 있었다. 그러나 '완전한 효과'를 바란 것은 아니었다. 미군정과의 절충을 통해 조선인의 의지를 점진적으로 관철시키겠다는 현실주의적 입장이었다. 입법의원이 맡을 역할도 그런 절충적인 것으로 구상하고, 조미공위는 그 역할의 선례가 될 것으로 보았다. 김규식의 현실주의적 자세는 11월 4일 입법의원 선거의 하자를 지적하는 장면에서도 나타났다. 선거 전부를 무효로 할지 부분적 무효로 할지를 하지의 선택에 맡긴 것이다.

> 합작위원회 주석 김규식 박사는 하지 중장에게 입법의원 민선 대의원 가운데 조선 민족으로서 용서할 수 없는 친일파가 개재해 있다는 것과 또한 선거에서 공정을 결한 편파적 행위가 있었다는 것을 선거 감시원의 보고에 의하여 구체적으로 지적하는 동시에, 이것의 전면적 선거나 혹은 부분적인 재선을 요망한다는 장문의 서한을 제출하였다고 하는데 내용은 대략 다음과 같다고 한다.
>
> 서울특별시 대의원 가운데 모(某)는 오랜 전쟁 기간을 통하여 미영 격멸 징병과 징용, 학병 등을 조선인에게 선전 강요함으로써 일제의 주권 ○○에 적극 노력하였고, (…) 그리고 시내 명륜동의 일부에서 보는 바와 같이 동 책임자가 동민의 인장을 모아 가지고 임의 날인코 동 대표자를 선출한 것은 공정한 선거가 아니다.
>
> 한편 지방은 전체를 통하여 애국 혁명 지사가 선거에서 빠지고, 동시에 좌익 진영에 대한 탄압 때문에 좌익 전체가 여기에서 배제되었다. (…) 이러한 견지에서 민선의원 45인의 전면적 재선거와 만일 이것이 곤란한 경우에는 지방적으로 부분적이나마 재선이 있기를 요망한다.
>
> (입법의원 민선은 비공정—합위 김 주석, 하지 중장에게 재선 요망」, 『자유신문』 1946년 11월 6일)

하지는 11월 12일 답장에서 부분적 재선거의 뜻을 밝혔고(『조선일보』 1946년 11월 15일자) 그 뜻에 따라 서울과 강원도에서 재선거가 시행되었다. 당시 선거 상황을 자세히 조사하지 못했는데, 우연히 눈에 띈 짤막한 기사 하나에 일반적 양상이 비쳐 있는 것이 아닐까 생각한다.

〔광주 31일발 합동〕 입법의원 선거 전남 당선자는 다음과 같으며 투표 성적은 약 3할인데 그중 무효가 약 1할이라 한다. (…)

(「7할이 기권, 전남 대의원 선거」, 『자유신문』 1946년 11월 2일)

이 선거가 만족스럽다고 여긴 자들도 있었다. 물론 한민당이다. 한민당 선전부의 11월 1일 담화는 이런 내용이었다.

금차 거행된 입법의원 의원 선거는 아직 전체적으로 발표되지 않았으나 대체로 민의를 반영했다 할 수 있다. 민의를 대표하고 국정을 담당할 만한 인재를 선출하는 것이 사명이라면 조선 민족은 확실히 이번 선거에서 그 자치 능력을 확인했다. 공정히 행해진 선거에 대하여 자파 세력이 진출치 못하여 타파 인물을 운운하는 것은 민의를 무시한 파시즘이요 독재주의다.

(「한민당 발표」, 『자유신문』 1946년 11월 2일)

재미있는 논평을 쏟아내는 세력은 어느 시대에나 있는가 보다. 11월 7일 김규식의 기자회견을 반박하는 장문의 성명을 한민당에서 8일 발표했는데 『동아일보』에 9일, 10일, 13일 3회에 걸쳐 게재되었다. 그중 재미있는 대목이 있다.

민선의 결과를 파기하고 외국인의 독재를 초청하는 이유는 무엇인가? 선거 결과, 유능한 애국자가 못 나왔다 한다. 유능한 애국자는 누가 판단하는가? 피선된 자가 극도로 편향적이라 한다. 다수당의 승리는 언제든지 편향적 아닌가? 친일파라고 지목되는 자가 다수 있다 한다. 반영되지 못한 반민주적 선거라 한다. 그러나 민중 투표에 의한 선거 이외에 민의 반영의 충분한 길이 무엇인가? 도대체 민중을 무시하고 독선을 자부하는 모순에서 나오는 발언인가 한다.

1946. 11. 9.

미소공위를 둘러싼 하지와 이승만의 대립

11월 7일에 군정청 공보부에서 정말로 특별한 '특별 발표'가 있었다. 조선 주둔 미군 사령관 하지와 소련군 사령관 치스차코프(Ivan M. Chistiakov) 사이에 오간 편지 내용을 발표한 것이다. 양측 입장이 접근되어 미소공위 재개가 임박했다는 메시지를 담은 발표였다. 11월 8일자 『자유신문』은 이 발표를 보도하면서 「미·소 간 타협, '공위' 속개의 서한 교환」이라는 기사를 앞에 붙였다.

> 금년 3월 20일에 열렸다가 46일 만인 동 5월 6일에 무기 휴회된 제2차 미소공동위원회의 서울 회담은 이내 재개될 가망이 보이지 않아 모스크바 3상회의 결정에 의한 임시 조선 정부 수립도 그 시기가 막연하게 된 이때, 어제 7일 미 주둔군 사령관 하지 중장은 중단된 이 공동위원회를 재개하도록 소련 측 수석 치스차코프 중장에게 정식으로 초청장을 보내었다고 다음과 같은 특별 성명서를 발표했다.
>
> 특히 주목되는 것은 공위 무기 휴회의 원인이 공위가 초청할 정당 단체의 자격 문제에서 소련 측은 '신탁'을 반대하는 정당 단체는 이를 상대로 할 수 없다는 것에 반해서 미국 측에서는 '의사 자유 발표권'을 무시할 수 없다는 것에서 결렬이 생겼었는데, 그간 소련 측이 하

지 중장에게 보낸 서한에 의하면 "조선인으로서 공동위원회에 의견을 제출할 의사 자유 발표권을 인정했다"는 것으로 보아 미소 양측 간에 공위 재개의 타협점을 발견한 듯하며, 더욱이 이러한 서한에 소련 측 위원이 공위로 돌아오고자 한다는 것으로 보아 속개는 사실화될 것이 틀림없으며, 이것이 속개되어 임시 조선 정부가 수립되고 그다음에 신탁 여하를 논의하는 순서가 될 것임에 이번 하지 중장의 성명은 혼란 암흑의 조선 정계에 한 낭보로 들린다.

더욱이 신탁 문제에 대한 동 중장의 견해는 과반 하지 중장이 본 사장 신익희 씨와 회담할 때의 요지와 같은 것으로 보아 이 문제에 대한 우리의 관심은 다시 한 번 새로워지는 감이 있다.

공보부 발표에 따르면 하지가 8월 12일에 치스차코프에게 편지를 보내고 10월 26일에 답장을 받았으며, 11월 1일에 미소공위 재개를 위한 초청장을 보냈다고 한다. 그런 경위의 해명보다도 사람들에게 공위 속개의 희망을 키워준 것은 하지가 '무조건 반탁'을 비판하는 뜻이 이 발표에 담겨 있었기 때문이다. 하지의 이런 발언이 인용되어 있었다.

"그러니 내가 어떻게 신탁의 구체적 조건을 알겠느냐? 누구라면 그것을 알겠느냐? 공동위원이 조선 임시정부와 협의한 후에 4국에 추천할 안이 무엇이 될는지 알지 못하는 조선인으로 어떻게 단순히 신탁이라는 문자만 가지고 정치적으로 흥분될 수 있는가? 신탁의 의미를 확정하기 전에 조선 임시정부가 먼저 선다. 그리고 공동위원과 이 조선 임시정부와 민주주의적 사회단체가 충분히 토의하고 계획하고 숙고해야 된다. 이 안을 4개 연합국이 찬동하도록 되었다. 그렇게 연합국과 조선 사람들이 합쳐서 고안한 후에 신탁안을 조선인이 공포

(恐怖)할 필요가 무엇인지 알기 어렵다."

이 시점에서 하지는 진심으로 미소공위의 재개를 원하고 있었던 것으로 보인다. 미소공위 운영은 뭐라 해도 주둔군 사령관의 책임이었다. 지난 3월부터 5월까지의 회담에서는 미국이 불리한 입장이었다. 이북에는 북조선임시인민위원회(이하 '임시인위'로 줄임)가 만들어져 토지개혁 등 개혁 조치를 착착 취하고 있었는데, 이남에는 겨우 민주의원을 만들어놓았지만 정치적 권위와 역할에서 비교가 되지 않았다. 그래서 반탁 세력을 협의 대상에 넣느냐 하는 문제에서 '언론의 자유'를 주장하며 일시적 결렬을 마다하지 않았던 것이다.

미소공위의 무기 휴회 직후 하지가 좌우합작을 지원하며 입법의원 설립을 추진하기 시작한 것은 정치적 기반의 열세를 메우기 위한 것이었다. 입법의원이 구성되는 이때 해가 가기 전에 미소공위 재개 분위기를 만들고자 치스차코프와 주고받은 편지 내용을 밝히면서 반탁 문제에 대한 자기 입장을 강하게 내놓은 것이다.

그러나 반탁 세력 중에서는 3상회의 자체를 부정하는 입장까지 노골적으로 나오기 시작하고 있었다. 3상회의를 부정하면 그에 근거를 둔 미소공위도 부정하는 것이다. 발단은 10월 하순 영국 외상 어니스트 베빈(Ernest Bevin, 1881~1951)의 의회 발언 한 대목이 전해진 데 있었다.

〔런던 24일발 공립〕 베빈 영국 외상은 하원에서 영국의 외교 문제 중 특히 조선·일본·호주 등에 대하여 다음과 같이 말했다.
"태평양전쟁 중 호주는 일본에 침략당할 위험에 직면하지 않으면 안 되었다. 따라서 호주가 금후 일본에 관한 문제 해결 및 태평양 방면

포츠담 회담에 참석한 각국 대표와 함께한 어니스트 베빈(뒷줄 가운데). 베빈의 모스크바 3상회의를 부정하는 발언은 반탁 세력 가운데 3상회의 자체를 부정하는 입장을 내놓는 발단이 되었다.

의 평화 수립에 관심 있는 것은 당연하다. 일본 영토 가운데 천도열도를 포함하는 일련의 열도를 소련에 양도할 건과, 조선을 북위 38도선을 경계로 미소 양국이 공동 점령할 것 등에 관한 소련과의 양해는 얄타 회의에서 결정된 것이다. 먼젓번의 모스크바 회의에서는 4대국에 의한 조선 신탁통치 기관의 설치를 결정한 것이었으나 불행히도 현재까지 이의 진척이 뜻과 같지 않은 모양이며, 조선의 정세는 구라파의 일부에서 보이는 그 정세와 매우 흡사하다. (…)"

(「조선 38선 분할은 얄타회담의 결정—미소공위의 부진전은 유감, 영 외상 하원서 언명」, 『자유신문』 1946년 10월 26일)

노동당 중진 베빈은 전시 연립내각에서 노동장관을 맡고 있다가 1945년 7월 애틀리 내각 때 외상을 맡았다. 노동당원 중에도 투박한 이미지로 외교 같은 세련된 분야에 어울리지 않는다 하여 많은 일화를 남겼다. 실제 대외 정책에서는 노동당답지 않게 우 편향을 보여서 "이든 장관이 살이 찐 것 같다"는 농담도 돌았다고 한다(앤서니 이든은 보수당 소속의 전임 외상).

이 발언이 전해진 바로 이튿날 한민당은 아래와 같은 결의문을 미·영·중·소 4국 외상에게 타전했다.

"38선의 경계를 설정하는 원인이 된 알타협정과 한국에 대하여 신탁통치를 규정한 막부 결정 조항은 포츠담선언으로 재확인된 카이로선언에 위반되는 것이니 마땅히 파기되어야 할 것이다. 한민족은 이 두 조항의 수락을 항상 거절해왔고, 본당은 이제 정식으로 귀국 정부가 이 두 조항을 공연히 파기하는 동시에 한국의 완전한 자주 통일 정부의 수립을 위하여 필요한 조치를 즉시 취하기를 요망한다. 동시에 귀국 정부가 솔선하여 한국과의 외교 및 통상 관계를 재개하여 극동 평화 수립에 공여하기를 요망한다."

(「한민당, 알타협정과 3상 회담 결의 조항 파기를 4국 외상에 요구」, 『조선일보』 1946년 11월 2일)

이승만도 28일 담화를 발표했다.

"대내 대외에 우리의 가장 어렵던 문제가 지금은 순조로이 해결될 시기가 왔나니, 소위 신탁통치라는 모욕되던 장애물도 우리만 잘하면 삭제될 기회가 목전에 당도했다. 아놀드 소장이 화부(華府, 워싱턴)에서 며칠 전 선언하기를 한국 문제를 미·소 양국의 사령장관들로는 해결될 수 없나니, 양국 정부에서 직접 토의하여 결정하는 것이 가하다 하였나니, 우리의 대외 대세가 이만치 변경된 것이다. 그러므로 카이로와 포츠담선언에 위반되는 알타 밀약과 3상 결의를 취소하라고 우리는 영·미 양국 정부를 향하여 다시 청구하는 중이다.

우리는 자초(自初)로 신탁통치를 절대 반대해왔고, 그동안 세계 공론이 따라 변하여 우리를 찬동하는 친우들이 많이 생기는 중이니 우리 전 민족이 이를 주장하고 요구하면 이 큰 지장을 배제할 전도가 열릴 줄 믿는다."

(「이승만, 얄타·모스크바 회담 결정 취소를 요구하는 담화 발표」, 『조선일보』 1946년 10월 29일)

민주의원에서는 10월 29일 회의를 열어 결의문을 개회 중인 유엔총회에 보내기로 했다.

31일 민주의원에서는 주미 동원(同院) 대표 임병직 씨에게 다음과 같은 전문을 타전하여 미 국무성과 UN에 제출하도록 지시하였다 한다. "조선은 연합국 중 어느 나라와도 원수국이 아니다. 조선이 연합국의 원수인 일본과 싸워왔으므로 연합국의 일원인 것이다. 그러나 조선은 연합국의 원수 일본보다도 대우를 받지 못하고 있다. 이것은 조선에 대한 불공평이요 미국과 연합국이 2차나 전쟁한 목적, 즉 민주주의를 위해 싸운 본의에 어그러진다.
일본은 허락하여 자기 정부가 있으나 조선은 아직 자신의 정부가 없다. (…) 우리가 요구하는 것은 우리 독립 정부를 속히 수립하도록 할 것이며, 이리하여 인민의 평화와 사회의 질서를 유지할 것이다.
재조선 미 군정장관은 조선인이 자치 능력이 있다고 재삼 성명했다. 우리가 재차 요구하는 것은 기왕의 정책을 고치기 위하여 얄타 비밀 협정과 막부 3상 결정의 신탁통치 조항이 카이로선언에 위반되니 이것을 삭제하여 독립 정부를 세우고 연합국의 일원이 되게 하기 바란다."

(「연합국의 일원 조선을 독립시키라」, 『자유신문』 1946년 11월 1일)

『동아일보』는 11월 6일자에 「UN과 조선 문제」란 제목의 사설에서 "우리의 요망"이 이런 것이라고 주장했다.

> (1) 조선의 독립과 자유를 확보한 카이로선언과 포츠담선언을 즉시 실행시킬 것.
> (2) 미소 군대 전부가 조선으로부터 철퇴할 것.
> (3) 조선의 임시정부 조직을 국제연합에서 즉시 후원해줄 것.

(1)에서 카이로선언과 포츠담선언을 내세우며 얄타회담과 모스크바 3상회의를 배제한 점, (3)에서 유엔의 즉시 개입을 주장한 점이 두드러진다. 미국이 유엔총회에 영향력이 지대하다는 사실을 알아차린 한민당과 이승만 세력은 미소공위 아닌 유엔을 통한 정부 수립의 길을 찾기 시작한 것이다. 미국에서는 이승만의 측근 임병직(林炳稷, 1893~1976)과 임영신(任永信, 1899~1977)이 국무성과 유엔을 상대로 로비 활동을 벌이고 있었다.

군정청 공보부는 포츠담회담의 조선 분할 밀약설을 부인하는 미 국무성의 주장을 11월 2일 발표했다.

> 워싱턴 14일발 UP통신은 포츠담회담 시에 조선 분할에 관한 비밀 협정이 있었다는 미국 대중국정책협회의 주장을 전하여 주목을 야기하였거니와 군정청 공보부에서 2일에 발표한 바에 의하면, 그 진상에 관하여 조선 국내 모 단체로부터 미국 국무장관에게 질문한 바 있었고, 동 장관은 조선 주둔 제24미군사령부 국무성 고문에게 포츠담회담 협정 중 조선에 관한 유일한 규정은 다만 카이로선언의 조항을 실행할 것이라는 점이 공개되었다고 언명하라는 지시하였다 한다.

(「공보부, 조선에 대한 미 국무장관 견해 발표」, 『서울신문』 1946년 11월 3일)

하지는 미소공위 운영의 책임을 다하려는 확실한 의지가 있었다. 그런데 그동안 하지의 큰 도움을 받아온 한민당과 이승만 세력이 미소공위에 대해 하지와 맞서는 주장을 한 것이다. 특히 이승만과 하지 사이의 대립은 이제부터 상황 전개에 큰 축으로 작용하게 된다.

1946. 11. 11.

입법의원 선거에서 김규식의 역할

며칠 전 일기 제목에 김규식을 '현실주의자'라고 했다. 이것을 의외로 받아들이는 독자들이 많다. 해방 공간의 중간파 정치인들을 다룬 김재명의 『한국현대사의 비극: 중간파의 이상과 좌절』에는 김규식을 다룬 장에 "한 온건 지식인의 실패한 이상주의"란 제목을 붙여 김규식을 이상주의자로 규정한 느낌을 주기도 한다.

김규식이 현실의 승리를 거두지 못했기 때문에 그를 현실주의자로 보기 힘들어하는 것 같다. 그리고 이상주의자라면 수단 방법을 가리지 않는 현실주의자보다 도덕적으로 우월한 존재로 보는 통념도 자리하는 것 같다. 나는 이 통념이 이 사회의 정치적 미숙성을 보여주는 것이라 생각한다. 인간적·사회적 가치의 실현을 위한 생산적 정치 과정을 제대로 갖춘 사회에서는 현실주의가 이처럼 천대받을 수 없다.

올바른 정치인은 현실주의자여야 한다고 나는 생각한다. 자기 정치이념의 실현을 위해 노력하되 현실 조건을 충분히 감안해야 한다는 말이다. 중도파의 최대공약수가 여기에 있다. 민족사회 안에 오른쪽 이념도 있고 왼쪽 이념도 있다면 민족사회가 쪼개지지 않는 한도 내에서 최대한 합의를 이루는 길을 찾는 것이다.

왼쪽으로 충분히 가지 못해 아쉬운 문제나 오른쪽으로 충분히 가지 못해 아쉬운 문제는 민족사회가 쪼개지는 커다란 문제에 비하면 사소한 문제임을 알아보는 것이 해방 공간의 현실주의였다. 솔로몬의 재판에 나오는 어머니, 아기를 둘로 나누는 일을 피하고자 아기를 포기하겠다는 어머니가 현실주의자다. 아기를 나누어서라도 내 권리를 우기겠다는 가짜 어머니는 현실주의자가 못 된다.

수단 방법을 가리지 않는 자는 현실주의자가 아니다. 이상주의자도 아니다. 사기꾼이고 선동가일 뿐이다. 욕심에 짓눌리지 않은 이념을 마음속에 품은 사람이라면 수단 방법을 가리지 않을 수 없다. 해방 공간에서 민족 분단의 위험 앞에 조심스러운 태도를 취하지 않은 자들은 아기를 쪼개서라도 내 것을 챙기겠다는 가짜 어머니였다.

김규식은 아직도 내 마음속에 많은 수수께끼를 남긴 인물이다. 냉소적인 인상을 풍기면서도 긴요한 대목에서는 뜨거운 열정을 느끼게 하는 인물. 1946년 11월 6일 찾아간 미국 기자 마크 게인(Mark Gayn)이 들었다는 이런 말에서는 그의 분노가 생생하게 느껴진다.

> 과도입법의원 선거에 관해서 얘기할 때 그의 목소리에는 힘과 분노가 섞여 있었다. 그는 막 하지 장군에게 전체가 안 된다면 부분적으로라도 선거 결과가 무효가 되어야 하며, 45명이 아니라 과도입법의원 90명 의원 전원을 좌우합작위원회가 지명해야 한다는 내용의 서한을 보냈다고 말했다. 그는 선거가 사기이며, 모든 좌익 지도자들이 감옥에 있는 한 공정한 선거란 있을 수 없다는 점에 좌우합작위원회 공동의장인 여운형과 의견을 같이한다고 말했다. 두 달 전에 러치 장군에게 공정한 선거를 위해 별도의 민간 조직을 만들도록 촉구했다고 털어놓았다. 그러나 그의 청원은 무시되었다. (마크 게인, 『해방과 미군정 : 1946. 10~11』, 까치 1986, 까치 편집부 옮김, 106~107쪽; 『한국현대사의 비

극: 중간파의 이상과 좌절』, 330쪽에서 재인용)

그러나 김규식은 현실의 한계를 인정하고 그 안에서 최선을 다하는 자세를 지켰다. 무엇보다 입법의원을 추진하는 주체가 합작위가 아닌 미군정임을 분명히 했다. 합작위는 도와주는 입장이었다. 무리한 선거 일정과 합작위가 권한 선행조건을 무시한 탓에 실효성 없는 선거가 되고 말았지만, 미군정의 일이었다. 입법의원이 만들어지는 것을 그는 현실로 받아들인 것이다.

선거에 대한 공식적 문제 제기에서는 냉소적인 태도를 느낀다. 김규식은 세 가지 선택지를 제시했다. 선거를 아예 취소하고 전원 관선으로 하는 길, 전면 재선거 그리고 부분 재선거. 앞의 두 가지 선택을 하지가 택할 리 없다는 사실을 김규식은 빤히 알고 있었고, 빠져나갈 길로 세 번째 선택지를 제시한 것이다. 하지는 물론 부분 재선거를 택했다. 김규식은 이 선거에 하자가 있다는 사실을 미군정이 인정하는 데 만족한 것이다.

실제로 선거는 어떻게 이뤄졌는가. 11월 7일 일기에 인용했던 기사 하나를 다시 본다.

> 〔광주 31일발 합동〕 입법의원 선거 전남 당선자는 다음과 같으며 투표 성적은 약 3할인데 그중 무효가 약 1할이라 한다. (…)
>
> (「7할이 기권, 전남 대의원 선거」, 『자유신문』 1946년 11월 2일)

인민이 리(里) 대표를 뽑고, 리 대표들이 면 대표를, 면 대표들이 군 대표를, 그리고 군 대표들이 모여 도 대의원을 뽑는 4중 간접선거였다. 그런데 인민의 투표율이라면 몰라도 군 대표들의 투표율이 3할이라니! 믿기 어려울 정도다. "무효가 약 1할"이란 말을 보면 군 대표 투표율 얘기인 것 같다.

이런 선거로 전라남도에서는 한민당 후보 네 명과 한독당 후보 두 명이 입법의원에 선출되었다. 같은 날 같은 신문에 실린 담화문에서 한민당은 이 선거가 "대체로 민의를 반영했다 할 수 있"으며 "조선 민족은 확실히 이번 선거에서 그 자치 능력을 확인했다"고 주장했다. 투표율 30퍼센트를 놓고 "자치 능력"이라니!

합작위는 11월 8일 각 도에 파견했던 감시원들을 모아 보고회를 열고, 서울시와 강원도의 문제를 집중적으로 제기했다. 하지가 택할 부분 재선거의 대상을 정해준 셈이다.

> 1. 세대주를 주로 하여 1세대에 5인이나 10인을 불문하고 (선거권 및 피선거권을 가진 자로서 동거 가족) 세대주만이 투표하여 반(班)의 대표자를 선거한 것.
> 2. 명륜동에서는 세대주도 나오지 않고 반장이 인장만을 가지고 가서 집행한 것.
> 3. 선전 삐라 살포에 "서울시 갑구 선거 대표자 유지 또는 유권자 일동"의 명칭으로서 투표 선전을 한 것.
> 4. 서울시 총선거일에 선거 장소 내에 선전 포스터를 첩부치 않고 선거장 외에 첩부한 것.
>
> 이것을 감시해야 할 서울시 시장이 이를 감시치 못한 것은 시장의 책임이다.
>
> 이상이 서울시 선거에서 비합법적 요건으로 지적된 바이며, 다음 강원도에서는 도의 방침에 의하여 지방 관리가 도 내의 각 지구 선거를 관리하기로 되어 있음에도 독촉 각 지구 지부장이 입법의원 선거대

책위원회를 조직하여 이것이 주동이 되어서 선거를 관리했다. 그러므로 도지사도 이를 관리치 못하게 되었던 관계로 강원도 내무부장 강치봉을 10월 27일에 상경시켜 하지 중장과 이를 상의하고 귀환하였는데 벌써 선거는 종료되었다고 한다. 강원도에서는 선거의 비합법적인 보고서를 하지 중장에게 제출했다.

(「김규식, 서울과 강원도에서 입법의원 선거가 비합법이었다고 지적」, 『동아일보』 1946년 11월 9일)

앞에 옮겨놓은 마크 게인에게 한 말을 보면, 김규식은 선거 관리 기구를 만들 것을 권했는데 받아들여지지 않고 군정청 조직이 선거 관리를 맡았다. 그런데 강원도에서는 독촉(독촉국민회)이 선거 관리를 가로맡아 독촉 후보자 세 명만을 당선시킨 것이다. 도저히 선거라고 부를 수 없는 선거였다.

서울에서 제기된 문제는 강원도보다 덜했다. 사실 그 정도 문제는 다른 어느 지방에서도 있었을 것 같다. 그런데 서울 경우에는 한민당 후보 장덕수와 김성수의 친일 문제가 있었고, 특히 장덕수 문제가 심각했다. 일제 말기 장덕수의 친일 행위가 너무 두드러졌기 때문이다. 그런데 친일파 배제의 기준이 확립되어 있지 않았던 까닭에 그 문제를 앞세우지 못하고 투표의 기술적 문제를 대신 내놓은 것이 아닌가 생각된다.

서울시장 김형민(金炯敏, 재임 1946. 9~1948. 12)은 11월 11일 기자단 회견에서 장덕수의 의원 자격에 대한 기자단 질문에 이렇게 대답했다.

"서울시에서 피선된 의원 중에는 법령 118호 7항에 저촉되는 자도 있다는 비난이 있는 모양이다. 법률보다 최종 선거에 앞서 모 의원이

학병 권유를 한 사실 같은 것도 자기의 의사로 한 것이 아니고 강제로 부득이한 것이니 참작할 여지가 있다고 생각한다. 그리고 이번 선거는 제한된 시간과 불충분한 조건 아래 실시한 선거로서는 성과를 얻었다고 믿는 바이며, 나는 전 권한을 가진 사람은 아니고 사소한 일도 전부를 미인과 사의해서 결정하는 절름발이 시장에 불과하다."

(「서울시장 김형민, 입법의원 선거 문제에 관해 언급」, 『서울신문』 1946년 11월 12일)

11월 12일자 『동아일보』에는 이 회견을 보도하면서도 장덕수 문제는 싣지 않았다. 한민당에 불리한 내용이라고 판단한 모양이다. 그러나 김형민의 "절름발이 시장" 주장에는 조롱을 아끼지 않았다. 입법의원과 관계없는 내용의 「기자단 질문에 김 시장이 무성한 답변—넘쳐흐르는 분뇨는 누가 치우나? 나는 책임질 수 없다」라는 제목의 흥미로운 기사를 옮겨놓는다.

"본래 금년 2월에 예산을 세울 때 노동자 한 사람의 하루 품삯을 15원으로 정한 것이 인플레로 말미암아 현재는 도저히 예산액으로서는 노동자를 움직일 수가 없어서 앞서 청소 사무를 각 구정(區町)으로 이관하는 동시에 각 동회장의 협력을 얻어 동민과 더불어 자치적으로 이 문제를 해결하려고 하였으나, 결국은 이 안이 미군 관계자에게 부결되고 말았다. 시장인 나는 절름발이 시장이다. 부결할 권리가 있는 사람은 그 책임도 있으리라고 믿는다. 이 문제에 대하여서는 제2안을 고려하고는 있으나 나는 책임질 수 없다."

이 선거는 결국 한민당과 독촉 후보자 그리고 그에 동조하는 무소속 후보들이 휩쓸었다. 김규식은 서울과 강원도의 상징적 재선거 외에는 이 상황을 묵인했다. 김규식의 이 정도 너그러운 협조가 하지에게는 고맙고 미더웠을 것이다. 그래서 김규식이 주도하는 조미공위가 한 달 남짓 동안 경찰, 친일파, 통역정치 등 기반 문제들을 해결은 못했을지언정 제기는 할 수 있었던 것이다. 그리고 입법의원의 관선의원 선출에도 한민당과 이승만의 반발을 무릅쓰면서까지 합작위 의견을 존중하여 최소한의 균형을 맞추는 일이 가능했다.

1946. 11. 14.

'반미 좌경' 미국 기자가 본 이북의 모습

이남에서 입법의원 선거가 잘 됐느니 못 됐느니 시비가 일어나고 있던 1946년 11월 3일, 이북에서는 인민위원회 선거가 있었다. 이날 선거는 도·시·군 단위의 선거였고, 리·동 단위 선거는 1947년 2월 24~25일, 면 단위 선거는 3월 5일에 열리게 된다. 2월 17~20일에는 '도·시·군 인민위원회 대회'를 열어 북조선인민위원회를 구성하게 된다.

이북의 인민위원회 선거에도 지금 우리 기준으로 보면 문제가 없지 않았다. 그러나 보통선거와 비밀선거의 원칙이 대략 지켜졌다는 점에서 이남 입법의원 선거보다 월등한 성공이었다. 이 선거를 통해 인민위원회는 주민을 대표하는 정통성을 갖추게 되었다.

이북의 선거가 이남의 선거보다 잘된 데에는 선거 진행 방법의 차이도 있었겠지만, 민심이 안정되어 있다는 데 근본적인 이유를 찾을 수 있다. 1947년 여름에 이북 지역을 방문한 한 미국 언론인의 기행문을 통해 당시 상황을 개관해본다.

『해방전후사의 인식 5』(497~538쪽)에 수록된 안나 루이스 스트롱(Anna Louise Strong)의 「기행: 북한, 1947년 여름」은 1947년 방문을 바탕으로 작성되어 1949년에 발행된 기행문이다. 스트롱은 당시 공산권에서 이례적으로 환영받는 미국 언론인이었는데, 이 북한 기행문을 봐도 그 이유를 쉽게 알아볼 수 있다. 사회주의 운동을 미화하고 미국의 패권주의를 비판하는 그의 자세는 글머리에 마크 게인의 글을 인용해놓은 데서부터 유감없이 드러난다.

> 한국은 세계열강으로서의 우리 미국이 자발적으로 떠맡은 주요한 부분이다. (…) 우리는 이곳에서 매우 심한 오류를 범해왔다. (…) 여론조사에 의하면 64퍼센트의 한국인들이 우리를 혐오하고 있다. (「기행: 북한, 1947년 여름」, 『해방전후사의 인식 5』, 한길사 2006, 497쪽)

스트롱의 글은 그의 '반미 좌경' 성향을 감안해서 읽어야 한다. 그러나 감안할 것을 감안하더라도 분명한 사실들을 명확하게 정리한 점은 인정하지 않을 수 없다. 1945년 9월 미군의 진주에서부터 자신의 방문 때까지 약 2년간 상황 진행을 스트롱은 이렇게 요약했다.

> 한국은 적이 아니라 일본 침략의 희생물이었다. 우리는 점령군이 아니라 해방군으로 가야 했다. 점령은 전쟁이 끝난 뒤 1년 이내에 종식되게 되어 있었고, 그 뒤에는 미·영·중·소 4대국이 한국의 독립을 도와줄 5년간의 신탁통치를 하게 되어 있었다.
>
> 계획은 그러했으나 현실은 정반대였다. 소련에 대항하는 점증하는 냉전은 한국을 하나의 기지가 되게 했다. 미국과 소련이 들어간 두 지역은 두 개의 군사 점령지가 되었다. 마찰이 점점 심화되고 있었다.
>
> 미군이 1945년 9월 7일 남한 지역에 상륙하였을 때 수많은 한국인은 춤추고 기뻐하면서 만세를 외쳤다. 6개월도 안 되어 뿌루퉁해진 한국인들은 미국인들이 언제 돌아갈 것인지를 캐묻게 되었다. 1년이 못 되어 미국 군대가 유지하는 경찰국가에 대항하여 80개 도시와 수

백 군데 농촌 지역에서 대규모 봉기가 일어났다.

(…) 상륙 이틀 뒤 하지는 25년간 해방을 기다려온 한국인들에게 일본인 관리들이 잠정적으로 한국을 통치하게 될 것이라고 선포했다. 미국인들을 맞이하려고 기다리던 한국인 대표들은 일본 경찰의 총알 세례를 당했다.

러시아인들은 미국인들과는 정반대 정책을 추구했다. 그들은 미국이 억압하였던 '인민위원회'를 인정했다. 러시아인들은 한국인들이 주도하여 일본의 앞잡이들을 내쫓고, 지주들의 땅을 나누어주고, 일인 소유 공장들을 '한인의 자산'으로 국유화하도록 고무했다. 러시아인들은 농민조합, 노동조합, 여성동맹, 청년동맹 등 그들이 대중 조직이라고 하는 것에 대해 호의적으로 대했다. 러시아인들이 들어간 북부 지역에서는 자신들이 원하는 대로 자신들의 조국을 정력적으로 만들어가는 그러한 조직들이 상당히 생겨났다.

미국과 소련은 한국의 장래를 결정하기 위해 가끔 회합을 가졌다. 2년간의 이런 대화의 결과는 아무것도 없었으며 적대감만 늘어갔다. 미국인들은 친일 매국노들과 쫓겨났던 자들을 임시정부에 참여시키기를 고집하였고 소련은 반대했다. 러시아인들은 노동조합·농민조합과 같은 조직의 대표들을 참여시켜야 한다고 했으며 미국은 이에 반대했다. (같은 책, 498~499쪽)

이북 지역의 취재에 소련군이 아무런 개입도 하지 않았기 때문에 "나는 미군 점령 지역의 어떤 통신원보다도 자유롭고 가까이에서 소련 점령 지역의 한국인들과 접촉했다"고 스트롱은 장담한다(같은 책, 502쪽). 자기네가 보여주고 싶은 면을 스트롱에게 보여주려 한 북로당 측의 노력은 더러 느낄 수 있지만, 소련인의 개입은 분명히 없었던 것으로 보인다. 당시의 이북 지역에서 소련인이 그리 눈에 띄지 않는 존재였다는 사실 자체가 흥미롭다.

> 북쪽의 한국인들은 자신들 스스로 상황을 이끌어가고 있다고 생각하는 것 같았으며, 그와 같은 사실은 내게 아주 인상적이었다. 그들은 그 문제에 있어서 심지어 순진하게조차 보였다. (…) 그들 주장에 따르면 러시아인들은 미국과의 조약 때문에, 그리고 오직 자문을 하기 위해서만 북한 지역에 머물고 있다는 것이었다. (…)
> 러시아인들이 외교적인 관계를 담당하고 있고 북한의 국방을 지원하고 있다고 내가 지적하면 그들은 그런 것들이 아무 문제도 되지 않는 듯이 무시해버렸다. "선거, 경찰, 사법, 행정 등의 모든 나라 일에서 우리 한국인들이 주인 역할을 하고 있습니다"라고 말하곤 했다.
> 러시아인들이 많이 모여 있는 곳은 수도인 평양뿐이었는데, 그곳에서조차 그다지 눈에 띄지는 않았다. 실제로 러시아인들을 많이 볼 수 있었던 것은 해방 기념 경축일인 1947년 8월 15일뿐이었다. 소련의 장군들은 연단 위에서 김일성 위원장 옆에 서서 공장과 단체들의 행렬을 사열했고, 행진하는 군중들의 갈채를 받았다. 이어 있은 연회에서 러시아인들은 한국인들과 섞여서 번갈아 축배를 들고 그들의 민요를 불렀고(러시아인들이 볼셰비키 선전가가 아닌 우크라이나의 옛 연가로 응대하는 것을 보고 놀랐다), 상대방의 여성들과 춤을 추었다. 자연스럽고 흥겨운 승리의 축하연이었다. 미군이라면 그렇게 쉽게 아시아인과 동등하게 어울릴 수 있을지 나로서는 상상하기 어려운 것이었다. 이는 러시아인들이 아시아에서 갖는 강점 중의 하나였다.
> 내가 본 바로는 러시아인들은 인기가 있었다. 더 중요한 사실은 그들의 인기가 올라가고 있다는 것이었다. 전투를 하며 들어온 첫 부대는

독일 전선에서 온 거친 사람들이었기 때문에 1945년에는 그들에 대한 불평이 좀 있었다. (…) 처음에 충격을 주었던 부대들은 빠른 시일 동안에 농업, 공업, 기술, 행정 전문가로 대체되었고, 이들은 북한 곳곳에 흩어졌으며 그들의 기능은 아주 분명하게 제한되었다. 동해안의 한 농업 감사관은 도청 소재지에 10명 내지 12명 정도의 러시아인이 있으며 그가 있는 군에는 3, 4명 정도만이 있고, 그들이 하는 일은 단지 자문해주는 것이라고 말했다. (…)
러시아인들의 점령에 대한 재미있으리만큼 순진한 이러한 태도는 부분적으로는 새로이 해방된 인민의 허풍이기도 하지만 그것은 또한 러시아인들의 빈틈없는 수완 탓이기도 하다. 남쪽의 미국인들이 누구를 밀 것인가를 늘 논의하고 그들이 택했던 입법의원 의장 김규식의 말대로 "사소한 일에도 늘상 간섭하였던" 것과는 달리 러시아인들은 북한에서 단 한 명의 관리 임명에도 끼어들지 않았고 법률을 입안하는 데에 개입하지 않았다. 러시아인들은 그런 일은 한국인들 스스로의 일이라는 입장을 확고하게 견지했다. (…) 러시아인들이 자기들 위에 군림하고 있다고 느끼는 한국인을 나는 발견할 수 없었다. 실제로 나는 '한국 인민의 힘'에 대한 거의 신비할 만큼의 신념을 볼 수 있었다. 한 농부는 지주들이 토지 몰수를 저항 없이 받아들인 것은 붉은 군대 때문이 아니라 '정당한 법과 조선 인민의 의지' 때문이라고 말했다. 한 공장 노동자는 '친일 반역자들이 남쪽으로 달아난 것'은 러시아인들 때문이 아니라 '인민의 분노에 대한 두려움' 때문이라고 했다. 북한 사람들은 정치에 있어서는 국제사회의 현실에 대해 좀 배워야 할 것이 있는 희망에 찬 젊은이들 같아 보였다. 그러나 그들의 태도는 스스로의 정치적 역량에 대한 자각된 의식을 보여주고 있었다. (같은 책, 502~504쪽)

1946년 11월 3일 이북 인민위원회 선거 모습.

이북 당국의 선전에 넘어간 냄새가 좀 나기는 한다. 하지만 스스로 믿지 않는 것을 남에게 믿으라고 하는 우격다짐 선전이 아니라 스스로 믿는 것을 외부인에게 권하는 양심적 선전이다. 스트롱 본인은 그 선전자들을 "현실에 대해 좀 배워야 할 것이 있는" 순진한 사람들로 보며 냉철한 시각을 지키고 있다.

이남의 미군이 열차 전용 칸을 운영하며 군정청 발행의 차표 가진 사람들까지 (젊은 여성 빼고) 쫓아내는 데서부터 민중 시위에 탱크 동원을 주장하는 데까지, 모든 법령을 자기네 손으로 만들다가 법령 만들 입법의원까지 자기네 손으로 만드는 온갖 행태와 극도로 대비되는 자세를 이북의 소련군이 취한 것은 분명한 일이다. 미국인들이 자기들 위에 군림하고 있다고 느끼지 않는 한국인이 이남에 있었을까?

스트롱은 1946년 11월 3일 인민위원회 선거에 관해서도 재미있는 이야기를 전해준다.

그들은 〔단일 후보를 놓고 찬반을 투표하는〕 자신들의 방식을 좋아하는 것 같았다. 99퍼센트가 투표하였는데 나와 대화를 했던 모든 사람들은 강요받은 바 없이 투표하고 싶어서 투표했다고 주장했다.
나는 이 문제를 한 여성 광부와 같이 의논해보았다.
"총선에 투표했나요?"
"물론이지요. 후보는 우리 광산 사람이고 아주 훌륭한 노동자이지요. 광산에서 그를 후보로 추대했습니다"라고 그녀가 말했다.
나는 서구의 선거에 대해 설명했다. 후보가 한 사람뿐이라면 투표해보아야 아무것도 바뀌지 않을 텐데 선거가 무슨 소용이겠느냐고 내가 주장했다.
그녀는 사람들이 그 후보에게 찬성투표를 하지 않는다면 그 후보는 큰 창피를 당하는 것이라고 말했다. 심지어 그 후보는 최소한 반 이상의 득표를 못하게 될 경우 선거에서 지는 것이 된다.
"물론 제가 없어도 그 후보는 선출되리라는 것을 알고 있지요." 그녀는 겸손한 미소를 지으며 덧붙였다.
"왜냐하면 그는 인기가 대단하고 나의 표 없이도 충분한 표를 얻고 있어요. 그러나 나는 그가 더 많은 표를 얻기를 바라고 모든 사람이 그를 찬성한다는 것을 알기를 바라요. 왜냐하면 그는 우리 광산 출신의 훌륭한 노동자이기 때문이지요. 게다가 이것은 우리 최초의 선거이고 아무도 지체시킬 수 없는 것이지요!"
"우리 모두는 후보자를 알고 있습니다. 우리 모두는 그를 좋아하고 그에 대해서 이야기한답니다." 그녀는 결론을 내렸다.
"정당은 우리 광산과 공장에서 모임을 주최하였고 인민들의 기호를

> 알아내었습니다. 그러고 나서 그들은 함께 가장 적절한 사람을 추천하였던 것입니다. 나는 여기에서 무엇이 잘못되었고 미국인들이 왜 그것을 좋아하지 않는지를 모르겠어요." 그녀는 잠시 쉬었다가 도전적인 어조로 덧붙였다.
>
> "어쨌든 미국인들이 그것에 대해 말하는 것을 이해할 수 없어요."
>
> 투표 방법은 단순했다. '반대'용 검은 상자와 '찬성'용 흰 상자가 있었다. 투표자는 선거구의 도장이 찍힌 카드를 받아 장막 뒤에 가서 그가 선택한 상자 속에 카드를 넣었다. 카드는 똑같은 것이어서 아무도 그가 어떻게 투표했는지를 알 수 없었다. (같은 책, 510~511쪽)

후보가 몇 명이든 마음대로 출마하게 하고 투표자 한 사람이 후보 한 사람을 고르게 하여 1등을 당선시키는 우리의 '미국식' 선거와 분명히 다른 방식의 선거다. 방식이 다를 뿐 아니라 개념이 다른 선거다. 이것이 자유민주주의와 인민민주주의의 차이일까? 어떤 방식, 어떤 개념의 선거가 나은 것인지 나는 잘라 말하지 못하겠다. 적어도 당시의 조선 상황에서는.

1946. 11. 16.

선거에서 드러난 정치 발전의 남북 격차

한민당이 11월 15일 기자단 회견에서 발표한 담화문에 이런 대목이 있었다.

> "북조선에서 거행된 선거 상황을 보면 공산 계열의 각 단체 대표로 조직된 선거 위원들이 도 혹은 군과는 인연이 먼 사람을 입후보자로 인정하고 선거 전에 청년·부녀·학생들을 총동원하여 입후보자에게 찬성 투표하라 권유하고 선거장에는 백·흑 양 상자 중 하나를 투표케 했다. 이러한 부자연한 투표에서 공평한 인물이 나올 리 없고 공산계 인물만이 독점할 것은 동구 주 소련군 점령지의 선거와 마찬가지다."
>
> (「한민당, 대일 배상 문제와 북조선 선거에 관해 담화 발표」, 『서울신문』 1946년 11월 16일)

11월 1일자 한민당 담화문을 7일자 일기에 소개했다. 입법의원 선거가 "대체로 민의를 반영했다 할 수 있"으며 "조선 민족은 확실히 이번 선거에서 그 자치 능력을 확인"했다는 담화였다. 입법의원 선거를 이렇게 긍정하면서 이북 선거를 비판하는 것이 마치 제 눈에 들보는 못 보면서 남의 눈에 티는 잘 보는 것 같다.

1946년 11월 3일 평양음악학교 학생들이 김일성과 스탈린의 초상화를 들고 도·시·군 인민위원회 선거 경축 행진을 하고 있다.

오늘은 인민위원회 선거에 집중할 터이므로 입법의원 선거의 문제는 눈감아두겠다. 한민당의 "부자연한 투표"라는 비판 내용을 먼저 살펴본다. "선거 전에 청년·부녀·학생들을 총동원하여 입후보자에게 찬성 투표하라 권유"하고 "선거장에 백·흑 양 상자 중 하나를 투표케 한" 두 가지 사실이 지적되어 있다.

엊그제 일기에 소개한 스트롱의 「기행: 북한, 1947년 여름」에 이 투표에 관한 여성 광부와의 대화가 들어 있는데 광부가 이렇게 말한 대목이 있다.

> "정당은 우리 광산과 공장에서 모임을 주최하였고 인민들의 기호를 알아내었습니다. 그러고 나서 그들은 함께 가장 적절한 사람을 추천하였던 것입니다." (「기행: 북한, 1947년 여름」, 『해방전후사의 인식 5』, 511쪽)

선거 전에 모임을 가진 것은 분명한 사실이다. 그런데 한민당 주장은 공산계에서 미리 정해놓은 후보를 지지하도록 이 모임에서 권유했다는 것이고, 이 광부의 주장은 이 모임을 통해 적절한 후보가 선택되었다고 하는 것이다.

한민당 주장이 전적으로 틀린 것이라고 볼 근거가 내게는 없다. 선거를 관리하는 쪽에서 미리 내정한 후보를 밀고 나간 경우도 전혀 없지는 않았을 것 같다. 그러나 전체적 원칙으로는 주민들이 모임을 통해 원하는 후보를 찾아내도록 하는 것이 선거의 효과를 위해 바람직하다는 사실을 관리하는 쪽에서도 몰랐을 리가 없다.

그리고 지난 9개월간 임시인위가 가동되어왔다는 사실을 생각해야 한다. 임시인위 담당자들은 인민의 지지를 모으기 위해 노력해왔고, 많은 경우 이 선거는 그 담당자들에 대한 '재신임'의 의미가 있었을 것이다. 전체적으로는 임시인위 체제가 재신임을 받아 정식 인민위원회로 발전하는 것이 이 선거의 목적이었다.

요즘 우리 정치계에서 '전략 공천'이라고 하는 것과 비슷한 의미에서 지도 집단이 강력히 필요로 하는 인물들을 낙하산으로 내려 보낸 경우가 없지 않았을 듯도 하다. 그러나 인민이 선거에 만족을 느끼게 하려면 이 광부처럼 주민들이 알고 좋아하는 인물이 후보에 많이 올라야 했다. 낙하산이 많이 필요하지도 않았을 것이다. 임시인위 체제를 통해 잠재적 후보자들이 충분한 검증을 받고 있었을 테니까.

후보 하나하나에 대한 찬부를 투표하는 '흑백함' 투표는 어릴 때부터 반공 선전에서 많이 듣던 것이다. 그런데 그 내용을 살펴보니 반공 선전 내용과는 많이 다르다. 흑백함 사용 자체가 비밀선거 원리를 어기는 것처럼 얘기했는데, 그 점에서 아무 문제없는 것이었다.

흑백함 투표가 여러 명의 대표를 뽑는 데도 사용되었다는 사실을 스트롱의 기행문에서 알게 되었다. 다음은 1947년 2월 하순의 리·동 단위 선거 때의 이야기로 보인다.

> 부락 선거에서도 대단히 흥미 있는 방식으로 검은 상자와 흰 상자가 사용되었다. 한 마을에서는 12명의 후보 가운데서 부락위원회 위원 5명을 뽑게 되어 있었다. 각 투표자에게 12장의 투표용지가 주어졌는데 그 용지에는 후보자의 이름이 적혀 있었다. 투표자는 지지하는 후보자의 이름이 적힌 용지는 흰 상자 속에 넣었고 지지하지 않는 후보자 용지는 검은 상자 속에 넣었다.
> "용지 전부를 흰 상자 속에 넣는 것을 어떻게 방지합니까?" 라고 내가 물었다.
> "방지할 방법은 없죠. 그러나 그런 경우 그 투표자는 자신의 뜻에 반해 투표하는 것이 됩니다. 왜냐하면 그가 던진 표들은 어느 후보가 다른 후보보다 앞서게 하지는 못하니까요. 그는 마음대로 할 수 있습니다. 원하는 만큼 흰 상자에 넣어도 되고 검은 상자에 넣어도 되며, 원한다면 찬성투표든 반대투표든 하지 않은 채 용지 몇 장을 집에 가져가도 됩니다. 만일 그가 어느 한 후보를 강력하게 지지한다면 그 한 사람에게는 찬표를 던지고 나머지 후보들에게는 반대표를 던지게 되겠죠. (…) 투표 총수가 계산되고 흰 상자의 표와 검은 상자의 표를 점검하면 우리는 마을 주민의 의사를 정확히 알게 됩니다." (같은 책, 512쪽)

재미있는 방법이다. 민의 표출을 참 쉬우면서도 정확하게 할 수 있는 방법이다. 12매의 투표용지를 구분할 독해력을 못 가진 투표자는 한꺼번에 두어 장씩 갖고 여러 차례 투표소에 들어가는 것도 허용되었다고 한다. 선거를 처음 해보는 투표자들에게 참 친절한 투표 방법이다.

인민위원회 선거를 주관한 공식 주체는 임시인위였는데, 도·시·군 단위 선거의 후보 추천에는 북조선민주주의민족통일전선■(이하 '북민전'으로 줄임)이 나섰다. 여러 정당·단체들이 북민전 안에서 논의하여 단일 후보를 내고 찬반투표에 붙였는데, 충분한 합의가 이뤄지지 않으면 복수 후보를 낸 곳도 있었다고 한다(임영태,『북한 50년사 1』, 들녘 1999, 124쪽). 가장 강력한 정치 세력인 북로당도 정파적 목적의 전략 공천은 하기 힘들었을 것으로 보인다.

그래서 선거 결과도 "이러한 부자연한 투표에서 공평한 인물이 나올 리 없고 공산계 인물만이 독점할 것"이라는 한민당의 짐작과 거리가 있었다. 1947년 2월 20일에 선출된 최고인민회의 대의원 237명 중 북로당원은 86명(36퍼센트)이었고, 민주당과 청우당은 30명씩, 그리고 무소속은 91명이었다. 무소속 중 다수는 정치와 관계없는 현장 일꾼으로서 북로당을 지지하는 입장이었을 것으로 짐작된다.

단독 후보 찬반투표를 이북 주민들이 만족스러워하는 정도가 아니라 자랑스러워한 것으로 스트롱은 전한다. 단독 후보가 아니었던 리·동 단위 선거가 더 만족스러운 선거일 것이라고 스트롱 자신은 생각했는데, 주민들 생각은 다르더라는 것이다.

> 나는 이런 마을 선거에 호기심을 느꼈다. 왜냐하면 이 선거는 유권자의 선택을 정확하고 섬세하게 표현하는 것처럼 보였기 때문이다. 그러나 내가 이야기를 나눠본 한국인들은 이 방식을 상당히 원시적인

■ 1946년 7월 22일 조직된 통일전선 조직체이다. 북조선공산당 주도로 평양에서 북조선 민주주의 각 정당·사회단체 대표회의에서 북조선민주주의민족통일전선이 정식 발족되었다. 이어서 북조선공산당과 북조선신민당이 통합하여 북조선노동당을 조직했고, 북민전은 각 정당·사회단체의 협의기관으로 북로당의 대중적 외곽 단체 역할을 했다.

> 것으로 여겼다. 그들에게는 정당 간의 합의에 따라 세워져서 인민들에 의해 인준되거나 거부되는 단일 후보 방식(single slate)이 보다 '발전된 방식'이었다. 그들은 단일 후보 방식에서는 후보들이 대중 집회에서 먼저 광범위하게 거론되고 최종적으로 추천되기 전에 모든 정당 지도자들의 심사를 받게 되므로 이 방식이 최선의 대표를 확보하는 데 보다 유리하다고 주장했다. (같은 책, 512쪽)

그저께도 얘기했듯 스트롱의 서술을 읽는 데는 그의 정치 성향과 북로당 측의 선전 효과를 감안할 필요가 있다. 그러나 대다수 이북 주민이 인민위원회 선거에서 만족해한 것은 분명한 사실로 보인다. 선출된 인민위원회는 임시인위와 다른 차원의 정통성과 권위를 가지게 되었다.

> 북조선인민위원회는 소련과의 관계라는 측면에서 볼 때 북조선임시인민위원회와는 달랐다. 앞에서 지적한 바와 마찬가지로 북조선임시인민위원회는 정책을 수립하고 집행하는 데 소련군 사령부의 지도를 받거나 승인을 얻어야 했다. 그러나 북조선인민위원회의 성립을 계기로 소련군 사령부에 의한 인민정권에 대한 지도와 감독은 사라졌고 행정권은 북한 사람들의 손으로 넘어갔다.
>
> 이러한 변화는 '북조선인민위원회에 관한 규정'에도 반영되어 나타났다. 이 규정의 제1조는 "북조선인민위원회는 조선에 민주주의 임시정부가 수립되기까지 북조선 인민정권의 최고 집행기관이다"라고 규정했으며 제12조는 "각 국장 및 부장은 북조선인민위원회에 복종한다"고 규정함으로써 사실상 소련군 사령부의 인민정권에 대한 간섭을 소멸시켰다. (김주환, 「해방 후 북한의 인민민주주의혁명과 사회주의혁명」,

『해방전후사의 인식 5』, 311쪽)

1947년 초까지 소련군을 완전히 뒷전으로 돌려보내는 이북에서의 변화와 군정청의 부속 기구로 입법의원을 겨우 만드는 이남에서의 변화를 대비해보며 한심한 마음을 금할 수 없다. 그 입법의원이나마 선거 같지도 않은 선거로 뽑은 '민선' 45명 의원에 '관선' 45명을 합쳐 구성한 것이었으니……. 이제는 정치 발전에서 남북의 격차 자체가 통일 건국을 어렵게 만드는 또 하나의 요인이 된 것이다.

이남의 정치 발전 지체는 미군정의 정책 등 이남 사정에 일차적 이유가 있었지만, 이북 사정에 영향을 받은 면도 작지 않다. 친일파와 지주층을 대거 남쪽으로 내려가게 함으로써 이남의 반동 세력을 강화시키는 등 일방적 '개혁' 조치가 이남 사정을 악화시켰고, 이북 좌익의 역량 강화가 이남 좌익의 진로에 매우 큰 영향을 끼친 것으로 보인다.

이 점과 관련해 이른바 '민주기지노선'이 당시 상황에서 어떤 역할을 했는지 살펴볼 필요가 있다. 김남식은 「해방 전후 북한 현대사의 재인식」에서 민주기지노선에 대한 확고한 입장이 1948년 3월 북로당 2차 당대회에서 김일성의 보고에 나타났다고 한다.

> 8·15 해방 직후 우리 당은 소련 군대가 진주하고 있는 유리한 조건을 리용하여 오직 북조선에서 민주주의적 근거지를 튼튼히 하여 전조선 민족을 완전히 해방하여 조선을 부강한 민주주의 국가로 만들 기지를 닦아놓아야 되리라는 것을 명백히 인식하였습니다. 북조선에 민주주의적 근거지를 튼튼히 닦으려면 오직 우리 당이 더욱 튼튼하고 강력한 대중적 정당으로 발전하여 광대한 인민대중을 우리 당 주위에 결속·단결해야만 될 것이었습니다. 그리하여 우리 당은 북조선

> 각지에 산만하고 조직 체계가 서지 않은 각 도 지방당들을 결속하여 북조선의 모든 유리한 조건과 환경들을 리용하여 적당한 정치적 임무들을 수행할 수 있는 강유력한 중앙조직기관이 북조선에 필요함을 인정하고 1945년 10월 중순에 조선공산당 북조선 중앙국을 결성하게 되었습니다. (「해방 전후 북한 현대사의 재인식」, 『해방전후사의 인식 5』, 15~16쪽에서 재인용)

김남식은 이 인용문에 이은 설명에서 "조선공산당 분국이 설립되면서 민주개혁들을 착수해나간 것 자체가 이미 북한 지역을 혁명기지화하기 위한 조치"였으므로 1945년 10월 중순 서북5도 당대회에서 민주기지노선이 채택되었다는 주장이 지배적이라는 사실에 수긍한다. 그리고 "남한에서 활동했던 공산주의자들은 민주기지노선에 대한 인식을 거의 가지지 못함으로써 북한의 민주기지 역량을 과소평가할뿐더러 그것을 부정 또는 격하시켜 남한의 혁명 세력 중심의 모험주의적인 투쟁을 전개"하였다고 비판했다.

이 방면의 내 공부가 얕아 자신 있게 말할 수 없지만, 민주기지노선을 당시의 정답인 것처럼 내놓는 관점은 불만스럽다.

김일성이 위의 보고를 행한 1948년 3월에는 이남 지역의 사정이 민주주의 도입이 불가능한 상황으로 낙착되고 있었지만, 1947년 초여름 제2차 미소공위 때까지는 그렇게 절망적인 상황은 아니었다. 이남 사정을 완전히 비관하고 이북의 민주기지 건설에 일방적으로 매진하는 데 이북 지도층 내에서도 상당한 저항이 있었을 것 같다. 그 단계에서는 민주기지노선이 경합하는 여러 경향의 하나일 뿐이었다가 1948년 들어 북로당 노선으로 확립된 것이 아닐까. 앞으로 더 유의해서 살펴봐야겠다.

1946. 11. 18.

조선에서 소련의 성공, 미국 대사도 인정했다

연합국배상위원회의 미국 대사 에드윈 폴리(Edwin W. Pauley, 1903~81. 당시 조선의 신문에는 '포레'란 이름으로 표기되었다)가 트루먼 대통령에게 제출한 일본 배상 문제 보고서를 11월 17일 국무성이 공개했다. 기술적인 내용이라서 읽기에 딱딱하지만 신문에 보도된 폴리 대사의 건의 내용을 옮겨놓는다. 일본 제국의 청산 백서라 할 수 있는 이 보고서가 조선을 포함한 아시아 지역의 정세 변화에 큰 의미가 있었기 때문이다.

> 1. 일본의 전 군수물자 제조 공장과 전 입조 고무 알루미늄 마그네슘 공장을 완전히 철거할 것.
> 2. 전기·철·강철·철광·합금·광물·공작구·철도 기재·상선을 공급하는 공장의 대부분을 철거할 것.
> 3. 수공업·고무 가공·채금·기타 일본 경제 재건에 필요한 수종 경공업을 포함한 일부 공업은 배상 요구로부터 제외할 것.
> 4. 수직물·인조 직유·펄프·목면·지류 공업의 처분은 장차 결정할 것.
> 5. 전 일본 지배하에 있었던 제국 내의 일본 공업 자산을 이동하지 않

을 것. 이러한 자산은 소재국에 남겨두고 그 가격을 이들 국가의 배상 요구에 가산할 것. 미국은 이전에 피정복 영토를 착취하기 위하여 사용된 일본 내의 여하한 공장과 시설을 이들 영토에 유리하게 이전할 수 있는가를 결정할 것이다.

6. 미국은 일본 국민이 합리적 경제를 재건하고 모든 국가와 평화롭게 살 수 있도록 해야 한다.

7. 이하 4종의 배상에는 반대한다.

가. 노동 배상

나. 현하 생산에서의 배상

다. 현재 물자 스톡에서의 배상

라. 일본 상사의 주식에서의 배상

8. 군사 당국이 파괴 또는 해체할 수 있는 공장은 완전 철거의 범위에서 제외할 것.

배상을 조속히 인도하는 것이 중요하다. 나와 내 동료가 조사한 결과, 방치와 포장의 곤란으로 일본 내의 대량 물자가 파멸되어가고 있다.

(「미 국무성, 배상조사위원 포레 보고서 중 건의 내용 발표」, 『서울신문』 1946년 11월 19일)

폴리는 석유 사업가로서 민주당 재정 부문에서 중요한 역할을 맡은 인물이다. 트루먼과의 각별한 친분을 발판으로 1941년에 유럽 지원 정책 렌드-리스(Lend-Lease)■의 석유 담당관으로 임명되었고, 트루먼 취임 후 배상위원회 대사로 임명받았다.

■ 미국이 제2차 세계대전 동안 영국, 소련, 중국 등 연합국에 군수물자를 대여한 정책. 제1차 세계대전 때는 군수물자를 구매하는 해당 국가가 선불로 지급하고 직접 운송했으나 영국이 전쟁과 공습으로 무기를 구매하고 운송할 능력이 없게 되자, 미국이 해당국에 무료로 운송했다.

연합국배상위원회의 미국 대사 에드윈 폴리. 합법적이고 평화적인 방법으로 소련과 공정한 경쟁을 통해 남한의 미국에 대한 자발적 종속을 유도하고자 했다는 점에서 폴리는 국제주의 전통을 보여준다.

폴리의 건의 내용을 보면 제1, 2항에서 군수산업의 기반이 될 수 있는 중공업 부문을 일본에서 없애려는 방침을 알아볼 수 있다. 제3, 4항을 보면 소비재와 경공업 부문만 살려주려는 뜻이다. 제5항은 조선의 일본인 재산에도 적용되는 것이다. 12월 1일자 『경향신문』에는 일본에 남겨둘 선박 톤수와 부문별 공장 규모까지 밝힌 「일본 배상 청서」 내용이 보도되었다.

폴리의 보고 중 더 흥미로운 내용도 있다. 『동아일보』는 11월 24, 26일 두 차례에 걸쳐 『뉴욕 헤럴드 트리뷴New York Herald Tribune』 기사를 옮겨 실었는데, 당시 조선 사정에 대한 폴리의 시각이 담겨 있다.

> "구라파에서 미소 양 진영의 대변자들이 서로 야단하고 있는 판에 이곳 극동 한 모퉁이에서는 두 정치·경제 계열 사이에 맹렬한 시합이 진행되고 있다. 구라파와 마찬가지로 전쟁에 피폐한 수천만 민족이 언론, 선거, 기업의 자유를 내포하는 미국식 민주주의를 채택할지 그렇지 않으면 이와 전연 다른 민주주의적 견해를 견지하는 공산주의로 나아갈지가 문제이다.

사상의 대결이 극동에서 가장 선명하게 드러나는 곳은 조선일 것이다. 여기서 전개되는 사상전이야말로 미국이 전 아시아에서 과연 성공할 수 있을까 없을까를 결정하는 것이다.

북조선에서는 소련이 정치적으로 경제적으로 민주주의에 대한 소련식 방법이 인민의 최대 행복이 된다는 점을 강조하고 있다. 그리고 당시 직면한 환경은 공산주의를 시작하는 데 유리한 것이었다. 그 이유는 전쟁 전까지 조선의 근대적 경제기구의 97퍼센트가 왜정의 손에서 운용되었다는 점이다. 이것이 전부 인민위원회로 이책되었으니 공산주의의 실천은 탁상공론만이 아니었다.

(…) 이 배상 계획은 다행히 채택되었다. 금년 5월에 대통령의 지령을 받아서 기술진과 함께 조선과 만주를 시찰하여 일본의 과잉 생산 시설을 어떻게 하면 가장 적절하게 이곳으로 이관할 수 있을까를 연구했다.

만주에서 발견한 것은 소련군 철퇴 전에 감행된 공업 시설의 대량 이전과 파괴였다. 이곳 공업 발달은 적어도 한 세대 이상 후퇴한 감이 있었다. 소련 점령하의 북조선은 이와 반대로 하등 약취의 흔적은 보이지 않았다. 사실 여기서는 공업을 회복시키는 데 소련이 무척 애를 쓰고 있다는 점을 지적해야만 할 것이다. 많은 공장은 소군 감독하에서 조선인과 일본인 노동자 손으로 운용되고 있으며 그중 약간은 완전 조업의 성과를 보여주고 있었다.

그러나 조선 경제는 충분한 발전을, 아니 배상의 완전한 혜택을 받을 수 없을 것이 미소 양역(兩域)으로 분단된 38선을 볼진대 일목요연하다. 남북의 자재로운 물자 교류가 허락된다면 배상으로서 이전되는 생산 시설에 자극받아서 조선 경제의 건전한 발달을 기대하여도 좋을 것이다. 원수의 이 장벽을 철폐하도록 나는 동맹국인 소련을 설복하려 했으나 결국 수포로 돌아가고 말았다. 그렇다고 해서 우리의 초지를 굽히지 않았다. 한 일은 결단코 해야만 하니까.

그동안 우리는 북조선에서 소련 친구들이 하고 있는 것과 마찬가지의 노력을 해야만 할 것이다. 소련의 인생관을 북조선 인민이 받아들이도록 노력하는 것과 마찬가지로, 우리는 또한 우리의 인생관을 남조선 민중이 용납하도록 최선을 다해야 하겠다.

소련식 인민위원회의 손으로 거대한 토지개혁이 수행되고 있다. 이곳 공업 시설을 조직 운용하기 위하여 제일급의 기술자가 소련으로부터 파견되었다. 이러한 환경에서 북조선인은 실업 문제를 해결하는 동시에 자주 정권의 형태를 정비하고 있다.

우리의 인생관이 세계 인류에 최대 행복을 준다는 것을 확신할진대 우리는 감연히 그 시합에 응해야만 할 것이다. 나는 소련 국민에 대하여 모든 우호감에서 이러한 말을 하는 것이다. 합법적이며 평화적인 수단 방법으로서 소련이 그 지지자를 획득한다는 것은 소련이 가진 천부의 권리인 동시에 우리도 동일한 권리가 있다는 것을 소련이 인정해야만 할 것이다.

소련을 설복하여 철폐할 수 없는 38선 장벽이라면 차라리 우리 구역 내에서 미국 민주주의만이 전후 세계의 다난(多難)을 타개할 수 있다는 것을 증명해야만 한다. 조선에 필요한 생산 시설을 당연히 요구할 수 있는 배상의 형식으로서 일본으로부터 이전하지 않으면 안 된다. 조선의 공업을 부여하며 확장하기 위하여 위능(爲能)한 기술자와 행정인을 파견해야만 한다. 다시 말하자면 설교만이 아니라 행동을 통하여 우리의 사상을 가르치자.

이리하여 연합국이 보장한 조선인의 자유스러운 선거권 행사의 시기가 온다면 그들은 병립해온 두 가지 사상 계열을 신중 음미할 것이다. 조선인이 자주적으로 채택할 사상이야말로 조선인에게 가장 많은 안전과 행복과 자유를 부여할 것이다."

대통령의 친구로서 민주당 전당대회 의장까지 맡은 거물 정치인인 만큼 책임 회피에 급급한 군정 담당자들과는 얘기를 꺼내는 격이 다르다. 폴리 대사의 정치사상을 구체적으로 살피지는 못했지만, 민주당 실력자로 활약한 이 석유 사업가의 경력에서 자본주의에 대한 강한 신념을 가진 인물이라는 인상을 받는다.

그런 인물의 이야기 중에서 우리가 받아온 반공 교육 내용과 다른 점 몇 가지를 주의해서 살펴야겠다. 해방 조선이 자본주의보다 사회주의에 적합한 조건을 가지고 있었다는 사실. 소련이 조선에서는 산업 시설을 약탈하지 않고 산업의 유지와 발전을 효과적으로 도와주고 있었다는 사실. 덕분에 이북 지역에서는 실업 문제도 해결되고 자주 정권의 형태도 정비되고 있었다는 사실이다.

사실을 있는 그대로 받아들이고, 미국은 미국 나름의 "합법적이고 평화적인" 방법으로 소련과 공정한 경쟁을 벌이자는 것이 폴리의 주장이다. 구체적인 방법은 일본 산업 시설을 배상 형태로 들여오고 기술자와 행정가를 파견해서 경제 번영의 길을 열어준다는 것이다.

이 주장의 행간을 살펴보면 폴리는 미군정이 소련군에 비해 성과를 거두지 못하는 점을 걱정하고 있다. 평화적이지 못한 방법을 쓰고 기술자와 행정가를 충분히 파견하지 않고 있다는 사실에서 폴리는 그 이유를 찾았다.

어떤 종속 관계나 마찬가지로 남한의 미국에 대한 종속에는 채찍과 당근의 두 측면이 있었다. 남한 내지 조선 전체의 미국에 대한 종속을 바란다는 점에서는 폴리도 맥아더와 차이가 없었다. 차이는 당근을 중시하느냐, 채찍을 중시하느냐에 있었다. 완만한 경쟁을 통해 자발적 종속을 유도하고자 했다는 점에서 폴리는 국제주의 전통을 보여준다. 일본의 산업 부활을 허용하지 않으려 한 것도 물론 국제주의 입장이다.

일본의 전쟁배상은 샌프란시스코 평화조약을 통해 1951년에 확정되었다. 폴리 대사가 작성했던 청산 백서보다 일본에 매우 관대한 조건으로 낙착되어 경제대국으로서 부활이 가능하게 되었다. 미국 외의 연합국이 품은 불만을 미국이 대신 나서서 충족시켜주기까지 했다.

1946년 말까지 미국의 공식 정책은 폴리 보고서에 나타난 것처럼 소련과 우호 관계를 유지하고 일본을 죽이는 것이었는데, 그것이 뒤집힌 셈이다. 그 사이에 냉전이 궤도에 올랐기 때문이다.

1946. 11. 21.

'경찰 개혁' 엄두도 못 내는 미군정

10월 23일에 첫 회의를 연 조미공위는 임시로 만들어진 비공식 기구였다. (11월 2일자 일기) 좌우합작위원회(합작위)의 제안을 미군정이 받아들여 만든 것이었다.

미군은 진주 이래 조선 남반부의 통치권을 쥐고 있었다. 어떤 통치자든 효과적인 통치를 위해서는 피통치자의 의견을 수렴할 필요가 있다. '효과적인 통치'라 함은 피통치자의 복리만이 아니라 통치자의 이익을 위한 뜻까지도 포함하는 것이다. 통치가 어느 수준에 오른 뒤에 그것이 피통치자를 더 위하는 것이냐 통치자만을 위한 것이냐 따질 여지가 있는 것이지, 수준 미달의 통치는 양측 모두에게 손해가 될 뿐이다.

조선인의 의견 수렴에서 미군정은 수준 미달이었다. 진주 직후 구성한 고문단은 미국 유학자와 기독교인을 중심으로 유산 계층만을 대변하는 구성이었다. 온건 좌익인 여운형조차 몸담을 수 없는 구성이었다. 이 고문단이 조금 확장된 것이 1946년 2월 구성된 민주의원이었다. 미군정에 협조적 태도로 일관한 안재홍마저 "고궁에서 한담만 하는" 존재라고 탄식한 민주의원이었다.

반면 이북에서 소련군은 통치자 역할을 아예 사양하고 조선인들에게 가급적 많은 것을 맡겼다. 최소한의 개입과 협력을 통해 조선 사회의 흐름을 소련의 국익에 맞는 방향으로 유도했다. 1947년 여름 이북 지역을 방문한 스트롱의 설명이 단순 명쾌하다.

> 러시아인들은 좌익 정부가 필요하다고 생각했지만 좌익 정부를 세울 필요가 없었다. 그들은 그저 수천 명의 정치범들을 석방하면서 의미심장하게 "돌아가서 자유로이 조직하시오"라고 말하기만 하면 됐다. 일제 치하에서 모든 정치 지도자들은 일본에 봉사하거나 아니면 감옥으로 가야 했다. 친일파들이 사라지자 과거의 죄수들은 고향 마을의 영웅이 되었다. 그들 중에는 수많은 공산주의자를 포함한 여러 종류의 급진주의자들이 있었다. (「기행: 북한, 1947년 여름」, 『해방전후사의 인식 5』, 505쪽)

11월 18일자 일기에서 해방 조선의 상황이 사회주의에 적합하다고 본 미국의 배상위원회 대사 에드윈 폴리의 견해를 소개했다. 그 견해를 놓고 잠깐 생각해보니, 조선만이 아니라 식민지에서 해방되는 어느 사회나 다 그랬을 것 같았다. 자본주의의 속성 때문이다.

시장경제는 오랫동안 인간 사회에 존재해온 것이다. 그런데 시장경제의 원리를 사회조직의 주축으로 삼는 자본주의는 근대 들어서야 광범위하게 시행되기 시작했다.

무슨 까닭일까? 자본주의 체제는 낭비적인 체제이기 때문이다. 경쟁에 지나치게 치중하는 자본주의 체제는 비용이 많이 들어서 오래 지속될 수 없다. 그런데 산업혁명 덕분에 자원 공급이 급격히 늘어남에 따라 자본주의 체제가 꽤 오래 지속될 조건이 마련된 것이다. 그래서 자본주의를 강력하게 추진한 나라들은 산업혁명의 혜택을 집중적으로 받은 나라들이었다. 기술과 자원이 빈약한 주변국은 자본주의를 억지로 시행할 경우 인민 대다수가 비참한 상태에 빠지는 까닭에 자본주의에 저항하기 마련이다. 조선은 그런 나라의 하나였다. 그래서 보수적 우익 인사들도 대개 상당 수준 사회주의 개혁의 필요성을 인정했다.

조선의 미군정이 민의를 수렴하러 나선들 자본주의를 전제로 하는 미국식 민주주의를 좋아하는 사람들을 찾을 수 없었을 것이다. 안재홍 같은 대표적 우익 이데올로그도 해방 직후 발표한 글에서 '신민주주의'란 이름으로 사회주의 성향의 민주주의를 표방했다(「신민족주의와 신민주주의」, 『민세 안재홍 선집 2』, 지식산업사 1983, 15~60쪽). '민족'이나 '인민'을 염두에 두지 않는 부류의 사람들만이 미국식 민주주의를 환영하거나 환영하는 시늉을 했고, 미군정 당국자들의 조선인 접촉은 이 사람들 범위를 좀처럼 벗어나지 않았다.

그러나 점령 기간이 1년 가까이 계속되면서 더 넓은 범위의 민의를 수렴할 필요를 피할 수 없었다. 그래서 입법의원 설립을 추진하면서 전처럼 친미 극우파에게만 맡기지 않고 합작위를 통해 중도파의 협조를 청하게 되었다. 그러던 차에 10월 전국적 소요 사태가 일어났다. 점령 초기에는 반감을 별로 보이지 않던 민중이 이제 들고 일어난 것은 1년간의 점령이 잘못되었다는 명백한 증거였다. 겉으로는 좌익의 선동이라고 둘러대면서도 마음속으로는 심각한 반성을 피할 수 없는 상황이었다.

소요 사태 앞에서 미군정은 중도파의 비판과 조언을 전과 달리 진지하게 받아들였다. 그래서 조미공위가 만들어졌고, 그곳에서 경찰 문제, 인사 문제를 비롯해 꽤 중요한 문제들이 다뤄지게 되었다. 합작위 위원들은 첫 번째로 경찰 문제를 제기했고, 경찰 문제에 관한 조미공위 발표가 11월 18일 군정청을 통해 나오게 된 것이다(11월 2일자 일기).

그러나 미군정의 반성에는 한계가 있었다. 당장 상황이 급박한 탓에 진지하게 받아들이는 시늉은 했지만, 지금까지의 관행을 바꿀 만큼 심각한 반성은 없었다. 바로 이튿날 군정장관 대리 헬믹(C. G. Helmick) 준장('준장'을 당시에는 '대장(代將)'이라고 했다)의 기자회견에서 알아볼 수 있다. 헬믹 준장은 며칠 전부터 러치 군정장관이 수술받으러 일본에 가 있는 동안 대리를 맡고 있었다.

> (문) 경찰의 민주화를 점진적으로 진행하는 것은 좋은 일이나 이번 남조선 소요 사건에 감하여 일제시대의 악질 경찰 관리는 속히 일소할 것이며, 질적으로 우수한 자라도 경찰 책임자(경위급 이상)에는 등용치 말고 부득이한 기술부에만 존치함이 어떠한가?
>
> (답) 이 제안은 우리도 원하는 바이나 제안대로 실천할 수 없다. 우리는 공평 정대하기를 강조하고 있다. 일제시대의 경관 전부를 축출하는 것은 미군정하에서 훌륭하게 근무하고 있는 경관에 대하여 불공평한 일이다. 나는 우리가 취한 방법, 즉 민주주의 경찰의 이념을 채용치 않거나 또는 일제시대에 평판이 나쁘던 경관을 개인적으로 면직시키는 방법 외에 다른 방법이 없다고 생각한다. 우기의 경위급 경관을 일시에 전부 면직시키면 우리가 법률과 질서를 유지하는 데 지장이 클 것이며 면직당한 경관들은 미군정을 불신임케 하려는 사람들의 산하로 들어가게 될 것이다. 이렇게 되면 경관들은 그들 경험이 풍부하니만큼 대단히 위험한 존재가 될 것이다. 만약 우리가 일제시대의 경관 전부에 대하여 무차별하고 불공평한 해직을 시킨다면 그들은 미군정을 반대할 모든 이유를 가지게 될 것이다.
>
> (「군정장관 대리 헬믹, 제반 당면 문제에 대해 기자회견」, 『동아일보』 1946년 11월 20일)

세 가지 이유를 들어 경찰 숙청에 반대하는 것이다. (1) 훌륭하게 근무하고 있는 경관들에게 불이익을 줄 수 없다. (2) 법과 질서 유지에 일제시대 이래의 경관들이 필요하다. (3) 그들을 내쫓을 경우 실력을 가진 그들이 반대 세력으로 들어갈 것이다.

(1) 경찰 전체를 놓고 볼 때 근무를 얼마나 훌륭하게 했기에 소요 사태가 일어났나? 진짜로 훌륭하게 일해 온 사람들은 남겨두더라도 그 집단 자체는 바꿔야 할 것 아닌가? 조미공위의 문제 제기를 완전히 묵살하는 태도다.

(2) 이북에서는 일제시대 경관들은 남기지 않고도 법과 질서를 잘 유지하는데, 이남에서만 유독 그들 없이는 안 된다는 까닭이 무엇인가? 당시 사람들이 경찰을 법과 질서의 옹호자가 아니라 파괴자로 인식하고 있던 사실을 헬믹은 전혀 몰랐는가?

(3) 반대 세력이라면 좌익을 가리키는 것일 텐데, 일제시대 경찰을 군정청이 받아주지 않으면 좌익에 가담할 것이라고 헬믹이 정말 걱정했을까? 헬믹은 좌익과 식민지 경찰의 관계가 어떤 것이었는지 전혀 모르는 채 군정관으로 근무하고 있었단 말인가?

조병옥과 장택상의 경찰 현상 유지 주장을 헬믹은 앵무새처럼 따라한 것으로 보인다. 도대체 어떻게 구워삶았기에 저런 멍청한 태도를 보일 수 있는지 신기할 정도다. 당시 군정관들의 자질과 태도를 비판한 어느 전직 군정관의 글을 소개한다.

> 미국 태평양협회이사회에서 발행하는 『극동 전망』 최신호에는 전 동경·서울·마닐라의 미국 군정관을 역임하고 현재 뉴욕 주 검사보인 버트람 사리탄의 조선 내 미군 당국을 비판한 논문이 게재되었는데 그 내용 요지는 다음과 같다.

"조선 내의 높은 지위를 점령하고 있는 무능한 관리가 너무 많다. 그들 중에는 조선인의 배경과 심리를 적당히 이해 평가하지 못하는 자가 너무나 많다. 미국 군사 당국은 미곡 정세 취급에 과오를 범하였으며, 이것이 원만한 지역적 정권을 수립하지 못하게 된 주요한 원인의 하나이다. 이미 선전된 민주주의적 방식은 때로는 조선인 자체보다 그것을 창도하는 편이 잘못 이해하는 수가 있다. 이것은 특히 조선 신문과의 관련에서 현저했다.

군정청은 중립적 태도를 취하였으나 그가 우익을 지지하였으며 우익 정당이 강력한 인민의 지지를 획득하는 것을 희망한 것은 기지의 사실이다."

(「버트람 사리탄의 미군정 비난 논문이 『극동 전망』에 게재」,

『서울신문』 1946년 11월 20일)

뉴욕 주 검사보로 근무하고 있다니 변호사 자격을 갖고 군 복무를 한 사람이었던가 보다. 그런데 종전 후 1년 남짓 동안 세 군데 군정관을 역임하고 지금 자리에까지 이르렀다는 것을 보면 동료와 상관들을 잘 비평하는 사람이 아니었을까 하는 생각이 든다. 『프레시안』에서 이 글을 본 독자 한 분이 '버트람 사리탄'의 정체를 알려주었다. 김지원 님이 뉴욕 주 검사협회 홈페이지에서 비슷한 이름을 검색, 'Bertram D. Sarafan'을 찾아내고 이어 『Far Eastern Survey』에 실린 그의 글 「Military Government: Korea」(http://www.jstor.org/stable/3023299)를 찾아낸 것이다.

아무튼 새러판의 비판은 통렬하다. 미곡 정책의 과오 정도야 누구나 얘기할 수 있는 것이지만, '민주주의적 방식'에 대한 군정 당국자들의 이해 부족까지 짚다니. 사실 미군정의 신문 관계 조치는 1945년 11월

『매일신문』 정간과 개편에서 1946년 9월 좌익계 신문의 무더기 폐·정간까지, 민주주의의 기초를 찾아볼 수 없는 것이었다.

아래 기사에 소개된 '로버트 J. 올리버'는 아마 '로버트 T. 올리버(Robert T. Oliver)'의 오기일 것이다. 올리버는 이승만의 측근으로 나중에 이승만의 공보 고문을 지내고 전기까지 쓴 인물이다. 1946년 6월에 서울에 왔었다(정병준, 『우남 이승만 연구』, 역사비평사 2005, 541쪽).

> 서울 고려대학에 잠시 강의를 담당하고 있던 로버트 J. 올리버는 최근 당지 시러큐스 대학에 귀임하였는데 동 대학에서 조선에 관하여 다음과 같이 말했다.
>
> "남조선 주둔 미군은 일종 기이한 비능률적인 업무를 수행하고 있다. 아세아적 각국은 세계에서 가장 학대를 받아온 국가인데 조선인은 현재도 행정 기구 부서에 재보치 못하고 있으며, 따라서 주둔 미군에 대한 반란 폭동 공격은 평상화하고 있다. 그리고 남조선 주둔 미군 3만 명 중 2천 명은 불량분자인데, 동양 각지에서의 미군에 대한 호감정은 점차 감소되는 현상이며 이것은 실로 우려할 바가 있다. 한편 북조선 주둔 소군 역시 문제를 제공하고 있다."
>
> (「로버트 올리버, 조선 주둔 미군은 기이한 비능률적 업무 수행」, 『서울신문』 1946년 11월 17일)

이 시점에서 이승만의 측근 인물로부터 나온 조선 미군정에 대한 비판적인 발언이 눈길을 끈다. 하지는 1945년 10월 맥아더 앞에서 이승만을 만난 후 몇 달 동안 그를 더할 수 없이 극진하게 모셨다. 그러나 1946년 3월 '광산 스캔들'로 민주의원 의장직에서 물러날 때는 두 사람 사이에 금이 가고 있었다(1946년 3월 15일자 일기). 미소공위 개막을 앞두고 이승만 노선이 적합하지 않기 때문에 하지가 퇴진시킨 것으로 해석된다.

입법의원 구성을 놓고 하지와 이승만의 관계가 급속히 악화하고 있었다. 이승만은 극우파의 선거 승리를 발판으로 입법의원을 바로 장악하고 싶어했다. 반면 하지는 합작위의 중도파에게 관선의원 추천을 맡겨 좀더 균형 잡힌 구성이 되기를 원했다. 12월 초순 이승만의 미국행은 하지의 태도에 더는 기대할 수 없게 된 결과였다.

올리버의 미군정 비판 발언이 11월 중순에 보도된 것은 하지 · 이승만 관계의 한계를 측근까지 이미 감지한 결과일 것이다. 그런데 문득 궁금해진다. 올리버가 생각한 남조선 주둔 미군 중 불량분자 2천 명에 누가 포함되었을까. 하지? 러치? 헬믹?

1946. 11. 23.

귀국 1주년을 맞은 김구의 심경

1945년 11월 23일에 있었던 일로 두 가지가 생각난다. 하나는 김구(金九, 1876~1949) 등 임정 제1진이 귀국한 것이고, 또 하나는 당시 최대 신문이던 『매일신보』가 미군정에 정간당했다가 2주일 만에 『서울신문』으로 새 출발한 것이다. 이 곡절을 겪고도 『서울신문』은 중도적 논조를 잘 지킨 것으로 보인다.

귀국 1주년을 맞은 김구가 『서울신문』 출범 1주년을 축하한 글에서 모처럼 격한 어조로 마음속을 털어놓았다. 긴 글 가운데 눈에 띄는 대목을 뽑아놓는다.

> "오늘 11월 23일은 내가 귀국한 지 1년이 되는 날이다. 나의 연령이 고희를 넘어 비록 신경이 지둔하고 혈기가 쇠약하였다 할지라도 목석이 아닌 이상 어찌 느끼는 바가 없으랴.
>
> (…) 나의 심서(心緖)를 언제든지 산란케 할 뿐 아니라 서늘하게 하며 뭉클하게 하는 것이 있으니 그것은 일제시대만 못하다는 소리다. 내가 입국한 지 수삭이 되지 못하여 이 소리를 듣기 시작하였는데 근일에는 경향(京鄕) 간에서 점점 이 소리를 많이 듣게 된다. 38 이북에도 이 소리는 있는 것 같다.

(…) 친일 분자로 지목받는 자 중에서 일찍이 왜적 이상으로 왜국을 위하여 충견 노릇한 무리는 감히 대두도 하지 못하며, 혹 그 정상이 비교적 경한 무리로도 자숙하는 부분도 없지 아니하나 소위 황국의 성전을 위하여 글이나 쓰고 연설쯤 한 것은 문제도 되지 아니한다고 하면서 도리어 발호하는 무리를 대할 때에는 구역이 나지 아니할 수 없다. (…) 통화는 팽창하여서 물가는 점점 고등하므로 민생은 도탄에 있건만 돈은 점점 말라서 극소수의 모리배와 부호의 손으로 들어가고 있다.

그리하여 이로부터 중산계급 소시민층까지 적빈한 무산층으로 몰락하는 경향을 보이고 있다. 그러나 모리배들은 이 위험한 상태를 도외시하고 절대다수의 동포를 기만하며 우롱하면서 그들의 주머니를 짜내고 있다. 내가 여기 지적하는 모리배는 동포의 이익을 무시하고 자사자리(自私自利)만을 위하여 분주하는 정객들도 포함하지 아니할 수 없다. 이와 같은 예는 매거하기 미달하거니와 그 원인을 생각하면 일본 제국주의가 직접 간접으로 끼쳐준 심리상 독소 그대로 잔재한 까닭이다. 여하간 이러한 독소가 잔재하는 한 모든 정형은 일제시대와 같든지 도리어 그만도 못할 것이다. (…)

서울신문이 탄생한 지 불과 1년이지만 그동안 여론 지도와 민지(民智) 계발에 위대한 업적을 내어 실로 우리 독립운동에 공헌이 다대하였다는 것은 자타가 공인하는 바로 경의를 표하는 바이어니와 앞으로는 심리 건설을 위하여 특별한 노력이 있기를 간망한다. 그리하여 하루라도 신속히 일제시대만 못하다는 소리를 근절시키는 동시에 우리의 자주독립을 촉성하자."

(「김구 정치적 포부 피력」, 『서울신문』 1946년 11월 26일)

"황국의 성전을 위하여 글이나 쓰고 연설쯤 한 것은 문제도 되지 아니한다고 하면서 도리어 발호하는 무리"에 구역이 난다고 한 것이 누구를 가리킨 것인가. 서울에서 입법의원에 출마한 장덕수와 그 배경인 한민당을 가리키는 것이다. 이처럼 장덕수에 대한 반감을 노골적으로 드러낸 것이 1년 후(1947년 12월 2일) 장덕수가 암살당했을 때 그 배후로 김구가 의심받은 이유의 일부가 되었을 것이다.

1945년 9월 8일자 일기에서 장덕수에 관해 쓴 것을 돌아보니 나도 그에 대한 반감을 노골적으로 드러냈었다. 이 작업에서 개인적 감정을 억제하려 애쓰지만, 억제하기 힘든 사람이 몇몇 있는데 장덕수가 그중 하나다. 『친일인명사전』에서 일제 말기 그의 활동을 누구나 쉽게 살펴볼 수 있다. 그런 행적을 "강압에 못 이겨 부득이하게" 한 일이라며 입법의원에 출마한 것은 파렴치의 극치다. 마치 "친일파? 멋대로 떠들어봐. 세상이 어떻게 돌아가고 있는지 보여주마." 작심하고 출마한 것 같다.

한민당은 출범 때 "임정 봉대(奉戴)"를 명분으로 내세웠다. 임정 귀환 한 달 후 반탁운동을 터뜨릴 때도 임정을 깍듯이 받드는 시늉을 했다. 그러나 시간이 지남에 따라 속셈을 드러내기 시작했다. 미소공위 협의 상대 신청을 놓고 실리주의적인 태도를 보였고, 결국 1946년 3~4월 우익 정당 통합을 거부함으로써 길이 다름을 분명히 했다. 한민당의 통합 거부의 주역은 장덕수로 알려졌다(『한국 현대사 산책: 1940년대편 2』, 65~67쪽).

김구는 모리배의 창궐과 민생고를 한탄하면서 그 원인을 "일본 제국주의가 직접 간접으로 끼쳐준 심리상 독소"에서 찾았다. 현실 문제의 원인을 정신 측면에서 찾는 데는 요점을 놓칠 위험이 늘 있지만 이 시점에서는 매우 적절한 지적으로 보인다.

1945년 11월 서울운동장에서 열린 임시정부 환국 환영대회에 함께한 김구, 김규식(앞줄 가운데). 김구를 포함한 임정 요인들 중에는 3상회의와 미소공위를 부정적으로 보았으나 좌우합작을 강력히 지지하는 담화 발표로 중도파의 입장을 뒷받침해주었다.

당시 사람들의 눈에도 어려운 상황으로 보였을 텐데, 지금 돌아보면 내우와 외환이 모두 만만찮은 상황이었다. 일본 세력이 물러나고 미국과 소련이 들어왔는데, 두 세력 사이의 관계가 급속히 험악해지고 있었다. 내부적으로는 경제적 자립이 어려운 판에 38선 문제가 더 어렵게 만들고 있었다. 그런 현실의 어려움을 극복하기 위해서는 조선인의 단결이 필요했고, 단결을 위해서는 해방의 기쁨을 발판으로 민족 독립의 의지를 분명히 할 필요가 있었다. 그런데 명백한 친일파가 아직도 큰소리치며 행세하는 상황이라니…….

지난 연말 신탁통치 문제가 터졌을 때 김구가 '국자(國字)'를 내놓은 것은 상황을 너무 쉽게 봤기 때문이었다. 과거의 친일파까지도 고개 숙이는 것을 보며 임정의 권위가 모든 것을 해결할 수 있으리라고 생각했다. 합쳐진 민의 앞에 미군정도 소련군도 물러서리라고 생각했다. 그러나 물러설 생각이 없다는 사실을 확인하는 데 하루도 걸리지 않았다.

1946년 한 해 동안 김구는 말도 행동도 삼가며 지냈다. 이승만과의 관계에서 소극적 태도를 지키는 동안 반탁운동을 위해 만든 국민총동원위원회도 독촉국민회로 흡수되고, 국민당과 신한민족당을 통합한 한독당도 활발하지 못했다. 국민당과 함께 한독당에 들어간 안재홍은 1946년 한독당의 상황을 김구가 죽은 후 이렇게 회고했다.

> 한독당은 현재 부통령(이시영)과 기타 중경 임정계 요인 대부가 그 간부진에 나열되어 있던 터이고, 스스로 일선에 나서시는 백범의 거대한 영향력과, 조소앙 씨와 나와 외타 소장 중견 동지 제씨와가 함께 진두에 나서면은, 국내 투쟁 수십 년에 민중의 또 민족의 호흡에도 통하고 민중의 일상생활상의 염원의 어떠하게 움직이고 있다는 것도 잘 파악하고 있노라고 나는 자임하는 터이므로, 일대 활약이 가능하리라고 믿었었는데, 합당 1주년이 가까운 동안 당의 발전은 자연 생장적으로만 되었었고 계획적 부면은 그토록 활발치도 못하였다. (「백범 정치투쟁사」, 『민세 안재홍 선집 2』, 439쪽)

한독당이 활발치 못한 중요한 이유 하나가 좌우합작에 대한 애매한 태도에 있었던 것 같다. 합작 당사자들은 미소공위 재개 촉구를 합작의 제1목표로 삼고 있었는데, 김구를 포함한 임정 요인들 중에는 3상회의와 미소공위를 부정적으로 보는 시각이 있었다. 그래서 안재홍 등의 합작위 참여는 용인하지만 거당적 지지는 하지 않는 애매한 태도였다.

그러다가 11월 18일에 좌우합작을 강력히 지지하는 담화를 김구가 발표했다. 김규식, 여운형 두 당사자에 대한 경의와 신뢰까지 표명했다. 민중 소요에서 한민당·이승만계의 입법의원 장악에 이르는 일련의 사태에 자극받아 중도파의 입장을 뒷받침해줄 필요를 느낀 것으로 보인다. 좌우합작에 대한 김구의 태도는 당시의 중요한 변수로서 지금까지도 논란이 많은 주제이므로 담화 전문을 옮겨놓는다.

> "나는 좌우합작이라는 것을 전 민족적 통일이라고 말하고 싶다. 이 통일이 없이 더 좋은 독립 촉성의 길을 찾을 수 없을 것이다. 그러므로 실패와 실수를 거듭하더라도 성공할 때까지 노력하는 것이 마땅할 것이다. 우리의 해방자들이 얄타에서 과오를 범한 탓으로 해방되었다는 우리나라가 두 쪽이 났는데 거기다가 우리 자체가 통일이 되지 못하면 그 전도는 생각만 하여도 두려울 만큼 위험한 것이다.
>
> 북쪽에서 어떠하든 남쪽에서도 그럴 필요가 없다고 외치는 것은 이 위험의 도래를 더욱 촉진시키는 것이다. 북쪽의 동포도 남쪽의 동포와 하루바삐 통일하기를 갈망하고 있는 것을 잊어서는 안 된다. 그들도 우리의 통일이 없이는 38도선의 철폐도 조국의 독립도 다 어려울 것을 잘 알고 있는 것이다. 그러므로 좌우합작이 속히 진전 못 된다고 조급히 굴 것이 아니다. 급한 것을 참지 못해서 좌우합작 운동을 파괴한다면 그 결과는 본의 아닌 과오가 나타날 뿐이다. "소불인(小不忍)이면 난대모(難大謀)〔작은 일을 참지 못하면 큰일을 이루기 어렵다〕"라는 것을 우리의 경구로 삼지 않으면 안 될 것이다.
>
> 김규식 박사가 영도하는 좌우합작은 민주주의 결의에 의하여 진행하고 있는 것이며 이승만 박사와 나도 지지하는 것이다. 세상에서는 김 박사를 가리켜 좌파니 또는 신탁통치 찬성자니 하여 중상하는 자도 없지 아니한 듯하다. 또 들으면 이번 기개 지방의 소요 사건 발생의 책임을 좌우합작위원회에 전가하려는 비언(蜚言)을 주출(做出)하는 일

도 있다 한다. 그러나 이것은 좌우를 물론하고 모두 통일을 파괴하려는 무리들의 험악한 모략이다. 다시 말하면 그것은 불 놓은 자가 불이야 하는 셈이다.

나는 작일에 김규식 박사를 병원으로 심방하였는데 그 초췌한 얼굴을 대할 때에 가슴이 뭉클했다. '그는 무엇을 위하여 이와 같이 생명을 단축하고 있나' 하고 자연히 미안한 생각이 떠돌았다. 그의 쇠약한 몸에서는 양심만이 뛰고 있고, 그의 병상 머리에는 성경 한 권이 놓여 있을 뿐이었다. 누구든지 이 광경을 보는 자는 경의를 표하지 아니할 수 없을 것이다.

여운형 씨에 대하여서 나도 불만한 바가 없지 않았으며 또 근일 항간에서도 다소 비난이 일어나고 있는 듯하다. 그러나 나는 금차 좌우합작에서 그의 몇 가지 용단을 알고 도리어 경의를 표하고 싶다. 하여간 김·여 양씨에 대하여 기대가 큰 만큼 우리는 그들을 격려하며, 그들로 하여금 유종의 미가 있게 하기에 노력할 것뿐이다. 그러나 미리 조급증을 내서 그들로 하여금 낙심시킨다는 것은 신경 과민일 것이니 경계해야 되리라고 생각한다.

끝에 부대(附帶)로 세상에 정중히 한 가지를 성명할 바는 근일 모 신문에서 나를 해사(該社)의 고문이라고 선전하는 것 같으나 나는 자초로 어느 신문과도 관계를 가진 일이 없으며 더구나 고문이라는 것은 나의 주지하는 바가 아니라는 것이다."

(「한독당 주석 김구, 좌우합작 지지 담화」, 『동아일보』 1946년 11월 19일)

끝에 모 신문의 고문 운운한 것은 『자유신문』으로 짐작한다. 10월 하순에 신익희(申翼熙, 1894~1956)가 『자유신문』 사장에 취임했기 때문이다. 신익희는 총동원위원회가 독촉국민회로 합류하는 과정에서 김구를 등지고 이승만과 밀접한 관계를 맺은 것으로 알려졌다. 훗날 유림(柳林, 1894~1961)이 신익희에게 "자네는 이승만 앞에서 기생첩 노릇을 했던 사람이 아닌가!" 호통치는 장면을 지난 8월 4일자 일기에 소개했는데, 여기에 이유가 있었던 것이다.

1946. 11. 25.

입지를 잃어버린 여운형과 백남운

남조선노동당(남로당) 결당대회가 11월 23, 24일 양일에 걸쳐 관훈동 시천교당에서 열렸다. 첫날 발표된 "합당 경과보고"는 지난 8월 이래 3당 합당 과정의 곡절에 대한 남로당의 공식 관점을 보여주는 것이다.

"국제 국내 모든 정세는 민주 세력의 단결을 무조건적으로 요청하여 남조선 3대 민주 정당의 합당 운동이 시작되었다. 즉, 지난 8월 6일 조선인민당에서는 합당에 대한 제안을 조선공산당과 남조선신민당에 보내어 동월 8일에 조선공산당에서 동월 9일에는 남조선신민당에서 각각 동의를 얻었다. 이와 동시에 각 당에서는 합당준비위원 9명씩을 선임하여 합당 사업을 일임했다.

이래 3당 합당준비위원은 5차에 걸쳐 연석회의를 열어 구체적 수행 방침을 토의한 후 9월 4일에 정식으로 남조선노동당준비위원회를 구성하고 선언 규약 초안을 결정했다. 이 강령 규약 초안에 준하여 각 도 각 부·군에 합당준비위원회를 구성하고 하부세포로부터 합당을 추진하기 시작했다.

그러나 때마침 남조선 전역에 뻗친 인민 투쟁에 대한 강압과 당내 옳지 못한 분자의 합당 공작 방해로 인하여 조직상 지장이 많았으나,

전 당원은 이 모든 악조건을 극복하고 합당 운동에 매진하여 군 합당과 도 합당이 예기대로 성공하게 된 것이다. 이에 남조선노동당 결당대회를 개최하여서 근로인민의 유일 최대한 정당이 발족하게 된 것은 민주 건국을 위하여 실로 경하하여 마지않는 바이다."

(「남조선노동당 결당대회 개최」, 『조선일보』 1946년 11월 24일)

이 대회에서 남로당 준비위원장 여운형의 축사가 대독된 것은 본인이 승인한 일로 봐야겠다. 여운형은 남로당과 사로당 양쪽 준비위원장 명함을 함께 갖고 있었지만 어느 쪽에서도 운신의 폭이 여의치 않았다. 남로당을 확고하게 장악하고 있던 박헌영 세력은 여운형의 명망 때문에 (그리고 아마 북로당 지도부의 희망 때문에) 준비위원장으로 이름은 걸어놓았지만 버릴 준비가 되어 있었다.

남로당 위원장 선임이 발표되기 전인 11월 30일 남로당 대변인 이걸소(본명 이기석)는 여운형이 남로당노선을 고수하면 당수로 추대하겠으나 남로당이 노선을 변경하여 여운형을 쫓아갈 수는 없다고 밝혔다. 12월 10일 남로당은 제1회 중앙위원 및 중앙감찰위원 연석회의를 개최하고 중앙위원 위원장에 허헌(신민당), 부위원장에 박헌영(공산당), 이기석(인민당)을 선임했다. (『한국현대민족운동연구』, 481쪽)

한편 사로당은 확고한 중심 세력이 없었기 때문에 여운형이 영수를 맡을 수 있는 여건이었다. 그러나 북로당의 지지와 지원 없이 순탄한 진로를 바라볼 수 없는 형편이었다. 사로당은 11월 16일 여운형을 위원장으로, 백남운과 강진을 부위원장으로 하여 공식 출범하였으나 바로 그날 북로당 중앙위원회에서 사로당을 비판하는 결정서가 채택되었다.

> 그런데 사로당은 북쪽으로부터 전보다도 더 강력한 결정서가 내려옴으로써 뿌리째 흔들리기 시작했다. 11월 16일 북로당 중앙위원회에서는 사로당에 대한 결정서를 채택했다. 이 결정서는 박헌영 선생을 수위로 하는 남조선공산당의 정치 노선은 정확한 노선이라고 지적하고, 강진을 주모로 한 분파적 행동은 원수들의 힘을 도와주는 것으로서 민주주의 진영을 분열시켜 민족의 멸망을 초치할 위험성이 있다고 경고했다. 그리고 사로당은 소위 좌우익 합작을 찬성하며 입법기관의 창립을 지지하는 분자들에게 도움을 주는 것이라고 못 박았다. 이 결정서에서는 강진과 백남운의 이름을 열거하여 이들을 혹독하게 비판했다. (같은 책, 479~480쪽)

좌우합작을 비판하는 11월 21일 사로당 담화문은 북로당의 압력이 작용한 결과일 것이다.

> "좌우합작이라는 것이 반민주 혹은 반동파와의 원칙 타협을 의미하는 것이라면 그것은 원래 박헌영과 이승만과의 타협 교섭에서 시작되었고, 그 뒤에 여운형·이주하 등과 김규식의 협상에까지 이르렀다. 민전의 5원칙으로 말미암아 이 협상은 결렬되고 여 씨와 김 박사와의 상의만이 계속되어 좌우합작위원회가 성립되었다. 그러나 민주진영에서는 알지 못하는 사이에 7원칙이 발표되었다.
> 좌우합작위원회는 원래 무원칙한 존재인 만큼 민주주의에 조금도 기여하지 못할 뿐 아니라 도리어 입법기관의 탄생을 합리화시키는 등 반민주 노선에 기여했다. 우리 당은 당초에 좌우합작 문제에 대하여

애매한 반대의 태도를 가졌을 뿐 아무런 책임을 질 바는 아니지만, 지금 애매한 태도를 청산하고 이에 적극적으로 반대하지 않으면 안 될 시기에 도달할 것이다."

(「사로당, 좌우합작 반대 성명서 발표」, 『서울신문』 1946년 11월 23일)

이 시점까지 여운형의 공식적 입장은 좌우합작에 참여하고 미군정의 입법의원 설치에도 근본적으로 반대하지 않되, 민주적 개혁을 전제 조건으로 요구하며 졸속한 설치에 반대하는 것이었다. 그런데 이제 사로당마저 좌우합작 자체를 부정하고 나선 것이다. 11월 29일 사로당 선전부장 이우적(李友狄, 1905~50)의 기자회견에서 이런 문답이 오갔다.

(문) 과반 사로당의 좌우합작에 관한 발표에 대하여 당내 의견 대립이 있었다는데 진상이 무엇인가?
(답) 다소 있었으나 결국 좌우합작의 당사자가 여 선생이니만큼 전 인민당 당수로서 여 선생 개인이 책임을 지고 처리하도록 되었다. 사로당으로서는 전일 발표한 바와 같이 종시일관 반대의 태도를 견지하겠다.

(「사로당 선전부장 이우적, 당면 당내 문제에 대해 기자회견」, 『경향신문』 1946년 11월 30일)

지난여름 이래 여운형은 좌우합작과 좌익 합당이라는 두 마리 토끼를 함께 좇고 있었다. 박헌영의 독단적이고 과격한 노선에 대한 좌익 내 반발을 규합하면서 민족 통일전선을 지향하는 좌우합작을 추진함으로써 두 토끼를 한꺼번에 잡을 희망을 품고 있었을 것이다.

이 전략의 성공을 위한 열쇠가 북로당의 지지에 있었다. 이북 지역을 장악하고 여러 개혁 정책을 성공적으로 수행하고 있던 북로당 세력은 이남 좌익에게 큰 언덕이었다. 북로당 지도부의 지지를 받는 노선이라야 이남 좌익의 안정된 통합을 바라볼 수 있었고 좌우합작에도 힘을 가지고 임할 수 있었다.

그런데 북로당은 박헌영의 손을 들어줬고, 여운형은 두 토끼를 다 놓치고 말았다. 두 토끼를 포기한다는 사실을 여운형은 12월 4일 발표한 「좌우합작과 합당 공작을 단념하면서」란 제목의 자기비판 글에서 밝혔다(『서울신문』 12월 5일자). 정계 은퇴의 뜻을 담은 글이었다.

"조국 건설에 충성을 다하고자 적은 힘이나마 바쳐 여러 선배와 동지들의 뒤를 따르리라고 해방 후 1년 이상 노력하였으나 역량과 덕망이 없을 뿐 아니라 지식과 준비가 부족하여 본의 아닌 과오를 많이 범했다. 조선의 독립 완성에는 국제적 관련성이 적지 않으므로 독립을 갈망하는 조선 인민은 미소공위가 재개되어 막부 결정이 속히 실현되기를 거족적으로 요망하고 있다.

그러므로 미소공위 휴회의 원인과 재개의 장애가 되는 모든 요소를 제거하고, 자력으로 해야 할 건국의 준비를 위하여 진보적 민주주의자가 회담하여 공통된 조건을 발견하려고 노력한 합작 운동이 속칭 좌우합작 그것이었다. 이 운동을 통하여 무슨 건설적 효과가 있기를 무한 기대하였으나 아직까지 소기의 목적을 달할 만한 물질적 조건이 모이지 않으므로 좌익 진영에서는 이를 반대 규탄하여 나의 행동은 제재되었다.

좌익 삼당 합동 문제가 제기된 이래에 지도층의 경험 부족과 기술 빈궁으로 일어난 오해 충돌은 결국 좌익 진영에 커다란 분열을 초래하였으니, 이에 관하여는 누구보다도 내 자신이 그 책임을 느끼게 되어 남로·사로 양당의 무조건 통일을 주장하였으나, 성공치 못하고 최후로는 사로를 해체하고 남로에 통일하기를 간청하여 이것마저 실패하고 말았다. 합작 운동은 전 민족 통일을 의도함이요 좌당 합당은 혁명 역량을 단일화하려 함이다. 그러나 현상은 근본 의도와는 정반대의 방향으로 나아가고 있다. 이러한 국면을 타개치 못한다면 우리의 전도는 실로 암흑하다.

이러한 난국에 처하여 역량 없고 과오 많은 내가 이 중임을 지려다가 일보도 전진 못하고 넘어져서 이를 그르치는 것보다 차라리 민중 앞에 사죄하며 이 중책에서 물러감이 옳다고 생각한다. 나는 미군이 남조선에 군정을 포고한 후 군정이 조선의 민주 건국에 원조하고 성공하기를 바라고 항상 협력하려 했다. 그러나 현금 남조선에서 일어난 모든 사태는 혼란이 극도로 달하였고 좌익 투사는 거개가 투옥당했다. 그리하여 일반 민중은 나의 정치적 행동이 애매하다 지적하고 의심 또는 원망(怨望)한다. 나는 이를 변명할 도리가 없어 책임을 지고 물러가기로 한 것이다.

미국의 친우 중에는 나의 태도를 소비적이라 하여 불만을 가질는지도 모르나 무능한 나로서는 이 이상 더할 수 없음을 이해하기 바란다. 이것은 내가 혁명 전선에서 이탈하려 하는 것이 아니라, 지도자의 자리에서 내려서는 것이요 나의 여생을 민주 진영의 한 병졸로서 건국 사업에 바칠 것을 맹세한다. 근자 나의 명의로 회담·성명·담화 등이 발표되는데 그 태반은 본인이 알지 못하는 것이다. 금후는 내가 직접 혹은 친필로 발표하지 않은 것은 책임지지 않겠다."

북로당 지도부가 여운형을 버린 이유를 나는 지금 충분히 이해하지 못하고 있다. 북로당이 추구한 통일전선 전략에도 박헌영보다 여운형의 노선이 더 적합했고, 미군정의 좌익 탄압 정책에도 적응력이 나았다. 『비록 조선민주주의인민공화국』에 나오는 서용규(가명)의 증언을 보더라도 여운형이 이북 요인들의 신뢰를 더 많이 받고 있었다. 여운형이 북로당의 지지를 바랄 만한 상황이었다.

확실한 답을 바로 얻을 수 없는 문제라고 생각한다. 앞으로 상황 진행을 살펴보며 계속 유념할 문제로 접어둔다.

여운형이 위 글을 발표한 사흘 후 백남운도 정계 은퇴 성명서를 발표했다. 그는 이 성명서에서도 박헌영 노선에 대한 비판을 멈추지 않았다. 김두봉과의 친분 때문에 1년 가까이 정치계에서 활동했던 이 경제학자는 왜 북로당이 박헌영의 손을 들어주었는지 여전히 이해하지 못하는 기색이다.

> "내가 금년 2월 초에 독립동맹에 가담한 것은 민주 독립과 구체적인 진리의 실현에 대한 열정에서 나왔던 것이다. 지금 회고하건대 자기 역량을 돌아보지 못한 것이 운명적이었다. 더욱이 민주 역량의 강화를 위한 주관적 의도와는 반대의 결과로 된 것도 있었다.
>
> 특히 남로·사로 양당의 통일 합동을 주장하여왔으나 실현되지 못했다. 양당의 분립 관계가 오래 지속되어 갈수록 반동 진영에 어부의 리를 줄 뿐 아니라 결국은 동지 상잔의 비극을 초래할 위험성도 있지 않을까.
>
> 해방 정치의 동지를 이용의 기변주의(機變主義)로서 훼예(毁譽)하는 것은 민주 도덕의 모독인 것이며, 독선적인 파벌주의로서 인민을 유도한다면 내란의 씨를 뿌리는 장본이 될 뿐이다. 그러므로 내부적 사정과 여하한 이유를 막론하고라도 통일 합당을 실현해야 할 것이며 해방 노선의 실천을 위하여는 총력투쟁이라야 할 것이다. 따라서 사회

분업의 기능도 요청되는 것이다.

그리고 나는 입법의원 설치와 그것을 위한 소위 좌우합작과는 절대 반대이므로 전연 하등의 맥락이 없었다. 또한 내가 원래 포회한 인민 본위의 해방관은 금후로도 생애를 일관할 것이다. 그러나 목하의 실제 문제로서 그 통일 합당을 실현시키지 못한 정치적 책임을 자인할 뿐 아니라, 덕력의 부족을 자괴하는 동시에 지병인 빈혈증의 빈발로 말미암아 실천 활동이 곤란한 바 있으므로 이에 정당 관계를 떠나 인민의 벗으로서 서재의 본업을 다시 계속하려 한다."

(「신민당 위원장 백남운, 정계 은퇴 성명」, 『서울신문』 1946년 12월 8일)

1946. 11. 28.

하지와 이승만, 한때는 그리도 다정했건만

1945년 10월 17일, 이승만 입국 이튿날 하지는 기자회견장에 이승만을 앞세우고 수행하듯 따라 들어왔고 이승만을 주빈석 중앙에 앉혔다. 며칠 후(10월 20일) 연합군 환영회에서는 이승만을 "조선 사람의 위대한 지도자"로 소개하고 이승만의 연설 동안 부동자세로 시립했다(1945년 10월 15일자 일기).

하지가 이렇게 이승만을 끔찍이 모신 것은 이승만 입국 직전 도쿄에서 맥아더에게 그를 소개받았기 때문이었다. 정병준은 『우남 이승만 연구』(440~446쪽)에서 세 사람의 만남을 서술했다. 명확한 증거는 없지만 맥아더가 이승만을 만나게 하기 위해 하지를 불렀던 것으로 보인다. 맥아더는 극동 지역에서 미국의 반공 노선을 일으켜 세우는 데 큰 도움이 될 인물로 이승만을 염두에 둔 것이다.

진주한 지 한 달 남짓 시점에서 하지는 이승만이 자기 일을 쉽게 만들어줄 '귀인(貴人)'으로 여겼을 것이다. 연말까지는 두 사람의 협력 관계가 순조로웠다. 소련과의 협조를 중시하는 국무부의 국제주의 노선에 저항하는 방향을 10월 중순 맥아더·하지·이승만 모임에서 의논한 것으로 보이는데, 이 방향으로 두 사람의 협력이 계속되었고 이승만의 극우 세력 결집도 미군정의 협조하에 진행되었다.

연말에 터져 나온 반탁 사태 속에서도 하지에게 예측불허의 인물이었던 김구에 비해 이승만에 대한 하지의 신뢰는 계속되어 1946년 2월 민주의원 설치로 이어졌다. 이 단계에서는 이승만의 측근 굿펠로(Preston M. Goodfellow, 1892~1973)까지 하지의 고문으로 들어와 중요한 역할을 맡았다. 그런데 미소공위 개막 무렵부터 두 사람의 입장 차이가 불거지기 시작했다. 1946년 3월 광산 스캔들을 계기로 이승만이 민주의원 의장직을 물러난 데는 이 입장 차이도 작용한 것으로 보인다.

하지에게는 미소공위 성공이 점령군 사령관의 명백한 책임으로 주어졌다. 미소공위의 실패는 분명한 임무 실패였다. 그런데 이승만은 미소공위의 실패를 바라고 있었다. 미소공위가 목표로 하는 통일국가 수립에서는 자신이 권력을 장악할 길을 찾기 힘든 이유에서였다. 이승만이 정읍 발언(1946년 6월 3일)으로 남한 단독정부 수립 의지를 드러내는 단계에서는 두 사람의 입장 차이가 굳어져 있었던 것으로 보인다.

정읍 발언 이후 좌우합작 노력이 진행되는 동안 하지는 이승만의 존재가 부각될 기회를 주지 않았다. 이승만은 독촉국민회와 민족통일총본부를 통해 지지 세력 확대에 매진했다. 그 노력의 결과 10월 말 입법의회 선거에서 한민당에 맞먹는 세력을 독자적으로 확보했다. 정용욱은 이 시점 이승만의 활동 방향을 이렇게 요약했다.

> 10월 이래 이승만 진영의 활동은 두 가지 점에서 특징적이다. 첫째, 이승만은 입법의원을 자신의 정권 장악에 이용하겠다는 의지를 적극적으로 보여주었다. 둘째, 모스크바 결정 자체의 폐기와 미소공위의 용도 폐기를 적극적으로 선전하기 시작하였고, 선전의 주요 대상을 미국 내 여론으로 옮겼다. (『존 하지와 미군 점령통치 3년』, 193쪽)

트럼펫 연주를 하는 하지와 이를 바라보는 이승만. 이승만이 자신의 권력 장악에 걸림돌이 된 하지와의 결별을 선택하면서 두 사람의 협력 관계도 더는 이어지지 못한다.

임병직과 임영신 등을 통해 미 국무부와 유엔에 로비 활동을 벌인 것도 이 목적이었다. 로비 성과를 국내 언론에 보도하는 데는 어느 정도 성과가 있었지만 실질적인 성과는 없었다. 그리고 입법의원 장악에 하지가 제동을 걸고 나섰다. 관선의원 임명에 합작위의 추천을 받아 중도파를 대거 포함함으로써 정치색의 균형을 맞출 방침을 분명히 한 것이었다.

이런 상황에서 이승만은 미국에 건너갈 것을 결정했다. 그의 미국행에는 여러 가지 노림수가 있었지만, 그 첫 번째 절차는 하지와의 결별이었다. 하지에 대한 공격과 비난을 자기주장의 발판으로 삼는 전술을 택한 것이다. 1945년 10월 22일자 일기 제목을 「도와주고는 후회하게 되는 사람, 이승만」이라고 했는데, 하지만큼 크게 후회한 사람도 많지 않을 것이다. 이승만의 도미 시점에서 두 사람의 관계를 정병준은 이렇게 요약했다.

> 하지는 이승만의 단독정부 구상에 전적으로 공감했지만, 단정 수립은 그의 권한을 넘어서는 일이었다. 그는 본국의 훈령과 정책의 큰

틀 속에서 자율권을 지녔을 뿐, 미소공위나 모스크바 결정을 거부할 수 있는 권한이 없었다. 또한 하지는 이승만이 현명하게 정치 무대의 정면에서 비켜나 있기를 원했다. 하지는 "때가 되면 그의 힘과 그의 추종자들을 이용하길 원했고, 또 우리가 다양한 한국인들을 서로 이해시키기 위해 그동안 기울인 노력을 대성공으로 연결시키는 것이 필요"하다고 생각했다. 즉, 하지는 결정적인 순간을 위해 이승만을 아껴두었다. 그러나 이승만은 더 이상 하지의 만류에 따라 자신이 정치 무대의 뒤편에 서 있을 수는 없다고 판단했다. 특히 입법의원의 관선의원 선출을 둘러싸고 이승만은 하지에게 결정적인 반감을 품게 되었고, 이미 마음속으로 하지와의 결별을 굳혔다. (『우남 이승만 연구』, 629쪽)

정용욱과 정병준 두 연구자 모두 이승만의 방미에 관한 하지와의 협의가 11월 초에 시작된 것임을 알려준다. 하지가 이승만의 방미를 원한 이유를 정용욱은 이렇게 설명한다.

첫째는 미군정이 처한 입장을 상부에 알리고 상부의 정책 결정을 촉구하는 데에 이승만을 이용하려는 것이다. 미군정은 남한의 사회 경제 상태 악화로 점령 통치가 커다란 어려움을 겪고 있었으므로 (…) 특히 '10월 항쟁'의 근저에는 당시의 열악한 민중 생활과 점령 정책에 대한 민중의 불만이 자리하고 있었다. 대한 정책 집행과 점령 통치상의 애로를 상부의 지원을 통해 해결하고, 그 책임을 상부에 전가하려는 미군정 당국의 입장에서 이승만의 미국 내 지명도는 적절히 이용하면 유용할 수 있었다. (…)
둘째는 이승만을 외유시켜 그를 잠시 한국 정치로부터 분리시키고 언론의 조명으로부터 물러나 있게 하려는 의도이다. 그 이유는 이승만의 노골적인 반소·반공적 태도가 미군정을 곤란하게 하고, 미군정의 남한에서의 정치 활동 계획을 교란한다고 생각하였기 때문이다. (…) 그러나 이승만은 이러한 구도가 우익 내 자신의 지위를 위태롭게 할 뿐만 아니라 자신의 정권 장악에 최대 걸림돌이라고 생각하였고, 여기에 계속 반발했다. 이승만은 하지에게 좌우합작은 사실상의 공산주의자 지원이고, 중도좌파는 공산주의자라며 보다 완강한 반공적 태도를 촉구했다. 하지도 반공적 입장에선 이승만에 못지않았으나 이승만의 이러한 맹목적 태도가 미국의 입장을 곤란하게 한다고 생각했다. (『존 하지와 미군 점령통치 3년』, 196~198쪽)

이승만은 11월 22일 방미 계획을 담화문으로 발표했다.

뉴욕에서 개최 중인 UN 총회에 민주의원 대표로 임영신·임병직 양씨가 비공식으로 참석하여 조선 문제를 제출하고 활동 중이거니와 이승만은 UN 총회에 참석하여 조선의 실정을 설명하기 위해서 불원 도미코자 준비 중이라고 22일 다음과 같이 담화를 발표했다.
"우리 문제를 연합국이 결정하기 전에는 한국에 주재한 미소 사령부에서 자유로 해결할 수 없는 형편인데, 지금 UN 총회에 제출된 이때에 사실을 밝혀 설명할 필요가 있는 고로 내가 즉시 도미할 준비를 차리는 중이니 그동안에 모든 동포는 나의 정책대로 굳게 지켜서 파괴 분자의 모략이나 선동에 흔들리지 말고 민주 진영이 싸우며 지켜오던 주의와 정신을 잃지 말며 통일적 조직적으로 동일한 보조를 취하기를 간절히 부탁한다."
UN 총회에 이 박사가 출석한다는 보도를 들은 『동아일보』에서는 22

일 돈암장에 이 박사를 방문하고 다음과 같은 특별 문답을 했다.

(문) 출발 시일은?
(답) 아직 확정하지 않으나 준비되는 대로 가급적 속히 가기로 하겠다.
(문) 민주의원 의장의 자격으로서 가는가?
(답) 아니다. 그런 이름으로 가면 활동의 제한이 있으므로 불편할 터이니 이번 도미는 개인적 입장에서 가는 것이다.
(문) 도미의 포부와 목적은?
(답) 지금 워싱턴에서 온 임병직 씨와 민주의원에서 파견한 임영신 여사가 UN 관계자에게 조선 문제의 정당한 인식을 위하여 최선을 다하고 있으며 미국의 여론도 이에 반영하여 상당히 좋은 효과를 얻은 것 같다. 내가 가면 미소 양군 즉시 철퇴를 주장하는 동시에 UN 참가국 중 필리핀 같은 동지국과 규합하여 조선 문제를 크게 제기하려 한다.
(문) 도미를 결심한 직접 동기는?
(답) 지금 우리 조선은 문자 그대로 누란의 위기에 있다. 이번 UN의 찬스를 놓친다면 조선은 장구한 고난을 다시 되풀이할지도 모른다. 우리가 우리의 손으로 우리 문제를 해결치 않는다면 언제 형용할 수 없는 동란이 일어날지 모르는 상태이다.
(문) 귀국 예정은?
(답) 가급적 속히 귀국할 터이다. 개인적으로 요인을 면담하여서 정당한 인식을 하도록 애쓰겠다. 그러나 문제는 국민의 일치적 행동과 또 하나는 여비를 획득하는 데 있다.

(「이승만, 조선 실정 호소 위해 UN 총회 참가 예정 발표」,
『동아일보』 1946년 11월 23일)

개인 자격을 강조했지만 11월 25일 민통에서 70여 '애국 단체' 대표가 모여 이승만을 '민족 대표'로 받들었다. 26일에는 민주의원에서 위 인터뷰 맨 끝의 문답에 찔려서인지 의장 이승만의 여비 50만 원을 지출하기로 결정했다. 이 여비 타령의 파장은 민주의원에서 끝나지 않았다. 11월 26일에 '민족대표외교사절후원회'가 결성되었고, 이듬해 4월 이승만의 귀국 때까지 여비 모금은 그 지지 세력의 일대 사업이 되었다. 후원회가 공식적으로 밝힌 모금액은 1,470만여 원이었는데, 당시에는 그 몇 배 내지 몇십 배의 돈이 움직였다는 소문이 떠돌았다고 한다(『우남 이승만 연구』, 601~602쪽).

이승만은 해방 전에도 돈 문제로 끊임없이 말썽을 일으킨 인물이다. 지난봄 불거진 '광산 스캔들'도 그런 문제의 하나였다. 그를 비난하는 이들이 그의 '권력욕'을 많이 들먹이지만 진짜 대단한 것은 '금전욕'이었다. 그가 권력을 추구한 것은 금전욕을 충족시키기 위한 수단이 아니었을까 하는 생각마저 든다.

정병준은 이승만이 모은 정치자금이 "천문학적 금액"이었고, "남한의 우익 진영 내에서 유통되고 있던 정치자금의 거의 대부분"이라며(같은 책, 609쪽) 그 대단한 수금 능력을 몇 가지 각도에서 분석했는데, 그중 흥미로운 사례 하나를 소개한다.

> 두 번째 배경은 자발성을 빙자한 강제 모금이었다. 이승만의 정치자금 모금에는 후원과 지원 외에 강요와 위협이 동반되어 있었다. 『주한미군사HUSAFIK』는 "이승만의 정치자금 수령에는 모종의 협잡이 있었음이 분명했다"라고 썼다. 또한 버치는 이승만이 많은 부유한 한국인들에게 친일 행적을 폭로하겠다고 위협하면서 돈을 뜯어냈다고 주장하기도 했다. 경제보국회가 이승만에게 1천만 원을 '헌성금'으

로 제공한 것 역시 이런 주장과 무관하진 않을 것이다. 또한 이승만을 추종하는 우익 청년 단체와 조직들은 이승만의 이름하에서 강제적인 모금 활동을 벌였다. 이는 이후 이승만 정권기를 관통하는 특징이 되었다.

이승만이 도미 경비를 마련하기 위해 동·면·군 단위에서 강제 모금한 사례는 열거할 수 없을 정도로 많았다. 몇 가지 사례를 들어보자. 서울의 청파동 3가 동회에서는 한국외교사절단 후원비 등의 명목으로 한 세대에 100원씩을 기부할 것을 강요하며, 이 기부에 응하지 않으면 쌀 배급을 정지하거나, 미국 사탕을 주지 않는다고 통보했다. 서울 후암동 동부동회에서는 도미한 이승만의 후원비로 극빈자는 50원, 그 외에는 100원 이상을 내지 않으면 쌀 배급을 주지 않아 사회문제가 되었다. ○○단은 이승만 방미 자금의 기부를 강요하다가 서울시 당국으로부터 불법이라는 경고까지 받았다. 일제 말에 대조봉대일상회(大詔奉戴日常會) 불참자들을 비국민이라고 칭하며 식량 배급을 중단시킨 것과 동일한 조치였지만, 행정관리들은 돈을 잘 안 내니 이런 조치가 당연하다고 공개적으로 발언할 정도였다.

서울에서는 동회를 통해 쌀 배급을 빌미로 한 강제 모금이 이뤄진 한편, 지방에서는 말단 행정망을 통해 강제 기부가 이루어졌다. 경기도 강화군 14개 면에서는 우익 단체 인사들이 말단 경찰을 대동하고 각 면을 순회하면서 구장과 유력자를 소집해놓고 기부를 강요했고, 이승만의 도미 기금 30만 원을 전군에 할당하여 호별 분담시켰다. 경남 부산의 조산면에서도 1947년 4월에 경찰과 지역 관리의 협력으로 만들어진 독촉국민회가 "자유의 대가"로 300만 원 모금을 추진하면서 가난한 면민에게까지 할당액을 통보했고, 지방 부락 유지들이 이에 동원되었다. (『우남 이승만 연구』, 611~612쪽)

이승만은 정말 책략과 선동에 능란한 사람이었다. 그는 배 타러 인천으로 간다며 12월 1일 성대한 환송식을 받았다. 그리고는 그날 몰래 서울에 돌아와 있다가 사흘 후 군정청과 약속되어 있던 군용기에 올랐다. 군정청에게 핍박받는 시늉을 한 것이다. 몇 달 후 귀국할 때는 트루먼독트린과 미국의 6억 달러 원조 계획을 선물로 들고 왔다. 자기가 장만한 것도 아닌 선물을 용케 주워서 들고 왔다.

안재홍
선생에게
묻는다

"백범 주변에 사람이 없다"

김기협 엊그제(11월 28일) 정판사사건 판결이 나왔습니다. 검찰의 구형대로 이관술, 박낙종, 송언필, 김창선 등 네 사람에게는 무기, 그 밖의 6인에게는 15년 또는 10년의 징역형이 선고되었습니다. 범죄 사실에 대해서도 의혹이 많지만, 검찰과 법원이 주장하는 사실 그대로라 하더라도 양형을 납득하지 못하는 사람들이 많습니다. 선생님 생각은 어떠신지요?

안재홍 지폐 위조는 경제사범 중 가장 악질적인 것이므로 엄하게 다스려야 하는 것이기는 합니다. 그러나 그동안 적발된 위폐 사건이 한둘이 아닌데, 다른 사건과 비교해도 이번 선고는 엄청나게 가혹한 것입니다. 당국이 발표해온 범죄 사실을 그대로 믿는다 하더라도 판결 내용을 보면 정치적 의도를 의심하지 않을 수 없습니다. 7월 말 제1차 공판에서 소란죄로 적발된 40명에게 3~5년 징역형을 선고할 때부터 예상된 일이기는 합니다.

김기협 위폐 사건이 빈발하는 이유 중 하나가 해방 직후 수십억 원의 돈을 찍으면서 불량 지폐가 많이 나온 데 있다고들 합니다. 그런데 그 수십억 원 찍은 것 자체도 위조지폐로 봐야 하지 않을까요?

그 돈이 조선 경제를 엉망으로 만들었는데, 총독부가 무슨 권리로 그 시점에서 그 돈을 찍었습니까?

박흥식(朴興植, 1903~94)이 그 시점에서 수천만 원의 돈을 일본인들에게 받은 사실이 드러났는데, 그 사람 하나뿐이었겠습니까? 일본 제국주의자들과 밀착해 있던 일부 사람들이 떼돈을 움켜쥐고 온갖 나쁜 짓에 쓰는 한편에서 인민은 인플레에 시달려왔습니다. 통화개혁을 해서라도 '친일 화폐'를 척결하는 것이 친일파 척결보다 더 시급한 일 아니었습니까?

안재홍 | 화폐 남발 소문이 당시 돌기는 했는데, 미군이 잘 처리할 줄 알았죠. 실제로 미군정에서 총독부, 조선은행과 식산은행의 간부들을 붙잡아놓고 여러 달 동안 그 문제를 조사한 것으로 압니다. 그런데 결국 다 풀어주고 그 문제도 덮어버렸죠. 사실 수십억 원의 무단 발권을 놔두고 몇 만 원짜리 위폐 사건에 목을 매는 꼴이 우습기는 합니다.

김기협 | 정판사사건의 사실관계에 관해 숱한 의혹이 있거니와, 검찰이 주장하는 범행 시간에 박낙종이 지방 출장 중이었다는 것은 명백한 사실 아닙니까? 굳이 옭아 넣으려면 적어도 범행 내용은 다시 짜 맞춰야 할 것으로 보았는데, 출장 사실을 그냥 묵살해버리는 데 정말 놀랐습니다. 다른 점은 차치하고, 그 사실을 어떻게 보시는지요?

안재홍 | 어처구니없는 일이 한두 가지가 아닌데, 양원일 판사가 조재천 검사와 함께 지난 월말부터 9일간 충주, 나주, 익산 등지를 다니고 돌아와 지난 12일 결심 공판에서 박낙종의 출장이 사실무근임

을 확인했다고 주장한 것은 정말 언어도단이지요. 판사는 판사석에 앉아서 제출되는 증거를 보고 판결하는 역할입니다. 본인이 증거를 찾아다니는 역할이 아니죠. 아주 특별한 경우 '사실'을 확인하러 현장을 방문할 수는 있지만, '사실무근'을 확인하러 다닌다니. 게다가 박 씨의 출장 사실이 가장 분명히 확인된 김천에는 가보지도 않았지요.

이 사건은 최초의 발표부터(1946년 5월 15일) 경찰 아닌 군정청 공보부에서 나왔고, 미군정의 의지에 따라 진행되어온 것으로 모두 이해하고 있습니다. 미군정의 '의지'부터 잘못 세워진 것으로 보이고, 게다가 조선인의 사법 기구가 그 의지에 말려든 것이 안타까운 일입니다. 인민의 신뢰를 어떻게 회복할 수 있을지…….

김기협 | 나중에 벌어질 일을 이 자리에서 언급할 것은 아니지만, 이관술과 박낙종 등은 1950년 6월 전쟁이 터질 때 감옥에 있다가 학살당했습니다. 선고는 무기징역이었지만 실제로는 사형 판결인 셈이었죠. 그런데 묘한 일은 양원일 판사가 이에 앞서 1949년 3월에 죽은 것입니다. 술에 취해 불심검문에 저항하다가 대한민국 국군 병사의 총에 맞아 죽었답니다.

안재홍 | 아무 논평 않겠습니다. 못 들은 것으로 하겠습니다.

김기협 | 정판사사건이 처음 발표된 지 반년 동안 조선 사회의 분위기에 적지 않은 변화가 있었습니다. 반년 전을 돌아보며 소감을 말씀해주시죠.

안재홍 | 반년. 겨우 반년 전인데 아주 먼 느낌이 드네요. 지난 5월에

온 국민이 미소공위의 무기 정회를 안타까워하고 있었죠. 이승만 박사가 남한 단독정부 얘기를 꺼냈을 때, 그분을 존경하던 사람들마저 실망을 토로했습니다. 미소공위 재개를 위한 좌우합작 추진에 사람들의 마음이 모이고 있었습니다.

그런데 반년이 지난 이제 민심이 아주 어긋나버렸습니다. 전국적 소요 사태가 일각의 선동만으로 일어날 수 있는 것이 아닙니다. 다수 인민은 이제 미군정도 신뢰하지 않고 정치인들도 신뢰하지 않습니다. 인민위원회가 이끄는 이북의 개혁을 사람들이 그리워하게 되었습니다.

이 잘못된 상황을 바로잡으려고 조미공위에서 김규식 박사를 중심으로 한 달 동안 노력했습니다. 경찰 문제에 초점을 맞췄죠. 경찰 문제가 모든 문제는 아니지만 첫 번째 문제입니다. 민심 이반에도 경찰 문제가 계기가 되었고요. 미군정 인사들도 생각 있는 이들은 이 문제를 인정합니다. 그런데 그조차 손을 못 대는군요.

김기협 | 반년 동안 선생님은 좌우합작에 힘을 쏟아오셨습니다. 그 성과를 어떻게 생각하십니까?

안재홍 | 합작위가 어떻게든 지금까지 버텨온 것은 미군정의 뒷받침 덕분인데, 미군정이 좌우합작에서 바란 제일 큰 목표는 입법의원 설립입니다. 제대로 된 입법의원을 만드는 것은 합작위원들도 바라는 것이므로 협력이 가능했습니다. 그런데 미군정은 제대로 된 입법의원을 만들기보다 빨리 만드는 데에만 마음이 있는 것 같아요. 합작위에서 7원칙과 함께 입법의원 설립을 위한 7조건을 내놓은 것은 제대로 된 입법의원을 만들기 위해서였습니다. 그런데 미군정은 7조건 중 하나도 실행해주지 않고 여건에 아랑곳없이 선거를 강행했습니다. 민

의를 반영하는 선거가 될 수 없었지요.

입법의원이 문을 열면 미군정은 합작위에 아쉬운 것이 없게 됩니다. 더 이상 합작위를 뒷받침해줄 필요가 없어지는 것이죠. 경찰력과 자금력을 배경으로 입법의원을 장악한 우익과 투쟁적인 신전술로 나오는 좌익 사이의 폭력적이고 비생산적인 항쟁을 억제할 길이 보이지 않습니다.

김기협 | 입법의원 선거는 이 박사 세력과 한민당이 휩쓸었지요. 그러나 하지 사령관이 관선의원 임명을 합작위 추천에 따른다고 했지 않습니까? 민선이 45인인데 관선 45인을 합작위에서 잘 추천한다면 입법의원 구성에서 균형을 맞출 수 있지 않을까요?

안재홍 | 산술만으로는 균형이 가능할 것 같죠. 그러나 현실로는 불가능합니다. 합작위가 어떤 사람을 추천할 수 있겠습니까? 확실한 좌익은 입법의원 자체를 부정하기 때문에 뽑아줘도 들어오지 않습니다. 홍명희(洪命憙, 1888~?) 선생 같은 중도적 인물도 엉터리 선거로 뽑힌 엉터리 의원들과 자리를 함께하지 않겠답니다. 나도 이번에는 정말 들어가기 싫습니다. 민주의원에도 끼고 싶지 않은 것을 비상국민회의에서의 역할 때문에 부득이 들어간 일은 아직도 후회됩니다.

결국 합작위에서 추천해 넣을 수 있는 이들은 정치 노선이 온건할 뿐 아니라 성격도 온건한 사람들입니다. 나도 주견이 모자라는 사람이지만, 나만큼 주견이 있는 사람도 끼어들기 힘들어요. 같은 숫자가 함께 앉는다 해도 이 박사 세력과 한민당의 사나운 사람들 감당하기 힘듭니다. 게다가 저쪽에는 자금력과 조직력까지 있지 않습니까.

김기협 | 이승만 박사가 일간 미국으로 떠난다고 합니다. 그분이 작년에 귀국할 때 선생님도 그분의 영도력에 기대를 많이 걸었었죠. 그런데 지난 6월 남한 단독정부 얘기를 꺼낸 이래 미소공위에 부정적인 태도를 슬쩍슬쩍 보이다가 근래에는 3상회의까지 부정하는 태도를 노골적으로 드러내고 있지 않습니까? 그분이 외교에 나선다 하니 미소공위를 방해하러 나서는 게 아닌가 걱정하는 사람들이 좌익만이 아닌 것 같습니다. 선생님 생각에는 어떠신가요?

안재홍 | 그분의 뜻을 확실히 알지 못합니다. 더 분명히 알지 않고는 그분에 관한 이야기를 하고 싶지 않습니다.

김기협 | 이 박사와 함께 선생님이 크게 기대를 건 분이 김구 선생이죠. 그런데 그분도 미소공위에 대해 부정적인 태도죠. 선생님이 국민당을 이끌고 한독당에 들어간 이래 노선 차이가 잘 해소되지 않고 남아 있는 것 같습니다. 그분에게도 실망을 많이 느끼지 않으신가요?

안재홍 | 개인적으로는 전혀 실망을 느끼지 않습니다. 마음이 크고 넓으신 분이라는 사실을 접할수록 깊이 느낍니다. 그러나 지난 1년간 맡아 오신 역할에는 아쉬움이 있지요. 며칠 전에(11월 18일) 좌우합작 지지 담화 내주신 것을 보고 우리 합작위원들은 마음에 큰 위로를 받았습니다. 그러나 더 일찍 그런 입장을 밝히고 주변 사람들에게도 권해주셨더라면 더 좋은 성과를 거둘 수 있었을 텐데 하는 아쉬움을 느낍니다.

그분을 모시는 이들 중에 더러 문제가 있습니다. 18일 담화 끝에서도 어느 신문사 고문 운운하는 말에 대한 반박 말씀이 있었죠. 측근 중 신문사 사장 맡은 이가 고문 맡아달라고 청하면서 응낙도 얻기 전에 외부에 발설한 것이 노여우셨던 것입니다. 저와 옛 국민당 동지들이 그분을 함께 모시려고 한독당과 합당한 것인데, 그분 측근 중에는 저희가 그분 가까이 가지 못하도록 가로막는 행태도 보입니다. 그분을 진심으로 받들기보다 그분과의 관계를 통해 자기 이익을 노리는 자들이 있는 것 같습니다.

좌우합작에 대해 지원도 해주지 않고 가로막지도 않으면서 관망해오셨습니다. 그러다가 소요 사태를 비롯해 여러 가지 상황을 보며 새로운 생각을 하시게 된 것 같습니다. 앞으로의 역할에 기대가 큽니다.

일지로 보는 1946년 11월

- **1일** 경성역을 서울역으로 개명
- **7일** 7일 문교부, 경성·개성·강릉·부산·목포·군산·충주·순천 등 8개 사범학교 신설 발표
- **13일** 장택상 수도경찰청 총감, 출근길에 중앙극장 건너편에서 피습
- **16일** 사회노동당(사로당) 공식 출범(위원장 여운형, 부위원장 백남운·강진), 북로당 중앙위원회 사로당 비판 결정서 채택
- **22일** 이승만, 방미 계획에 관한 담화문 발표
- **23일** 남조선노동당(남로당) 결성대회가 23, 24일 양일에 걸쳐 관훈동 시천교당에서 개최 김구, 귀국 1주년을 맞은 심경과 정치적 포부 피력
- **24일** 남로당 결당대회에 수류탄 투척 사건 발생
- **28일** 조선정판사사건 판결. 이관술, 박낙종, 송언필, 김창선 등 4인에게 구형대로 무기징역형 선고

4

남조선과도입법의원 개원

1946년 12월 2 ~ 30일

1947년 1월 과도입법의원과 미군정 당국자가 함께한 자리. 미군정의 입법의원 설치 구상은 11월 초 개원을 목표로 했으나 대구 사태, 선거 무효 및 재선거, 관선의원 인선 등 우여곡절 끝에 12월 12일 개원하게 된다.

1946. 12. 2.

서울특별시장, 이런 사람도 있었다

12월 1일부로 철도 운임이 두 배로 인상되었다. 1킬로미터당 3등 여객 운임이 40전으로, 부산까지 182원, 목포까지 172원이 되었다. 5월 1일에 종전 운임의 두 배로 인상된 것이 7개월 만에 다시 두 배로 인상된 것이다(『서울신문』 1946년 11월 27일자).

같은 날 군정청 인사행정처장 정일형이 공무원(군정청 직원) 처우 개선 방안을 발표했는데 장관급인 부·처장 월급을 3,200원에서 6,000원 가량으로, 최하급인 10급 월급을 1,660원에서 2,247원으로 올린다는 내용이었다. 본청 직원 4,313명 중 3분의 1인 1,407명의 감원과 함께 추진하는 계획이었다(『동아일보』 1946년 12월 1일자).

전차 요금도 두 배 올라 1원이 되었고, 전기료도 올랐다. 전기는 값이 올랐을 뿐 아니라 공급이 불안정해지기까지 했다.

> 조선의 전력은 동양에서는 제1위를 차지하고 있으며 세계적으로 우수한 능력을 가지고 있음은 주지의 사실이다. 그런데 발전소는 대부분이 38 이북에 있고, 남조선에는 극히 약한 전력을 발전시킬 수 있는 빈약한 발전소가 두 곳뿐이다. 그러나 38 이북의 송전으로 남조선의 전기 사용에는 아무 지장이 없었다. 그런데 5일은 이북에서의 송

전선 고장으로 경인 지방에서는 전차는 물론 각 공장의 기계까지 두 시간에 걸쳐 쉬었다는 해방 후 처음 장시간 정전을 보았다.

5일 전선의 고장인지 그 원인은 알 수 없으나 9시 3분부터 38 이북에서 오는 송전이 두절되어 일체의 전기 사용이 정돈되어 전차가 못 움직임은 물론 전등까지 전부 꺼져 전차 정류장마다 통근자를 위시하여 일반 승객이 때마침 쏟아지는 눈보라와 함께 오도 가도 못하고 대혼잡을 이루었다. 그뿐 아니라 요즘 가끔 일어나는 정전 관계로 전등불이 꺼져 가정의 불편도 적지 않다. 그러면 현재 서울 주변의 전기 상태는 어찌되며 북조선 전력과는 어떤 관계가 있는가?

현재 서울 주변에는 청평천의 수력발전소와 당인리의 화력발전소가 있을 뿐인데 이나마 당인리 발전소는 석탄이 다량으로 소비되므로 석탄이 없으면 발전할 수 없으며, 현재는 두 곳 다 사용하지 않는다. 유사시에 발전 작업을 시작하더라도 두 시간 아니면 불이 들어오지 않는다 하며 전량도 겨우 4만 5천 킬로밖에 안 되어 서울시의 전등용으로나 겨우 족하며 그 외의 동력은 쓸 수 없는 전력이라고 한다.

압록강수전과 금강산발전소에서 송전되는 120만 킬로 중 4만 킬로만이 현재 남조선에서 사용되는데, 만일 이 방면에서 전력이 오지 않으면 남조선 일대에 대혼란이 일어날 것으로, 당국자의 이야기를 들어 보자.

"송전이 두절된 원인은 방금 조사 중이라 알 수 없으나 북조선의 적설로 인하여 정전된 것으로 생각된다. 하여간 이북 전기가 오지 못하게 되면 남조선의 전기로 움직이는 전차는 물론 공업이 전부 정돈될 것이다."

(「북조선에서의 송전이 일시 중단」, 『서울신문』 1946년 12월 6일)

해방 직후 서울 시내를 운행하던 전차와 시민들.

> 금 10일 아침 9시 50분경부터 시내에 정전이 있어 우선 청평발전소로부터 송전하여 제한 배전을 실시하는 형편인데, 원인은 금조(今朝) 이래 뇌격 관계로 인하여 북선에 있는 발전소에 불안 상태가 있어 평양에서 응급 수동 차단을 한 까닭이라 한다.
>
> (「북한의 송전 제한 조치로 제한 배전 실시」, 『서울신문』 1946년 12월 11일)

1946년 2월 미소공위 예비회담에서 남북 간의 물자 교환이 긴급 의제였는데, 이북의 전기와 석탄, 이남의 쌀이 제일 중요한 대상이었다. 미군정의 미곡 정책 실패로 말미암아 쌀을 내놓지 못한 것이 소련 측의 불신을 사는 빌미가 되었다. 소련군도 이에 대한 보복으로 석탄을 보내지 않아 일본에서 수입해왔는데, 전기는 안정된 공급을 계속해주었다. 송전 중단 기사는 12월 들어와 눈에 띄기 시작했다.

의도적으로 송전을 중단한 것이 아니라 사고 때문이었던 것으로 보인다. 1948년 5월 정치적 이유로 송전 중단이 일어나기도 했지만, 아직은 전기를 전략무기로 쓸 의도를 북쪽에서 보이지 않고 있었다. 일본식 발전—배전 시설의 유지와 관리에 소련의 도움만으로는 한계가 있었던 것이 아닌가 생각된다.

전반적 물가 상승이 민생을 압박하는 상황을 넘어 물자의 품절로 심각한 문제를 일으키는 분야가 상당했는데, 그중에는 일본 제국 시스템의 붕괴에 따른 것이 많았다. 『조선일보』 12월 10일자 기사 「심각한 용지난으로 인한 폐단」에서 다룬 종이 문제도 그중 하나였다.

> 방금 남조선에는 출판문화의 일대 위기에 직면하고 있다. 38선 이남 지구는 본래부터 펄프재의 생산지가 아니어서 종래에도 용지는 일본이나 북조선에 의뢰하여 사용하던바 해방 이후 38 장벽이 생겨 물자의 교류가 두절되고 대외무역도 안 되어 건국을 앞두고 활발히 전개되어야 할 문서 운동은 현재 총 소요량의 1할도 안 되는 휴지를 원료로 하는 몇몇 재생 제지 공장의 생산품에 매달려 허덕이고 있어 서울만 단위로 따져보아도 200여 대소 출판사가 총 휴업에 처해 있고, 600개 인쇄소도 용지가 없어 인쇄를 못하는 기막힌 현상에 있다. 따라서 이 용지 기근은 각 학교 교육에 막대한 불편을 주어 소학·중학·전문대학 등의 교과서를 못 만들고, 또 학용지 구입난으로 거의 수업 불가능 상태에서 학교 당국은 임시 교과서 용지와 학용지 얻느라 동분서주하는 현상이라 한다.

이 기사에는 출판사, 제지 회사, 문교부 편수국, 각급 학교와 군정청 유기 가공과 관계자들의 논평이 붙어 있는데, 그중 금강제지 고문 허

균의 이야기 일부를 인용한다.

> "현재 남조선에서 제지 생산을 하는 공장은 13개소인데 남조선에는 펄프재가 없어 이 13개 공장이 모두 휴지를 원료로 하는 재생지를 생산하고 있습니다. 지금 사용되는 재생지는 소위 선화지란 것인데 첫 번 재생 때는 종이 질도 좋았으나 2생, 3생이 되면서 종이 질은 아주 나빠져서 현재 사용되는 3생지는 휴지만도 못한 것이 사실입니다. 앞으로 이 3생지를 원료로 다시 4생을 하면 정말 종이 질은 사용치 못할 정도로 나빠질 것입니다. 휴지로 재생시키는 것만큼 원료의 3퍼센트 내지 5퍼센트는 종이가 되고, 나머지는 소모되어 남조선의 휴지는 점점 줄어드는 형편인데다가 기계 부속품·약품, 특히 모포 등은 지금까지는 재고품으로 이리저리 써왔으나 앞으로 조선 내에선 구입할 수 없어 2~3개월 내에 공장 운영은 아주 위기에 서게 되었습니다."

배재중학교장 박임련은 교과서는커녕 "앞으로 수업증서나 졸업 증서도 주게 될는지 의문"이라고 한탄했고, 금화국민학교장 최태윤은 "아이들을 책망해야 소용없는 것이요 학교에 대한 특별 배급이 없고서는 향학에 대한 장려가 실로 우려되는바"라고 탄식했다. 군정청 유기가공과 관계자는 이렇게 말했다고 한다.

> "지금 남조선의 생산량으로는 수요량의 9퍼센트 남짓하다 하니 지금의 용지난이 얼마만큼 심하다는 것을 가히 짐작할 수 있다. 그러면 무슨 까닭으로 종이를 증산할 수 없는가? 첫째로 제지 재료인 펄프가 남조선에는 전혀 없고 제지 기계에 쓰는 담요와 쇠그물 같은 재료

가 없어서 군산, 춘천, 안양, 순천의 제지 공장들이 간신히 재래품으로 생산을 연명시키고 있다. 군정청으로서는 미국에 원료 수입을 수차 교섭하였으나 지금 같아서는 언제나 실현될지 그 앞길이 막연하다 한다."

물자 부족 중에도 제일 절박한 것은 역시 식량이었다. 겨울로 접어드는 시점에서 월동 식량을 충분히 준비한 국민은 많지 않았다. 대도시 식량 공급은 미군정에도 최대의 과제였다. 이런 상황에서 김형민 서울시장을 둘러싸고 시민을 짜증나게 하는 일이 거듭 벌어졌다. 지난 5월 시장에 취임한 김형민은 9월 말 서울시가 특별시로 개편되면서 초대 서울특별시장이 된 사람이다. 11월 30일 기자회견에서 김형민은 이런 해명을 했다.

"소위 고구마 사건은 검사국은 물론 시장인 나 자신도 철저히 그 진상을 조사해봤으나 일반이 큰 오해를 하고 있는 것 같다. 고구마는 서울 시민용으로 가지고 온 것이 아니고 개인 상인들이 가지고 온 것을 시청과 회사에서 그 처분을 알선해준 것이다. 시민의 이름을 팔아서 부정처분 운운은 당치않은 말이며, 여하간 검사국에서도 진상을 조사하고 있으니 그 결과가 발표되면 일반의 오해가 풀릴 것으로 믿는다."

(「서울시장 김형민, 고구마 부정 유출 사건에 관해 담화 발표」, 『경향신문』 1946년 12월 1일)

'고구마 사건'이란 서울 시민의 식량용으로 나주에서 화차 열두 차에 실어온 고구마 5천여 가마가 개성의 고려약품회사에 알코올 제조

용으로 팔려간 일이다. 식량 통제 정책 아래 대량의 고구마를 구매하기 위해 '시민 식량용'이란 명분을 상인들이 이용한 것인데, 김형민의 방조 여부는 끝내 확인되지 않았다. 그러나 뒤이어 터진 '비스킷 사건'에서 김형민의 역할이 들통 나기 때문에 고구마 사건에 대한 심증까지 굳어지게 된다.

비스킷 사건 의혹은 11월 27일 기자회견에서 제기되었다. 군정청에서 서울시 빈민용으로 7만 파운드의 비스킷을 반입했는데 서울시가 그 많은 분량의 배급권을 두 명의 업자에게 맡겨 폭리를 취하게 했다는 의혹이었다. 이에 김형민은 시청 상무국의 라일리 대위의 책임으로 넘겼고(『조선일보』 1946년 11월 28일자), 12월 4일 기자회견에서 다시 제기되자 "'빈민용의 5만 명 이외에는 시로서 전 책임을 질 수 없다'고 동문서답식의 답변을 했다"고 한다(『동아일보』 1946년 12월 5일자). 그런데 문제의 업자 한 사람이 김형민의 잡아떼기에 열 받았던지 이튿날 기자단을 찾아와 김형민의 역할을 폭로해버렸다.

> 말썽 많은 비스킷 모리 사건은 의외로 확대될 듯하다. 서울시장 김형민은 4일 군정청기자단 시청기자단과의 회견석상에서 '문제의 비스킷으로 서울화신 내 삼화사 책임자 신선호가 썩은 것 4분가량을 배급까지 해서 약 10만 원의 모리를 한 사실이 있는데 이것은 나도 모르고 있던 중 근자에 조사한 결과 비로소 알게 되어 시민에게 미안하다'고 말한 바 있었다. 그런데 문제의 신 씨는 5일 시청기자실을 찾아와 기자단에 다음과 같이 의외의 진술을 하여 그 사실 여부가 주목된다.
>
> "최초 비스킷 7만 파운드를 맡을 때 1파운드 15원에 불하하니 20원씩에 배급하라는 조건으로 김 시장이 결재까지 해준 것을 나는 그대로 실행했을 뿐이다. 그것을 가지고 썩은 것 4분을 뻔뻔히 배급까지

해서 모리를 했다고 하니 그런 사실이 없는 나로서는 도저히 묵과할 수 없다. 당초부터 김 시장이 결재해준 사실은 뻔한 증거가 있다."

(「삼화사 대표 신선호, 서울시장의 비스킷 사건에 관한 해명 반박」, 『조선일보』 1946년 12월 6일)

결국 12월 6일 기자회견에서 김형민은 책임을 인정하지 않을 수 없었다.

(문) 말썽 많은 비스킷 문제에 대하여 김 시장의 결재가 있었다는데?
(답) 결재 도장을 찍었으나 사실을 말하면 맹판(盲判)한 것인데 결과가 불미하게 되고 보니 시민 여러분께 대단히 미안한 일이며 맹판에 대하여는 책임지겠다.

(「서울시장 김형민, 비스킷 사건 등에 관해 기자회견」, 『서울신문』 1946년 12월 7일)

고구마 사건도 비스킷 사건도 검찰의 조사를 받았다. 검사총장 이인(李仁, 1896~1979)은 12월 10일 기자회견에서 이들 문제에 대해 이렇게 언급했다.

"검사국에서 조사한 결과 시장이 허가하였고 또 가격까지 정해준 것이 판명되었으나 이것은 법률상 위반은 없으나 행정 처리상 타당치 못하다. 시민의 한 사람인 나로서도 식생활이 가장 중대한 이때 고구마 문제를 일으키는 것이나 또는 아동의 영양 가치에 대하여 이윤을 추구함은 용서할 수 없는 일이다. 그러나 이 문제는 군정장관에게 사실을 보고함으로써 일단락 짓게 되었다."

(「검사총장 이인, 당면한 제반 문제에 관해 기자회견」, 『동아일보』 1946년 12월 11일)

1946. 12. 5.

미국통이지만 친미파가 되지 못한 최능진

조미공위의 활동에 관한 하지의 성명서가 12월 5일에 나온 것을 11월 2일자 일기에서 소개한 바 있다. 조미공위를 지지하는 내용이지만, 바로 그 전날 경무부 수사국장 최능진이 파면된 일로 보아 그 진정성이 의심된다는 생각도 붙여 썼다. 조미공위의 활동은 경찰 개혁을 첫 번째 과제로 삼았고, 경찰 안에서 그 개혁 방향을 대표해온 인물이 최능진이기 때문이다.

최능진은 분명한 우익 인물이다. 해방 전후 그의 행적은 『위키피디아』에 이렇게 서술되어 있다.

> 1937년 안창호와 함께 '수양동우회 사건'으로 구속되어 2년간 옥고를 치르기도 했다. 8·15 해방 직후 평남 건국준비위원회 치안부장으로 활동했으며, 그해 9월께 소련의 탄압을 피해 월남한 뒤 미군정에 의해 경무부 수사국장으로 발탁됐다. 그러나 1946년 조병옥의 친일경찰 등용과 부패에 항의하다가 경찰 간부직에서 밀려났다.

경찰에서 쫓겨난 후에도 극우파에 대한 저항을 계속해 1948년 5·10 선거에서 이승만에 대항, 동대문 갑구에 입후보하려다가 경찰의 탄압

친일 경찰의 중용을 반대하는 등 경찰 개혁을 주장하다 경무부에 의해 파면당하고, 이승만에게 맞서다 결국 비극적 최후를 맞은 최능진.

으로 후보 자격을 빼앗겼다. 그리고 그해 가을 '혁명의용군 사건'■으로 체포되어 복역하다가 전쟁 중 인민군 치하의 서울에서 정전·평화운동을 벌인 죄로 군법회의에서 사형을 선고받고 처형당했다. 2009년 9월 과거사위원회가 이 선고와 처형을 잘못된 것으로 판단하고 국가의 사과와 법원의 재심 수용을 권고하는 결정을 내렸다.

40대 후반의 나이로 해방 공간에서 활동한 최능진은 어떤 배경의 인물이었는가? 「한국사데이터베이스」의 신문 자료에서 약간의 편린을 찾을 수 있었다. 1920년대 미국 유학 기간에 샌프란시스코 교민 사회의 주간지 『신한민보』에 여러 차례 모습을 보였다. 귀국 때는 1929년 8월 1일자 「동정」란에 그의 귀국 기사와 그 형이 환송하려고 샌프란시스코에 방문했다는 기사가 나란히 실렸다.

■ 1948년 10월, 최능진 외 두 명과 국방경비대 오동기 소령을 중심으로 원주부대, 춘천부대 등의 장교들과 수차례 밀회를 하고 소련혁명기념일을 전후하여 원주부대, 춘천부대 병사 200명과 오동기가 연대장으로 있는 여수연대와 함께 서울로 진격하여 정부를 전복하려 했다는 쿠데타 음모 사건.

● 최능진 군 31일 환국

기보한 바와 같이 매사추세츠 스프링필드에 있는 체육대학의 전문을 필한 최능진 씨는 평양 숭실대학의 운동 교수로 연빙되어 7월 31일 코리아 선편으로 귀국하였다더라.

● 최능익 씨 계씨 송별하러 왔다가

나성(로스앤젤레스)에 다년 거류하며 상업하는 최능익 씨는 이번에 귀국하는 그의 계씨인 능진 군을 전별 (…) 눈물로 작별하고 동일 오후에 회정(回程)하였다더라.

형 하나가 미국에 정착해 있었던 것, 그리고 최능진이 숭실학교에 다녔고 귀국 후 숭실학교에서 근무한 것을 보면 기독교 집안이었던 것으로 짐작된다. 최능진의 귀국은 1929년 10월 9일자 『동아일보』에 「만능 주장 선수 최능진 씨 귀국, 12년 만에 금의환향」이라는 제목의 기사로 크게 보도되었다.

조선 체육계를 지도할 한 개의 별은 나타났다! 그는 평양 출생의 최능진 씨로 씨는 미국 매사추세츠 주의 스프링필드 국제청년회 체육대학을 마치고 얼마 전에 귀국하여 방금 숭실전문학교 체육부 주임직에서 다수한 청년 학생들의 체육을 지도하고 있는데 씨는 말하되, "13년 만에 고국에 돌아오니 모든 것이 감개무량할 뿐이외다. (…) 앞으로 나는 이 방면에 몸을 바치려 합니다"고 하는데, 씨는 일찍이 평양 숭실중학에 다니다가 15년 전에 중국 남경에 가서 어학을 공부하며 금릉대학에 다녔고, 2년 후에 미국에 건너가 소학교부터 중학과 대학을 거쳐 전기 체육대학을 금년에 마쳤으며, 미국에 있는 동안 사커와 미국 럭비는 물론, 바스켓볼과 테니스 등 만능선수로 다년 주장으로 활약한 우수한 체육가로 씨의 앞이 더욱 기대된다.

그런데 몇 해 후 『동아일보』에 최능진과 관계된 뜻밖의 기사 하나가 보인다. 독립운동가 최능현(崔能賢, 1887~1933)의 사망 기사다. 최능현이 로스앤젤레스 거주 최능익(崔能翊)의 형이라는 사실은 1919년 5월 17일자 『신한민보』「최능현 당로의 헌신 활동」 기사에서도 확인된다.

3·1운동 당시 평남 강서군 사천 사건의 거두로 상해 등지에 십 수년간 망명해 있던 최능현 씨(52)가 돌연히 지난 18일 별세하였다는 소식이 21일 평양부 창전리 그 실제 최능진 씨에게 왔다고 한다. 최능현 씨는 사천 사건 당시 평양지방법원에서 궐석 판결로 사형선고를 받고 해외에 망명하여 북간도·북경·남경·상해 등지로 전전하면서 십 수년간 민족운동을 계속하던 이로서 (…)

(「강서 사천 사건 거두 최능현 상해(上海)서 서거, 병사인지? 정치적 피살인지?」, 『동아일보』 1933년 8월 24일)

최능현 씨의 가정은 현재 강서군 성대면 연곡리에 그 부인 노 씨(49)가 아들 봉주(11)를 거느리고 있다 한다. 딸 둘은 이미 출가하였고, 장남 경수(23) 군은 부친을 따라 상해에 가서 군관학교를 마치고 현재 장개석 군의 사관으로 있다고 한다. 고향에 부인 노 씨가 데리고 있는 아들 봉주는 최능현이 궐석 사형 판결을 받은 후 대동군 용악산에 숨어서 활동하는 때에 잠시 관헌의 눈을 피해 가족을 상면하는 때 부부간에 생긴 아들로 부자 상면도 못한 터라 한다.

그 실형 되는 최능찬(崔能贊)은 역시 동생 능현과 함께 사천 사건에 가담하여 1심에서 사형, 복심에서 무기징역을 받고 평양형무소에서 복역하다 반신불수가 되어 수년 전 집행정지로 출옥했고, 실제 최능진 씨는 연전 미국에서 돌아와 숭전 교수로 있다가 최근 사직하고 실업에 종사하는 중이라 한다.

(「재호(在滬: 상해에 있는) 장남은 장개석 장교, 장형(長兄)은 옥중에서 반신불수 그의 가정 현황」, 『동아일보』 1933년 8월 24일)

기사 중의 '사천 사건'이란 1919년 3월 4일 강서군 반석면 사천 장터에서 만세 운동을 벌이는 시위 군중을 향해 일본 헌병이 무차별 사격을 가한 사건으로, 수원 제암리 사건과 함께 3·1운동의 대표적 유혈 참극이었다. 최능찬·능현 형제는 이 사건의 중심인 반석교회의 장로였다.

최능진의 집안은 이처럼 항일운동의 명문가이며 또한 기독교계의 명문가였다. 최능진 본인은 17세 때부터 13년간 미국에서 공부했고, 게다가 일류 스포츠맨이었다. 배경으로 봐서 미군정이 보물처럼 아낄 사람인데, 어째서 조병옥에게 밀려나고 결국 사형까지 당하게 된 것일까? 형 둘이 항일운동으로 사형 판결을 받았지만 실제 처형은 당하지 않았는데, 스무 살 손아래의 막내가(짐작이다) 해방된 나라에서 처형당하게 된 까닭이 무엇일까?

한민당에 맞서고 이승만에 맞섰기 때문이다. 이것도 짐작일 뿐이다. 하지만 1946년 12월 4일 파면당한 후 그와 조병옥·장택상 사이의 공방을 보면 이 짐작에 의문의 여지가 별로 없다. 최능진은 조병옥의 사직 요청에 대한 회답 형식의 공개편지를 5일 발표했다.

"소직(小職)은 국립경찰을 위하여 초지를 달성치 못하고 탐관 모리만을 전념하는 귀하에게 국립경찰을 일임하고 나아감은 양심이 용허치 않는다.

1. 나는 경찰 협화를 방해한 일 없고 귀하 같이 매일 모리배 등과 작반하여 요정 출입에 동행하지 않았다는 것과 귀하 같이 악질 인물을 고관 대직에 채용하고 순수한 독립 운동자를 무경험자라고 배척하는 귀하의 인사행정에 반대한다.

2. 귀하는 나를 경찰 사기 진작에 유해하다니 탐관·모리·직권남용 등을 위주로 하는 경찰관을 용퇴하라고 호령한 것이 사기를 잃게 하였는지? 그리고 이번 영남 폭동 사건에 대한 책임을 느낄 줄 모르는 귀하의 처사가 사기를 진작하는 것인가?

3. 명령 불복종에 관하여는 일제시대의 일본의 충신을 군정지사로 소개하여 군정청으로부터 1,200~1,300만 원을 인출하여 귀하의 요정 유흥비를 전담한 자를 위하여 가옥 명도 강요와 불법 구타를 감행한 데 대한 고소 사실을 불문에 부친 사실과 한 공안국장에 대한 인권유린, 불법감금에 관한 고소 사실을 귀하가 휴지화해버린 것도 소직이 묵인했다. 그러나 다만 불복한 것은 귀하가 김계조(金桂祚) 석방 운동을 소직에게 요청하였을 때 거부한 일이 있을 뿐이다.

4. 이상 귀하는 국립경찰을 더럽힌 죄를 사직하여 민중에게 사과하며 귀하의 불의(不義) 소득은 전재 동포에게 돌리고 축첩은 독신자를 위하여 해방키를 바란다."

(「최능진 씨의 문제의 회답문」, 『자유신문』 1946년 12월 7일)

최능진은 6일에도 "조 부장 같은 이에게 경찰을 맡길 수 없다"며 등청해서 자리를 지켰다. 조병옥은 미군 헌병의 손을 빌려 최능진을 쫓아내고 반박 담화를 발표했다.

"나는 이를 공개서한으로 알지 않는다. 그러나 그런 문서의 발표에 대하여 상당한 고려와 관심을 가지고 있으며 어쨌든 나의 부덕한 탓으로 안다. 최 국장은 파면된 후에도 직장을 안 나가서 하오 4시 축출했다. 이번 서한 문제에 대하여서는 방금 미군 세 사람으로 조직된 사문위원회에서 나의 요청에 의하여 조사하고 있는데 추후에 자세한 것을 발표할 것이다.
발표 문서 중 김계조 석방 운동을 운운하나 이에 대하여 최 국장에 이런 요청을 한 일은 없고, 당시 경무국장이던 챔페니 대좌를 통하여 보석 의견서를 낸 일이 있을 뿐 물질적으로 받은 일은 없다. 이 문제는 이미 윔스 소좌의 사문에 의하여 규정된 사실이다. 또 전과 3범의 사람을 고관 대직에 임명하였다 함은 알지 못하는 일이다. 그리고 1,200~1,300만 원의 거금을 받았다는 것도 알지 못하는 사실이다."

(「경무부장 조병옥, 전 수사국장 최능진의 공개서한에 대해 해명」, 『동아일보』 1946년 12월 7일)

김계조 사건은 1946년 1월 6일자와 3월 11일자 일기에서 설명한 일이 있다. 해방 공간 경제사범 중 가장 파렴치한 사건에 끼어들었다니, 지금까지도 조병옥에 대한 인상이 좋은 것이 아니었는데 더 나빠진다. 챔페니(A. S. Champeny) 대령을 통했다는 것도 이해가 안 간다. 챔페니 대령은 3월 2일자 일기에 장택상에게 업혀 박홍식 석방에 끼어든 일이 나오는데, 당시 직책은 국방국장으로 보도되었다.

조병옥과 '환상의 콤비'를 이루는 장택상이 이 상황에서 가만히 있을 리가 없다. 장택상은 7일에 성명서를 발표했다.

"세인의 이목을 어지럽게 하는 와중에 몸을 던져 시비와 좌우를 가리고 싶어함이 처세술에는 현명치 못할는지 모르나 양심의 격분을 이기지 못하여 금번 경찰 수뇌부 양인의 시비에 대하여 말하고 싶어하노라.

경무부장 조병옥 씨는 양심 있는 경찰이다. 10개월간 나의 체험으로 말하건대 그이는 사석이나 공석에서 편당적으로 언사를 한 번도 해본 적이 없다. 좌를 억압하고 우를 옹호한다든지 우를 억압하고 좌를 옹호하라는 등 언사는 이제까지 경무부 정책을 반영시키는 수도경찰 책임자 나로서는 천지신명에 대하여 서슴지 않고 말하노니 그이로서는 한 번도 없었다. 그 반면에 최 씨는 종시일관토록 공적이나 사적으로 편당적 경찰행정을 강행해왔다.

그이가 우리들을 비방하는 말이 '너희는 비애국자이다' 말살과 탄압과 억류와 체포를 좌익에 대하여는 주저치 말 것이라는 협박과 강요가 한두 번이 아니었다. 최근에 와서도 본인을 모 요정에 불러들여 협박적 언사로 공갈하는 말이 그대도 조 부장과 같은 운명에 닥쳤으나 오히려 살아나갈 길이 하나 있다. 그것은 무엇인가 하니 현 간부급을 전부 파면하고 중국에서 건너온 애국자나 국내에 있는 단체 간부로 경찰 수뇌부를 조직하여 강력 경찰을 이루라 했다. 나는 이 말에 대하여 비장한 결심으로 단호히 거절했다.

나는 천하 인사에게 묻노니 우리 조선의 현 단계에서 좌익 사상을 발본색원할 수 있나 거듭 묻고자 한다. 우리의 노선은 아무쪼록 좌우익의 기본 정치사상은 당분간 덮어두고 민족적 국가 독립이라는 목표 아래로 모여드는 것이 우리의 사명이요 투쟁하는 정치 목적인 줄로 믿는다.

최 씨가 조 씨에게 비행을 지적함에 관하여는 사문위원회에서 자연 규명될 터이니 아는 바 있다 하여도 말하고 싶지 않다. 그러나 사재

축적이니 전과자 기용이니 하는 등에 대하여는 본인 최 씨에게 묻고자 하노니 자화자찬이 아닌가 하노라. 하나 조 부장의 풍류에 넘치는 일에 대하여 고금에 누구나 있을 수 있는 일이지만 시기가 시기인 만큼 너나없이 자숙할 필요가 있다고 생각한다.

경찰관의 문호에 모리가 출입하든지 정치 브로커가 출입함은 오늘의 시기에 당하여는 절대 금물이다. 우리 민주 경찰 수뇌부로서는 반성할 시기가 왔다고 깊이 느끼는 바이다."

(「장택상, 경찰 수뇌부의 알력에 관한 성명서 발표」, 『서울신문』 1946년 12월 8일)

장택상이 인정하는 조병옥의 유일한 허물이 "풍류에 넘치는 일"이란다. 세월 참 좋다.

최능진은 12월 12일에 또 한 차례 성명서를 발표했다.

"장 씨 성명서의 의하면 내가 사감으로 조 씨를 비방한 것이며 내가 좌익 진영을 탄압한 경찰관이었다고 지적하였으나, 나는 사감이 조금도 없이 하였으며 좌익 탄압 운운의 성명은 장 씨가 주로 좌익 진영에 대한 추파에 불과하다. 오직 나는 재직 시 민족을 분열케 하는 극좌, 극우를 극도로 탄압한 것은 사실이다.

그리고 나의 일제시대 전직자 퇴진 주장은 일본 황실의 번영을 위하던 소수의 주구가 일조일석에 애국자가 되어 건국 도상의 민중 지도자가 될 수는 없으므로 간부급을 제거하고 하부 진영에만 전직 경찰 기술자를 두어 민주 경찰 진영 강화를 주장하였으나 조 씨는 끝끝내 나와 의견이 대립했었다. 그러므로 지금의 경찰은 왜정 자체가 은연히 희망하던 친일 경찰이 아니고 무엇일까."

(「친일 경찰 진영 소탕하라」, 『자유신문』 1946년 12월 14일)

장택상의 성명 중 "말살과 탄압과 억류와 체포를 좌익에 대하여는 주저치 말 것이라는 협박과 강요"라는 대목이 뭔가 잘못된 게 아닌가 했는데, 이 성명을 보니 알겠다. 최능진은 월남한 평안도 기독교인답게 좌익 단속에 적극적이었던 것이다. 다만, 극좌와 극우 양쪽 모두에서 민족 분열의 위험을 경계했다. 장택상은 극좌에 대한 최능진의 강경한 태도만을 뽑아내어 좌익과 최능진 사이를 이간하려 한 것이다. 출세에는 뭐든 재능이 필요한 모양이다.

1946. 12. 7.

입법의원 구성의 우여곡절

입법의원 관선의원 명단이 12월 7일 오전 발표되고 12월 12일 개원 예정이 알려졌다. 미군정 당국자들은 지난 6월 "입법기관" 이야기가 나올 때부터 11월 초 개원을 목표로 세웠기에 10월 중 전국적 소요 사태에도 선거를 강행했던 것이다. 그러나 시국이 워낙 불안한데다가 선거의 모양새도 너무 형편없었기 때문에 조미공위를 운영하면서 입법의원 개원을 늦춰왔다.

12월에 접어들어서는 더 이상 늦출 수 없다는 결단을 내렸다. 결국 서울과 강원도의 재선거가 남아 있는 상황에서 개원을 강행하기로 하여 관선의원을 6일에 확정하고 7일에 발표한 것이다. 각 신문에 보도된 관선의원 명단은 아래와 같다.

> 김규식(金奎植 합위) 여운형(呂運亨 합위) 원세훈(元世勳 합위) 최동오(崔東旿 합위) 안재홍(安在鴻 합위) 김붕준(金朋濬 신진) 홍명희(洪命憙 유교) 박건웅(朴建雄 합위) 황진남(黃鎭南 인민) 문무술(文武術 해외) 염정권(廉廷權 인민) 강순(姜舜 근로대중) 탁창혁(卓昌赫 근로대중) 신기언(申基彦 인민) 김학배(金鶴培 근로대중) 이봉구(李鳳九 변호사) 신의경(辛義卿 미상) 황신덕(黃信德 교육계) 박승호(朴承浩 독촉애부) 박현숙(朴賢淑 여국민) 여운홍(呂

運弘 사민) 장자일(張子一 언론계) 김지간(金志侃 조민) 장연송(張連松 무) 하경덕(河敬德 언론계) 허간룡(許侃龍 한독) 김호(金乎 한미) 허규(許珪 사민) 고창일(高昌一 해외) 김돈(金墩 해외) 변성옥(邊成玉 기청) 변광조(邊廣朝 천도교) 김법린(金法麟 불교) 장면(張勉 가톨릭교) 장건상(張建相 사로) 조완구(趙琬九 대종교) 윤기섭(尹琦燮 한독) 오하영(吳夏英 기독교) 엄항섭(嚴恒燮 한독) 정이형(鄭伊衡 해외) 김약수(金若水 민중) 이응진(李應辰 청우) 이순탁(李順鐸 학계) 엄우룡(嚴雨龍 한독) 유진희(兪鎭熙 한민)

민선의원 당선자 명단은 아래와 같이 보도되었다(『서울신문』 1946년 11월 3일자). 45명 중 독촉 17명, 한민당 14명 · 무소속 9명도 대부분 그에 동조하는 성향이었다고 한다. 제주도의 2인을 제외하고는(이 두 사람은 개원 직후 사퇴한다) 거의가 확고한 우익이었고, 그중에서도 단정 지지 세력이 압도적이었다.

서울시: 김성수(金性洙 한민) 장덕수(張德秀 한민) 김도연(金度演 한민)

경기: 하상훈(河相勳 한민) 문진교(文珍校 독촉) 이종근(李鍾瑾 독촉) 유래완(柳來琬 무) 양제박(梁濟博 한민) 최명환(崔鳴煥 독촉)

충남: 홍순철(洪淳徹 독촉) 김창근(金昌根 독촉) 유영근(柳英根 독촉) 이원생(李源生 독촉) 유정호(柳鼎浩 독촉)

충북: 김영규(金永奎 독촉) 송종옥(宋鍾玉 독촉) 황철성(黃喆性 독촉)

전남: 홍성하(洪性夏 한민) 천진철(千珍哲 한민) 최종섭(崔鍾涉 한민) 고광표(高光表 한민) 이남규(李南圭 한독) 황보익(黃保翼 한독)

전북: 백남용(白南鏞 무) 정진희(鄭鎭熙 한민) 윤석원(尹錫原 한독) 백관수(白寬洙 한민)

경남: 김철수(金喆壽 한민) 김국태(金國泰 무) 이주형(李周衡 무) 송문기

(宋汶岐 독촉) 하만한(河萬漢 무) 신중목(愼重穆 무)

경북: 서상일(徐相日 한민) 윤홍렬(尹洪烈 무) 이일우(李一雨 독촉) 김광현(金光顯 독촉) 김영옥(金榮玉 무) 강이형(姜二亨 무) 이활(李活 한민)

강원: 서상준(徐商俊 독촉) 조진구(趙軫九 독촉) 전영직(田永稷 독촉)

제주: 문도배(文道培 인민위원회) 김시탁(金時鐸 인민위원회)

좌익 탄압과 소요 사태 속에 치러진 10월 중순 및 하순의 선거에서 투표율이 낮고 극우파가 석권한 것은 당연한 일이었다. 한독당과 좌익 그리고 중도 정당들이 참여한 각 정당 연석 간담회는 선거가 진행 중인 10월 24일에 이미 이 문제를 지적하는 공동 성명서를 발표했다.

1. 남조선 사태는 공전절후(空前絶後)의 불안 상태에 빠져 민생 문제의 해결, 대량으로 검거 투옥된 인민의 즉시 석방 등 민심의 수습을 위한 처치가 가장 긴절한 문제이며 민중의 요구도 이 점에 뭉치고 있다. 그런데도 군정 당국은 이 혼란한 상태에 편승하여, 일부 특권 계급의 지지를 얻어 급속히 입법의원 의원 선거를 강행시킨다는 것은 조선 민족의 자주성을 부인하는 태도이며 신성한 민주주의적 정신을 유린하는 행위이다.
2. 이러한 선거는 불공정하고 불순한 투매식 선거와 어용 선거를 조장하므로 장차 조선 민족 자주성에 입각하여 행하게 될 진정한 민주주의적 선거에 대하여 암영이 되는 동시에 악의 표본이 될 것이다.
3. 이에 10정당 연석 간담회에서는 목하 진행되고 있는 입법의원 선거에 찬의를 표할 수 없어 그 선거의 즉시 중지를 요구할 것을 결의한다.

(「각 정당 시국 대책 간담회, 입법기관 문제에 대해 공동 성명서 발표」,

(『서울신문』 1946년 10월 25일)

선거의 부실과 결과의 편향성에 대한 좌익의 거센 반발도 당연한 일이었다. 애초부터 좌우합작을 외면하고 입법기관 설치에 반대해온 남로당 계열은 말할 것도 없고, 온건한 입장이던 사로당 계열의 분위기도 바뀌었다. 좌익 측에서 좌우합작에 앞장서온 여운형의 입지는 이 선거 때문에 더욱 위축되었다.

김규식 등 우익 합작위원들은 현실적 기준에 따라 이 문제에 대응했다. 하지의 부분적 무효화를 이끌어내 극우파의 전면적 반발을 회피하는 선에서 선거의 부실 문제를 확인하고, 관선의원 추천에서 합작위의 발언권을 강화한 것이다. 여운형과 협력 관계를 유지하기에는 미흡한 조치였지만, 미군정과 극우파 사이에 어느 정도 쐐기를 박는 효과는 있었다.

좌우합작에서 하지의 태도는 극우파를 집토끼로 보고 중도파를 산토끼로 보는 것이었다. 극우파는 당장 백퍼센트 만족하지 않더라도 어차피 다른 곳으로 갈 데가 없으니 중도파를 최대한 끌어들인다는 것이었다. 그런데 소요 사태까지 벌어지는 바람에 중도파에 대한 의존도가 더욱 높아졌다. 그리고 입법의원 선거 결과가 오른쪽으로 너무 기울었기 때문에 합작위의 관선의원 추천을 통해 극우파에 대한 견제 세력이 입법의원 안에 생기기를 바라는 입장이었다.

김규식의 전면 재선거 또는 부분적 재선거 요구(11월 4일)를 하지가 서울과 강원도의 재선거로 부분 수용한 것(11월 25일)도 선거 부실의 문제를 아주 묵살해버릴 수 없었기 때문이다. 하지만 부분 수용을 하면서도 선거 무효의 이유는 제대로 받아들이지 않았다.

강원도의 경우는 선거 과정의 부실이 주된 이유였지만, 서울의 경우는 장덕수와 김성수의 후보 자격이 문제였다. 그런데 하지는 서울도 선거 과정의 부실만을 무효의 이유로 내세웠다. '친일파 배제' 문제를 회피한 것이다. 선거 과정의 부실이 서울만의 문제가 아니라는 이유로 한민당은 격렬하게 항의하고 입법의회 개원식의 보이콧에까지 이른다.

하지는 12월 11일과 17일 김성수와 장덕수를 거듭 만났다. 묘한 것은 11일에는 역시 한민당의 서울 당선자로 자격 시비가 없었던 김도연(金度演, 1894~1967)도 함께 만났는데 17일에는 두 사람만 만난 것이다. 그리고 며칠 후의 재선거에서 김도연만 다시 당선되고 두 사람은 떨어졌다.

재선거에서 김성수와 장덕수를 누른 것은 한독당의 조소앙(趙素昂, 1887~1958)과 신익희였다. 그런데 조소앙은 당선 직후 사퇴 의사를 밝혔다.

> 이번 입법의원 대의원 개선에서 서울특별시 전 서울 추천 후보로 175표의 최고 투표를 받은 조소앙은 이번에 후보자로 선거에 임하지 않겠다는 것을 다음과 같은 담화로 발표했다.
>
> "서울시 공민권 자격을 가진 동포가 본인을 후보자로 추천하신 것은 호의에서 나온 것을 감사합니다. 그러나 당선 전에 본심을 표백(表白)할 필요가 있습니다.
>
> 1. 본인이 남북통일된 총선거를 기다려 후보자로 나서겠습니다.
>
> 2. 통일국가와 기본 헌법을 결정하는 기회는 포기하지 않겠습니다.
>
> 3. 임정의 일원으로 귀국 1년 동안 허송한 벌책을 생각하기 때문에 현재의 형식과 내용이 있는 남부 한국의 과도입법기관에 참가하기 위하여 나의 좋은 친우들과 헤어질 필요가 없다고 생각합니다.

이상의 이유로 후보자 자격을 포기하는 나의 권리를 쓰오니 시민 각계 동지는 이것을 심회하사이다."

(「조소앙, 입법의원 서울시 대의원 후보 사퇴」, 『동아일보』 1946년 12월 21일)

애초의 후보 등록이 조소앙 본인 의지로 이뤄진 것인지는 확인할 수 없다. 한독당 내에서 국민당계는 입법의원 진출을 원했는데 임정계는 이에 반대하는 분위기가 많아서 조소앙 외에도 관선으로 임명된 엄항섭(嚴恒燮, 1898~?)과 조완구(趙琬九, 1881~1954)가 취임을 거부했다. 한독당은 이 문제에 당 차원의 방침을 세우지 않고 개인의 결정에 맡겼다.

서울 재선거에서 한민당 후보 대신 한독당 후보들을 당선시키려는 별도의 움직임이 있었던 것 같다. 조소앙의 사퇴 결정이 이 움직임 때문이었을지도 모른다. 12월 20일과 21일에 동회연합회 언저리에서 나온 두 장의 성명서에서 이 움직임의 일단을 알아볼 수 있다.

서울시 민선의원 재선거에 수일 전 서울 시내 몇몇 신문에 서울시동회연합회의 명의로 조소앙·신익희·김상덕 3씨를 입후보로 추천한다는 광고가 게재되었는데, 이것은 몇몇 개인의 단독행위에서 나온 것이고 우리 동연합회의 총의에서 나온 것이 아니라고 20일 서울시동연합회에서는 다음과 같은 성명서를 발표했다.

"우리 동회연합회는 서울시 행정의 말단 조직으로 오직 시민의 복리를 위하여 활동하는 시민의 자치체임은 설명할 필요도 없는 바이다. 그러나 근래 정치 관심이 깊어지는 관계상 동연합회가 정치 활동에 치우치게 될 우려가 없지 아니하다. 지난번에도 더욱이 신중한 태도를 가져야 할 우리 간부진에서 본의 아닌 실수로 대의원 선거에 지나친 관여를 하였기 때문에, 각 단체와 불필요한 물의까지 일으키게 되었던 것은 우리 연합회 총의를 위하여 유감이었던 바이다. 이번에도 서울 시내 신문에 연합회의 명의하에 간부 몇 분의 연명으로 모모 씨의 의원 입후보를 추천하였으나, 이것은 물론 그들의 개인의사임을 밝혀 동연합회의 성격 내지 장래의 노선을 본인 등의 책임상 시민 여러분에게 경고하는 바이다."

(「서울시 동회연합회, 입법의원 서울시 대의원 후보 추천은 총의가 아님」, 『경향신문』 1946년 12월 21일)

서울시 대의원 재선에 동회연합회의 박정근 외 수 씨가 조소앙·신익희·김상덕 3씨 등 입후보로 추천한 데 대하여 동련에서는 이것은 동련의 총의가 아니라 몇몇 개인의 단독행위라는 성명서를 발표한 바 있었는데 동련회장 박정근은 21일 다음과 같이 담화를 발표했다.
"동련으로서는 군정 당국으로부터 협의가 있어 재선에 응한 바이며 재선에서는 친일파의 지칭을 받아 세간의 물의를 일으킨 사람은 배제하고 애국지사 3명을 우리 대의원 후보로 추천한 것이다. 무엇으로 보든지 조·신·김 세 분을 후보로 추천한 것이 시민의 총의가 아니라는 것은 부당한 말이다. 동련의 명의 남용 운운은 모 정당의 모략이라고 생각한다."

(「서울시 동회연합회 회장 박정근, 입법의원 대의원 후보 추천은 정당」, 『경향신문』 1946년 12월 22일)

동회연합회 박정근(朴定根) 회장은 "세간의 물의를 일으킨 사람은 배제하고" 한독당 후보들을 지지하는 조직적 선거운동에 나섰는데, 오한영(吳漢泳) 부회장 등 일부 간부들이 이를 비판하고 나선 것이다.

박정근 회장이 "모 정당의 모략"이라 한 것은 어느 정당 얘기인지 말할 필요도 없는 일인데, 박정근 회장 측이 한독당에 동원된 것 같지는 않다. 한독당은 동회연합회 같은 공공 조직을 선거에 이용할 성향도 아닐뿐더러 그럴 능력도 없었다. "세간의 물의를 일으킨 사람"들을 조용히 배제하기 위해 군정청 쪽에서 움직인 것으로 생각된다.

민선의원 당선자 중 조소앙 외에 두 사람이 사퇴했다. 제주도의 문도배(文道培, 1908~53), 김시탁(金時鐸)이었다. 제주도에서만 좌익 후보들이 당선된 것을 보면 우익이 그곳에는 아직 조직되지 않았음을 알 수 있고, 16개월 후에 벌어질 4·3사태의 배경 일부로 이해할 수 있다. 두 사람은 12월 14일 성명서에서 "3상회의 결정의 충실한 이행만이 민주 독립의 유일한 길"이라는 입법의원 사퇴 이유를 밝혔다(『서울신문』 1946년 12월 15일자).

관선의원으로는 한독당의 조완구와 엄항섭 외에 여운형, 장건상과 홍명희가 임명을 거부했다. 여운형은 11월 25일자 일기에 적은 것처럼, 12월 4일 정계 은퇴의 뜻을 담은 자기비판 글을 발표했다. 여운형과 함께 인민당을 이끌어오던 장건상은 서울과 강원도만이 아니라 민선의원 선거 전체가 잘못되었다고 주장하며 참여를 거부했다. 홍명희는 12월 7일 관선의원 명단 발표 직후 이런 성명을 발표했다.

> "통신에 발표된 입법의원 씨명 중에 나의 성명이 끼어 있으니 이것은 어떤 착오가 아니라면 이것은 벼락감투이니 나는 받을 수 없다. 전에 혹 운운 설을 들었으나 이것이 사실이면 나에게 교섭이 있으려니 교섭이 있으면 나의 의견을 충분히 말하고 사퇴하려고 생각까지 한 일은 있지만 이렇게 벼락감투를 받을 줄을 뜻하지 못했다. 나는 비꼬인 성질이 있어서 비록 싫지 않은 일이라도 남이 강제로 하라면

하지 않는 사람이다. 입법의원이 과연 내가 틀림없다면 나는 단연코 사퇴한다.

도대체 입법 기구에 대하여 어느 정당에서 구체적 조건도 보지 않고 어떤 선입주견이 있는 듯 처음부터 반대하는 것은 옳지 못하다고 생각하였고, 임정 지연이 미군정 단독 책임이 아니므로 미군정으로는 변명할 여지도 있고, 따라서 입법 기구를 주장할 수도 있다고 생각했다. 이 입법 기구가 혁명자로 구성되었다면 나 같은 사람은 말석에 참가하는 것을 영광으로 알았을 것이요, 애국자로 구성되었다면 나도 떳떳이 한자리를 참례하려고 나섰을 것이나 지금과 같은 개선해야 하느니 개선하여도 소용없느니 하는 입법기관에 참례하는 것은 첫째 나의 양심이 허락지 않는다. 입법의원 씨명 중에 들었다는 홍명희는 38년간 일제 압제하에서 같잖은 반항 정신이나마 끝내 유지하여온 이 홍명희가 아닐 것이다."

(「입법의원 관선의원에 피임된 홍명희 거부 담화 발표」,
『서울신문』 1946년 12월 8일)

좌익 중 남로당이야 애초부터 입법의원에 일체 접근이 없었지만 민전과 사로당 관계자 중 여운형과 장건상 외에도 관선의원 명단에 오른 사람이 몇몇 있었다. 그들의 거취가 관심의 대상이 되었다.

7일 발표된 입법의원 관선의원 45명 중에는 입법의원 설치 자체를 전적으로 거부해오던 사로당의 위원 여운형을 비롯하여 장건상·황진남·신기언 등 6명 사로당 당원의 이름이 끼어 있어 동씨들과 동당의 태도가 주목되던 바 여 씨와 동당 선전부에서는 각각 다음과 같은 요지의 성명을 발표하여 입법의원에 대한 태도를 천명했다.

● 사로당 선전부 성명

"사로당 당원으로서 이번 관선 입법의원의 당선을 수락한 자는 자동적으로 제명이 된다는 것을 본당 정치위원회에서 결정했다."

● 민전 담화

"우리는 최초부터 입법기관의 형식을 반대해왔으므로 관선에 대하여 새삼스러이 더 말할 필요를 느끼지 아니한다. 그러나 소위 관선의원 멤버 중에는 민전위원이 두서너 명 끼어 있는데, 그들이 최단 기간 내에 의원을 사퇴치 아니하면 그들을 제명하겠다."

(「입법의원 관선의원 선정에 대해 제 단체 의사 표명」, 『동아일보』 1946년 12월 10일)

관선의원 피임명자를 비롯한 인민당계 몇 사람이 사로당을 탈당했다. 여운형 본인은 관선의원 임명을 거부하고 정계 은퇴를(본인 표현은 지도자의 자리에서 내려서서 백의종군하는 것이라 했다) 선언했지만, 가까운 동지들과의 교감은 계속되었을 것이다. 미군정의 무성의에 환멸을 느끼고 물러서면서도 좌우합작의 뜻을 아주 버리지는 않은 것으로 보인다.

입법의원 관선의원에 선임되어 이를 승낙한 황진남·신기언·김학배 3씨에 대하여 사회노동당에서는 11일 이를 제명 처분하였다고 발표했다.

(「사로당 중앙위원 황진남 등 11명 탈당」, 『조선일보』 1946년 12월 12일)

전 인민당 31인파로서 현 사로당 중앙위원 황진남 등은 사회노동당의 성격이 조선 현실의 요청인 대중정당이 아닌 것을 지적하는 동시에 이제야 무의미하게 된 인민·신민·공산당의 3당 합동은 단연 부정하고 여전히 여 당수가 건재한 인민당 기치하에서 단속 분투하겠다는 요지의 성명서를 11일 발표하였는 바 (…)

(「사로당 중앙위원 황진남 등 11명 탈당」, 『서울신문』 1946년 12월 13일)

1946. 12. 9.

새로운 위상으로 떠오르는 이승만

12월 4일 서울을 떠난 이승만은 이튿날 맥아더를 만난 뒤 미국으로 떠났다. 정병준은 하지가 굿펠로에게 보낸 편지(1947. 1. 28.)를 근거로 이승만과 맥아더의 만남을 이렇게 설명했다.

> 맥아더는 시간이 없다며 이승만의 면담 요청을 거절했지만, 이승만은 동경에서 하루를 더 묵어 '눈총을 받아가면서' 맥아더를 몇 분간 만날 수 있었다. 하지의 지적처럼, 이승만은 맥아더를 잠시 만났다는 사실을 과대포장해서 맥아더와 주한 미군정의 차이를 부각시키고, 나아가 한국인들에게 주한 미군정, 즉 하지와 그의 정책이 본국의 지지를 전혀 받지 못한다는 인상을 주기 위해 맥아더와의 짧은 면담을 이용했던 것이다. (『우남 이승만 연구』, 636쪽)

12월 8일 워싱턴에 도착한 직후 이승만은 기자에게 이렇게 말했다고 한다.

> "나는 미국에 1개월간 체재할 예정인데 나의 미국 방문 목적은 첫째로 긴급한 조선 통일 문제를 UN에서 토의되도록 하며, 둘째로는 미

1948년 일본 도쿄에서 만난 맥아더와 이승만. 이남에서 정치가의 활동 여건이 미군정과의 관계에 크게 좌우되었다는 점에서, 미군정과의 특수 관계를 배경으로 실력을 키운 이승만에게 미군정은 그의 성공에 공헌한 최대의 자원이었다.

당국에 대하여 조선 정부를 수립 승인하도록 그 원조를 요청하는 데 있다."

(「도미 이승만, 당지 기자들에게 방미 목적 천명」, 『서울신문』 1946년 12월 10일)

조선 안건의 유엔총회 제기는 미국 방문의 최대 명분이었다. 그러나 12월 13일까지 열리는 총회에 안건을 제기하기에는 너무 늦은 시점에 이승만은 미국에 도착했고, 총회가 열리는 뉴욕에 가지도 않았다. 유엔에서 로비 활동을 하던 측근들도 워싱턴으로 불러들였다.

이승만은 워싱턴 도착 후 한국위원부·한미협회의 로비스트인 스태거즈, 윌리엄스, 굿펠로 대령, 브라운 목사, 올리버, 임병직, 임영신 등으로 전략 회의를 조직했다. 이승만은 이들과 함께 미 국무부에 제출할 6개 항의 기본 방침을 결정했다. 가장 중요한 내용은 남북통일 이전에 과도정부를 수립하자는 것이었다. 이승만이 주장한 남한 과도정부 수립안은 다름 아닌 남한 단정안이었다. (…) 이승만은 1월

숭순부터 격렬해진 남한 우익 진영의 반탁운동과 보조를 맞추어 1월 27일에 이 6개 항을 국무부에 전달했다. (『우남 이승만 연구』, 637~638쪽)

이승만은 방미 명분으로 대 유엔 외교를 내걸었지만 이승만이 미국의 수도 워싱턴에 도착한 12월 8일 유엔총회는 이미 더 이상의 의제 상정이 불가능한 상태로 폐회를 기다리고 있었다. 이승만 진영의 대 유엔 외교 활동은 의제 상정보다는 미국과 남한의 언론을 향한 선전 작업에 초점이 맞추어져 있었다. 미군정의 한 보고서는 의제 상정의 불가능성을 잘 알고 있었던 이승만이 일부러 유엔총회가 폐막될 때까지 개최지인 뉴욕에 가는 것을 피하였다고 분석했다. 유엔 외교는 출국을 위한 명분에 불과하였고, 이승만의 진정한 목표는 미국의 대한 정책 담당자들과 여론 형성자들을 향해 자신의 구상을 로비하고 선전하는 것이었다. (『존 하지와 미군 점령통치 3년』, 202~203쪽)

건너갈 당시 한 달 또는 몇 주일 동안 미국에 있을 것이라고 말하던 이승만은 그곳에 4개월간 머무르게 된다. 이승만의 미국 활동 배경을 이해하기 위해 그와 미군정 사이의 관계에 대한 커밍스의 개관을 훑어본다.

해방 후 첫 시기에 최대의 패배를 겪은 것은 민족주의자들이었다. 그들이 망명에서 돌아와 보니 서울에는 보수파와 부일 협력자 집단이 미군의 지원으로 서울을 장악하고 있었다. 평양에는 항일 경력이 그들 자신과 대등하거나 더 우월한 공산주의자와 저항 운동가들이 소련의 지지 하에 자리 잡고 있었다.
김구 집단의 초기 반응에 그들의 좌절감이 드러난다. 3상회의 결정 발표 뒤에 한민당 수석총무 송진우를 암살하고 헛된 쿠데타를 시도한 것이다. 민족주의자들은 조국에 개선해 동포의 환영받을 날을 기다리며 이방인의 땅에서 투쟁(보다는 더 많은 경우 단순히 '생존')해온 역할에 자부심을 갖고 있었지만, 정작 귀국 후 맡은 역할은 이념과 조직이 없는 운동의 말로였다.

민족주의자들의 계획은 단순한 것이었다. 그들이 추구한 조선인 국가의 '광복'은 조선인의 것이라는 의미만 분명한 것이었다. 다른 모든 것은 불확실했고, 풀려나오는 결과를 기다린다는 것뿐이었다. 그러나 해방 조선에서 경쟁의 승리는 기민하고 재빠른 자에게 돌아갔고, 민족주의자들은 그런 특성을 보이지 않았다. 단독 플레이에 능란한 애국자 이승만이 그런 특성을 유감없이 보여준 자였다.

이승만이 남조선 정치를 농락한 솜씨는 그야말로 일품이었다. 과거에 그의 존재는 민족운동과 임정에서 두드러진 것이었으나, 그가 헌신한 운동이란 언제나 딱 하나로 귀결되었다. '이승만 운동'이었다. 형편없는 지휘자이면서 독주(獨奏)의 대가였다.

1945년 초 워싱턴 길바닥을 누비고 국무부 복도를 기웃거리던 이승만은 무명의 망명 정객이었다. 그가 '전권대사'로서 대표한다는 임시정부는 중국국민당의 지원으로 명맥을 이어가던 실패한 정부였고, 그를 1925년에 내쫓았던 정부였다. 그런데 그해 말에는 미군정 고위층의 거점인 조선호텔 안팎에서 활개를 치고 있었고, 수백만 달러의 기부금을 주무르고 있었으며, 수많은 정치 지망생들 중에서 자기편을 골라잡고 있었다. 상대방의 도움을 더 절실하게 바라는 자들이었다. 이승만은 여러 파벌과 집단을 입맛대로 조종할 수 있었고, 갈피를 못 잡는 미군정 앞에서 자신이 장악한 자원을 현란하게 과시할 수 있었다.

미군정 자체가 이승만의 성공에 공헌한 최대의 자원이었다. 미국인을 이해하는 데 이승만은 어느 정치인보다 월등한 재주가 있었다. 미국인들은 그의 정치적 술수, 우익에 대한 영향력, 그리고 평생 조선 독립을 위해 바쳐온 민족주의자로서 권위가 필요했다.

다른 조선인이 제공할 수 없는 두 가지를 이승만은 미국인들에게 제공할 수 있었다. 민족주의자로서 명성과 공산주의에 대한 대항력이었다. 이승만 또한 미국인들에게 두 가지가 필요했다. 자신이 남조선 정계의 정상을 점령할 수 있는 조건의 제공과 좌익의 도전을 차단하는 것이었다. 그것 외에는 아무 간섭도 받고 싶어하지 않았다.

이승만은 지엽을 붙잡고 근본을 흔드는 재주를 가진 사람이었다. 귀국하는 방식을 보든, 우익에 영향력을 넓히는 방식을 보든, 남한 단정 계획을 추진하는 방식을 보든, 이승만의 재주는 기막힌 것이었다.

또 한 가지 이승만의 탁월한 점은 참을성이었다. 1946년 여름에서 가을에 걸쳐 레너드 버치가 공들인 좌우합작 사업을 그가 참고 견뎌낸 것은 미국의 정치적 관용이 어떤 한계를 가진 것인지 파악하고, 그 한계가 좌익에 접근할수록 예민하고 불안정해진다는 사실을 알고 있기 때문이었다. 중도 노선이 유지될 수 없다는 것은 당연한 일이었다. 또한 미군정과 국무부에서 이승만에게 적대적인 자유주의파도 유지될 수 없는 존재였다.

조선에서든 어디에서든 자유주의자들은 전후 어느 시기에나 공산주의자들에게 농락당한다는 비난의 위험을 안고 있었다. 그들은 왼쪽으로 접근할수록 발밑의 얼음이 얇아진 반면 그 반대자들은 미국인이든 조선인이든 탄탄한 땅을 딛고 있었다. 동기를 의심받을 여지가 없었기 때문이다. 자유주의자들은 좌익을 배제하기보다 포용하는 것이 좋은 길이라고 생각했고 그 반대자들은 그 반대로 생각했다.

(…) 워싱턴에서도 서울에서도 국제주의 또는 자유주의 노선은 우익의 집요한 방해 공작 앞에 무너지고 말았다. 이승만과 그 동조자들은 미군정에 제공할 건설적 공헌은 별로 없었지만 남조선에서 실질적인 거부권으로 작동할 파괴적 계책은 얼마든지 있었다. (『The Origins of the Korean War』, 430~432쪽)

해방 후 몇 달 동안 수십 명의 해외 독립운동가가 환국했다. 그중 가장 큰 성망을 안고 돌아온 것이 김구, 이승만과 김두봉이었고 김일성과 김규식이 그에 버금가는 성망이 있었다. 국내 지도자로는 여운형과 박헌영이 부각되었다. 1946년이 지나는 동안 이북에서는 김두봉과의 협력 속에 김일성의 지도력이 성장했는데, 이남에서는 그에 비길 만한 지도력 성장이 없었다.

이남에서 지도력 성장이 부진한 결정적 이유는 미군정의 역할에 있었다. 이북의 소련군이 개입을 적게 하려고 애쓴 것과 달리 미군정은 이남에서 통치 주체로서 역할에 집착했다. 조선 정치가의 활동 여건은 미군정과의 관계에 크게 좌우되었다. 이승만이 미군정과의 특수 관계를 배경으로 실력을 키우고 김규식이 미군정의 좌우합작 지원으로 역할을 키운 반면, 김구의 지도력은 침체에 빠졌다.

1946년 말 미국으로 떠날 때까지 이승만의 위상은 김구, 김규식과 큰 차이가 없었다. 민족 지도자로서의 성망에는 김구보다 약점이 많았고, 미군정과의 관계에서는 김규식보다 별로 유리한 점이 없었다. 독촉국민회를 장악하고 한민당에 큰 영향력을 끼친다는 점 정도가 두 김씨에 대한 이승만의 강점이었다. 그런데 4개월간의 미국 체류에서 돌아온 이승만은 경쟁자들을 확연히 따돌리고 분단 건국을 통한 권력 장악을 향해 치달려가게 된다. 1947년 이승만의 득세는 무엇을 발판으로 한 것이었던가? 1946년을 지내는 동안 지도자로서 이승만의 도덕성은 파탄을 드러낼 대로 드러냈다. 부도덕한 정치인의 권력 장악이 커밍스가 탄복하는 이해력과 술수와 참을성만으로 가능한 것이었을까?

해방 후 한국 사회의 권력 구조뿐 아니라 세태와 풍속에 이르기까지 가장 큰 변화를 가져온 인물이 이승만이라는 사실을 해방 공간을 들여다볼수록 절감하게 된다. 군정사령관 하지에게까지 정면으로 도전하는 데서부터 새로운 위상의 이승만이 나타난다. 이제부터 지금까지와는 다른 비중을 두고 이승만의 움직임을 추적해나가야겠다.

1946. 12. 12.

미군정, 한민당, 이승만, 밀월 관계의 전환점

입법의원 민선 당선자 3인(조소앙, 문도배, 김시탁)과 관선 임명자 5인(조완구, 엄항섭, 여운형, 장건상, 홍명희)의 취임 거부를 12월 7일자 일기에서 이야기했는데, 12월 10일에 또 한 사람이 관선의원 취임을 거부했다. 인민당의 염정권(廉廷權)이다.

12월 12일 개원을 앞두고 취임을 분명히 거부한 사람은 정원 90인 중 9인이 되었다. 그리고 선거가 무효로 선언된 서울과 강원도의 6석이 비어 있었다. 12월 10일 의원 등록 절차에 응하지 않은 관선의원은 더 많이 있었다.

입법의원의 법적 근거인 군정청 법령 제118호의 제6조 제1항은 "조선과도입법의원의 모든 행동은 정원수의 과반수로서 결정되며 동의원의 다른 결정이 없는 한 전 의원의 4분지 3이 정원수를 구성함"이라고 되어 있다. 즉, 개회 정족수가 68인이므로 서울과 강원도의 6명을 빼더라도 63명이 필요했다. 10일 의원 등록 상황을 보면 개회 정족수를 채우는 일이 만만치 않았다.

한민당은 입법의원의 설치 자체는 자파 세력의 확장 무대로 반기는 입장이었다. 실제로 10월 말 선거에서 한민당은 민선의원 45인 중 14인을 당선시켜 독촉국민회와 함께 최대 세력을 이뤘다. 그런데 12월

12일 등원 거부 성명서를 발표할 때는 소속 의원이 21인이라고 했다. 관선의원 중 한민당으로 명시된 것은 1인뿐이었는데, 그 사이에 당선자와 임명자 중 6인이 한민당에 가담한 것으로 보인다.

> 한국민주당에서는 서울시와 강원도 양 지구의 대의원이 확정될 때까지 입법의원의 개원 연기를 하지 중장에게 요청하였더니 불청하였으므로 왼쪽에 적힌 내용대로 결의를 동당 출신 대의원 21명의 명의로 입법의원 사무총장에게 제출하고 등원을 거절했다.
>
> ● 결의
> 본 의원 등은 서울시 및 강원도 지구의 의원이 결정되기 전에 입법의원을 개원함은 부당하다고 인정하고 우(右) 지구의 의원이 결정되기까지 입법의원의 개원을 연기하기를 요청하는 동시에 그때까지 출석함을 보류함.
>
> (「한민당, 자당 입법의원 대의원의 출석 거부 통고」, 『동아일보』 1946년 12월 13일)

한민당은 서울의 재선거와 관선의원 구성에 불만을 품고 있었다. 때문에 개원 정족수의 약점을 잡아 자당의 위세를 과시하고자 한 것이다. 재선거로 6인의 결원이 있었고 취임을 거부할 사람들도 몇 명 있으니, 한민당 소속 의원과 동조자들이 등원을 거부하면 개원을 손쉽게 봉쇄할 수 있다는 계산이었다.

등원 거부 방침을 공식 발표하고 군정청에 통보한 것은 개원일인 12일이었지만, 그 방침은 7일 관선의원 명단 발표 후 바로 결정되었던 것으로 보인다. 미군정이 제118호 법령의 관련 조항을 서둘러 개정한 것은 그 방침을 알았기 때문일 것이다.

법령 제129호

법령 제118호의 개정

제1조 법령 제118호의 개정

1946년 8월 24일부, 법령 제118호 제6조 제1항은 좌기와 여히 개정함

조선과도입법의원의 모든 행동은 정원수의 과반수로서 결정되며, 동 의원의 다른 결정이 없는 한 전 의원의 과반수가 정원수를 구성함

제2조 시행 기일

본 법령은 공포일부터 유효함

군정장관 대리 미국 육군 대장 C. G. 헬믹

(「법령 129호, '118호의 개정' 공포」, 『군정청 법령 제129호』 1946년 12월 11일)

11일에는 입법의원 예비회의가 열렸다. 바로 그날 개원 정족수 관련 조항을 바꾸고 즉각 효력을 발생시킨 것이다. 이 개정이 아니었다면 예비회의부터 성립이 안 되었을 것이다. 미군정이나 한민당이나 피차 입법의원 개원을 간절히 바라는 입장인 터에, 제 마음대로 안 된다고 몽니를 부리는 한민당이나 법령을 앉은 자리에서 갈아치우는 미군정이나 입법의원의 진정한 기능과 권위를 아끼는 마음은 전혀 보여주지 않는다.

한민당은 이 법령 개정을 비난하는 성명을 발표했다. 말씀인즉 너무나 옳은 말씀이다.

● 한민당 성명

좌우합작위원회에서 비법적 독재적 요청을 하지 중장에게 제출하였을 때 본당은 민족의 명예와 민권의 옹호를 위하여 단호 그 요청을 배격하였던 것이다. 그 후 하지 중장은 하등 명확한 이유의 제출 시

도 없이 서울특별시와 강원도의 민선 무효를 선언했다. 본당은 그 부당성을 누누 개진하여 동 중장의 신중한 재고려를 요청하는 동시 무효 선언의 이유가 불명함을 규탄하여 재선거의 시행을 거절한다.

이와 같은 실정인데도 군정청에서는 입법의원을 11일 소집하고 이어 12일에 개원식을 거행하기로 했다. 이것은 분명히 민의와 민권을 아울러 무시하는 비민주주의적 조치요 불법적 행동이다.

본당 소속 대의원과 그 뜻을 같이하는 대의원 21명은 이 불법 조치에 굴종하기를 거부하고, 서울시와 강원도의 민선 대표가 결정될 때까지 개원 연기를 요청하고 출석하기를 보류했다. 입법의원은 전 의원의 4분지 3의 출석이 없으면 법적으로 구성될 수 없는 것이다.

이에 당황한 군정청에서는 입법의원 이외에는 변경할 수 없는 법령 제118호의 법정수에 관한 규정을 즉석에서 변경하여 전 의원의 과반수로서 법정수를 정한 후 하등 공포도 없이 그 신규정에 의하여 입법의원은 구성되었다 하고 의사를 진행한 것이다.

이것은 법의 근본 원칙을 파괴하는 것이다. 독재 전단의 행동이라 아니할 수 없다. 이에 3천만 대중의 자유와 권리를 위하여 군정 당국의 비민주주의적 조치에 항의하는 동시에 일반 국민의 양심에 호소하여 정당한 비판을 요청한다.

(「한민당, 자당 입법의원 대의원의 출석 거부 통고」, 『동아일보』 1946년 12월 13일)

한민당과 이승만 세력은 미군정과의 밀착 관계를 통해 힘을 키워왔다. 그런데 이제 이승만은 하지 사령관을 '용공주의자'로 몰아붙이기 시작하고, 한민당은 지엽적인 불만을 이유로 미군정을 곤경에 몰아넣으려 하고 있다. 이 대목에서 구양수(歐陽修, 1007~72)의 「붕당론(朋黨論)」 한 구절이 떠오른다.

소인들이 좋아하는 것은 이록이고 탐내는 것은 재화다. 이익을 함께 할 때는 잠시 서로 당파로 끌어들여 붕(朋)을 삼지만 거짓된 것이다. 이익이 보일 때가 되면 서로 앞을 다투고, 이익이 다할 때가 되면 사귐이 멀어진다. 심한 경우 서로 싸우고 해치기까지 하니, 비록 형제와 친척이라 하더라도 관계를 지키기가 힘들다(小人所好者利祿也, 所貪者財貨也, 當其同利之時, 暫相黨引以爲朋者, 僞也. 及其見利而爭先, 或利盡而交疏, 甚者反相賊害, 雖其兄弟親戚, 不能相保).

미군정이 절대 권력을 쥐고 군림하던 점령 초기에 한민당과 이승만 세력은 미군정에 의지해서 힘을 키웠다. 1년 남짓 이 밀착 관계를 뒷받침한 것은 좌익에 대항하는 공조의 필요였다. 이남 지역에서 좌익의 위협을 제거해놓은 이제 3자 사이에 권력을 향한 경쟁관계가 전개되기 시작했다. 미군정은 공식적 권력을 계속해서 손에 쥐고 있었지만, 그에 따른 공식적 책임에도 얽매이는 처지였던 반면, 한민당과 이승만 세력은 아무 책임감 없이 미군정을 흔들고 두들겨댐으로써 자기네 입지를 강화하러 나섰다.

미군정에 행동 선택의 여지가 계속 줄어든 사실은 경찰에 대한 태도에서 단적으로 드러난다. 조병옥과 함께 경무부장에서 고문으로 물러선 매글린 대령은 조미공위의 경찰 문제 지적에 동의했다. 그러나 조병옥과 장택상 중 한 사람이라도 퇴진시켜달라는 합작위 측의 요구를 미군정은 받아들일 수 없었다. 전국적 소요 사태에 대처하는 데 조병옥과 장택상의 경찰에 당장 의지하지 않을 수 없었던 것이다.

미군정은 오히려 조병옥의 최능진 축출을 승인해야 했다. 자기네와 소통이 잘되는 유일한 대안을 포기한 것이다. 이제 조병옥과 장택상은 미군정의 신임을 얻기 위해 전처럼 큰 노력을 들일 필요가 없었다. 그들에 대한 미군정의 통제력이 줄어든 만큼 그들은 경찰력을 더욱 제멋대로 운용할 수 있었다. 미군정의 권력이 담당자들에게 농락되는 공동화(空洞化) 현상의 한 단면이다.

12월 11일 11시에 입법의원 예비회의가 53명 의원이 참석한 가운데 전규홍(全奎弘, 1906~2001) 사무총장의 선언으로 개회되었고, 김규식이 임시의장으로 뽑혀 진행을 맡았다. 이날 결의 사항은 의장 선거 하나뿐이었는데, 정식 의장은 나중에 서울과 강원도의 재선거가 끝나고 한민당 의원들이 참석했을 때 뽑는 것이 낫지 않겠냐는 일부 의원의 제안으로 잠시 갑론을박이 벌어졌다. 이 토론 정리 과정에서 김규식의 발언은 입법의원의 종속적 성격을 여실히 보여준다.

> 이 법령을 고치고 무어라고 하는 여기에 대해서는 본원에서는 아직 이것이 예비회의인 만치 정식 개원이 되지 아니한 만치 본원에서 책임을 지지 아니하는 것이올시다. 아직까지는 군정청 법령은 법령대로 되어지는 것이올시다. 그 법령에 의지해서 이 입법원이 구성되는 것이올시다. 그러므로 이 입법원이 정식으로 개원이 되고 또 정식으로 행사하는 그때에 가서 군정청 법령이 어떻게 되고 입법원으로서는 안을 제출하는 것은 어떻게 되고 하는 것은 그때 일이올시다. 그래서 여기에 있어서 어떠한 방면이라든지 어떠한 당에서 무엇을 하는 것이라든지 어떠한 개인이 무엇을 하는 것이라든지 지금 우리로서는 이렇다 저렇다 말씀할 필요는 없습니다. 그 법령을 급작스럽게 수개(修改)했든지 잘 수개 못하였든지 우리가 그 법령에 의지해서 이렇게 앉아 있는 자리에서는 그 법령대로 하는 것이올시다. 그 법령을 고치고 정지시키고 변경시키는 그러한 권한이 아직은 우리에게 있지 않습니다.

남조선과도입법의원 개원식.

(「입법의원 예비회 1차 회의 개최」, 『입의 속기록 제1호』 1946년 12월 12일)

입법의원 개원식은 12월 12일 12시에 열렸다. 57명 의원이 참석했고 하지 중장, 브라운 소장(미소공위 수석대표)과 헬믹 준장(군정장관 대리)이 참관했다. 전날 의장으로 선출된 김규식의 개회사는 입법의원의 위상에 대한 그의 희망을 담은 것이었다.

오늘 단기 4279년 12월 12일 12시 (3개의 원만하다는 12의 수를 기억에 걸고) 한국의 유사 이래 처음으로 된다고 할 만한 이 입법의원이 성립되어 개원식을 함에 있어서는 그 의의가 막대한 것이요, 작년 8월 15일 이래 부분적으로라도 해방을 얻어 우리 3천만 민족으로서는 전적으로 기쁜 감상을 가지면서도 앞으로 많은 기대가 있는 것이다.

이와 같이 의의가 깊고 그 사명이 중대한 이 조선과도입법의원의 엄숙한 개막식에 작일 본원 준비 회의의 결과로 본인이 의장으로 피선되어, 금일부터 그 사명을 맡고 사회하게 된 데 여러 가지 이유로 말하면 만만 불감당이라 하겠고, 본인 자신으로서는 의원의 일석으로도 채우지 않겠다고 결심하였던 것이다. 그러나 여러 가지 내외 정세와 환경이라는 것보다도 다른 사람으로 하여금 출석하기를 권하면서 자신은 불참가하기도 어려워서 각 방면 동지의 의견과 심지어 객관적 정세에도 응하지 아니할 수 없으며 따라 의장의 자리에까지 앉게 되어 부득이 제 의원의 의사에 복종하여 미력을 공하려 한다.

위에 말한 바와 같이 이 입법의원은 명실상부한 과도입법의원인데도 초보적 과도입법의원인 것을 본원의 현재 의원으로서는 명확히 인식해야 할 것이다. 왜 그러냐 하면 이 초보적 입법의원의 사명은 최속한 기간 내에 남북이 통일한 총선거 식으로 피선된 확대된 입법의원을 산출하는 제2계단으로 들어가야 할 것이고, 그 확대 입법의원은 미소공동위원회의 단속 개회가 되면 더욱 좋거니와, 혹 어떠한 변환으로 급히 속개되지 아니하더라도 최속한 기간 내에 우리의 손으로 우리를 위한 우리의 임시정부를 산출하여 안으로는 완전 자주독립의 국가를 건설해야 하며, 우리의 주인인 한국 3천만 민중의 복리를 도모할 것이며, 밖으로는 국제적 지위를 획득하여 동아 및 전 세계 평화와 행복을 위하여 모든 민주주의연합국과 협력 매진할 것이다.

본 의원의 성능에 있어서 현금 정세의 관계로 재한미주둔사령장관 지배하에 있는 미 군정청 제118호 법령으로 시설되는 것이지마는 이 의원이 결코 미 주둔군사령장관이나 미군정의 자문기관으로 행사할 것은 아니며 또 미군정을 연장시키기 위한 것도 아니다. 오히려 말하자면 남에 있는 미군정이나 북에 있는 어떠한 군정이나 그 존재를 단축시키려는 것이다. 즉, 말하자면 본원에서 여러 가지 급속히 법안으로 제성할 것 중에는 지방으로부터 국민자치제를 실행케 할 것이요, 군정청의 현재와 장래의 인사 문제에 대하여 검토 제안한다는 것보다도 일절 행정권을 한인으로서 이양받도록 노력할 것이다. 또는 제일 지급한 우리의 민생 문제에서도 상당한 조처를 시키는 데 노력할 것이요, 우리는 우리의 땅에서 완전한 자격을 얻어 우리의 일은 우리의 손으로 하며, 우리에게 대한 법령 제정도 우리의 손으로 하고 우리의 운명을 우리로서 자정하는 데 매진할 것이다.

(「남조선과도입법의원 개원식 거행」, 『입의 속기록 제2호』 1946년 12월 12일)

1946. 12. 14.

부흥의 사각지대가 된 조선

1943년 11월 창설된 운라(UNRRA, United Nations Relief and Rehabilitation Administration)의 전후 활동을 1946년 8월 22일자 일기에 소개했다. 그 이름의 "United Nations"는 '국제연합'이 아니라 전쟁 중의 '연합국'을 가리킨 것이다. 연합국의 전쟁 피해 회복을 연합국끼리 서로 돕는다는 것이다. 전쟁이 끝날 무렵부터는 참전 연합국 외의 전쟁 피해국까지 지원 범위를 넓혔다. 패전한 추축국만이 운라의 지원 대상 밖에 있었다.

중국, 폴란드, 이탈리아와 유고슬라비아는 각각 4억 달러 이상의 운라 지원을 받았다. 조선도 운라의 지원 대상이었지만 실제로 받은 지원은 아주 적었다. 1946년 운라의 조선 지원액은 100만 달러였는데, 이것은 본격적 지원 계획을 위한 조사가 이뤄지지 않은 상태에서 지원의 시작을 위한 착수금 격이었다. 그런데 1946년 5월에서 7월 사이에 조선 남북의 조사가 행해졌는데도 추가 지원은 이뤄지지 않았다. 38선 때문에 "물자 자유 교류의 조건"이 갖춰지지 않은 이유에서였다.

1947년 운라의 조선 지원 계획도 100만 달러에 머물렀다.

〔워싱턴 14일발 AP 합동〕 극동의 명년도 운라 업무는 다음과 같다.

중국: 운라 정책하에 현재 수선되는 황하 제방 공사로 200만 에이커의 경작지가 개발될 것이며, 한편 중국에 배당된 5,300만 달러의 운라 구제 사업은 중국의 정치 군사 사태가 용인할 정도로 1947년 내에 완료할 계획이다.

필리핀: 미국에 배당되는 1,200만 달러의 구제 업무는 1947년도에 완료될 것이며 이것은 주로 식량, 의류 직물, 신, 의료품, 농구, 공업 시설품 등이다.

조선: 조선의 구제 업무로서는 약 100만 달러가 배당되는데 이는 주로 의류, 의료품, 트럭 등이라 한다. 그리고 상당한 수의 트럭은 이미 미소 양 점령 지구에 발송되었으나 조선 정치 상태에서 운라 전 업무가 수행될지는 의문시되고 있다.

(「운라의 신년도 업무 사항 중 조선에 관한 계획」, 『서울신문』 1946년 12월 15일)

이번에도 문제는 분단 점령에 있었다.

〔워싱턴 13일 UP발 조선〕 11일 당지에서 개최된 운라 이사회에서는 조선에 대한 구제 문제로 라과디아 운라 총재와 페오노프 소련 대표 간에 의견 충돌을 보았다. 페오노프 소련 대표는 운라가 조선을 차별 대우했으며, 소련의 요구에도 불구하고 조선을 운라 구제 계획 내에 포함시키지 않았다고 말했다. 이에 대하여 라과디아 총재는 다음과 같이 반박했다.

"운라 이사회의 승인이 없는 한 조선에 대한 구제자금을 할당할 수는 없다. 그리고 오스트리아의 예를 보아서도 운라가 군사 당국이 점령한 나라에 진출하는 것은 현명치 못한 것이다. 설사 조선에 대한 자금이 할당되었다 하여도 미소 양국 이사가 조선을 구제 목적을 위한 단일체로 취급하도록 조처한다는 조건하에서만 운라는 조선에 진출할 수 있었을 것이다. 그러나 이러한 조건은 소련이 승낙하지 않았다. 운라 이사회는 이미 결정된 내년도 구제 계획을 변경하는 것은 삼가야 할 것이다."

(「운라 이사회, 조선의 구제 문제로 격론」, 『서울신문』 1946년 12월 14일)

1947년까지 운라의 활동 기금 37억 달러 중 27억 달러를 미국이 출연했다. 미국이 주도적 역할을 맡은 것은 당연한 일이었다. 운라 총재를 맡은 세 사람, 허버트 레먼(1944. 1~1946. 3), 피오렐로 라과디아(1946. 4~1946. 12), 로얼 룩스(1947. 1~1948. 9) 모두 미국인이었다.

운라의 조선 지원 외면도 미국 정책이 반영된 것으로 봐야 한다. 8월 총회에서도 12월 이사회에서도 소련 대표는 여기에 항의하고 있었다. 이에 라과디아(Fiorello La Guardia, 1882~1947) 총재는 거듭해서 미군과 소련군의 협조가 이뤄지지 않기 때문이라고 답변했다.

조선은 지원이 필요한 상황에 처해 있었고, 그 사실을 운라 조사단도 확인했다. 그런데 운라가 조선 지원을 외면했기 때문에 조선의 남반부와 북반부는 각각 미국과 소련의 개별적 지원에 의지할 수밖에 없었다. 두 나라에 대한 남북의 경제적 종속 상태는 분단 건국을 향한 중요한 조건의 하나가 되었다. 운라의 조선 외면은 이승만의 단독정부 추진에 도움이 된 셈인데, 이승만의 1946년 7월 8일자 담화문에서 라과디아 총재와의 돈독한 관계를 과시한 대목이 흥미롭다. 기사 중 라과디아의 이름이 "타라디에"로 되어 있으나 관계 사항이 모두 일치하므로 단순 착오로 보인다.

"운라에 참가되기를 우리가 수차 청원하였으나 여러 가지 관계로 지체되어 오늘까지 아무 보조를 받지 못하고 지내오던 바 얼마 전에 구제 회장 라이만 씨가 사임하고 뉴욕 시장 타라디에 씨가 취임된바 씨는 한국 독립에 특별히 동정을 표하는 친우이므로 작년 3·1 경축일에 워싱턴에 있는 한국위원장을 청하여 정식 환영하는 예식을 하였고, 따라서 우리 청년들로 경찰 사무를 공부할 학생을 얼마든지 추천하여 보내면 무료로 공부시켜주마고 하였고, 기외에도 여러 번 호의를 표했었는데 지금 만국 구제회장에 취임하여 한국 구제책을 공개 선언하였으며, 메저·싸젠트 씨를 서울에 보내어 얼마 전에 착경하였으므로 우리의 정상을 조사한 후에는 특별한 구제 방책이 있을 것으로 믿는 바이다."

(「이승만, 뉴욕 시장의 '운라' 회장 취임 환영」, 『동아일보』 1946년 7월 9일)

미국의 압도적인 경제력은 원자폭탄의 독점과 함께 소련에 대한 적대 정책의 발판이 되었다. 1947년 3월 트루먼독트린의 골자는 "소수의 무장 세력 또는 외부 세력의 위협에 저항하는 자유민들을 지원하는" 것이었다. 지원의 내용은 군사적 지원도 포함하는 것이었지만 실제로는 경제적 지원 형태가 위주였다. 1948년부터 1951년까지 130억 달러를 지출한 마셜플랜이 그 주축이었다.

마셜플랜이 가동되기 전인 1945~47년에 미국은 이미 140억 달러 이상을 원조와 차관으로 제공하고 있었다. 전쟁 중 연합국 진영에서 미국이 경제적 보루의 역할을 맡고 있었으니 전쟁 후 경제원조 제공은 전쟁 중의 역할에서 자연스럽게 연장된 것으로 볼 수 있다. 마셜플랜은 경제원조의 역할을 체계화함으로써 냉전의 무기로 발전시킨 것이다.

운라 지원도 실제로는 미국 돈으로 이뤄진 것이지만 거기에는 국제적 합의라는 명분이 있었다. 조선은 운라 지원을 거의 받지 못했고 남조선은 미국의 직접 원조에 의지해야 했다. 미국은 1946년 식량 등 구호물자 원조 외에 전쟁 잉여 물자 구매를 위한 2,500만 달러를 조선에 제공했다. 본격적 경제원조는 1947년에 시작된다. 미국 입장에서 그 원조의 의미는 그 무렵 구체화되어가던 마셜플랜과 같은 맥락이었다.

마셜플랜은 서유럽 경제를 소생시킨 묘방으로 널리 알려져 왔다. 미국의 영향력을 확장·심화하는 수단이었다는 점, 부패한 '원조 경제'를 세계 도처에 만들어낸 점은 시행 당시부터 지금까지 비판되어왔지만, '경제 회복'이라는 대명제에 비하면 작은 흠으로 여겨진다.

유럽 경제 소생에 대한 마셜플랜의 공헌이 과대평가된 것이 아닌가 하는 하나의 관점이 근년 미국 경제의 침체와 혼란을 겪으면서 새삼 각광받고 있다. 라인 강의 기적, 즉 독일의 부흥이 유럽 경제 소생의 핵심이라는 것은 이론의 여지가 없다. 그런데 독일의 부흥은 마셜플랜의 지침과 달리 국가와 중앙은행의 역할을 강화함으로써 이뤄졌다. 아데나워 정권에서 14년간(1949~63) 경제장관을 지내고 이어 수상을 지낸(1963~66) 루트비히 에르하르트(Ludwig Erhard, 1897~1977)의 역할에 주목하게 된다.

독일은 미국, 소련, 영국, 프랑스의 4개국에 분할 점령되었다. 소련 점령 지역이 동독, 나머지 3개국 점령 지역이 서독으로 분단 건국에 이르는 것은 잘 알려진 사실인데, 서독 출현의 첫 단계가 1947년 1월 영국·미국 점령 지역의 양자 통합정부(Bizone) 출범이었다. 통화개혁을 비롯한 서독 체제의 준비가 이 통합정부에서 진행되고, 1948년 3월 프랑스 점령 지역까지 합친 3자 통합정부(Trizone)를 거쳐 1948년 5월 독일연방공화국이 되었다.

이 일기를 시작할 때(1945년 8월 4일자) 연합국들, 특히 미국이 독일의 산업을 철저히 해체해서 재기의 가능성을 없애려 한 '모겐소 플랜'

을 설명했다. 이 방침을 구체화한 합참명령 1067호가 1945년 5월부터 1947년 7월까지 독일 경제를 옥죄었다. 1947년 봄 독일을 둘러본 허버트 후버(Herbert C. Hoover, 1874~1964) 전 미국 대통령은 일반 독일인의 영양 상태가 나치 수용소보다 별로 낫지 않다고 한탄했다.

합참명령 1067호가 결국 폐기된 것은 독일인들의 복지를 위해서가 아니라 공산주의 위협에 대처하고, 유럽 경제 부흥에 걸림돌을 없애기 위해서였다. 1946년 12월 영국과 미국이 독일의 양자 통합정부 설치를 논의한 것도 소련과의 협조에 대한 희망을 버리고 새로운 상황에 대응하기 위해서였다. 독일도 조선과 마찬가지로 분단 점령에서 분단 건국으로 치닫고 있었지만, 서독의 경우 미국의 단독 관리 아래 있지 않았다는 것이 조선에 비해 주체적 발전에 유리한 조건이었다.

1946. 12. 16.

조병옥, 미군정의 재신임으로 기고만장

최능진의 파면 이후 그와 조병옥·장택상 사이에 벌어진 논쟁에 대한 제3자의 개입은 보도된 것이 거의 없다. 조병옥·장택상을 옹호하는 측과 규탄하는 측이 이미 명확하게 갈라져 굳이 의사표시를 할 필요가 없었던 것 아닐까. 이례적으로 혁신탐정사라는 조직의 대표 양근환(梁槿煥, 1894~1950)의 성명서가 보도되었다.

> 전 경무부 수사과장 최능진의 파면을 계기로 한 경무부 내의 내분 사건과 관련하여 혁신탐정사 양근환은 조 경무부장이 이번 사건의 전 책임을 지고 사직하라는 요지의 성명서를 발표하여 경찰 수뇌부로서 근신치 않는 태도에 분개하는 동시에 경고를 발하였다 한다.
>
> (「혁신탐정사 양근환, 조병옥에게 오직(汚職) 사건에 대한 책임 요구」, 『경향신문』 1946년 12월 15일)

탐정사? '탐정'이라면 누구에게나 셜록 홈스가 떠오를 텐데, 해방 당시에도 그랬을 것 같다. 1930년에 죽은 아서 코넌 도일(Arthur Conan Doyle, 1859~1930)의 작품은 일제시대에 크게 유행했으니까. 경찰 아닌 민간인으로서 범죄를 조사한다는 의미의 탐정사였으리라고 생각된다.

조병옥의 대응은 명쾌하고 신속했다.

사설탐정사 등은 법령 28호에 해당하는 것으로 인정할 수 없다고 17일 경무부에서는 부장 명의로 다음과 같이 발표했다.

"시내 수송동 46번지의 1호에 본거를 둔 혁신탐정사는 16일부로 그 해산을 명했다. 그 해산명령은 그 기관 대표자인 양근환에게 전달했다. 원래 사설탐정사는 군정청에서 승인한 것이 아니라 어떤 개인 혹은 집단이더라도 이러한 기관을 운영하는 사실이 발견된 때에는 그 행위는 1945년 11월 13일부 군정청 법령 제28호 제3조에 해당되는 범죄다. 그러므로 그 사실은 즉시 경찰에 보고할 것이다."

(「경무부, 사설탐정 불인정 발표」, 『동아일보』 1946년 12월 18일)

1945년 11월 혁신탐정사의 설립에 관해서는 이런 기사가 있었다.

과거에 일본 제국주의에 사신(捨身) 투쟁하여 친일파의 거두 민원식을 암살한 의사 양근환 씨는 조선 해방 이후의 혼란 상태와 정당 대립을 우려하여 여운형·안재홍·허헌·송진우 씨 등 정계 거인을 일당(一堂)에 초청하여 통일을 종용한 바 있었는데, 씨는 기후 동지를 규합하여 혁신탐정사를 창설하고 건국 도상의 암흑면을 탐정하여 반동분자의 발호를 봉쇄하려고 기도하고 있는데 동 사두로서 다음 같은 일문을 초하여 동포의 반성을 촉구했다.

"8월 15일 이후 벌써 3삭 여가 지났다. 현하 정치적 정세는 매우 혼돈하여 국민 대중이 바야흐로 희구하는 대동단결 자주독립 완성은 언제 도래할지 참으로 막연하다.

나는 기간 정관(靜觀)했다. 그러나 우리 국민 대중이 절실히 바라는 민족 통일전선과는 딴 방면으로 분열의 길로만 질주하고 있으니 이것은 누구의 소위(所爲)인가. 그들은, 즉 친일파·민족반역자·매국노 또는 경제 교란자들의 음흉한 술책에서 빚어진 결과라고 나는 본다. 3천만 동포에게 나는 엄숙히 선언한다. 민족 통일전선을 방해하는 친일파·민족반역자·매국노 또는 경제 교란자들은 각오하여라. 너희들에게는 민족의 존귀한 피로서 물들여주려 한다. 나는 다음과 같이 범주를 규정한다. 그러나 이 기준 밑에서 최후적 결정권은 우리 신정부에 있지만 우선 잠정적으로 민족 통일전선을 교란하는 사이비 민주주의자는 곧 처단하려 한다. (…)"

(「반역자에 단(斷)!－의사(義士) 양근환 씨 성명」, 『자유신문』 1945년 11월 29일)

양근환은 천도교계열 민족주의자로서 1921년 도쿄에서 당대 친일파로 명성 높던 민원식(閔元植, ?~1921)을 찔러죽이고 11년간 일본 감옥에서 복역한 사람이다. 해방 후 한민당 창당에 참여했고, 탁치반대 국민총동원회에 중앙상무위원으로 참여했다. 위 기사 내용대로 1945년 가을 그가 정당 통합 운동에 나섰던 사실은 1946년 7월 12일 송진우(宋鎭禹, 1890~1945) 살해범 한현우 공판에 정당 통합 운동에 관한 증언을 하기 위해 안재홍과 함께 증인으로 출석한 사실로 확인된다(『자유신문』 1946년 7월 13일자). 1950년 7월 인민군에 체포되어 처형당했다고 한다.

1946년 가을 혁신탐정사 개혁 보도 기사를 보면 그 조직의 성격을 이해할 수 있다.

친일파·민족반역자 등 건국 도상에 장해가 되는 일체 불순분자의 소

1948년 경교장에서 김구, 아나키스트 독립운동가 박열과 함께한 혁신탐정사 총재 양근환(왼쪽).

> 청(掃淸)을 목적으로 활동 중인 양근환 씨를 사두(社頭)로 한 혁신탐정사는 기구를 개혁해서 위원제로 하고 양근환 씨를 총재로 추대, 그 직속으로 별탐대를 두고 위원장에는 손기업 씨가 취임하여 총무부 감찰부 등 6부를 두고 활동을 강화할 터라 한다.
>
> (「총재에 양근환 씨, 혁신탐정사 개혁」, 『자유신문』 1946년 10월 28일)

이 '탐정사'는 영리를 위한 회사가 아니라 투쟁을 위한 결사였던 것이다. 이사장을 맡은 손기업(孫基業, 1905~85)은 중국 톈진 지역에서 조선혁명당총동맹 소속으로 일제 주구 숙청과 일제 고관 암살을 목적으로 활동하다가 체포되어 1933년부터 10년간 뤼순 감옥에서 복역한 인물이다. 양근환과 손기업, 두 지도자의 약력을 볼 때 혁신탐정사는 식민지 시대 폭력 항쟁의 전통을 이은 조직으로 보인다.

폭력 항쟁의 전통을 이은 조직이라면 백의사(白衣社)가 떠오른다. 이북 공산주의 지도자 현준혁 암살, 1946년 3월 일련의 평양 테러 활동, 1947년 7월 여운형 암살에서 1949년 6월 김구 암살에 이르기까지 백의사의 이름은 해방 공간의 여러 정치 테러를 둘러싸고 오르내렸다. 지금까지 조사한 바로는 그 맥락이 명쾌하게 파악되지 않는다. 더 조사한 다음 설명할 기회를 찾도록 하겠다.

혁신탐정사는 백의사와 달리 공개적으로 활동하고 있었다. 양근환이 뒷날 인민군에 처형당한 사실에 비추어서도 우익 성향은 분명했고, 항일 경력을 통해 우익 진영에서 존중받는 입장이었다. 최능진이 경찰 내에서 조병옥·장택상의 경쟁자였다면 양근환은 우익 내에서의 경쟁자였던 셈이다. 10월 말 이래 조미공위의 비판 앞에 위기에 처했던 조병옥은 12월 초 미군정의 재신임으로 이 위기를 넘긴 후 경쟁자 제거에 거침없이 나섰던 것이다.

한 가지 사실을 덧붙여둔다. 한민당은 12월 13일 담화문을 통해 합작위를 비난하며 그 해산을 촉구했고, 합작위는 그 이튿날 이를 반박하는 성명을 발표했다.

> 한민당 선전부에서는 13일 기자단에게 여좌(如左)한 담화를 발표했다.
>
> 1. 이번 창설된 입의(立議)에서 서울시와 강원도 대의원이 결정되기 전에 개원한 것이며, 특히 의원 구성 의원이 전원의 4분지 3임에도 개회 전 즉각 법령을 개변하여 법령의 공포도 없이, 전 의원에 통고함도 없이 실시한다고 선언하고 개회한 것은 아무리 군정이라 할지라도 있을 수 없는 위법행위다. 본당 출신 의원은 상기 지구 의원이 결정될 때까지 개원의 연기를 요청하고 그때까지 출석하기를 보류하고 있거니와, 군정청이 이같이 법령을 자의로 개변하여서까지 전제 독단을 감행하는 데 의연히 기(起)하여 그 비민주적임을 지적하고 민

의 민권을 옹호하기 위하여 항쟁할 결심이다.

2. 본래 합위의 사명은 좌우합작으로서 독립 정부를 수립하는 데 있었는데, 결과로 보면 좌우 양대 세력을 이탈시키고 어떤 정책을 공동으로 하는 정치 행동 분자와 정실 관계의 인물만을 관선으로 선정하여 일종 중간당적 정당을 구성했다. 이런 좌우합작은 3천만이 원치 않을 것이며, 그 해독이 만천하에 침투할 것이다. 입의 개원을 계기로 당파적 편파적 동 위원회를 속히 해산함이 당연하다.

(「한민당, 입법의원 개원과 좌우합작위원회에 대해 담화 발표」,
『동아일보』 1946년 12월 14일)

한민당 선전부 담화 중 합위 해산을 운운한 점에 대하여 합위 선전부에서는 14일, 다음과 같은 반박 성명을 발표했다.

"본 합위를 중간당이나 정당화한다는 부당한 언사로 비난 공격하여 한민당의 무지를 폭로했다. 합위가 누차 성명한 바와 같이 합위의 7원칙은 3천만 민족의 철칙이다. 다만 합위로서는 이 실천에 대하여 광범한 민주 세력을 규합하여 남북통일 정부 수립에 매진하고 있으니만큼 오직 조선 민족의 당면한 제 문제를 해결하는 첩경일 것이며, 한민당의 주장은 전 민족적 요청을 거부하는 민족 분열 행동이다. 그리고 관선의원 추천에서 정실 관계 운운은 한민당의 자당 자파 독점욕에서 나온 만부당의 중상이다."

(「좌우합작위원회 선전부, 한민당의 합위 해산 운운 담화 반박 성명」,
『서울신문』 1946년 12월 15일)

여름 이래 좌우합작이 진행되는 동안 한민당은 수세에 몰려 있었다.

10월 초 합작위의 7원칙 발표에 대한 한민당의 반대는 우익 통합 세력의 성격을 포기하고, '지주당'의 본색을 분명히 한 반동노선이었다. 이 때문에 원세훈을 필두로 한 민족주의자와 중도파가 한민당을 탈퇴하고, 노선을 좁힌 한민당은 입법의회를 세력 근거로 확보하면서 중도파의 발판인 합작위 공격에 나선 것이다.

1946. 12. 19.

좌익은 봉사 활동도 규제 대상

지난 11월 11일자 일기에서 입법의원 이야기를 하다가 그와 직접 관계는 없지만 당시의 아주 재미있는 기사 하나를 소개한 바 있다. 1946년 11월 12일자 『동아일보』에 실린 「기자단 질문에 김 시장이 무성한 답변—넘쳐흐르는 분뇨는 누가 치우나? 나는 책임질 수 없다」란 제목의 기사를 다시 살펴본다.

> "본래 금년 2월에 예산을 세울 때 노동자 한 사람의 하루 품삯을 15원으로 정한 것이 인플레로 말미암아 현재는 도저히 예산액으로서는 노동자를 움직일 수가 없어서 앞서 청소 사무를 각 구정(區町)으로 이관하는 동시에 각 동회장의 협력을 안아 동민과 더불어 자치적으로 이 문제를 해결하려고 하였으나, 결국은 이 안이 미군 관계자에게 부결되고 말았다. 시장인 나는 절름발이 시장이다. 부결할 권리가 있는 사람은 그 책임도 있으리라고 믿는다. 이 문제에 대하여서는 제2안을 고려하고는 있으나 나는 책임질 수 없다."

임금 인상 때문에 원래의 예산으로 청소도 제대로 못하게 된 것이다. 철도 운임과 전기료 등 공공요금이 1946년 중 두 차례에 걸쳐 갑절씩 오른 것을 보면 물가가 네 배는 오른 것으로 봐야겠다. 11월 26일 발표된 군정청 직원, 즉 공무원의 봉급 인상 방침은 서기급 2,300원, 용인급 1,600원으로 되어 있다(『경향신문』 1946년 11월 26일자). 그런데 노동자 하루 품삯이 15원이라면 주 6일 일해도 월 400원이 안 된다. 연초 기준으로는 군정청 용인급과 큰 차이가 없는 액수였더라도 물가가 네 배 오른 이 시점에서는 비현실적인 액수다.

예산이 모자란다 해서 밑으로 내려 보내 "자치적 해결"에 맡긴다는 것은 쉽게 말해서 책임 회피다. 그것을 미군 관계자가 부결했다 해서 부결한 사람이 책임질 문제라고 잡아떼고 있으니 김형민 시장, 책임에 대해서는 참으로 일관된 태도를 보여주는 사람이다.

시장이 책임지지 않는 일을 맡아서 하겠다는 '자치적' 움직임도 있었다. 그런데 그 움직임을 경찰에서 가로막고 나선다.

> 서울 시내의 청소 문제는 큰 두통거리의 하나로 당국에 대한 비난이 자자한 터인데, 서대문구 조선민청원 80여 명은 우리 거리는 우리 손으로 깨끗이 치우자고 시 당국의 원조 아래 지난 14일부터 매일 틈나는 대로 시내의 청소 작업에 활동 중이던 바, 15일 돌연 서대문경찰서에서는 청소작업대 대장 김재국(22) 군을 본서에 소환하여 무허가 집회라는 이유로 작업을 중지시키는 동시에 작업대 해산을 명령하였다고 한다.
>
> ● 민전 측 담
>
> 이에 대하여 민전 조사부장 오영은 다음과 같이 경찰의 태도에 대하여 유감의 뜻을 표했다.
>
> "청소 문제는 우리의 힘으로 해결할 수 있으니만치 이번 서대문구 민

청의원 활동은 각 방면에서 원조해주어야 할 것인데도 오히려 공연한 죄명을 들어 중지케 한다는 것은 경찰의 근본 의도를 알 수 없다. 경찰의 의도를 규명할 생각이다."

● 수도청장 담

또한 수도청장은 이에 관하여 기자단의 질문에 다음과 같이 청소 작업은 장려할 바라고 말했다.

"혹 경찰에서 잘못 알고 그랬는지도 모르겠으니 청소대라고 완장을 달고 일해주기 바란다. 청소에 힘쓰는 청년을 막을 리 만무하지 않은가. 나는 어디까지 청소라면 장려하겠다."

(「민청원 청소대 해산에 대한 민전과 장택상의 담화」, 『조선일보』 1946년 12월 18일)

완장 차지 않았다 해서 청소하는 사람을 못 알아보겠는가. 조선민주청년동맹(민청)이 좌익 청년 단체라는 사실을 감안해야 경찰의 태도를 이해할 수 있다. 1946년 4월 중 결성된 민청은 전국에 지방조직을 갖추고 다양한 활동을 벌였다. 내부의 강습회, 독서회, 야학, 음악회, 웅변대회 등을 개최하는 외에 수해 때는 복구 사업에 나서고, 전재민 구호 기금을 모금하고, 서울 시내 청소 작업에 500여 명이 나서기도 했다(유상영, 「8·15 이후 좌우익 청년 단체의 조직과 활동」, 『해방전후사의 인식 4』, 한길사 2006, 80~84쪽).

좌익에게는 봉사 활동조차 순순히 허용되지 않았던 것이다. 해방 이후 자연 발생적으로 일어난 자치 노력은 미군 진주 이후 미군정의 규제를 받았고, 이제 경찰의 규제도 받게 된 것이다. 봉사 활동까지도 경찰의 규제를 받는 정도라면 집회와 시위에서 좌익이 어떤 규제를 받았을지 가히 상상하고도 남는다.

1946년 1월 북조선민주청년동맹 결성 대회. 이남 지역에는 좌익 청년 단체를 통합, 재조직한 조선민주청년동맹이 있었고, 이북 지역에는 여러 청년 단체가 통합된 북조선민주청년동맹이 발족했다.

1946년 12월 17일자 『동아일보』 제3면에 「최근 국내 정세」란 큰 제목 아래 좌익과 우익 상황을 논한 두 개의 기사가 실렸다. 한민당 입장의 논설로는 당시 상황과 논점이 잘 정리된 글이므로 매우 긴 글이지만 옮겨놓는다.

● 영도권 문제로 대립—정계의 정화가 급무

좌익 3정당 합동 문제를 계기로 사로·남로 양당의 분립, 입의 문제로 좌익 측의 양진(兩陣) 형성이 최근 국내 정계의 일반상으로 분류할 수 있다. 대립에서 통일로 상극에서 협조로 추진 발전시키는 것이 민족의 정치 훈련이요 정계 혼란의 진화일 것이므로, 우리는 좌우익 양 정당의 현상과 구성을 천명하여 일반 민중으로 하여금 정당한 인식과 이해를 가지도록 하는 것이 당면의 급선무가 아닌가 한다.

좌익 3당 합동을 계기로 남로·사로 양당으로 분열되었는데 분열의 근본 원인은 공산당 내의 박헌영 노선에 추종하는 간부파의 자색자파주의의 종파성에 있다. 이 종파성을 유지하려는 것이 남로당의 방향이요, 이를 배제하고 각 당 각파의 역량을 통일 합작하자는 것이 사로당의 방향으로 규정할 수 있다.

사로와 남로는 정강 정책의 상이로 인한 대립이 아니라 법통 고집과 파쟁의 대립이다. 해방 후 오늘까지의 좌익 노선의 정당성과 또 공산당 내의 자파 우선을 확집하는 콤그룹 계열과 그의 산하 분자를 망라한 남로당과 이의 종파성 청산을 요구하고 각 당 각파의 민주 역량을 혼연 통합하기 위하여 공산당 신민당 각 지방대표자대회를 소집하였던 세칭 대회파를 중심으로 한 사로당과의 대립은 조선 좌익 전선의 발전을 위한 하나의 오점일 뿐 아니라 독립 전야의 조선 정계의 비극이라고 아니할 수 없다.

사로당의 전북 대표 김대희, 경북 대표 윤일, 서울시 동대문구 등의 조직 대중은 그 지반이 강고하다고 전하느니만치 여운형·백남운 양씨의 정계 인퇴 성명에도 불구하고 사로의 추진력은 그다지 미미하지 않다. 공산주의자의 특색이 그러하니만치 북조선노동당의 결정서가 있은 후 사로의 강진 등 일파는 재고하지 않을 수 없는 심경에 달하였다고도 전하나, 신민당 계통의 고철우·허윤구 등, 공산당의 김대희·최익한·문갑 등은 사로 사수의 의도를 공고히 하고 있다.

남로당 역시 완전 통일이라고 볼 수는 없다. 허헌 위원장은 발언의 추진력이 미약하다. 남로의 신민당 계통과 이주하 등은 사로의 무조건 합당이 정당타고 인정하였으나, 공산당 간부파(콤그룹파), 즉 중견층에서 반대하면서 사로 해체와 개인 입당을 고집하고 있다.

이로써 남로의 종파성이 강화되느냐 사로의 독자성을 유지하느냐 좌익정당의 정화 없이는 통합과 발전을 기하기는 어려울 것이다. 사로당 여운형 위원장의 인퇴 성명이 있은 후 전 인민당 계통의 일부는 입의 참가를 불사하는 동시에 구 인민당 노선에 복귀하려는 동향이 있는 것도 사실이다.

이상 요약 설명한 바와 같이 좌익 정계는 영도권 문제로 대립 상극이 계속되고 있는데 이것은 정치의 훈련과 정화가 없이는 청산하기 어려울 것이다.

● 우익 분립의 원인은 토지개혁의 정책 상이

좌우합작 7원칙 문제(토지개혁 문제)를 계기로 한민당을 탈퇴한 원세훈·김약수 씨 등을 중심으로 하여 출발한 민중동맹과 좌우합작위원회와의 제의로 입법의원 관선의원을 발표하게 되었고, 또 서울·강원 양 지구의 민선 무효 선언, 법령 118호의 무 공포 즉석 변경 등을 이유로 한민당계 입의원 18명은 전원 불참가를 결의하고, 입의 불합작과 합위 해산론을 성명하게까지 되었다.

이보다 먼저 한민당과 김규식 박사와의 관계를 명백히 할 필요가 있다. 금하(今夏) 한민당 각 지방대표자대회에서 위원장제로 개편할 제에 김규식의 위원장 취임 내락설이 전할만치 접근하였다 한다. 한민당 원래와 희망과 태도는 한독당과 합당해서 이승만 박사, 김구 선생, 김규식 박사의 3영수를 추대하여 우익 진영의 통일 강화를 도모하였던 것이다. 그러나 한독당의 거부로 결국 결렬되어 우익 측은 한민·한독 양 진영으로 분립 상태에 있다. 그러던 중 금년 5월 7일 미소공위의 무기 휴회 발표 이후 국내 정계의 일반적 요청에 호응하여 좌우합작 기운이 성숙하여 김규식·여운형 양씨 중심으로 좌우합작위원회가 드디어 탄생케 되었다.

입의 전제의 합작 7원칙이 발표되자 이에 대하여 제1진으로 반대성을 높인 것은 한민당이다. 그 이유는 합작 7원칙 중의 토지개혁 문제에서 합위 측의 유상몰수·무상분여에 대하여 한민당 측은 유상매수에 유상분여를 주장했다. 당내의 정견 상이로 원세훈·김약수 씨 등은 탈당하여 합작 7원칙 노선을 밟는 전기의 민중동맹을 출현케 했다. 적어도 7원칙 중 토지개혁 문제로 한민당에서 솔선 반대 성명 발표를 계기로 합위와 한민당과의 감정의 씨는 뿌렸다고 추측할 수 있다.

그 후 서울·강원의 민선 무효 선언은 한민의 대합위 감정을 일층 심각케 하였고, 다시 관선 발표로 가일층 증가하여 정계에 표면화하기까지 이르렀다. 그러면 합위의 의의와 성능은 무엇인가? 남북통일과 좌우합작이다. 그러므로 초당파 초계급적 존재요 민족 협조의 통일을 기하는 것이 그의 사명이다. 따라서 합위 탄생 당시의 일반 기대는 공위 재개 촉진을 위한 민족 통일체로서의 성격을 가졌다고 볼 수 있다. 그러므로 기대하였고 지지도 하였던 것이다.

물론 미세련의 조선 사회라 부득이한 이유와 사정도 있겠지만 이번 입의의 관선 발표는 과연 공정한 선정이며 조선 민주화에 가장 적의한 인물이며 역량을 가졌다고 공평(公評)할 수 있을까? 세론이 분분한 이유는 여기에 있다고 한다. 정치는 감정의 포로가 되어서는 안 된다. 뿐만 아니라 수 개인의 주관적 선입관에 좌우된다면 독선 자행밖에는 아무것도 없다. 적어도 조선의 정치인이라면 조선 사정을 이해해야 하고 조선 인민의 지지가 있어야 한다. 만일 이것이 없다면 무능력한 혼란의 연속뿐이다.

합위가 일개 정당이라면 별문제이지만 민족 통일을 사명으로 한 이상 이번 관선 추천은 너무 편당적이 아닌가 하는 인상을 준다. 합위의 장래는 어떤가? 좌익 일분의 대표 정당이라고 아니할 수 없는 남로·사로에서 합작위원회를 불인하고 입의 참가를 거부하는 한편, 우익의 대표 정당이라고 아니할 수 없는 한민·한독의 현 입의 거부로 말미암아 합위의 구성과 성능에 의문을 가질 수밖에 없게 되었다. 다시 말하면 '누구와의 합위'요 '누구를 위한 합위'인가? 관선을 계기로 우익 진영의 대립은 합위의 정치적 미숙—결백—에서 우러난 흥분의 소치가 아닌가 한다.

합위 지도자의 양심적 흥분이라면 내성을 기대할 수도 있지만 타력 의존의 자기만족에서 출발하였다면 정치 혼란은 증가하고 동시에 민족의 비애는 본격적으로 시작되는 것이다.

군정 하의 현 입법원은 합위의 추진으로 논리적 형성은 가능할지언정 현 구성과 형태로는 임정 수립까지 과도입법원으로서 원래의 사명 달성은 거의 불가능할 것이니, 차제의 합위 태도로서는 우익 진영만이라도 정비하여 태세를 공고히 하겠다는 데에 양심적 안목을 두고, 우선 한민·한독 등의 입의 거부 측과 허심탄회의 성의로서 진보적 타협을 하는 편이 현명한 방향일 것이다.

1946. 12. 21.

"요정을 전재민에게 내줘? 우린 어디서 놀라고?"

미국인들이 실권을 갖고 있다 하여 스스로 "절름발이 시장"이라며 무책임의 극치를 보여준 김형민 서울시장이 모처럼 일다운 일을 해냈다.

> 엄동에 집 없이 떨고 있는 전재 동포를 수용하기 위하여 서울시에서는 그동안 적산 요리점의 개방을 준비하고 있었는데 20일 김형민 서울시장은 군정청 공보부를 통하여 다음의 13개소 요리점을 개방하여 시내의 집 없는 전재민 중 우선 시급을 요하는 2,460명을 수용하기로 하였다고 발표했다. 그리고 이 13개소의 요리점 주인이 역시 갈 곳이 없어 개방된 주택의 일부를 사용하려면 관재처에 새로이 차가(借家) 계약을 맺은 후에 사용할 수 있다고 하는데 개방될 적산 요리점은 다음과 같다.
> 본정 2정목 봉월관(鳳月館), 동 1정목 춘향원(春香園), 동 2정목 송죽원(松竹園), 동 봉래각(蓬萊閣), 동 3정목 춘향각(春香閣), 욱정 1정목 난정(蘭亭), 동 향화원(香化園), 동 한양관(漢陽館), 동 한성관(漢城館), 동 도향각(稻香閣), 명동 2정목 봉황각(鳳凰閣), 동 국태관(國泰館), 동 고려정(高麗亭)
>
> (「13개 요정 개방 결정」, 『자유신문』 1946년 12월 21일)

본정(本町, 충무로)과 욱정(旭町, 회현동), 명동에 있는 요정으로, 일본인이 경영하던 것을 누군가가 넘겨받아 경영하고, 그것을 군정청에서 묵인해주고 있었던 모양이다. 공식 절차를 밟아 승인받은 것이라면 이런 개방 조치의 대상이 되지 않았을 것이다.

해방 후 유입된 인구를 전재 동포 또는 전재민이라 했는데, 중국과 일본에서 온 귀환자가 각각 100만 전후에, 지난봄 이북의 토지개혁 이래 월남자가 수십만이었으니 이남 유입 인구는 200만을 훨씬 웃돌았다. 일부는 각 지역사회에 자연스럽게 수용되었지만 그 비율은 그리 높지 않았다. 주거 조건은 시골이 나아도 시골에는 생계를 위한 일거리가 별로 없어서 도시, 특히 서울에 유입 인구가 집중되었기 때문이다(1946년 6월 21일자 일기).

유입 인구의 주거 문제는 이미 심각한 상태였다.

> 해방된 고국에 돌아온 전재민들을 싸고도는 주택 문제는 그들의 호구(糊口) 문제와 함께 중대한 사회문제의 하나이다. 그럼에 경성부에서는 (…) 전재민 수용소를 장충단 전 일군 건물을 이용해서 개설하고 그동안 수천의 전재민들을 수용 원호해왔으나 이곳에서 소정의 수용 기간이 지난 전재민으로서 역시 갈 곳 없는 그들은 그 후 어디로 갈 것인가. (…) 일전의 용산 육군 관사에서 사정 때문에 나오게 된 전재민들을 위하여 장충단 부청 전재민 수용소에 임시로 들여놓고, 현재에는 직원들로 하여금 전재민의 본 직업과 고향 신분을 조사하여 일인 가옥을 두서넛씩 접수하는 모리배들에게 주택을 빼앗아서 알선하고 있다.
>
> (「경성부주택과, 전재민 위한 주택 알선에 진력」, 『서울신문』 1946년 8월 3일)

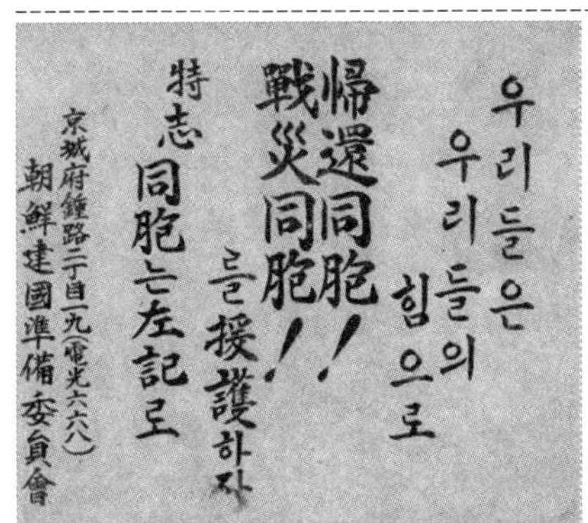

해방 직후 조선건국준비위원회에서 배포한 전단지. 현실은 구호와 거리가 멀었다.

주거 문제에 근본 대책을 세우지 못한 채 겨울이 다가오자 움집이라도 지어주자는 방침이 나왔다. 이 방침을 둘러싼 상황이 11월 17일자 『동아일보』의 「풍찬노숙하는 전재 동포들—보라! 비참한 이 정상(情狀)」 기사에 설명되어 있다.

> (…) 지금 서울의 참경만 보더라도 전재민들은 공원을 비롯하여 방공호 철교 밑 같은 데서 노숙하는 비참한 궁상은 실로 목불인견의 현상이다. (…) 현재 남조선에 있는 전재민은 실로 197만 7,500명이란 다수에 달하고, 또 이들에게 제공해야 할 주택만도 7만 3,311호인데 이들에게 임시로 토막을 제공한다 하더라도 여기에 대한 비용은 약 9천만 원을 요한다.
>
> 이러한 비참한 현상을 시급히 타개하여 노숙하는 전재 동포를 구하고자 이번에 군정청 보건후생부장 이용설 씨를 회장으로 서울 시내 각계 유지로서 구성한 전재민가주택건설조성회를 보건후생부 내에 설치하여 일반의 협력을 얻어 5천만 원의 조성의연금을 모집하기로 하고, 13일 군정청 제1회의실에서 이사회를 개최한 후 조성협의회를

> 개최하고 긴급책을 협의한 결과, 엄동을 앞둔 절박한 현실에 비추어 시급한 구제를 느끼고 즉시 착수했다.
>
> 그런데 동 건설조성회의 5천만 원 의연금 모집보다 한 걸음 앞서 보건후생부에서 이미 4천만 원을 응급 자금으로서 각 도에 분배하였으므로 전부 9천만 원으로서 움집(토막) 3만 6,218호(7만 3,300세대)가 건설될 것이라는데, 이번 구제의연금 모집에 일반의 적극적 원조를 바라고 있으며 의연금은 12월 말까지 군정청 보건후생부 내 전재민가주택건설조성회나 각 도지부 혹은 전 각 도·부·군·읍·면, 각 신문사로 보내기를 바란다고 한다. (…)
>
> 엄동설한을 앞두고 어린 자녀를 거느리고 주택난으로 떨고 있는 전재민은 서울 시내에만 2만 세대 10만 명을 계산하고 있는데, 서울시 당국에서는 과동 긴급 주택으로 삼각형 토막 소위 움집을 집단적으로 건설하고자 적당한 토지를 물색 중이다. 이번에 건축할 긴급 주택은 1,350여 호로 서울 도심 지대를 떠난 영등포, 이태원 등 4·5지구에 국유지나 적산 용지를 이용하여 지을 예정으로 준공은 12월 중순까지는 마치기로 되었다. (…)

7만 3,311호의 움집 제공에 약 9천만 원을 요한다며 한 호에 1,200~1,300원이 필요하다는 것이다. 당시 쌀 한 말 값이 400원이라는 기사를 보았으니 쌀 한 가마 값도 안 되는 돈이다. 이것은 군정청 보건후생부 발표를 그대로 받아 적은 것으로 보인다. 같은 발표를 근거로 한 11월 22일자 『서울신문』의 「보건후생부, 전재민을 위한 가주택 조성비를 각 시도에 배당 예정」 기사에 따르면 전국에 건설이 필요한 호수가 7만 3,311호에 자재비가 총 1억 802,625원이라고 되어 있다.

11월 10일자와 24일자 『서울신문』에는 경기도의 움막 건설 계획을 보도한 기사가 실렸는데, 이에 따르면 한 호당 비용이 2,500원 또는 3,000원으로 되어 있다. 군정청에서 발표한 1,400원보다는 현실적인 금액으로 보이지만, 이것 역시 쌀 두 가마 값이 안 된다. 그 수준이 어떤 것이었을지 가히 짐작할 만하다. 그나마 11월 하순으로 접어드는 시점에서 논의가 이런 수준으로 진행되고 있었으니 당장 올 겨울의 대책은 막막하다. 11월 22일 경기도 각 군 후생과장 회의에서 이 계획을 "올 겨울 안으로" 완성하기로 했다고 한다. 그러니 구호 대상자 측에서 이런 반응이 나오지 않을 수 없다.

> 전재동포원호회 중앙본부 산하에 있는 시내 27개소 연락소와 중앙본부 직속 5개소의 수용소 대표자회의를 개최하고 동 대표자회의에서는 이번 후생부에서 건축한다는 토막집은 장소나 시기로 보아 기대하기 곤란할 뿐만 아니라 완전치 못한 토막을 지금으로부터 막대한 비용을 들여 짓느니보다 유곽, 요정, 여관, 사찰 등 유휴 적산 가옥이 있음에도 차마 들지 못할 움집에 들라 함에는 들지 않기로 의견이 일치하였다 한다.
>
> (「토막 지어도 안 살겠다—요정 · 유곽을 비워 달라, 전재민 대표자들 결의」, 『자유신문』 1946년 12월 14일)

요정 · 유곽에 들어가 살고 싶다는 것은 전재민 측에서 먼저 꺼낸 얘기도 아니었다. 해방을 계기로 일본인들이 물러가고 전재민들이 귀환했으면 일본인이 비운 자리에 전재민을 수용하는 것이 자연스러운 일이다. 이 과정이 원만하게 이뤄지도록 도와주는 것이 군정청의 할 일이었다. 「한국사데이터베이스」의 자료 중 요정 · 유곽을 특정해서 우선적으로 전재민에게 배정하자는 주장을 맨 처음 내놓은 것이 민통의

1951년 전남 화순 난민촌의 움막살이.

11월 14일 담화였다.

"동절을 임박하여 전재 동포의 주택 문제 해결이 끽긴한 일이니 경향을 막론하고 적산 가옥 더욱이 적산 요리점, 여관 등의 영업을 폐지시키고 전재민에게 분여할 것이며, 도읍 근처의 신한공사 토지에 귀환 동포의 주택 건설을 허하도록 하여 전항 경지 분양 문제와 결부하여 적극적 방침을 세우도록 위정 당국에 요청하는 바이다."

(「민족통일총본부, 전재민에게 토지와 주택 제공 요망 담화 발표」, 『동아일보』 1946년 11월 14일)

민통에서는 12월 3일에도 성명서를 내어 같은 주장을 되풀이했다.

"졸한이 급습한 이때에 수십만의 전재 동포가 남조선 방방곡곡의 바라크(막사) 창고와 역두와 가두에서 집 없이 신음하고 있다. 우리는 적산 요정과 여관 등을 전재민에게 양여할 것을 누차 성명하여 당국의 선처를 요청하였으나 마이동풍 격으로 이에 관심조차 보이지 않는 것은 심히 유감이다. 장외에는 신음하는 전재 동포의 강시(殭屍)가 나려고 할 시에 적산 요정에서는 미주(美酒) 가효(佳肴)의 가무성이 높

> 아가는 이러한 적산까지 이용하는 개인 자본주의의 옹호 정책이 용인된다면 재건 조선의 전도는 암담한 것이다. 우리는 당국의 맹성을 촉구하는 동시에 시각을 다투어 이의 급속 실현으로 전재민을 강시에서 구출할 것을 강경히 요망하며 주목한다."
>
> (「적산 요정과 여관 전재민에 개방하라」, 『동아일보』 1946년 12월 4일)

이승만 지지 단체인 민통에서 나선 것은 너무나 말도 안 되는 상황이 인민의 공분을 불러일으키고 있었기 때문일 것이다. 서울시도 그 직후 26개소의 적산 시설을 전재민에게 제공하기로 결정했다. 12월 20일 공보부를 통한 요정 13개소 개방 결정은 이 방침을 구체화한 것이었다.

> 해방된 지 이미 1년이 넘어도 서울의 거리에는 남부여대로 거리에 거리로 헤매는 보기에도 참담한 전재 동포가 유리방황하고 있다. 엄동이 닥쳐옴에 따라 한파의 길거리에서 고국산천을 원망하는 이들을 구원하는 것이 오늘날 위정 당국의 무엇보다 긴급한 과제일 것인데, 이에 서울시에서는 적산으로서 종래 일인들이 우리의 고혈을 빨아 분 냄새와 알코올에 취하여 유흥하던 전 일인의 소유인 요정, 유곽, 여관 등을 전재민 숙사에 제공하게 되었다.
>
> 이번에 전재민 숙사로 지정되는 것은 종래 조선인은 그다지 사용하지 않은 것뿐으로 시내 26채의 요정·유곽·여관 등의 훌륭한 건물인데, 이는 현재 장충단수용소에 수용된 100여 세대와 시내 각처의 방공호에 있는 200여 세대의 전재민들로 현재 들어 있는 사람들을 정리하는 대로 수용하기로 되었다. 그런데 현재 서울 시내에는 노숙 전재민이 약 600세대인데, 이번 제1차 수용이 완료되면 집 없는 재민들

의 주택 문제가 해결될 모양이다.

(「일인 요정 · 유곽 등에 개방령—전재 동포 우선 300여 세대를 수용」, 『동아일보』 1946년 12월 7일)

서울 시내 노숙 전재민이 약 600세대라는 『동아일보』의 파악은 어디에 근거를 둔 것일까? 앞에 소개한 11월 17일자 기사 내용도 잊어버린 것일까? 연말을 앞두고 13개소 요정에 2,460명을 수용한다는 것은 '언 발에 오줌 누기'에 불과한 조치였다. 그나마 특권층이 유흥을 즐기던 장소를 궁한 사람들에게 제공한다는 상징성 있는 조치였다. 그런데 정작 기막힌 일은, 이 정도 상징적 조치도 제대로 시행되지 못한다는 것이었다.

적산 요정을 개방하여 23일부터 전재민을 입주시키겠다는 시 당국의 언명은 전자에 보지 못하던 당국의 대영단이라 하여 일반 시민이 쾌재를 부르짖으며 대대적으로 환영하고, 전재민 구제 문제에 서광이 비쳤다 하여 시 당국의 전재민에 대한 금후의 시책에 크나큰 희망을 품고 한시바삐 다음 조처가 있기를 고대하고 있어 저물어 가는 서울 거리에 명랑한 화제를 던지고 있는데, 명도(明渡) 명령을 받은 13개 요정 중 문제의 도색영화 사건 때에도 물의를 일으킨 청향원과 난정을 비롯하여 갑종 요정만 여섯 집이 종업원을 시켜 명도 명령 철회 운동을 강력하게 전개하고 있다. (…)
특히 23일 아침, 시 당국의 명령으로 난정에 입주하려고 온 동일자혜원의 불쌍한 고아 70명을 시 당국과 교섭 중이라는 이유로 문간에 들어서지도 못하게 한 난정의 처사는 언어도단이라 아니할 수 없다.
이에 대하여 관계자들은 각각 다음과 같이 말했다.

● 김 서울시장 담

"종업원의 진정서 아니라 그보다 더한 문제가 있더라도 13개 요정에 전재민 입주는 강행할 것이다. 다만 종업원에 대한 실직 문제에 대하여서는 적극 알선해줄 용의가 있다."

● 동일자혜원 한메례 씨 담

"추위에 떨고 찾아온 고아들을 문간에 들이지도 않아서 이같이 거리에서 떨게 하다니 세상에 이런 악독한 일이 있겠어요?"

● 난정 종업원 측 담

"나는 난정 이하 여섯 갑종 요정의 종업원 대표이다. 요정 개방의 취지는 좋으나 방법이 틀렸다. 목숨을 바쳐서라도 우리는 단결하여 우리의 생활을 위하여 끝까지 싸우겠다."

(「전재민의 입주를 거절—명도령에 불복한 난정에 비난」, 『경향신문』 1946년 12월 24일)

전 일인 소유였던 13개 요정에 대한 전재민 입주 문제로 요정 측과 전재민 간에 분쟁이 일어나 전재민들은 시 당국의 입주 지령을 받은 이상 들어가겠다 하고, 요정 측에서는 그렇게 할 수 없다 하여 서로 싸워 23일 각처에서 일대 혼잡을 이루었을 뿐 아니라, 회현동에 있는 난정이란 요정에서는 동일자혜원 고아 김혜옥이란 두 살 된 여아가 추운 날 오랫동안 밖에서 떨고 있었던 관계로 급성폐렴이 돌발하여 죽은 사실도 있었다고 한다.

한편 시 당국에서는 23일까지 기정방침에 따라 전재민 수용을 강행하겠다고 언명하여 그 귀추가 매우 주목되고 있었던 바인데, 24일에 이르러 돌연 챔페니 민정장관의 명령이라 하여 요정 등의 영업정지와 아울러 전재민 수용 문제를 앞으로 한 달 동안 연기하였다고 한다. 시 당국의 무정견하고 무책임한 처사로 말미암아 각 요정에서는 다시 활기를 띠고 영업을 계속한다는 광고를 써 붙이는가 하면, 다소 희망을 가지고 몰려온 수많은 전재민은 다시 실망에 잠겨 거리에서 방황하며 방성통곡하는 울음소리가 들리는 등 각처에서 희비곡이 연주되는 기현상을 나타내고 있다.

시 당국에서는 챔페니 민정장관의 명령이라 하여 어찌 할 수 없다 하며 책임을 회피하려고 하는 경향도 있으나, 이 책임은 마땅히 시 당국이 져야 할 것이며 갈팡질팡하는 시 당국의 무책임한 처사에 일반의 여론이 자자하다.

(「13개 요정의 전재민 수용이 한 달간 연기」, 『서울신문』 1946년 12월 25일)

챔페니 대령이 또 나타났다. 1946년 3월 2일자 일기에서 화신 사장 박흥식이 경제사범으로 구속되었을 때 장택상과 함께 대법원장과 검사국장을 찾아가 하지 장군의 명령을 빙자해 석방시킨 인물이다. 여론이 들끓자, 이틀 후 재구속한 것으로 보아 하지의 명령도 아니었던 것이 분명하다. 서울시장이 몇 주일 전부터 공개적으로 약속한 일이고 수천 명 전재민이 엄동설한에 쉴 곳을 얻는 일인데, 미군 대령이 툭 튀어나와 가로막으면 가로막히는 그런 세상이었다.

그런 와중에 하지 사령관은 조선인을 상대로 '크리스마스 메시지'를 내놓았다.

"미국에서는 고래로 성탄제에 친구에게 축하를 보내는 관례가 있습니다. 그러므로 본관은 조선에 주둔하고 있는 미국인을 대표하고 또

나 자신으로 축하의 말씀을 드리는 바입니다. 1947년 신년을 앞두고 본관은 조선 국민 여러분에게 건강과 행복과 번영과 민주주의 자치 국가로서의 독립이 하루바삐 실현되기를 바라는 바입니다."

(「하지, 크리스마스 메시지 발표」, 『동아일보』 1946년 12월 24일)

건강과 행복과 번영? 사람 놀리나?

1946. 12. 23.

1946년 말, 경찰의 적나라한 모습

경무부 수사국장으로 있다가 12월 초 조병옥에게 파면당한 최능진은 두 차례 성명서를 통해 자기주장을 개진하다가 명예훼손죄로 검사국에 입건되기까지 했다. 그가 11월 20일 조미공위에 제출한 보고서는 신문에 보도되지는 않고 『24군단 역사 파일XXIV Corps Historical File』 중 「한미공위 회의록Minutes of the Korean-American Conference」에 남아 있다. 나는 이 자료를 찾아보지 못했기에 커밍스의 책에서 이 자료를 활용한 부분을 옮겨놓는다.

> 최능진은 남조선 경찰이 "일본의 훈련을 받은 경찰관과 민족반역자들의 피난처"가 되었고, 그중에는 "이북에서 공산주의자들에게 쫓겨난 부패한 경찰관들"도 포함되어 있다고 했다. 그런 경찰관들은 8월 15일 이후 평양에서 일본인들에게 목돈을 받았으며 "이 돈을 갖고 서울로 와서 경찰에 자리를 얻는 데 썼다." 이남의 여러 지방에서 쫓겨난 뒤 서울로 온 경찰관들도 있었다. 최능진에 따르면 그들은 "고향에 돌아가면 사람들이 재산을 몰수할 것이기 때문에 돌아가지 못하는" 자들이었다. 개성에서 쫓겨난 사람인 김후원의 이야기를 했고, "일제하의 악명 높은 형사로서 (…) 해방 후 집이 파괴당한 후에 서

울로 온" 이구범의 이야기도 했다. 이구범은 서울의 큰 경찰서의 서장이 되었다.

최능진은 자신과 조병옥이 일제 협력자 등용에 의견을 달리했다고 말했다. "애국자와 독립운동가를 경찰에 받아들여야 한다는 내 주장에 조병옥은 끊임없이 반대했다." "매일같이 사람들이 개인감정 때문에 아무 증거도 없이 체포당하고 있다. 누군가가 저 사람 나쁜 사람이라고 하기만 하면 감옥에 잡아들여 두들겨 패는 것이다"라고 최능진은 말했다. "경찰은 부패하여 인민의 적이 되었다. 이런 상태가 계속된다면 조선인의 80퍼센트가 공산주의자가 될 것"이라는 것이 최능진의 생각이었다. (『The Origins of the Korean War』, 166~167쪽)

커밍스의 책을 펼친 김에 미군정의 경찰 정책에 대한 그의 의견을 옮겨놓는다.

미군이 조선 경찰의 기구와 그 조선인 인력을 보존하기로 결정한 것은 좌익에 단호히 맞설 만한 단결력 있는 다른 세력이 없기 때문일 뿐이다. 일본 통치에 복무했던 조선인 경관들은 일제 협력자의 축출이나 처벌에 나설 만한 정치 집단의 득세를 저지해야 한다는 공동의 목표를 깊이 인식하고 있었다. 바로 이 이해관계 때문에 다른 조선인 집단보다 강한 단결력을 갖고 있었던 것이다.

조병옥은 남조선 전역에서 인민공화국과 인민위원회를 해체할 능력을 가진 것이 경찰뿐이라는 사실이 자신과 하지의 공통된 믿음이었다고 자서전에 뻔뻔스럽게 적었다. 미국 측 자료도 이 사실에 부합한다. 주한 미군의 공식 역사 기록에 "군대가 없으므로 경찰이 유일한 공권력의 도구였다"고 했다. 뿐만 아니라 "혼란스러운 상황 때문에

> 필요에 따라 신속히 움직일 수 있는 대규모의 신축성 있는 병력이 필요했다"고 했다. 중앙집권화된 국가 차원의 병력이 있어야만 "지역적 연대를 깨뜨려 저항 세력의 결합을 최대한 억제할 수 있"으며, "특정한 지역사회에 너무 깊이 뿌리를 박은" 경찰관을 이동할 수 있다고 했다.
>
> 미국인들은 그 역사를 통해 자기 나라 안에서는 이런 국가 경찰력의 존재를 배격해왔다. 그런데 조선에서는 좌익의 위협을 이유로 그런 경찰력을 정당화했다. 점령군 사관들은 조선 경찰을 민주적이라 부르기 힘들고 원칙적으로는 어느 곳의 경찰이라도 "그곳 지역사회의 인민에게 책임을 지는 입장"이어야 하지만, 조선에서는 "아래와 같은 이점들 때문에 국가경찰의 존재가 필요하다고 판단된다"고 했다.
>
> (같은 책, 162~163쪽)

이어 일곱 가지 이점을 열거했는데, 모두 기능적 이점이다. 이에 대해 커밍스는 야유한다. "일본인들이 그런 경찰력을 유지한 이유가 그와 얼마나 다른 것이었는지 따져보지 않는다면 너무나 소홀한 일일 것이다."

그리고 점령기의 일본에서는 국가경찰제가 전제적 억압의 도구로 너무 쉽게 이용된다는 이유로 폐지된 사실을 지적한다. '국민학교'란 이름을 일본보다 오래 지킨 것은 그에 비하면 아무것도 아니다. 국가경찰제는 2011년 현재까지도 억압의 도구로 대한민국에서 버젓이 이용되고 있지 않은가?

조병옥과 함께 경무부장을 맡고 있다가 고문으로 물러선 윌리엄 매글린 대령도 인용된 말을 보면 경찰의 민주성을 그리 앞세워 생각한 것 같지 않다. "조선인 경찰들이 일본인을 위해 일을 잘했다면 우리를 위해서도 일을 잘할 것이라고 우리는 생각했다."

그나마 뉴욕 시의 경찰관 경력을 가진 매글린 대령은 경찰의 부패와 폭력성에 대해 한계를 생각하는 사람이었던 모양이다. 경찰의 업무 기준에 관한 각서를 조병옥에게 보냈고, 이 각서를 공개함으로써 엄중한 태도를 보였다.

> 조선 국립경찰은 그동안 민주 경찰로서 공로를 많이 쌓아왔으나 일반 민중으로부터 비난의 표적이 된 일부 경찰관의 행동으로 말미암아 경찰의 위신이 감쇄되고 있는데, 이 좋지 못한 비난의 원인이 되는 행동은 대략 다음과 같으며, 매글린 경무부장 고문은 조병옥 경무부장에게 각서를 보내와 이를 관하 각 청장·국장에게 통첩으로 보냈다고 한다.
>
> ① 체포 또는 심문 시의 구금자에 대한 냉대
> ② 이유 없는 체포
> ③ 어떠한 정치단체의 맹원이라는 이유로 인한 대량 검거
> ④ 혐의 체포
> ⑤ 상인 및 직업인에 대한 협박
> ⑥ 순전한 개인적 혹은 정치적 이유로 행하는 임명 전임 승임 등
> ⑦ 사례금의 청구
> ⑧ 수뢰
> ⑨ 불법 상업 취인에서 개인의 경제적 이득을 취하기 위하여 경찰 계급 및 지위를 이용하는 것
> ⑩ 향응을 위한 공금 소비
> ⑪ 압수한 식료품 및 물자를 자유 이용에 전용하는 것
>
> 이상과 같은 악행은 광범위로 확대되지 않으나 여전히 존재하고 있

해방 후 창설된 국립경찰. 미군정은 조선의 경찰을 유일한 공권력의 도구로 삼았고 좌익의 위협을 이유로 국가경찰을 정당화했다.

는데 경찰 간부는 이러한 악행을 제거할 의무가 있다. 조선에 와 있는 이 사령관은 조선 경찰을 참다운 민주주의적 경찰로 만들고자 한다. 그는 경찰 자신이 이상에 열거한 폭군적 행위를 제거하고 유죄한 직원을 추방시키리라고 믿는다.

조선에 군정이 있는 한 모든 조선인에게 공평 정당한 대우를 할 책임이 미군에게 있다는 것을 명기해야 한다. 우리는 경찰이 자숙하여 목적을 완수할 수 있으리라고 확신한다. 만약 경찰이 공평무사한 표준에 합하지 못함을 확정하게 되는 경우 우리는 미군 장교를 배치하여 각 경찰 관구와 각 경찰구를 지배할 준비를 하고 있다. 이 같은 필요가 없기를 바라는 바이다.

(「경무부장 고문 매글린, 조선 경찰의 부당 행위를 명기한 각서 전달」, 『서울신문』 1946년 12월 25일)

각서는 노골적인 협박으로 맺어졌다. 제대로 못하면 미국인들이 감독하러 나서겠다는 것이다. 그런데 이것은 협박만이 아니었다. 벌써 10여 명의 미국 경찰관이 수입되어 배치되었던 것이다.

민주 경찰의 육성을 돕고자 미국으로부터 이즈음 서울에 도착한 미국 경찰관 남자 11명과 여자 1명이 조선 경찰의 감독관으로 등장하기로 되었다. 이들의 목적은 개인의 권리를 공평하게 하고 존중하게 하는 미국 경찰 정책에 대하여 특별히 중점을 두고 현행 법규 실시에 있어 조선인 경찰서장을 감독 지도하기로 되어 곧 남선 각 경찰청에 배치하기로 되었다 한다.

(「민주 경찰 육성코자 미국서 경찰 12명 내선(來鮮)」, 『동아일보』 1946년 11월 26일)

미국 경찰관으로서 조선 경찰의 민주화를 지도코자 조선에 온 일행 중 알렌 다이스티스, 윌리엄 엘페타슨 양씨가 수도경찰청 고문관으로 2일부터 취임했다.

(「미인 경찰 고문 수도청에 취임」, 『동아일보』 1946년 12월 3일)

이 작업을 시작할 때는 「한국사데이터베이스」의 '자료대한민국사'에서 주로 도움을 받았는데, 작업 진전에 따라 '한국근현대신문자료'를 더 많이 들여다보게 된다. 이 시기 신문으로는 『동아일보』와 『자유신문』 둘밖에 없지만 '자료대한민국사'에 나와 있지 않은 것으로 참고 가치가 큰 기사를 꽤 많이 찾아볼 수 있다. 어제 오늘 『자유신문』을 들여다보며 당시 경찰의 모습을 적나라하게 보여주는 기사 몇 가지를 뽑아보았다.

경찰잠(警察箴)의 "민중의 공복 되라" 함은 한 장의 휴지가 아니거니와 지난 10월 29일 오후 6시 반경 경성지방법원 검사 최상진 씨와 동 법원 호적과 서기 김세평 씨 2명이 시내 황금정 4정목을 지날 즈음 술이 취한 본정서 1,700호 순경이 불심심문을 하던 끝에 건방지다고 구타를 하여 최 검사는 다행히 근방 파출소로 피하였으나 김세평 씨는 동 순경에게 구타를 당했다.

(「취경(醉警)에 검사 봉변」, 『자유신문』 1946년 11월 3일)

작년 8·15 해방 후 충북 옥천군 청산면에서는 그곳 유지로 지조를 지켜오던 이세영, 조준하 양씨를 중심으로 각 동리 대표가 모여 자치위원회를 만들고 면 치안에 애써 왔는데, 동·면 청년들도 이와 병행하여 '동호회'를 조직하고 치안에 협력하던 중 과거에 동·면에서 왜정에 적극 협력자로 지칭받던 원정희와 근로보국대 응모에 누구보다도 앞장을 선 배○수 등을 방문하고, 전비(前非)를 문책한 후 개과를 요구하는 말을 주고받던 중 청년들은 울분한 끝에 원을 구타한 사실이 있었는바 그 후 원은 모 단체의 지부장 됨을 기화로 지방 테러를 조종하여 지금은 해산되고 없는 그 전 자치위원 회원을 협박하고 있는데, 수일 전 그곳 경찰은 전에 자치위원 18명을 검거함과 아울러 서울에 와 있는 조준하 씨를 위시하여 4명에게 체포령을 내려 방금 옥천서 형사 2명이 서울에 파견되어 활동 중이라고 한다.

(「8·15를 앙갚음, 옥천군의 불상사」, 『자유신문』 1946년 11월 11일)

9일에는 올 겨울 처음으로 전재 동포 2명이 한을 품고 얼어 죽어 사회 여론이 분분하거니와 11일에는 시내 효제동 310번지 앞 길가에서 또 한 전재 동포의 싸늘한 시체를 발견하게 되었다. 그러나 이 시체는 조금만 따뜻한 온정의 손이 있었더라면 동사는 면하였을 것이 판명되었다.

즉, 지난 10일 오전 10시 효제동 310번지 앞을 신덕영이란 행인이 지나다 보니 나이 22~23세의 전재 동포로 보이는 여인이 거적을 덮고 길 위에 누워 울고 있는 것을 보고 측은히 생각하여 근방 설렁탕집에서 설렁탕 한 그릇을 갖다 먹인 후 그대로 두고 갈 수가 없어 종로 5가 파출소를 찾아 이 전재 동포 구하기를 간청하고 동대문서를 찾아 보안계에 이 사실을 말하였다 한다. 그런데 동서 직할 파출소에서 곧 경관을 보내겠다 하므로 안심하고 직장으로 갔다가 오후 6시경 그 앞을 지나다가 보니, 아침과 마찬가지로 그 여인이 그곳에서 떨고 있으므로 다시 설렁탕을 사다 먹이고 5정목 파출소와 직할파출소를 다시 찾아 이야기를 하고 경관 2명을 현장까지 안내하고 보호하여주기를 당부했다.

그런데 11일 오전 그 자리를 지나다 보니 그 여인은 전날과 같이 그대로 거적을 덮고 누워 있으므로 그때는 의분이 폭발하여 거적을 치어들고 보니 하룻밤 사이에 이미 싸늘한 시체로 변해버렸다는 것이다. 그런데 이 시체는 11일 오후 1시가 지나도록 치우지도 않고 있어 지나가던 이들의 의분을 사고 있다.

(「무관심한 경찰 조치로 전재민의 강시(殭屍) 또 하나」, 『자유신문』 1946년 12월 12일)

지난 10일 서소문정 앞 동아호텔 옆에 얼어 죽은 시체가 거적이 덮인 채 이틀이 지난 12일 상오가 되도록 그 모양으로 놓여 있어 인도상으로 보아 차마 못할 책임 당국의 처사에 일반은 비난이 많다. 거리에서 죽은 주인 없는 시체 누가 치워야 하는가? 인민의 공복인 경찰인가, 서울시의 살림을 도맡은 시청인가. 그런데 양편이 모두 상대편에만 일을 미루고 책임을 회피하는 데에서 이런 사태를 일으킨 것이 판명되었다.

경찰 측은 시내 위생 사무는 지난여름부터 시청 위생과로 넘어갔으니 마땅히 시청 당국이 처리할 것이라고 방관적 태도를 취하는 한편,

시청은 시청대로 사무는 이관되었으나 현재 일반 풍기 취체는 여전히 경찰에서 하고 있고 또 노상시(路上屍)는 경찰이 검시해야 치우지 않느냐, 모든 뉴스를 언제든지 빨리 알 수 있는 이상 이런 문제는 우리에게만 미루지 말고 일단 현장에서만이라도 치워주었으면 좋지 않으냐고 대답하는데, 양편이 이런 태도로 나아가는 이상 앞으로 노상시는 그대로 버려둘밖에 도리가 없는지 추이가 주목된다.

(「행려시 처치의 책임, 시와 경찰이 상호 회피」, 『자유신문』 1946년 12월 14일)

1946. 12. 26.

제 앞가림도 힘든 입법의원

6월 29일 러치가 하지에게 제안하는 형식으로 모습을 드러낸 미군정의 입법의원 설치 구상은 애초 11월 초 개원을 목표로 한 것이었다. 그 목표에 따라 전국적 소요 사태에도 불구하고 10월 하순 민선의원 선거를 강행했다.

그러나 선거의 실체가 워낙 부실했고, 극심한 좌익 탄압 속에 한민당과 이승만 세력의 독과점 현상이 예상보다 심했기 때문에 11월 초 개원은 강행할 수 없었다. 미군정이 입법의원 설치에 협조해온 김규식 주도의 합작위를 최소한 만족시키기 위해 일부 선거의 무효화 등 몇 가지 조치를 취하고 관선의원 인선을 의논하느라고 개원은 12월로 넘겨졌다.

하지는 12월 12일을 개원 마지노선으로 정했다. 더 이상 늦출 수 없다는 초조감 외에 그 날짜에 특별한 의미는 없었던 것 같다. 충무공 제삿날이 입법의원과 무슨 상관이겠는가. 서울과 강원도 재선거 결과도 기다리지 않고 관선의원 명단도 발표하지 못한 채였다.

> 그간 지연을 거듭하던 입법의원의 개원일은 12월 12일로 정식 결정되어 30일 군정청 공보부에서 다음과 같이 발표했다.

> "입법의원은 12월 12일 정오에 개원하기로 결정했다. 입의 사무국에서는 개원일 전에 서울에 집합하도록 서신을 피선의원에게 30일 발송했다. 관선의원에 대해서는 이미 결정된 모양인데 아직 발표할 시기가 아니므로 수일 내에 발표할 터이다. 개원일에 대해서는 신중을 기해서 조선인 학자들과 협의한 결과, 음력 11월 19일 이 충무공 기일을 택할 것이다."
>
> (「공보부, 입법의원의 개원과 개원 일자 발표」, 『조선일보』 1946년 12월 2일)

12월 7일 관선의원 45인 명단을 발표했다. 개원을 닷새 앞두고 구성원 절반의 선임 내용을 주둔군 사령관이 발표하다니, 명색이 민의 수렴 기관의 체면이 말씀 아니다. 개원 협조에 앞장서 오고 이제 의장으로 입법의원을 이끌어갈 입장의 김규식까지도 참여하고 싶지 않았다는 말이 빈말로 들리지 않는다.

한민당의 개원 등원 거부로 입법의원의 체면은 더욱 구겨졌다. 한민당의 거부는 서울 재선거에 반발하는 당리당략이기는 했지만, 말인즉슨 옳은 말이었다. 의원 선출도 끝나지 않은 채 무슨 개원이란 말인가? 한민당의 등원 거부로 개원 정족수가 안 되니까 개원 전날 정족수를 4분의 3에서 2분의 1로 법령을 바꾸다니, 애들 장난도 아니고…….

그렇게 억지로 개원은 했지만, 개원 형식만 밟고는 '예비회의'로 돌아가야 했다. '원법(입법의원법)'이 마련되어 있지 않았기 때문이다. 8월 24일 공포된 제118호 군정청 법령은 "조선과도입법의원의 창설"에 관한 것일 뿐 운영에 관한 규정이 없었고, '입법'의원이라는 위상을 분명히 하기 위해서도 스스로 원법을 창출할 필요가 있었다.

입법의원의 성립을 위해 처리해야 할 또 한 가지 문제가 있었다. 의원 자격 심사였다. 제118호 법령에도 친일파 등을 배제하는 규정이 있었으나 선거 과정에서 심사 주체가 없었기 때문에 입법의원 개원 후 스스로 심사해야 한다는 주장으로 이 규정을 묵살했었다. 이 규정에 어긋나는 것으로 보이는 민선의원 당선자가 여럿 있었던 까닭에 자격 심사부터 해야 한다는 여론의 압력이 있었다.

그래서 12월 13일까지 계속된 예비회의에서 3인의 원법기초위원회와 5인의 의원자격심사위원회를 설치하고, 두 위원회가 맡은 일을 끝낸 후에 예비회의 아닌 정식 회의를 시작하기로 하고 휴회에 들어갔다. 의원자격심사위원회 명단을 공개하지 않은 점은 시비가 복잡할 것을 걱정해서였을 것이다.

그러나 이 심사위원회의 '심사'는 형식적 심사에 그쳤다. 의원 몇몇이 모여 아무 준비도 지원도 없이 동료 의원들의 자격을 엄밀하게 심사한다는 것이 가능한 일이었겠는가? 심사위원들이 특별히 무책임한 인물이 아니더라도 실질적 심사를 기대할 수 없는 여건이었다. 결국 입법의원의 자체 '심사'는 면죄부 발행 절차에 그치고 말았다.

> 입의의원 자격심사회는 극비리에 16일부터 동 사무총장실에서 장자일·최명환·정이형·엄우룡·허규 등 5의원이 계속 개회 중인데 심사 내용에 관하여는 여러 가지 억측이 유포되고 있으나, 채문한 바에 의하면 동 심사회는 다만 의원의 형식적 자격 심사에 불과하다고 한다. 즉, 입의 개원식에서 선서문에 서명 날인한 의원 57인에 대하여 관선 의원은 하지 중장의 선임장, 민선의원은 관할 도지사의 신임장 소지와 의원의 본인 여부 등을 심사하는 형식 심사라고 하며, 일반이 주시하는 의원의 질적 자격 문제, 즉 친일파·민족반역자 등의 심사는 아니라고 한다. 그런데 동 심사회는 19일까지 이미 57의원의 심사를 끝내고 이를 20일 정식 회의에 보고하리라는바 개원식에서 선서문에

서명 날인하지 않은 의원은 자격을 상실한다고 하며 원의로서 제명 처분하리라고 전하고 있는데 그 실행 여부가 자못 주목된다.

(「입법의원 의원 자격 심사의 내용 공개」, 『동아일보』 1946년 12월 18일)

입법의원 제1회 제1차 본회의는 12월 20일 오후 1시 50분 군정청 회의실에서 열렸다.

20일 개최된 과도입법의원 제1회 제1차 본회의에서 이날 처음으로 참석한 한민당 출신 대의원에 대한 보충 선서를 먼저 하느냐 자격심사위원의 심사 보고와 동 보고 접수안을 먼저 토의하느냐 하는 식순 문제로 갑론을박의 파란이 있었다 함은 기보한 바이어니와 동 문제는 하오 3시 40분에 이르러 결국 의장의 순서 변경 제의 취소로 1시간 50분 만에 낙착되었다. 일단 휴게 후 속개하여 백관수 이하 한민당 출신 대의원 17명의 선서 서명이 있은 다음, 자격심사위원회 위원 정이형으로부터 '의원의 구체적인 신분 자격 심사는 원(院)의 법안 제정 후 특별 처분으로 규정될 것이므로 본 위원회는 관선의원은 하지 중장의 선임장, 민선의원은 당해 도지사의 피선 증명서 및 이력서만을 심핵하여 단지 법령 118호에 준거한 합법적 수속 여부에 한해서 심사한 결과 19일에 등록을 마친 76의원(관선 39명, 민선 37명)은 합격임을 인정한다'는 보고가 있고, 이어서 동 보고 접수 가부를 토의한 결과 탁창혁·김철수·엄우룡·여운홍·김약수 제씨로부터 이견이 있었으나 신분 규정은 현재 적용할 규율 혹은 조례가 없는 만큼 보고안대로 접수하자는 안을 53 대 6으로 가결하고 동 6시 10분 끝마쳤다.

(「입법의원 제1회 제1차 본회의」, 『서울신문』 1946년 12월 22일)

의장 김규식이 첫 출석하는 한민당 의원들의 취임 선서를 자격심사 위원회 보고 접수 뒤로 돌리려 한 까닭은 밝혀져 있지 않지만 짐작할 수 있다. 그들이 취임 선서 후 새로 자격 심사를 거치게 하려는 뜻이었을 것이다. 보고 접수에 대한 몇 사람의 이견도 실질적 심사를 요구한 것으로 보인다. 그러나 이미 한 방에 모아놓은 사람들 중에서 누구누구는 쫓아내야 한다고 나설 만큼 모진 사람들이 많을 수 없다. 마음속으로 엄격한 기준 적용을 바라는 사람들도 대개 "다음에 기회를 보자"고 접어놓을 수밖에 없다.

제1차 본회의는 12월 20일(금)의 제1회 회의에 이어 23일(월), 26일(목), 27일(금), 28일(토), 30일(월)의 제6차 회의까지 열렸다. 『자유신문』 12월 24일자 「입의 점경(立議點景)」 기사에서 회의 분위기를 느낄 수 있다.

> 모처럼 거액을 들여 만든 의사당은 한기(寒氣) 관계로 쓰지 못하고, 오늘 제2회 본회의도 왕관실(제1회의실)에서 거행되었다. 90명 의석과 의장석·방청석·경위석·비서석·의원 행정관석 등 혼란 협착을 면치 못해 의장 내에 엄숙한 기분이란 찾아볼 수 없다. 국사를 의논하는 자리요, 적어도 일국의 재상이 나와 앉는 자리를 연상한다면 아무리 기성 국가의 국회는 아니더라도 그러한 기분을 지금부터 만들어 가도록 노력할 것이 절실히 요구된다. 이렇게 엄숙한 기분이 결여되다 보니 외투를 입고 앉은 의원도 있는 것이다. 이에 김 의장으로부터 "혁명 선열에 묵념을 올릴 때만이라도 외투를 벗읍시다"라고 주의를 환기한 것은 부득이한 일이라고 할까?
>
> 의장은 다심하고 치밀한 이로 알려진 분이다. 이날도 의원의 발언을 허하고 나서 "의원은 먼저 일어나서 관·민선을 구별하여 어느 도 선

출의 수모(誰某)라고 말할 것과 또 될 수 있으면 의원석을 향하여 발언하기 바란다"고 자상하게 일러주는 것 등 의원에게는 대단 고마운 일이나 노인의 심경이란 가끔 과격한 점이 없지 않아 "의장을 그만두겠소" 하고 지나치신 발언을 함은 귀에 거슬리는 점 또한 없지 않다. 침묵은 금이요 웅변은 은이라는 말을 우리는 기억하고 있다.

이날 개회 초에 지난번 제1차 회의록 보고에 40분을 낭비했다. 발언을 하지 않아도 좋을 때 4~5명이 발언하여 전일 의사록을 보아도 알 수 있는 사실을 공연한 토의를 한 것은 미숙한 의사 진행 상황을 폭로한 것이다. 한 가지 걱정되는 것은 속기 문제이다. 우리말로 이번 회의를 치르느라고 속기를 한 것이 불과 1개월, 그리고 의석도 잘 찾아 앉지 못하는 의원들의 관계로 갑이 한 말을 을이 했다고 회의록에 게재되었고, 남의 의석에 앉은 까닭에 불법 의원이 발언을 한 것 같이 기록한 일은 웃지 못할 난센스이다.

중간보고로 서울시의 재선 결과가 의장에서 발표되자 박수 일진(一振). 한민당계 의원들 또한 의미 있는 박수와 함께 냉소하는 듯했다.

이것은 23일 제2차 회의의 참관기였고, 『동아일보』 12월 27일자 제3차 회의(26일) 보도 기사 「입법의원 제1회 제3차 본회의 개최」에는 이런 내용이 있었다.

26일 입의 3차 회의에서는 원법 기초안에 대한 대체 토론으로 각 대의원은 헌법과 원법과의 혼동, 군정청 법령 118호와의 관계, 행정권 이양, 민생 문제, 입의의 성격 불분명 등 토의의 핵심을 모르는 듯한 의견까지 계속 이어 나오고 긴장미 없고 박력 없는 장내가 1시간 이상 계속되면서 신기언 의원은 "장내가 정치 좌담회와 같다. 구비된

> 국회와 같이 각 대의원은 아는지 모르나 각 대의원 중 헌법이 무엇이며 원법이 무엇이며 제1독회, 제2독회가 무엇인지 누가 아는가. 우리 3천만은 과거 정치적 자유 없이 지나온 만치 헌법, 원법, 제1독회, 제2독회가 무엇인지 모르므로 무용한 이론이 속출한다"고 발언하는 등 각자 각론이 계속되자 일부에서 "이것으로 대체 토론을 마치자"는 발언에 김규식 의장으로부터 "신중히 토론할 바이니 심사위원을 정하여 심사하는 것이 가하다"는 발언이 있은 후 3시 10분에 10분간 휴회를 선언했다. (…)

23일 제2차 회의에서 상당한 토론 시간을 잡아먹은 안건 하나는 회의를 중지했다가 새해 1월 15일 이후에 속개하자는 일부 지방의원들의 연명 제안을 둘러싼 것이었다. 장기간 서울 체류가 힘들다는 이유였다. 『자유신문』 12월 27일자의 「입의 점경」 기사에는 의원 1인 하루 체재비가 500원에 달하는데 법관 봉급 수준으로 정한 의원 보수로는 감당할 수 없으므로 일리 있는 주장이라고 했다.

임시의장 최동오(崔東旿, 1892~1963)에게 사회를 맡겨놓았던 김규식이 연내에 꼭 처리해야 할 의안이 있다는 이유로 12월 30일 제6차 회의까지의 일정을 발의했다. 의사일정 결정은 의장의 고유 권한이므로 표결할 필요가 없다는 일부 의견도 있었으나 김규식이 제안한 일정은 표결로 확정되었다. 원법 처리를 마무리해 연내에 '원 구성'을 끝내려는 김규식의 의지를 알아볼 수 있다. 결국 30일 제6차 회의에서 전문 13장 97조의 원법 심의를 끝내고 윤기섭(尹琦燮, 1887~1959)과 최동오를 부의장으로 선출하는 등 원 구성을 마쳤다.

12월 하순의 입법의원 회의에서 정치적 의미가 가장 큰 토론은 26일 제3차 회의에서 제안된 원법 제2조 수정을 둘러싼 것이었다. 입법의원의 목적을 규정한 이 조항에 "모스크바 3상회의 결정을 원칙으로 한"이란 구절을 넣자는 강순(姜舜, 1898~?) 등 9인 의원의 연명 제안이었다. 3상회의 결정을 무력화하고 미소공위를 전복시키려는 극우파의 획책을 견제하려는 의도로 보이는 이 제안은 부결되었다.

원법 초안의 수정 중 의미 있는 점은 30일 마지막 회의에서 제32조 "특별위원회" 조항의 수정이었다. 원래 (1) 자격심사위원회 (2) 임시헌법 임시선거법기초위원회 (3) 행정조직법기초위원회 (4) 식량 및 물가대책위원회 (5) 적산대책위원회의 5항목이 있었는데 '친일파 반역자 간상배 징치조례 기초위원회'라는 제6항을 추가하자는 원세훈의 제안이 통과된 것이다(『조선일보』 1946년 12월 31일자).

1946. 12. 28.

해방 대신 전쟁을 맞은 베트남

1946년 12월 19일 제1차 베트남전쟁이 발발했다. 1945년 8월의 일본 항복 이후 베트남의 사태 진전을 한 차례 훑어본다. 이 시기 베트남의 조건과 경험에는 조선과 같은 점도 있고 다른 점도 있어서 그 비교를 통해 두 나라가 함께 겪던 국제 상황을 살펴볼 수 있다.

조선의 38도선 남북을 미군과 소련군이 점령하게 한 일반명령 제1호는 베트남의 16도선 남북에 영국군과 중국군이 진주하게 했다. 프랑스군의 진주에 미국이 반대한 결과라고 하는데, 유럽 국가들의 식민주의를 혐오하는 미국 여론 위에서 루스벨트의 국제주의 노선에 따라 결정된 방침이었다. 프랑스는 비시 정부의 나치 협력으로 인해 전범 국가의 측면이 있었기 때문에 종전 당시 연합국 안에서 발언권이 약했다.

베트남에는 조선보다 훨씬 강력한 대일 항쟁이 전개되고 있었다. 공산주의자들을 주축으로 하는 베트민이 대표적 항쟁 세력이었다. 일본 지배가 짧았고 일본군 주둔도 적었으며 대프랑스 항쟁 전통 등의 조건 덕분이었다. 베트민 등 항쟁 세력은 8월 초순부터 일본 항복을 예견하여 적극 작전에 나섰고, 9월 9일 중국군의 하노이 입성과 9월 12일 영국군의 사이공 도착 전에 이미 주요 도시를 장악하고 임시정부를 선포해놓았다.

중국은 18만 대군을 베트남에 보낸 반면 영국군은 1개 사단만이 진주했다. 장개석은 애초에 정예군을 보내려다가 마음을 바꿔 윈난 성 군벌 루한(盧漢)의 부대를 보냈다. 국내 사정 때문에 정예군을 아끼면서 자신을 지지해준 지방 군벌에게 점령의 이권을 포상처럼 내준 셈이다. 군기가 해이한 중국 군벌 부대는 베트남인이 겪어온 프랑스인, 일본인과도 다른 차원의 골칫거리가 되었다.

영국군이 주둔한 남부의 코친차이나 지역에서는 몹시 혼란스러운 상황이 전개되었다. 북부에 비해 프랑스인의 세력이 강고하고, 베트남 독립운동 세력에게는 임시정부의 지도력이 효과적으로 작용하지 못했다. 몇 차례 유혈 사태를 겪은 영국군 사령관 그레이시(Douglas D. Gracey)는 진주 후 한 달도 안 되어 점령군의 권한을 프랑스인에게 넘기는 협정에 서명했다. 코친차이나에서는 프랑스의 식민 지배가 회복되기 시작한 것이다.

하노이의 임시정부는 1946년 1월 총선거를 통해 의회를 구성하며 중국에서 돌아온 민족주의자들을 끌어들여 기반을 확충했다. 그러나 중국군의 점령 상황이 정치 발전을 가로막는 심각한 문제로 대두되었다. 결국 호찌민(Ho Chi Minh, 1890~1969)은 프랑스를 끌어들이면서 중국군을 철수시키는 방향으로 임시정부를 이끌었다. 식민 통치를 회복하려는 프랑스와 지방 군벌의 이권을 위해 주둔하는 중국군, 어느 쪽이 호랑이고 어느 쪽이 여우인지 판단하기 힘들었을 것 같다. 이 문제를 놓고 호찌민은 이렇게 말했다고 한다.

> "중국이 계속 주둔하면 어떻게 될지 모르는 거요? 당신들은 우리 역사를 잊고 있소. 중국은 우리나라에 한 번 들어오면 1천 년씩 떠나지 않았소. 하지만 프랑스는 단기간 있을 수밖에 없소. 결국 그들은 떠

나야만 할 거요."

"평생 중국인의 똥을 먹는 것보다는 프랑스인의 똥 냄새를 잠시 맡는 게 낫지요." (윌리엄 J. 듀이커, 『호치민 평전』, 정영목 옮김, 푸른숲 2003, 536쪽)

호찌민은 세계정세의 변화 방향과 프랑스의 민심을 깊이 이해한 사람이었다. 프랑스와의 사이에는 반세기 넘는 식민 지배의 원한이 있었지만, 식민 지배가 오래갈 수 없으리라는 믿음이 호찌민에게는 있었다. 이웃의 대국이며 베트남에도 많은 교민이 있는 중국의 영향력을 훨씬 더 심각한 문제로 인식한 것이다.

호찌민이 제창한 프랑스와의 화해 노선에 따라 1946년 3월 6일 베트남민주공화국은 프랑스와 임시 협정을 맺었다. 프랑스군을 불러들이는 이 협정에 불만을 품은 민족주의자들은 호찌민을 '비엣 지안(越奸, 민족반역자)'이라 불렀으며 협정을 선포하는 대중 집회장에 수류탄을 던지기도 했다. 이 집회에서 호찌민은 이렇게 말했다.

"우리나라는 1945년 8월에 자유를 얻었습니다. 그러나 오늘날까지 강대국은 단 한 나라도 우리의 독립을 인정하지 않고 있습니다. 프랑스와의 타협은 우리가 국제적으로 인정받고 국제 무대에서 베트남민주공화국의 입장을 강화하는 길을 열어주었습니다. 우리는 자유국가가 되었습니다. 합의서에서 선언했듯이 프랑스군은 점차 베트남에서 철수할 것입니다. 우리 동포는 냉정을 유지하고 규율을 지켜야 하며 통일과 단결을 강화해야 합니다." (같은 책, 540쪽)

연설 끝머리에 호찌민은 이런 서약을 붙였다.

제1차 베트남전쟁 당시 베트민군.

"나 호찌민은 평생 조국의 독립을 위하여 동포들과 함께 싸웠습니다. 나는 조국을 배반하느니 차라리 죽음을 택하겠습니다."

호찌민이 추구한 프랑스와의 타협안은 베트남의 즉시 완전 독립을 주장하지 않고 '프랑스 연방' 안의 제한된 주권을 가진 국가로 출발해서 점진적으로 완전 독립을 이룬다는 것이었다. 프랑스에도 이 방침을 지지하는 만만찮은 여론과 정치 세력이 있었다.

그러나 당시 프랑스의 정치 분위기가 좌우를 오가며 흔들린 까닭에 확고한 결정을 내리기 힘들었다. 드골(Charles Anderé Joseph Marié de Gaulle, 1890~1970)은 대프랑스에 집착했다. 그는 베트남의 위상에 대해 '독립'은커녕 '자치(autonomie)'란 표현까지 거부했다. 1945년 11월 드골 정권이 물러나고 좌파 정권이 들어섰다가 1946년 6월 우파로 넘어가고 11월에 다시 사회당 정권이 들어섰다. 프랑스의 대베트남 정책 결정이 늦어지는 동안 식민지 유지에 이해관계가 걸린 식민주의 세력은 대결 상황의 심화를 계속해서 획책했다.

베트남과 프랑스가 평화로운 관계를 맺을 기회는 1946년 7월 6일부

전쟁의 승패를 결정지은 1954년 디엔비엔푸 전투에서 포로가 된 프랑스 군인들.

터 두 달간 파리 근교에서 열린 퐁텐블로 정상회담이었다. 호찌민은 대표단에는 참여하지 않았지만 회담 기간 프랑스에 체류하며 회담의 성공을 위해 힘을 쏟았다. 회담이 무위로 끝나고 대표단이 귀국한 직후인 9월 14일 호찌민은 회담의 완전 결렬을 피하기 위해 잠정 협정에 서명했다. 무력항쟁이 진행 중이던 코친차이나의 휴전이 10월 30일 발효되고 이듬해 1월부터 협상을 재개한다는 내용이었다. 새벽 3시에 회담을 끝내면서 호찌민은 프랑스 대표에게 이렇게 말했다고 한다.

> "나는 방금 내 사형 집행 영장에 서명했습니다." (같은 책, 563쪽)

양보만 하고 소득이 없었던 데 대한 한탄이었다. 귀국하면 '비엣 지안' 비난이 쏟아질 것을 피하고 싶었던 것일까? 귀로의 호찌민은 비행기 편을 거절하고 군함을 택해 9월 18일 프랑스를 떠나서 10월 20일 하이퐁에 도착했다. 이 긴박한 시점에서 그가 귀로에 시간을 끈 이유는 아직까지도 석연히 풀리지 않는 의문이라고 한다.

근 5개월간 호찌민이 떠나 있는 동안 임시정부에서는 연합 세력이 약화되고 강경파 베트민의 주도권이 강화되어 있었다. 호찌민은 귀국을 늦추는 동안 이 변화가 진행되기를 바란 것일지도 모르겠다는 생각이 든다. 퐁텐블로 정상회담의 실패로 이제 독립 전쟁이 불가피하다는 판단을 내린 것으로 보인다.

어느 전쟁에나 그렇듯 제1차 베트남전쟁을 놓고도 "누가 먼저 쐈나?"를 많이 따진다. 1946년 12월 19일의 무력 충돌은 베트남군의 공격으로 시작되었다. 그런데 베트남군의 공격을 직접 불러일으킨 것은 협정을 어긴 프랑스군의 군사행동이었다.

> 12월 17일 프랑스의 장갑차들이 하노이 시내로 진입하여 베트민 병사들이 그때까지 세워놓은 보루를 부수기 시작했다. 외인부대원들은 요새에서 공항으로 가는 길의 폴 두메르 다리까지 줄을 지어 서 있었다. 베트남인들은 반응을 보이지 않았다. 다음 날 프랑스 측은 시내에 다시 장애물을 세우지 말라는 최후통첩을 보냈다. 그날 오후에 발표된 두 번째 최후통첩에서는 20일부터 프랑스 부대가 수도의 치안을 담당하겠다고 선포했다. (같은 책, 585쪽)

그렇다고 프랑스 쪽에 모든 책임을 물을 수도 없다. 12월 17일 프랑스군이 파괴한 하노이 시내 바리케이드는 프랑스군과의 대결을 위해 베트남군이 설치한 것이기 때문이다. 퐁텐블로 정상회담이 실패로 돌아간 이상 호찌민도 더는 강경파의 불만을 억누르고 프랑스와의 화해 노선을 계속 추구할 여유가 없었다. 최선의 전략을 짜는 길밖에 없었다.

전쟁 발발에 이르기까지 호찌민의 노력에서 무엇보다 두드러진 점은 현실주의적이고 실용주의적인 유연성이다. 인도차이나공산당을 해산하고(1945년 11월) 폐위된 바오다이(Bảo Đại, 재위 1926~45) 황제를 임시정부 수석 고문으로 앉히면서 계급투쟁이 아니라 민족 해방이 당면 과제임을 분명히 했다. 미국의 개입을 끌어들이기 위해 모든 노력을 기울였다. 무엇보다 숙적인 프랑스의 현실적 위치를 인정함으로써 중국 등 다른 세력이 끼어들 위험을 없애고 프랑스와의 사이에서 갈등을 점진적으로 해소해나가기로 한 결단이 놀랍다.

그런 식견과 노력, 그리고 그 지도력을 옹립한 베트남인의 단결에도 불구하고 전쟁을 피할 수 없었다는 사실로부터 당시 아시아 약소민족에게 주어진 국제적 환경이 얼마나 엄혹한 것이었는지 알아볼 수 있다. 조선에게 주어진 환경은 베트남보다는 나았다.

1946. 12. 30.

조선인도 베트남인의 항쟁을 성원했다

을사조약(1905) 직후 조선에서 『월남망국사(越南亡國史)』란 책이 유행했다. 무술변법(1898)에 실패하고 일본에 망명한 양계초(梁啓超, 1873~1929)가 소남자(巢南子)란 베트남인과 만나 베트남 역사에 관한 이야기를 주고받은 대화록을 현채(玄采)가 번역하여 1906년 보성관에서 간행한 책이다. 국권을 상실한 조선인에게 베트남 식민지화의 사정을 알려 경각심을 불러일으키려는 뜻에서 간행된 책으로, 1907년 주시경(周時經, 1876~1914)이 풀어쓴 판본이 다시 나온 사실로 보아 많은 주목을 받았음을 알 수 있다. 1909년 통감부에 의해 금서로 지정되었다.

소남자는 판보이쩌우(潘佩珠, 1867~1940)의 아호다. 선구적 민족주의자 판보이쩌우는 1905년에서 1908년까지 일본에 머물렀고, 일본에서 추방된 후 중국에서 활동하다가 1925년 상하이에서 프랑스 관헌에 체포되어 압송된 후 죽을 때까지 후에의 자택에 연금되어 있었다. 그는 호찌민의 아버지 응우옌 신 삭의 친구이기도 하여 일본으로 가기 전 응우옌의 집에 들르면 어린 호찌민이 찻상이나 술상을 갖다드리곤 했다고 한다(『호치민 평전』, 59쪽).

베트남은 개항기 이전에 조선과 접촉이 거의 없던 나라였다. 그런데 서세동점의 상황 앞에서 두 나라가 함께 겪는 위협을 조선 지식인들이 인식하게 되었고, 위기의 성격을 좀더 입체적으로 파악하기 위해 베트남 사정에 관심을 두게 된 것이다.

40년이 지난 후에도 조선인은 베트남의 운명에 적지 않은 관심이 있었다. 미군과 소련군의 손에 쥐어진 조선인은 약소민족이 처한 상황을 파악하는 하나의 지표로 베트남을 바라보고 있었던 것이다. 1945년 10월 22일자 『자유신문』 사설은 「난인(蘭印, 네덜란드령 인도네시아)과 불인(佛印, 프랑스령 인도차이나) 문제」였다.

> 20세기 국제정치의 가장 중요한 문제의 하나는 강대 민족으로서 약소민족에 대한 정치적, 경제적, 문화 정책적 문제로서의 민족문제일 것이며, 제2차 세계대전의 가장 주목할 만한 성과의 하나도 이 문제에 대한 국제 양심적 해결에 기대되고 있다고 아니할 수 없다. (…) 만일 인도네시아 충돌의 원인이 화란(네덜란드)의 전전 식민주의 정책 재현에 대한 원주민족의 반항이라면 화란 당국자의 태도는 너무나 유감인 것이며, 현하 독립이 약속되었을 뿐 "적당한 시기"가 어느 때인지 막연한 기대에 불안 많은 생활을 계속할 수밖에 없는 우리로서 중대한 관심사가 아니라 할 수 없다. 난인이 오랫동안 화란의 식민지적 착취로부터 이번 대전 중 다시 일본 제국주의의 농락물로 이용당하던 그것이 전쟁 종료와 동시에 화란의 옛 지배를 다시 감수해야 한다는 사실은 너무나 잔인한 사실이며 국제 양심상 용허치 못할 일이다. 이는 불인에서의 안남인(베트남인)의 반항도 같은 사세로 볼 수 있다. 그들의 요구를 무시하고 그 제국주의적 전철을 다시 밟으려는 데서 무력 충돌이 발생한 것이며, 이러한 문제는 전후 각처에서 볼 수 있는 사실일 것이다. H. G. 웰스는 지적하되 대영제국은 홍콩을 다시 그의 영토로 향유할 수 없으리라고 했다. 이는 동양을 제국주의로 유

> 지할 수 없는 단계에 이르렀다는 말이다. (…) 지난 대전을 통하여 항상 민족자결을 위하여 노력한 연합군의 태도가 이번 난인과 불인 문제를 통하여 정당히 나타나기를 기대하며 이는 조선 문제에 대하여도 적지 않은 시사가 될 것이다.

『자유신문』에는 베트남 관련 기사가 이후에도 간간이 오르다가 1946년 말 전쟁이 터지자 대대적 보도가 시작되었다. 1946년 12월 25일자에는 1면 머리기사로 「백인의 아시아 착취, 식민지 시대 종언」이란 기사에서 전쟁 발발에 임해 『뉴욕 헤럴드 트리뷴』과 『뉴욕 타임스 The New York Times』의 식민지 시대가 끝나고 있다는 논평을 인용했다. 그리고 「'노예보다 죽음을', 월남군 최후 항전 각오」와 「불인 정세 중대, 부룸 수상 의회서 성명」의 큼직한 두 기사가 그 뒤에 붙었다. 「월남군 최후 항전 각오」 기사에는 12월 22일자 호찌민의 성명이 인용되었다.

> 〔파리 24일발 AP 합동〕 월남 정부 대통령 호찌민 박사는 지난 22일 하노이(河內) 북동 15마일 지점에 있는 바치닌에서 최초로 현 불인 사태에 관하여 다음과 같은 단호한 결의를 표명하였다 한다.
> "월남인은 노예가 되느니보다 오히려 죽음을 택할 것이다. 따라서 우리는 자유 획득이 여하히 장기에 걸친다 하더라도 여하한 참혹한 전쟁이든지 이를 감행할 작정이다. 2천만 월남인은 근근 20만밖에 안 되는 반동 프랑스인을 타도하고야 말 것이다. 또 이번 사태의 원인은 프랑스 측에 있는 것이며, 프랑스 측은 북남 인도차이나 민중에 대하여 억류 구타 행위를 마음대로 하였으며 심지어 부녀자에 대하여 노상 공격까지도 감행하였던 것이다."

> 한편 월남군의 주요 병사(兵舍)는 프랑스 공군에 의하여 파괴되었으며 22일에는 월남 포병대도 프랑스군 수중에 들어왔다 한다. 또 하노이에 있는 프랑스 시민들은 프랑스군 응원 차로 전부 무장하여 시민경비대를 조직하였다 한다.

『자유신문』은 이에 앞서 12월 24일자에도 『뉴욕 타임스』 사설을 인용한 기사를 실어 아시아 해방을 바라는 뜻을 보였다.

> 〔뉴욕 23일 UP발 조선〕 『뉴욕 타임스』는 사설에서 아세아 각지의 동란에 관하여 다음과 같이 논했다.
> "사실에 있어 영국은 면전(미얀마)이나 인도에서 그의 정책을 강행할 능력이 없는 터이다. 영국은 그 제국을 설복 이외의 수단으로 통합 보지할 수 없다. 만일 이 설복에 실패한다면 그는 퇴각해야 한다. 영국은 이미 인도에서 실패하였으나 인도로부터 퇴각하는 길도 현재 내란으로 발전할 위험성이 있는 회·인도교도 간의 종파적 투쟁에 의하여 차단되어 있다. 면전에서는 이렇다 할 투쟁은 없으므로 오래지 않아 진행될 면전에 관한 교섭은 순조로이 진행될 것이며, 인도와 같은 정돈 사태는 일어나지 않을 것이다.
> 인도차이나에는 절망적인 전쟁이 벌어지고 있다. 프랑스 역시 너무나 약체로서 그의 동방 판도를 유지할 수 없다. 한편 중국은 전면적 내란이 전개되려고 한다.
> 세계는 이 같은 아세아의 격화하는 동란을 주목하고 있다. 동란이 발생하는 곳에는 어디든지 활발한 연락 기관을 가진 소련만이 이 확대하는 혼란에 만족을 느낄 이유를 발견할지도 모르겠다."
>
> (「영국의 실력 기진(氣盡), 아세아 동란기」, 『자유신문』 1946년 12월 24일)

이 기사와 같은 면에는 「제국주의 파멸, 면전 독립은 영국의 붕괴」란 제목으로 AP 평론가의 칼럼도 크게 소개되어 있다. 전 미국 국무차관 웰스의 방송 연설을 인용한 「비독립 국가 자유 획득에 총진(總進)」이란 기사도 있다. 식민주의에 대한 미국인의 일반적 반감을 바탕으로 유럽 열강의 몰락을 다룬 논설들이 약소민족 해방의 깃발로 받아들여진 것이다.

12월 26일자 사설 「면전 독립 문제」에도 제국주의 퇴각을 바라는 마음이 담겨 있다.

> 이번 대영국 제국 권내 내지 권외에서 면전의 독립을 주기 위한 초보적 조치를 강구하겠다는 애틀리 수상의 성명에 관련하여 불원 자치정부 수립 문제를 협의할 목적으로 면전 지도자 대표들이 런던에 초대될 예정이라는 것은 극히 반가운 것으로서 약소민족인 우리로서 동경(同慶)하는 바이오, 아무쪼록 완전 자주독립의 날이 오기를 기대하는 바이다. 그런데 이에 대하여 문제의 반동 정객 처칠 씨는 또다시 반대의 논진을 편다는 것이니 그 불굴하는 반동 정신에 놀라지 아니할 수 없다. 그는 말하되 일본으로부터 면전을 해방하기 위하여 인도와 함께 영국이 막대한 희생을 지불한 직후 너무나 시급히 노동당 내각이 면전을 해방하려 했다고 이를 비난했다는 것이다.
>
> 일본으로부터의 해방 없이 미국에의 구속이 될진대 그것이 해방이 될 수 없는 것은 물론, 제국주의 침략의 종주국을 교체하는 데 지나지 아니하는 것은 물론이다. 면전을 해방하고 기타의 약소민족을 해방하는 것이 이번 전쟁을 완수한 연합국의 목적이었다면 당연히 조속한 이행을 해야 할 것은 말할 것도 없다. 구질서에 유구한 반동 정객의 너무나 염치없는 논법은 도리어 영국의 세계 사상 정적을 방해

하는 것이며 약소민족의 공분을 금할 수 없는 것이다. 매우 비슷한 우리의 처지이니만치 그러한 인물이 우리의 독립까지 지연시키는 원인(遠因) 됨을 느끼지 아니할 수 없으며 분개하여 마지않는 바이다.

『자유신문』은 베트남전 보도에 지면을 계속 할애했다. 12월 27일자에는 「불·월 전투 계속, 불 원군 1만 명을 파견」과 「현하 불인에 완전 독립은 불가, 불인 판무관 담」 기사가 실렸고, 28일자에는 「호상 양보 주장, 불(佛)은 호(胡) 대통령 비난」 기사와 월남 사태에 관한 한민당의 담화문을 보도한 「월남을 성원」 기사를 올렸다. 한민당 담화문은 이런 내용이었다.

"월남 임정 대통령 호 박사는 대불 독립 전쟁에서 죽음이거나 노예이거나 두 가지 중 하나를 택하여 비장한 호소를 했다. 인도, 필리핀, 인도네시아, 면전, 조선 등 아세아 제 민족이 다 독립할 계제에 있는데 홀로 월남만이 식민지로 남아 있다는 것은 약소민족의 입장으로 좌시할 수 없는 일이다. 조선 3천만 민족은 월남의 독립에 대하여 만강의 경의를 표하는 바이며, 제4공화국으로 발족하는 불국의 영웅적 용단을 바라는 바이다.
막부 3상 협정 1주년을 맞이하여 동 협정 중 탁치에 관한 조항을 삭제하고 알타협정을 파괴하여 조선의 자주독립의 날이 하루속히 실현되기를 관계 4개국에 다시 요청하는 바이다."

『자유신문』의 베트남 관계 기사는 12월 29일자에서 절정에 달했다. 1면 머리기사 「불(佛) 내정 위기 야기, 월남 분쟁에 세계의 시선 집중」에 이어 「월남군 맹반격, 불군은 격퇴에 광분」, 「동남아 문제 베빈 씨

심의 요청」, 「소요 책임 불(佛)에, 호 박사 성명을 방송」, 「불인 조정차 불(佛) 식민상 사이공(西貢)에」 등 기사가 1면의 절반을 뒤덮었다. 기사 제목 중 "광분" 같은 말을 쓴 데서도 편집자들의 베트남에 대한 동정심은 여실히 드러난다.

이 시기의 신문 기사 모두를 「한국사데이터베이스」에서 찾아볼 수 있는 것은 『자유신문』과 『동아일보』뿐이다. 그런데 이 일주일 동안 『동아일보』에는 베트남 관계 기사가 그렇게 많지 않았다. 전쟁 발발을 보도한 12월 25일자 외에는 한 꼭지가 오르다 말다 했다. 두 신문의 논조가 크게 갈라진 사례인데, 함께 비교해볼 다른 신문을 찾아보지 못한 것이 아쉽다.

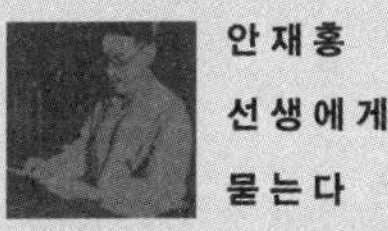

안재홍
선생에게
묻는다

"1946년은 어떤 해였나요?"

김기협 | 1년 전에는 해방되고 바로 독립하지 못한 것이 아쉽기는 해도 머잖아 건국될 것을 믿고 계셨죠. 그런데 그때 맞은 새해, 1946년이 다 저물도록 건국의 길이 줄어든 느낌을 받지 못하고 있습니다. 선생님 마음에는 어떻습니까?

안재홍 | 어떤 면에서는 독립이 1년 전보다 더 멀어진 느낌까지 듭니다. 작년 8월에 해방되고 바로 미군과 소련군이 진주할 때, 분할 점령이란 것이 이상하게 생각되기는 했지만 지금까지 겪은 것처럼 큰 문제가 되리라고는 생각지 못했습니다.

해방 두 달 후 이 박사가 귀국했을 때 이제 건국 과정이 착착 진행되겠구나 생각했고, 11월 말 임정이 귀환하자 건국 사업이 바로 시작될 것을 기대했습니다. 그러다가 연말에 모스크바 3상회의의 '신탁통치' 결정이 알려져 실망감을 느끼기는 했어도, 조금 늦어지는 것을 걱정했을 뿐입니다. 한두 달이면 건국 될 것으로 생각하고 있다가 잘못하면 반년 이상 걸릴 수도 있겠다는 생각이 들었지, 1년 넘게 걸릴 것은 당시에 생각지 못했습니다.

김기협 | 3상회의에서는 "최고 5년의 신탁통치"를 결정했는데, 어떻게

반년이나 1년 정도의 짧은 기간을 생각할 수 있으셨나요?

안재홍 | 신탁통치를 하더라도 과도 임시정부를 세울 테니까요. 과도 임시정부가 완전한 독립 정부에 얼마나 가까이 갈 수 있을지는 우리 할 나름 아니겠습니까? 과도 임시정부만 세우더라도 독립의 실질적 의미는 충분히 확보할 수 있다고 생각했어요.

김기협 | 과도 임시정부로 만족할 수 있다면 반탁운동은 필요 없는 것 아닙니까? 그런데 선생님은 신탁통치반대국민총동원위원회의 부위원장으로 주도적 역할을 맡지 않았습니까?

안재홍 | 부위원장을 맡기는 했지만 반탁위원회의 방향이 제 뜻과 다르게 나아갔으니 결과적으로 주도적 역할은 아니었죠. 나는 '반탁'이라 하더라도 의사표시만을 생각했지, 연합국의 결정에 행동으로 반대할 것까지는 생각지 않았습니다. 신탁통치를 받더라도 실질적 독립성을 확보하고 신탁통치 기간을 짧게 하기 위한 정신운동으로 생각했어요.

그런데 실제로는 우익의 반탁운동이 극단화되어 신탁통치를 수용하자는 좌익과 대립의 근거가 되고, 나아가 미소공동위원회까지 파탄으로 이끈 것은 크게 잘못된 일입니다. '반탁'을 하더라도 현실을 직시하면서 유연한 자세를 취해야 할 것인데, 신탁통치를 마치 일제의 지배와 같은 것처럼 과장해서 '반대를 위한 반대'로 나가는 바람에 좌익과의 관계도 '대립을 위한 대립'처럼 되고 말았습니다.

김기협 | 상식적으로 생각할 때 35년간 국가를 운영하지 못하고 있던

민족이 국가를 새로 세우는 과정에서는 신탁통치 같은 완충기의 존재에 바람직한 면도 없지 않다고 생각됩니다. 그런 현실적 측면을 생각한다면 반탁운동의 극단화를 걱정만 하기보다 '찬탁'의 입장을 취할 필요도 있지 않았나요?

안재홍 | 그건 다릅니다. 독립은 우리 민족의 가장 큰 소원입니다. 현실의 한계를 부득이하게 받아들일 수는 있어도 신탁통치를 원한다고 내걸 수는 없어요. 공자 말씀에 "명부정(名不正)이면 언불순(言不順)"이라고 했죠. "언불순"의 뜻은 말이 통하지 않는다는 것입니다. 독립을 원한다는 '이름'을 분명히 해야 독립을 함께 바라는 사람들끼리 독립을 위한 의논이 제대로 될 수 있는 거죠. 편의에 따라 '이름'을 감추면 오해가 일어나고 말이 통하지 못하게 됩니다.

좌익의 '찬탁' 주장을 보세요. 대다수 좌익 인사들은 신탁통치를 진짜 찬성하는 게 아니에요. 부득이한 것으로 수용한다는 마음이죠. 그런데 공산당 쪽에서 '찬탁'을 정면으로 내걸지 않았습니까? 우익 '반탁'과의 대립을 위한 책략이죠. 이것이 지난 연초 좌우익 간의 극한 대립을 몰고 왔고, 지난여름 이래의 좌우합작 사업에서도 극복하는 데 무척 힘들었던 일입니다. '이름'이 잘못 세워져서 벌어진 일이죠.

김기협 | 지난 6월 이승만 씨는 '정읍 발언'으로 분단 건국의 뜻을 처음으로 밝혔습니다. 그가 반탁운동의 극단화를 획책한 동기가 밝혀진 셈이죠. 좌익을 완전히 배제한 남조선만의 건국을 통해 친일파와 자본가가 주도하는 국가 체제를 세우고자 한 것으로 후세의 역사학도는 이해합니다. 귀국 이래 한민당의 친일파 집단과 자본가들로부터 정치자금을 거둬온 것을 보면 짐작할 수 있는 일인데, 선생님 생각은

어떠신지요?

안재홍 | 글쎄, 그렇게까지는 생각지 않습니다. 조선 독립을 위해 수십 년간 객지에서 고생하신 분이 그토록 반동적인 입장을 취하실 리야 있겠습니까? 친일파 척결과 토지개혁이 독립 사업의 가장 큰 과제라는 사실은 삼척동자도 다 아는 것인데.

그분 생각을 이해할 길이 따로 있는 것은 아니에요. 그분 귀국 후 그분의 영도력을 세워드리기 위해 나도 있는 힘을 다하기는 했지만, 몇 달 지나면서 나 자신과 너무나 다른 분이라고 생각되어 가까이하지 않고 지냈습니다. 내게 민주의원 들어갈 것을 권하면서 그것이 건국 후 높은 자리 차지하기 위한 첩경이라고 일러주실 때 확연히 느꼈습니다. 그 후로는 그분의 어떤 언행도 석연하게 이해되지 않고 있습니다.

그러나 평생 독립운동 해오신 분이 잘못된 생각을 하시리라고는 생각할 수 없습니다. 내가 생각이 모자라 이해하지 못하는 거겠죠. 이해하지 못하니까 지지할 수도 없지만, 나서서 반대할 주제가 못 된다고 생각해서 바라보고만 있습니다.

김기협 | 선생님은 국민당을 한독당에 통합시켰죠. 김구 선생에 대한 믿음과 이해는 그대로이기 때문이겠죠. 그런데 그분도 극단적 반탁에서 이승만 씨와 보조를 같이하고 있지 않습니까? 그분의 민족 사랑은 후세에도 의심하는 사람이 없는데, 그분이 극단적 반탁으로 나가는 것은 상하이·충칭 임정에 대한 집착 때문이 아닌가 하는 생각은 있습니다.

임정 귀국 직후 선생님은 임정이 주축이 되되 국내 인사들로 보강해서 거족적 지도체제를 구축하자는 '임정 보강론'을 제시했고, 한민당은 임정 지도부가 그대로 건국의 주체가 되게 하자는 '임정 직진론'을 내세웠죠. 민족주의 색채가 약한 한민당이 임정을 절대적으로 떠받드는 직진론을 내세운 것은 본심이 아니라 임정을 이용해 먹으려는 책략일 뿐이라고 식자들은 의심했습니다. 그런데 김구 선생이 이 책략에 넘어가 임정의 '법통'에 집착해서 한민당과 함께 강경한 반탁운동에 매달려 있는 것이 아닌가 하는 생각입니다.

안재홍 | 그런 측면이 없지 않다고 봅니다. 김구 선생 자신보다도 주변 인사들에게서 그런 경향이 많이 보이죠. 지난 연초 좌우 대립의 격화 속에 임정 인사 몇 분이 선생 곁을 떠난 것이 참으로 아쉬운 일입니다. 보강되어야 할 임정 지도력이 오히려 쪼개져 나가다니!

한독당으로 들어간 후 나도 느끼는 문제들이 많습니다. 원 한독당 간부 중에 특권 의식을 갖고 도와주려는 사람들을 박대하는 경향이 있어요. 국민당을 함께하던 동지들 중에 환멸을 느끼는 이들이 많습니다. 그러나 작은 불평 때문에 큰 도리를 지키지 못해서는 안 되겠지요. 임정의 '보강'을 주장한 나로서 보강의 역할을 충실히 하는 것이 무엇보다 큰 도리이고, 위에서 내려다보듯 비판할 일이 아니라고 생각합니다.

김기협 | 독립이 자꾸 지연되면서 남북 관계가 갈수록 심각한 문제가 되어 갑니다. 이북 전역의 인민위원회 조직이 지난 연초에 세워지고 토지개혁 등 제반 개혁이 진행되어왔습니다. 그 개혁 하나하나가 자체로는 바람직한 것이라 하더라도 이 나라의 절반에서만 이뤄지고 있다는 사실이 하나의 국가로 뭉쳐 세우는 데 방해가 될 수도 있지 않습니까?

가장 중요한 개혁인 토지개혁부터 그렇죠. 이북의 '무상몰수 무상분배'는 좌익만의 주장이지, 좌우합작의 길이 될 수 없는 것 아닙니까? 좌우합작위원회에서 만든 '체감매상 무상분배'가 합작 건국의 바람직한 노선이라는 사실을 좌익에서도 대개 수긍하죠. 그런데 이북에서 다른 노선을 일방적으로 시행해놓은 것이 통일 건국에 힘든 문제 하나를 보태놓은 결과가 되고 말았습니다.

안재홍 | 나는 그 점을 크게 걱정하지 않습니다. 개인적으로 '무상몰수 무상분배'에 반대하는 생각이지만, 그것이 아주 잘못된 노선이라고 보지는 않아요. 통일 건국을 위해 그 조치를 꼭 취소할 필요는 없어요. 하나의 국가 안에 어느 정도까지는 서로 다른 제도를 병행시킬 수도 있다고 생각합니다. 토지제도의 차이가 두 지역 간에 있더라도, 그 차이가 서로 상대편 제도를 해치지 않도록 조정하는 길이 있을 겁니다.

물론 그런 문제가 없는 편이 낫죠. 다만 민족 통일국가를 이루려는 염원이 워낙 큰 것이기 때문에 웬만한 문제는 다 덮어줄 수 있으리라고 믿는 겁니다. 그런데 건국이 늦어지면 늦어질수록 그런 문제가 늘어날 것은 분명한 일이니, 더 늦어지지 않도록 서둘러야 합니다.

김기협 | 군정이 지나치게 길어지면서 민생 문제도 심각합니다. 지난 가을 소요 사태를 몰고 온 미군정의 잘못이 일부러 저지른 게 아니죠. 남의 나라 군대가 1년 넘게 통치를 맡고 있으니 아무리 선의로 임한다 하더라도 잘못된 문제가 자꾸 늘어날 수밖에 없습니다.

대표적인 문제가 경찰 운용 방법입니다. 일본 식민 통치를 우리가 미워한 것도 구체적으로는 경찰에 가장 큰 문제가 있었던 것 아닙니까? 그런데 이남의 경찰은 일제시대보다 갑절로 늘어났고, 그 행태도 왜경보다 더 악랄하다는 평판이 굳어졌습니다. 독립 건국을 서두르는 것은 당연한 일이거니와, 그 과정에서도 경찰 문제 같은 것은 당장 어떻게 해야 하지 않겠습니까?

안재홍 | 미군정 당국자들에게 근본적으로 악의가 없다는 사실은 좌우합작위원회를 지원해주고 조미공위에 임해온 태도를 통해 확인하고 있습니다. 그런데 아무리 선의를 가졌다 하더라도 제대로 된 이해 없이 남의 나라를 다스린다는 것이 문제를 일으키지 않을 수 없는 일이죠. 이남의 경찰은 크게 잘못되어 있고 그 잘못은 미군정이 키워준 겁니다. 조선인 괴롭히려고 일부러 경찰을 그렇게 키운 게 아니고, 능력의 한계 때문이죠.

조미공위에서 우리 합작위원들이 가장 집중적으로 요구한 것이 경찰 개혁입니다. 조병옥 씨와 장택상 씨가 경찰을 키우고 이끈 방향에는 문제가 많아요. 그 두 분의 퇴진이 경찰 개혁의 첫 단추인데, 그것조차 잘되지 않고 있네요. 그렇다고 포기할 수 있는 일도 아니고, 계속해서 최선을 다해야지요.

일지로 보는 1946년 12월

- **4일** 여운형, 「좌우합작과 합당 공작을 단념하면서」란 글에서 정계 은퇴의 뜻 밝힘
  이승만, 맥아더 면담 후 미국을 방문하여 4개월간 체류
- **7일** 입법의원 관선의원 명단 발표. 입법의원 민선 당선자 3인(조소앙, 문도배, 김시탁)과 관선 임명자 5인(조완구, 엄항섭, 여운형, 장건상, 홍명희) 취임 거부
- **8일** 신민당 위원장 백남운, 정계 은퇴 성명
- **11일** 입법의원 예비회의
- **12일** 남조선과도입법의원 개원
- **13일** 한민당, 좌우합작위원회 비난과 해산 촉구
- **14일** 좌우합작위원회, 한민당의 합위 해산 운운 담화 반박 성명
- **19일** 제1차 베트남전쟁 발발
- **20일** 입법의원 제1회 제1차 본회의 개최(30일 제6차 회의까지 열림)
- **25일** 조소앙, 입법의원 서울시 대의원 당선 거부 성명서 발표

찾아보기

ㄱ

ㅅ

ㅇ

ㅈ

ㅎ